認認真真講歷史

【全陸卷·五】

南北朝风云

孙峰　孙艺真·著

中国文史出版社

图书在版编目（C I P）数据

南北朝风云. 第五卷 / 孙峰, 孙艺真著. -- 北京 : 中国文史出版社, 2017.12

（认认真真讲历史）

ISBN 978-7-5034-9534-2

Ⅰ. ①南… Ⅱ. ①孙… ②孙… Ⅲ. ①中国历史–南北朝时代–通俗读物 Ⅳ. ①K239.09

中国版本图书馆CIP数据核字(2017)第228886号

责任编辑： 刘　夏
封面设计： 陈欣欣

出版发行： 中国文史出版社
网　　址： www.wenshipress.com
社　　址： 北京市西城区太平桥大街 23 号　　**邮编：** 100811
电　　话： 010-66173572　66168268　66192736（发行部）
传　　真： 010-66192703
印　　装： 廊坊市海涛印刷有限公司
经　　销： 全国新华书店
开　　本： 1/16
印　　张： 22.5　　字数：360 千字
版　　次： 2018 年 3 月北京第 1 版
印　　次： 2018 年 3 月第 1 次印刷
定　　价： 60.00 元

目录

三六六　高欢单飞

让尔朱兆匆忙回到晋阳的纥豆陵步蕃来自费也头纥豆陵部。

费也头纥豆陵部是六镇之乱后河西地区仅存的没有臣服于尔朱荣的部落。在六镇之乱中，费也头牧子也曾发起叛乱，但很快就被扑灭了，由于他们的游牧区域大约在今陕西省榆林市以北、内蒙古自治区伊金霍洛旗、杭锦旗一带，地理位置相对偏远，北魏朝廷上的各方势力都无暇顾及他们，因此，费也头纥豆陵部在北魏末年的大乱中反而相对安定，逐渐得以发展。但据《魏书·孝庄纪》称："是月（孝庄帝被杀的当月），河西人纥豆陵步蕃、破落韩常大败尔朱兆于秀容。"由此可知，起兵威胁到尔朱兆后方的不仅仅是费也头纥豆陵部，还有已经归降尔朱荣的匈奴族破六韩部。

据《北齐书·破六韩常传》称："破六韩常，字保年，附化人，匈奴单于之裔也。右谷蠡王潘六奚没于魏，其子孙以潘六奚为氏，后人讹误，以为破六韩。世领部落，其父孔雀，世袭酋长。孔雀少骁勇。时宗人拔陵为乱，以孔雀为大都督、司徒、平南王。孔雀率部下一万人降于尔朱荣，诏加平北将军、第一领民酋长，卒。常沉敏有胆略，善骑射，累迁平西将军。高祖起义，尝为附化守，与万俟受洛干东归，高祖嘉之，上为抚军。"破六韩常是六镇之乱的首领破六韩拔陵的同族，其父破六韩孔雀在破六韩部落中地位很高，被封为大都督、司徒、平南王，破六韩拔陵失败后，破六韩孔雀率领一万部众归降了尔朱荣，破六韩孔雀死后，破六韩常统领了部落，这次费也头纥豆陵步蕃受孝庄帝之命进攻尔朱荣的老家秀容，当然是有政治色彩的，至于破六韩常也加入纥豆陵步蕃的队伍中，很大程度上可能是由于六镇降众对尔朱荣家族欺压的反抗。

当尔朱兆回到晋阳以后，就匆匆率军北上，但是，在秀容遭到了纥豆陵步蕃和破落韩常的联合打击，大败而归，纥豆陵步蕃、破落韩常率部迅速南下，进逼晋阳。

尔朱兆不禁担心起来，于是，他想到了前不久还让自己非常恼火的高欢。高欢的兵力并不充裕，此时的尔朱兆拥有六镇大量部众，仅从人数上来说，尔朱兆似乎并不处于劣势，那么，此时的他为何要让高欢帮忙呢？此时，他又担心些什么呢？显然他担心的并非纥豆陵步蕃，而是手下时刻会发动叛乱的为数众多的六镇降众。透过史书的点滴记载，我们似乎可以寻找出一点线索来。据《魏书·尔朱天光传》称："时费也头帅纥豆陵伊利（纥豆陵步蕃被杀后的部落头领）、万俟受洛干（万俟洛）等据有河西，未有所附。"可知，在河西地区除了费也头纥豆陵部之外，还有万俟部。另据《北齐书·万俟普传》称："万俟普，字普拨，太平（山西省襄汾县）人，其先匈奴之别种也……正光中，破六韩拔陵构逆，授普太尉。率部下降魏……高祖平夏州，普乃率其部落来奔。"其子《万俟洛传》中称："拔陵反，随父归顺，除显武将军。随尔朱荣每有战功，累迁汾州刺史、骠骑将军。及起义信都，远送诚款……天平中，随父东归。"万俟部也是匈奴族，在六镇之乱中，万俟普被破六韩拔陵授予太尉之职，可见，该部与破六韩部关系十分密切，且力量很强。虽然史料没有明确记载，万俟部是否加入了纥豆陵步蕃对尔朱兆的打击中，但由于高欢担任的正是晋州刺史，是万俟普父子故乡的父母官，在高欢担任晋州刺史期间肯定与万俟普父子建立了良好的关系，而从后来万俟部与破六韩部一起归附高欢这一点分析，这两个匈奴部落是唇齿相依的。显然，当纥豆陵步蕃的军队从河西杀来以后，原已归附了尔朱氏的破六韩常部也开始造反，破六韩常部的哗变对尔朱兆治下的六镇其他各部都产生了巨大的示范效应。也就是在这种情况下，尔朱兆不得不请求高欢与自己合作，以期利用高欢与万俟普父子的良好关系，并通过万俟普父子说服破六韩常退出，孤立纥豆陵步蕃。另外，尔朱兆的失败也与他统领的六镇降众怨恨尔朱氏、不愿为其效命有关，高欢也是六镇降卒，而且他是六镇降卒中地位最高的一个人，即便用不着高欢去招降破六韩常，在尔朱兆看来，统领并安抚骚动不安的六镇降卒的最合适人选也非高欢莫属了。

如果我们分析不错的话，尔朱兆请高欢前来看重的还不是高欢的部众，而是高欢在六镇降众中的影响力，这也能很好地解释在高欢到来后不久尔朱兆让其统领六镇部众的原因了。

尔朱兆在请求高欢前来晋阳之前，似乎就已经产生了让高欢代领六镇降众的心思了，但是，在乱世之中，强者为王，把这些部众拱手让人显然是在扶植一个潜在的对手，因此，慕容绍宗劝谏道："如今，天下大乱，人人都有觊觎之心，也正是智谋之士大展宏图之时，高晋州英雄盖世，如同蛟龙，岂能借给他云雨？"尔朱兆大怒道："我与高晋州以诚相待，怎能突然相互猜疑，说出这话！"将慕容绍宗软禁了数日。

接到尔朱兆的求救信后，高欢的幕僚们都反对高欢前去晋阳，但高欢说："尔朱兆自顾不暇，肯定没有别的意思。"于是，率部东进。高欢的亲信贺拔焉过儿建议高欢走得慢一些，让尔朱兆的兵力更加削弱，高欢走走停停，推辞没有桥梁，无法渡河。尔朱兆虽然骁勇善战，却是匹夫之勇，没有帅才，因此，在与纥豆陵步蕃的交战中是屡战屡败，只得放弃晋阳南撤。高欢看到时机成熟，并考虑到假如纥豆陵步蕃全取山西，实力强盛，恐怕难以控制，遂决心帮尔朱兆一把。此时，尔朱兆已经南逃到晋阳东南的平乐郡（山西省昔阳县），高欢与尔朱兆合兵一处，大破纥豆陵步蕃之众，高欢与尔朱兆联军乘胜追击，在秀容石鼓山将纥豆陵步蕃斩杀，纥豆陵部遂退出尔朱兆的势力范围。尔朱兆对高欢非常感激，二人尽释前嫌，约为兄弟，尔朱兆率领数十骑前去高欢那里，彻夜宴饮，尽欢而散。

葛荣被尔朱荣消灭后，原来的大部分部众都被尔朱荣裹胁到了山西，人数在二十余万，尔朱荣集团对这些六镇降众非常暴虐，弄得他们对尔朱荣集团是切齿痛恨，前后曾发动二十六次叛乱，但都失败了，六镇降众也为此付出了惨重的代价，遭到尔朱荣集团的残酷镇压，几乎被杀死了一半人，然而，他们依然时刻想着要叛乱。尔朱兆也对此忧心忡忡，他向高欢询问该怎么办，高欢回答："六镇叛匪的残余势力，难以全部清除，应该选任大王的心腹去统领他们，有犯罪的，只用诛杀领头的人，这样一来，处罚的人就少了。"尔朱兆说："说得有理，你说该派谁统领他们？"当时，贺拔允在座，推荐高欢。高欢听了，假装大怒，举起拳头就朝贺拔允迎面打来，一拳下来把贺拔允的牙齿打落了一颗，说道："天柱在世时，你们这些奴才都是俯首帖耳，像鹰犬一般唯命是从。如今，天下事该怎么办完全由大王说了算，可是，贺拔允竟敢在此插话，我请求你下令把他给杀了！"显然，酒醉的尔朱兆被高欢的这番表演给迷惑住了，以为高欢对自己忠心耿耿，遂同意他统领六镇降众。高欢担心尔朱兆醒来以后会反悔，他很快就从大帐中出来，对众人宣布道："我奉命接管六镇降众，你们可以到汾河东岸集合，听候号令。”遂在阳曲川（山西省阳曲县）竖起军旗，扎下大营，六镇将士都厌恶尔朱兆，纷纷投靠高欢。

数日之后，高欢又让刘贵对尔朱兆说：“并州肆州连年遭遇霜灾旱灾，六镇降户饥寒交迫，以挖掘田鼠度日，都面露饥寒之色，白白让大王的辖区难堪，请求让他们到太行山以东去寻找粮食，等到他们温饱以后，再作打算。”尔朱兆同意了，但慕容绍宗再次反对，尔朱兆说：“我与高欢发誓结为兄弟，有什么可担心的呢！”慕容绍宗回答：“就是亲兄弟尚不可信，何况是结拜兄弟！”当时，尔朱兆身边的亲信们都接受了高欢的贿赂，纷纷说慕容绍宗与高欢有仇，尔朱兆遂不听慕容绍宗的劝告，催促高欢上路。

高欢率众从晋阳出发，出滏口一路朝东南而去，途中，高欢遇到了北乡长公主从洛阳回来，高欢将公主带的三百匹马全部抢去。尔朱兆闻讯，亲自率众追赶，在襄垣终于追上了高欢。正巧，漳河水暴涨，桥梁被河水冲坏，高欢隔着河水对尔朱兆下拜，说道：“之所以暂借公主的马匹，并非有什么别的想法，只是为了防备山东方面的贼寇而已。大王听信公主的谗言，亲自前来追赶，今天，我高欢投河而死也绝不推辞，只恐这群部众就要背叛。”尔朱兆自称并无怪罪高欢的意思，遂跨马渡过漳河，来到高欢帐下表示歉意，并将自己的佩刀交给高欢，伸着脖子让高欢砍。高欢大哭，说道：“自天柱去世，我贺六浑还能依靠谁呢？只愿大王千秋万岁，能让我尽忠效命。如今，有奸人在一旁进谗言，大王怎么忽然说出这种话来？”尔朱兆将佩刀扔到地上，于是两人又杀死一匹白马对天发誓，重申兄弟之谊，当晚，尔朱兆就留宿在高欢的营中。尉景埋伏杀手想趁机杀死尔朱兆，高欢咬住尉景的手臂劝阻道：“现在杀了他，他的党羽必定会团结起来，我们的部众饥饿、马匹瘦弱，难以抵挡，一旦有英雄崛起，则害处更大，不如暂时放过他，尔朱兆虽然凶狠，但头脑简单，容易对付。”

第二天清晨，尔朱兆回到自己的营中，又回请高欢，高欢将要上马赴宴，孙腾紧拉他的衣服，高欢这次没有去。尔朱兆隔着漳河破口大骂，回到了晋阳。尔朱兆的心腹念贤率领六镇降户的家属另立一营，高欢假意与他套近乎，提出看看他的佩刀，等到念贤解下佩刀，高欢拿起那把刀，一刀将其诛杀。尔朱兆安置在高欢营中负责监视的人也都一哄而散，士兵们非常喜悦，更愿意跟随高欢。

三六七 节闵继位

尔朱兆入洛后，齐州城民赵洛周驱逐了刺史丹阳王萧赞，上书请求让济南太守房士达摄行州事。赵洛周的儿子赵元显过去曾是济州刺史元子华的下属，在半道上截获奏表，改请让元子华重新担任齐州刺史。萧赞假扮成和尚，逃入长白山（山东省邹平县、章丘市境内）中，经过一番颠沛流离，不久死于阳平（山东省莘县）。后来，南梁人将他的灵柩盗回江南，梁武帝仍然以对待儿子之礼将其安葬了。萧赞被驱逐后，尔朱世隆觊觎萧赞之妻寿阳公主元莒犂的美色，要娶寿阳公主为妻，公主骂道："胡狗！敢侮辱天王的女儿吗？我宁愿受剑而死，也绝不会被你这个叛胡侮辱！"尔朱世隆大怒，遂将公主吊死。

南阳太守赵修延认为荆州刺史李琰之是孝庄帝的亲戚，诬陷李琰之将要逃奔梁国，发兵偷袭州城，扣押了李琰之，自己代为管理州务。北道大行台杨津因部队人数较少，留在邺城招募人马，打算从滏口西进并州，听说尔朱兆入京后，即解散部队，轻骑回到了洛阳。魏王元悦改元更兴，他听说尔朱兆入洛后，自知仅靠自己这点兵力根本无济于事，就知难而退，又回到了江南，斛斯椿又离开元悦，逃回魏国。北魏尚书右仆射郑先护听说洛阳被攻陷后，部众一哄而散，郑先护无奈只好南下，投奔了南梁，梁武帝任命他为征北大将军。

尔朱兆北返之后，京师洛阳就开始酝酿着一场阴谋。

如今的皇帝元晔还在晋阳，作为京师的洛阳在近百天的时间里却没有了皇帝。尔朱世隆镇守洛阳，很快就恢复了原来的秩序，商旅流通，也没有了盗贼。尔朱荣死后，他的几个儿子年纪都很小，唯有尔朱兆是尔朱荣血缘关系最近的侄儿，尔朱世隆等人都是尔朱荣的堂兄弟，如今，尔朱世隆五兄弟的势力陡然强大起来：尔朱世隆的长兄尔朱彦伯性格宽厚，原为尔朱荣的长史，元晔登基后，晋升其为侍中，尔朱兆南下时，他与尔朱兆一起进入洛阳，如今，他留在了洛阳；

次兄尔朱仲远在元晔登基后被任命为车骑大将军，仍然是徐州刺史，在尔朱兆入洛后，他也从滑台领兵进入洛阳，在与弟弟尔朱世隆接上头以后，他并没有到徐州的治所彭城上任，而是回到大梁（河南省开封市），不久，又移驻滑台。尔朱仲远没有到彭城上任的原因，大约是那里距离洛阳较远，且又靠近梁境吧。尔朱仲远天生贪婪残暴，辖区内的大族富人，他都诬陷他们要谋反，将人家满门抄斩，没收全部财产，男人投入黄河淹死；众将中谁的妻子美貌，无不被其奸淫；从荥阳以东北魏整个东南地区郡县的赋税全部送到他的军中，一分钱都不给中央上缴。史称："时天光控关右，仲远在大梁，兆据并州，世隆居京邑，各自专恣，权强莫比焉。所在并以贪虐为事，于是四方解体……仲远专恣尤剧，方之彦伯、世隆，最为无礼。东南牧守，下至民俗，比之豺狼，特为患苦。"尔朱世隆的四弟尔朱世承已死；五弟尔朱弼时任左卫将军。尔朱世隆的堂兄弟、原任朔州刺史的尔朱度律也随尔朱兆一起南下，元晔登基后被晋升为太尉，尔朱兆北归后，留下尔朱度律镇守洛阳，在洛阳期间，尔朱度律很快就与尔朱世隆兄弟走到了一起。尔朱荣的堂侄尔朱天光在长安，听说尔朱兆进入洛阳后，率领轻装骑兵来到洛阳，到洛阳后，尔朱兆已经离去，尔朱天光见到尔朱世隆等人，不久又回到了长安。

《北史·皇后传》称："小尔朱者，兆之女也，初为建明（元晔改元建明，代指他）皇后。"由此可知，如今的皇帝长广王元晔，是尔朱兆的女婿，如果元晔当权，尔朱兆的势力无疑会膨胀起来，这是尔朱世隆等人所不愿意看到的。尔朱世隆等人凭借着镇守京师的便利条件，开始酝酿一场废黜元晔、另立他人的计划——显然，这一切都是冲着尔朱兆来的。

但是，如今的元晔远在晋阳和尔朱兆在一起，假如尔朱世隆等人不顾元晔，悍然另立他人为皇帝，尔朱氏家族将立刻陷于分裂，北魏帝国也将出现两位皇帝，尔朱兆也会很快与尔朱世隆等人兵戎相见，事情如果闹到那步田地，尔朱世隆贪图拥立之功所付出的代价也就太大了。尔朱世隆等人思前想后，决定将身在洛阳的元晔之母卫氏杀死，这样一来，尔朱兆也就不得不放元晔回到洛阳奔丧，等到元晔来到洛阳之后，这里是尔朱世隆的天下，一切都好办了。于是，他们趁卫氏出行之际，派遣数十名骑兵假扮成强盗，在京师城内的街巷中将卫氏杀死，而后，又故意悬赏上千万钱捉拿凶手。《资治通鉴》称，尔朱世隆等人杀死卫氏，是担心卫氏干政，这实在是不明事理之言。

与此同时，尔朱世隆等人已经在紧锣密鼓地物色下一任皇帝的合适人选了。

孝文帝的弟弟广陵王元羽的儿子元恭，年少时就好学，心胸开阔，元叉专权时，他为了避祸全身，假装得了急病，变成了哑巴，一直居住在龙华寺内，近十年不发一言。永安末年，有人对孝庄帝说元恭不开口说话，心怀不轨，民间又有谣言说龙华寺内经常有天子之气。元恭吓得逃到了上洛，后被抓回京师，软禁多日。孝庄帝深夜派人假扮强盗抢劫元恭的衣物，又拔出宝剑做出要杀死元恭的架势，元恭张开嘴巴，用手指指自己的舌头，自始至终不发一言。孝庄帝这才相信元恭是真的患病了，放下心来。关西大行台郎中薛孝通对尔朱天光说："广陵王元恭是孝文帝的侄儿，素来就有美名，已多年不开口说话了，我断定肯定是真哑巴了，拥戴他为皇帝，一定符合天心民意。"尔朱天光与尔朱世隆等人商议后，也都怀疑元恭是真哑巴，而尔朱度律的意思是册立宣武帝的侄儿、孝文帝之子京兆王元愉之子元宝炬为帝，他说："广陵王不会说话，岂能主宰天下？"于是，尔朱世隆派尔朱彦伯、尔朱度律一起暗中前去元恭那里说明情况，并胁迫他从命。元恭听后，心生欢喜，说道："天何言哉！"尔朱世隆等人得知元恭并非真哑，大喜，遂定下了册立元恭的决定。当然，尔朱度律的意见也不是没有道理，从血缘关系上来说，孝庄帝是孝文帝的侄儿，而元恭同样是孝文帝的侄儿，按理说，孝明帝绝嗣后，应当在宣武帝的其他儿子中选择皇帝，但由于宣武帝仅有孝明帝一个儿子，退而求其次，则应当在宣武帝的侄儿们中间挑选皇位继承人，但尔朱荣发兵南下是在特殊情况下发动的一场政变，客观上不可能从现任皇帝的近支宗室中选择皇帝，才从宣武帝的堂兄弟中间挑选了孝庄帝元子攸。现在，孝庄帝已死，则应当在孝庄帝的下一辈中即宣武帝的侄儿辈中挑选继承人，而元宝炬是宣武帝弟弟京兆王元愉的儿子，正符合这一条件，从血缘关系上来看，元宝炬也更接近大宗。不过，对于尔朱氏家族来说，如果册立元宝炬等孝庄帝下一辈的人继承大位的话，也就意味着是在继承孝庄帝，而孝庄帝是尔朱氏的仇敌，从感情上尔朱氏是不愿意看到孝庄帝有继承人的，选择与孝庄帝平辈的人继承皇位，就意味着直接继承的是孝文帝的衣钵。

晋阳的长广王元晔当然不知京师发生的这一切，他听到母亲去世的消息后，即匆匆离开了晋阳，朝洛阳赶来。南梁武帝中大通三年（公元531年）二月二十九日，长广王来到洛阳北郊的邙山南麓，尔朱世隆等人已提前写好了禅让文书，命泰山太守窦瑗手持马鞭，单独进入御帐之内，对长广王元晔说："天命人心都在广陵王元恭身上，请求陛下仿效尧舜施行禅让。”元晔惊愕之余，不得不在文书上签字。尔朱世隆等百官簇拥着广陵王元恭来到洛阳东郊，元恭推辞三次后，即登基即皇帝位。大赦，改元普泰。黄门侍郎邢子才起草的赦文，叙述了孝庄帝枉杀尔朱荣之事，元恭说：“永安（指孝庄帝）亲手斩杀了强臣，并非无德，只是上天还没有厌弃变乱，所以才有了成济诛杀君主的灾祸重新上演了。”说完，他命令侍从拿来毛笔，亲自写下赦文，开门见山说道：“门下省：朕对百姓没有多少恩德，受到推举登上皇位，深愿与普天之下的黎民百姓一起共同庆祝，大赦的细节，就按照以往的惯例办理。”元恭闭口八年，至此才开始说话，京城内外都欢欣鼓舞，庆幸他们遇到了一位明君，一定能让天下重新太平。

尔朱世隆将自己的女婿废黜，另立了节闵帝元恭，听到这个消息后，尔朱兆大怒，打算发兵南下进攻尔朱世隆。节闵帝下诏让华山王元鸷兼尚书仆射、北道大使，北上晋阳安抚尔朱兆，但尔朱兆仍然不听。尔朱世隆又让自己的大哥尔朱彦伯亲自前去解释说明，尔朱兆这才作罢。尔朱彦伯圆满完成了任务，节闵帝在显阳殿设宴款待他，当时，侍中源子恭、黄门郎窦瑗在座，尔朱彦伯对源子恭说：“源侍中前不久还是都督，与臣在河内郡相持，当时，双方旗鼓相望，岂知今日能一同侍奉陛下啊。”源子恭说：“蒯通说过，狗对着不是自己主人的人狂吠。过去，我尽忠于永安，就如同现在侍奉陛下一样。”节闵帝说：“源侍中可谓是有射钩之心啊。”遂令二人喝得大醉。

三月，节闵帝下诏，以三月癸酉，封长广王晔为东海王。以太师、骠骑大将军、青州刺史、鲁郡王元肃（元晔长兄）仍为太师；特进、车骑大将军、沛郡王元欣为太傅、司州牧，改封淮阳王；骠骑大将军、开府仪同三司、徐州刺史、彭城王尔朱仲远，骠骑大将军、仪同三司、雍州刺史、陇西王尔朱天光，并为大将军；柱国大将军、并州刺史、颍川王尔朱兆为天柱大将军；封骠骑大将军、仪同三司、左卫将军、大都督、晋州刺史、平阳郡开国公高欢为渤海王，增邑五百户；特进、车骑大将军、清河王元亶为仪同三司；侍中、太傅、骠骑大将军、开府仪同三司、尚书令、乐平王尔朱世隆为太保；开府、前司徒公长孙稚为太尉公、录尚书事；侍中、骠骑大将军、开府仪同三司、赵郡王谌为司空公。长孙稚推辞，改封为骠骑大将军、开府仪同三司。为了安抚尔朱兆，节闵帝先是任命尔朱兆为使持节、侍中、都督中外诸军事、柱国大将军、领军将军、领左右、并州刺史、兼录尚书事、大行台。又任命他为天柱大将军，尔朱兆对别人说：“这个官是叔父死时的官职，我岂敢接受？”遂坚决推辞，不久，朝廷又加封其为都督十州诸军事，世袭并州刺史。节闵帝即位后，对尔朱氏成员也都一一进行封赏：尔朱彦伯为使持节、骠骑大将军、右光禄大夫、马场大都督，封博陵郡开国公，后晋爵为王。节闵帝特意发明了仪同三师一官，由尚书令尔朱世隆担任。任命尔朱弼为车骑将军、左光禄大夫、领左右，改封河间郡公，不久，又晋升为骠骑大将军、开府仪同三司、青州刺史。任命尔朱度律为使持节、侍中、大将军、太尉、兼尚书令、东北道大行台。薛孝通也因首创拥立大计而被节闵帝晋升为银青光禄大夫、散骑常侍兼中书舍人，节闵帝对其非常信任。

三六八 讨灭刘灵助

长广王元晔仅仅在位三个多月就被迫退位了，他甚至没有登上过金銮宝殿，因此，史书并没有把他作为皇帝对待，也没有单独为其写本纪。

普泰元年（公元531年）二月三十日，也就是节闵帝即位后的第二天，他就下诏称："三皇时期君主称皇，五帝时称帝，夏商周三代称王，越来越谦虚，但从秦始皇开始，都竞相称皇帝，我现在仅称帝，已经是很自夸了。"追赠尔朱荣为相国、晋王，加九锡之礼。尔朱世隆与群臣商议尔朱荣的牌位应与哪位皇帝放在一起供奉。司直刘季明说："如果与宣武帝放在一起，那时候他并未建立什么功勋；如果与孝明帝放在一起，他亲自杀害了人家的母亲胡太后；如果与孝庄帝放一起，他没有尽到臣节。以此看来，在皇家宗庙中，尔朱荣无处存身。"尔朱世隆听了，怒道："你就该死！"刘季明回答："下官既然主持会议，必须发言，如果不合心意，要杀要剐，随你的便。"尔朱世隆也没有处理他，但最终决定把尔朱荣的牌位放到了孝文帝的庙中。由于邙山上原有周公庙，尔朱世隆又在山上为尔朱荣建造了一座庙宇，暗示尔朱荣的功劳堪比周公，庙宇建成后不久，就被大火焚毁。

在尔朱世隆册立节闵帝前后，已将孝庄帝的心腹高道穆诛杀，有人建议他夺去朝廷对李苗的追赠，尔朱世隆说："我率部驻扎河桥之时，有人曾建议一两天之内就纵兵大掠，焚烧洛阳城郭，因为李苗焚烧河桥之故，京师才得以保全，天下的善都是相同的，不宜追夺。"尔朱荣死后，尔朱世隆等人曾向大宁（山西省沁水县）太守房谟征兵，房谟不予理会，并斩杀了尔朱世隆派来的三个使者，还派遣弟弟房毓前去洛阳。得知尔朱兆入洛后，建州（治所山西省晋城市）刺史兰安定逮捕了房谟，郡中蜀人得到消息，全部造反。兰安定给了房谟一匹劣马，叛蜀们见到房谟，无不跪下参拜。兰安定把房谟原来的坐骑交给别人骑乘，兰安定战败后，蜀人得到了那匹马，以为房谟已被朝廷加害了，都非常悲痛，精心照料那匹马，男女老少竞相给马喂料，称之为房公马。尔朱世隆听说后，就释放了房谟，任命其为自己府中的长史。

由于史仵龙和杨文义的投降，尔朱兆才得以顺利进入洛阳，尔朱世隆请求节闵帝给二人封赏，节闵帝却说："这两个人对大王有功，对国家却没有功劳。"遂不给二人封赏。尔朱仲远上书节闵帝任命自己的部下为西兖州刺史，先已自行委派，后才上书请求，节闵帝下诏回复道："你已经能就近任命，何必要远来请示！"尔朱天光灭掉万俟丑奴之后，曾从那里获得了波斯国所献的狮子，送至洛阳，孝庄帝将狮子放置于华林园内，将老虎和豹子与狮子放到一起，老虎、豹子见到狮子后，都是吓得闭上眼睛，假装睡觉，孝庄帝看得哈哈大笑，至此，节闵帝称："把野兽关起来，就违背了它们的天性。"命人把狮子送回波斯。使者因路途遥远，遂在半路上把狮子杀了，有关部门弹劾那位使者，节闵帝说："岂能因为野兽而去处罚人！"就赦免了使者。

节闵帝即位后，尔朱天光率军进抵夏州，派部将讨伐宿勤明达，将其活捉，送到了洛阳，至此，关中万俟丑奴的残部被全部讨平。当时在夏州北部还有处于独立状态并与尔朱家族为敌的费也头纥豆陵部的纥豆陵伊利（纥豆陵步蕃被杀后的部落头领）和万俟受洛干，尔朱天光将要向这两部发起进攻，而就在这时，他却听到河北地区发生了巨大的变故，不得不停下了军事行动。

那么，河北地区究竟又发生了什么样的变故呢?

其实，在节闵帝即位后不久，不仅是河北地区而且在青州地区也都出现了反对尔朱氏集团的叛乱，据《魏书·前废帝纪》："（普泰元年二月）镇远将军清河崔祖螭聚青州七郡之众十余万人围东阳。幽州刺史刘灵助起兵于蓟。抚军将军、金紫光禄大夫、兼侍中、河北大使高乾邕及弟平北将军、通直散骑常侍敖曹，率众夜袭冀州，执刺史元嶷，杀监军孙白鹞，共推前河内太守封隆之行州事。"由此可知，在节闵帝即位的同月，青州、幽州、冀州均发生了叛乱，而在此之前，还有范阳太守卢文伟赶走侯渊，与尔朱氏为敌。

崔氏为当地豪强，崔祖螭的父亲崔僧渊曾任南青州刺史，崔祖螭的大哥崔伯凤为前将军，不久前，与都督源子恭一起镇守丹谷，为尔朱兆所杀，因此，崔祖螭是与尔朱氏家族为敌的。普泰元年二月，崔祖螭、张僧晧聚众谋反，包围了东阳（青州治所，山东省青州市东），有十余万之众。北魏青州刺史王贵平率领城内军民固守城池，令太傅咨议参军崔光伯出城安抚，崔光伯之兄崔光韶说：“城内军民长期欺压百姓，众怒难犯，不是安抚所能奏效，弟弟前去，肯定会凶多吉少。”王贵平强令崔光伯前往，崔光伯出城后，果然为叛众所杀。到了五月，尔朱仲远派遣都督魏僧勖等将东征崔祖螭，将其斩杀。

高乾邕（又名高乾）和弟弟高敖曹作为孝庄帝的心腹，受孝庄帝之命回到冀州家乡招募军队，自然也是尔朱氏家族的敌人，而幽州、安州、营州、并州四州行台刘灵助起兵多少就有些想趁乱浑水摸鱼的意味。刘灵助是燕郡（北京市大兴区南）人，年轻时既当过小贩，又做过强盗，还当过算命先生，后来投奔尔朱荣，尔朱荣笃信占卜，而刘灵助却屡屡言中，遂受到尔朱荣的宠信。尔朱荣南下河内时，令刘灵助占卜，刘灵助说：“到未时即能取胜。”当时已近中午，士兵们都很疲惫，刘灵助说：“快到时候了。”尔朱荣擂起了进攻的战鼓，一轮攻击下来，果然攻克了河内；等到夺取北中城的时候，尔朱荣进攻受挫，当时正值盛夏，天气炎热，尔朱荣心生退意。孝庄帝命刘灵助占卜，刘灵助说：“必破，就在十八九日之间。”果然如此。等到尔朱荣死后，刘灵助占卜后看到尔朱氏家族有破灭的预兆，并显示自己三月末能进入定州，又认为自己深通术数，必定能蛊惑百姓们，于是，他非常自信，遂自称燕王、大行台，号召大家为死难的孝庄帝报仇。当时，纥豆陵步蕃之兵进逼晋阳，尔朱兆屡战屡败，刘灵助对大家说：“尔朱氏将灭，不用我出手，刘氏当兴盛。”幽州（治所燕郡，北京市）、瀛洲（治所军都城，河北省河间市）、沧州（治所饶安，河北省乐陵市西北）、冀州（治所信都，河北省冀州市）百姓大多深信不疑，追随刘灵助。服从的，夜里举火为号，不点火的村落，附近各村一起将其诛灭，刘灵助遂率部南下，推进到了博陵的安国城（河北省安平县）。

尔朱兆派遣监军孙百鹞率领一百多骑兵来到冀州，诈言征调百姓们的马匹，等到高乾兄弟送来马匹后，趁机将他们杀掉。高乾等人知道了孙百鹞的计划，遂找到了前河内太守封隆之商议。封隆之原被孝庄帝任命为河内太守抵御尔朱兆，还未到任，尔朱兆已攻进洛阳，封隆之的父亲为尔朱兆所杀，他带着国仇家恨回到家乡，时刻想报仇雪恨，高乾对他说：“尔朱氏残暴忤逆，加害皇上，在下与老兄都受到先帝的厚遇，岂能不挺身而出为先帝报仇雪恨？”封隆之回答：“国家仇恨，痛彻骨髓，趁机而动，正在今日！”商量妥当后，二人联手暗中安排壮士，夜袭信都，杀死了孙百鹞，逮捕了冀州刺史元嶷。高乾等人打算推举父亲高翼代行州务，高翼说："安定家乡，我不如封隆之。"遂推举封隆之暂行冀州刺史之权。于是，他们也为孝庄帝举行了悼念仪式，将士们都身着孝服，封隆之等人登上高台，向全军发表誓言，并向所属州郡下书，号召共同讨伐尔朱氏。

殷州（治所河北省隆尧县东）刺史尔朱羽生率领五千人偷袭信都，高敖曹不暇穿上铠甲，就一跃而起，带了麾下数十骑冲出城门。高乾从城内用绳索垂下五百人，这五百人还没赶到，高敖曹就与敌人交上了手。高敖曹手持长矛，直冲敌阵，身边壮士无不以一当百，顿时尔朱羽生大败而逃。高敖曹武艺超群，被当时的人们比作西楚霸王项羽。

北魏朝廷命令大都督侯渊、骠骑大将军叱列延庆北上讨伐刘灵助。魏军推进到固城（河北省定州市东北），侯渊畏惧刘灵助部众太多，打算西撤，固守险要，等待情况发生变化。叱列延庆说："刘灵助不过是一个平庸之人，依靠幻术妖言惑众，我大兵一到，敌人都是依赖他的妖术，岂肯替他卖力、与我死斗？不如驻扎在城外，谎称我们将要西撤，刘灵助听到后，肯定会放松警惕，然后，偷偷回军袭击，一定能够胜利。"侯渊听从了，遂将部队驻扎在固城城西，声言将要西撤，三月二十六日，挑选一千名精锐骑兵，趁夜直接进抵刘灵助的大营，刘灵助领军出战，战败被杀，首级被送到了洛阳。

刘灵助起兵之初，经常说自已将在三月进入定州，等到刘灵助的人头送入定州时，恰恰是三月。

三六九 入居信都

尔朱兆让高欢统领六镇降众，并让其离开山西东出河北，大约也有让他率领这部分人去抵御刘灵助的意思，但高欢与尔朱兆决裂后，并没有立即东出滏口，而是在壶关（山西省壶关县）的大王山整整逗留了两个月之久。

这是为什么？史书根本没有给我们一个清晰的答案，我们只能根据当时的情形推测一二。我们首先从高欢主动请求尔朱兆让自己离开并州东去河北的原因来探究一下。首先，并州是尔朱家族的根据地，高欢依靠与尔朱兆联手击破纥豆陵步蕃换得了尔朱兆同意其统领六镇降户的权力，据史书记载，被尔朱荣迁徙至山西的六镇降户原有二十余万人，但在短短的一两年间，这些降户受到尔朱荣为首的契胡残酷的压迫，死亡将近一半，他们奋起反抗，大小经过二十次起义都被尔朱氏家族镇压，又死亡很多（见《北齐书·神武纪》），因此，尔朱兆划给高欢统领的六镇降户当不足十万，而且，这数万降户并非全是战士，大多是拖家带口的，从后来高欢在信都举义后所领的三万人判断，六镇降户中的战士当在两万多人，并且，这些人刚刚归于高欢手下，上下之间并未建立起亲密的关系，以如此微弱的兵力要想与尔朱兆抗衡，进而夺占山西，这几乎是不可能的，这是高欢意欲离开山西东下的原因之一。其次，河北渤海是高欢的故乡。近现代的部分历史学者对高欢是否出自渤海高氏提出异议，认为是北齐政权建立以后，高欢及其后嗣为了攀附高门所为，这些学者提出的质疑大多没有直接的证据，而多是一种想象和推测，其实是站不住脚的。从节闵帝即位后，即将高欢封为渤海王这一点来看，在此之前，北魏政府就已经对高欢是渤海高氏后裔是认可的，因为，在北魏时期，北魏朝廷分封的很多异姓王都是封到他的故乡，这大约是基于让其荣归故里的考虑，如胡太后将自己的父亲封为安定王，而将原来的安定王元超改封等等，这方面的例子很多，不再一一列举了。高欢决定东归，也有企图利用渤海高氏力量的意思。至于高欢为何在大王山停留了两个月迟迟没有东下，大约与当时河北的形势有关。在高欢决定东归前后，河北各地大乱，尤其是刘灵助的势力很大，显然，高欢驻军大王山的用意就是避免与刘灵助正面对决，一方面密切注视着河北瞬息万变的局势；另一方面在寻求河北大族的支持。

而恰在这时，两个人来到了高欢的大营，多少让他下定了东出河北的决心，这两个人分别是：高乾和李元忠。

高乾兄弟占据信都，与卢文伟、刘灵助相互支持，此时，高欢对外声称将要讨伐信都的高乾，开始引兵东出。信都人都非常担心，高乾却说："我听说高晋州英雄盖世，必不会久居人下。且尔朱兆背弃道德，弑君虐民，正是英雄建功立业之时，今日高欢前来，必定有深远的谋略，我将亲自前去迎接，察看他的用意，你们大家不用多虑。"高乾率领十余骑兵与封隆之的儿子封子绘一起到滏口拜谒高欢。高乾见到高欢后，劝说道："尔朱氏残酷暴虐，人神共愤，凡是心怀忠义之人，无不要高举义旗。大人威望品德素来广为人知，如果举起义兵，再强悍的敌人也不是大人的对手。冀州虽小，但户口不少于十万，屯聚的粮食也足以保障军队的供应。请大人三思。"高乾洞察世事，又善于言辞，他发言慷慨激昂，句句说到高欢心里，高欢听后大喜，遂与高乾同床而眠。

李元忠是赵郡柏人县（河北省隆尧县）人，他的父亲李显甫素以豪侠著称，生前曾任河南（洛阳）太守，他召集同族数千家从平棘南下来到柏人，在李鱼川（当在河北省隆尧县东）五六十里之地聚居在那里，李显甫是族长，死后被追赠为安州刺史，儿子李元忠继承族长一职。李元忠从小就志向高远，非常聪明，兼通阴阳占卜。因其母长期有病，他刻苦学习，遂又精通医术。李元忠家一直很富有，过去家里经常借贷给穷人，李元忠把借据全部焚毁，乡人对他非常尊敬。孝庄帝时期，河北治安状况非常差，清河县有五百军人要西去驻防，经过南赵郡（治所河北省隆尧县），道路不通，遂投靠李元忠，送给李元忠一千匹绢作为见面礼。李元忠只接受一匹，反而杀了五头牛款待这些人，派一名奴仆为向导，并交代说："如果碰到劫匪，就说是李元忠的人。"果然，一路上劫匪纷纷避让。等到葛荣扰乱河北时，李元忠率领宗族修筑堡垒自保，他端坐在大槲树下，一口气杀了三百多名不听命令的人。葛荣的叛军前来进攻，李元忠屡屡将其击破，葛荣说："我从中山来到此地，接连被赵郡的李氏击破，岂能成就大事？"遂率领大军前来进攻，将李元忠活捉随军。葛荣失败后，北魏朝廷就任命李元忠为家乡南赵郡的太守。李元忠喜欢喝酒，在太守任上并无什么政绩。

赵郡李氏与渤海高氏关系密切，《北史》记载，李元忠的同族弟弟李密，“少有节操，属尔朱兆杀逆，乃阴结豪右，与渤海高昂为报复之计。”李元忠的同族、乐平太守李愍，“潜与幽州刺史刘灵助及高昂兄弟、安州刺史卢曹等同契义举。”也就是说，在尔朱兆弑杀孝庄帝后，河北大族高氏、李氏、卢氏、刘氏等均以讨伐尔朱兆为名联合在了一起，显然，当高欢率军来到河北之后，河北大族为了自身的利益，已经就说服高欢背叛尔朱氏达成了默契。李元忠乘坐敞篷车子，车上放着古筝、老酒前去迎接。高欢听说军营外来了一个酒徒，没有马上接见。李元忠从车上下来，席地而坐，一边喝着酒，一边悠然自得地吃着肉干，对看门人说道：“我本来听说高公招揽天下豪杰，如今，听到国家的栋梁之材到了，却没有像周公那样吐出口里的饭，像刘邦那样停下洗脚，此人的胸怀可想而知。把我的名片退给我，不要再去禀报了。”守门人进入通报后，高欢赶忙从屋内出来迎接。李元忠进屋之后，酒过三巡，他又从车上取来古筝弹奏，慷慨悲歌，唱了一段后，对高欢说道：“天下形势可想而知，大人还要继续侍奉尔朱氏吗？”高欢回答：“我的富贵都来自于他，怎敢不尽忠？”李元忠听了，说道：“你不是个英雄啊，高乾兄弟曾来过没？”当时，高乾已经见过高欢，高欢骗李元忠说：“我的堂叔父们都是些粗人，怎么肯来见我？”李元忠说：“虽说是粗人，可是都有见识！”高欢说：“李太守你醉了。”命人要扶起李元忠出帐，但李元忠不肯起身。这时，孙腾对高欢说：“此人是上天送给大人的，不要不听他的。”高欢这才继续与李元忠交谈。李元忠说到动情处，不禁慷慨流泪，高欢也悲从中来，难以自制。李元忠遂劝高欢各据一方，合纵连横，又建议：“殷州是个小州，没有多少存粮武器，不足以办成大事。冀州是个大州，如果大人前去冀州，高乾兄弟必定拥戴大人为主。我在殷州从中取事，殷州也会落入大人手里。拿下冀州和殷州后，瀛州、沧州、幽州、定州自然会服从。只是相州刺史刘诞是个狡猾的胡人，或许会抵御，但他也不是大人的对手。”高欢紧紧握住李元忠的双手，表示感谢。

高欢的军队进入河北地界后，他下令严格军纪，秋毫无犯，部队经过麦田时，高欢总要牵马步行，以免践踏了麦苗。河北百姓听说后，都赞扬高欢的部队纪律严明，打心眼里拥护他。高欢向相州刺史刘诞请求军粮，但遭到了拒绝，正巧，相州运送粮食的车队经过，高欢下令全部抢去。高欢率领的六镇军队来到信都后，高乾、封隆之开门迎接，高欢进入信都时，高乾的弟弟高敖曹正率部在外夺取土地，对此，他起初并不知情，当得知哥哥与封隆之等人推举高欢为主、将信都拱手让人后，高敖曹十分不满，认为哥哥高乾就是个柔弱的妇道人家，从军中给高乾送去了一身女装。高欢知道后，派遣世子高澄以孙子辈的礼节去拜见高敖曹，高敖曹这才与他一起回到了信都。此时正值节闵帝普泰元年（公元531）年二月，节闵帝元恭刚刚坐上皇帝的宝座。

高欢和与尔朱氏为敌的高乾兄弟合流，这让远在洛阳的尔朱度律等人深感不安，为了安抚住高欢，尔朱度律建议节闵帝给高欢加官晋爵，遂有了三月封高欢为渤海王的事，在给高欢封王的同时，北魏朝廷下诏征召他回京，但高欢拒绝。四月，北魏朝廷又任命高欢为东道大行台、第一镇人酋长、大都督、冀州刺史。高欢的旧友庞苍鹰自太原来投，高欢任命他为行台郎，不久，改任为安州刺史。

三七〇 起兵信都

高欢入居冀州后，高乾兄弟、赵郡李氏就脱离了刘灵助，三月，刘灵助战败被杀。刘灵助的留后卢文伟弃城回到范阳，寻求高乾兄弟的支持。当得知高欢已入主冀州后，卢文伟派遣儿子卢怀道表示归顺，高欢接受了。卢曹也曾追随刘灵助起兵，刘灵助被杀后，卢曹以幽州投降了尔朱兆，尔朱兆仍任命其为幽州刺史。

到了这一年的五月，北魏朝廷似乎已经平定了境内全部的叛乱：高乾兄弟二月迎接了高欢、刘灵助三月被杀、宿勤明达四月被杀、崔祖螭五月被杀。然而，更大的变故即将上演，在这三个多月的时间里，进入冀州的高欢却一直没有闲着，他整顿军队，厉兵秣马，安抚百姓，结交大族，紧锣密鼓地为讨伐尔朱家族做着准备工作。此时，高欢的身边已经形成了以怀朔镇旧部为主导、河北大族为辅助的集团，这一集团已经形成了后来北齐帝国重臣的雏形。怀朔镇旧部还能分为几个层次：一是高欢亲戚。这些人主要有：段荣，与高欢是连襟，段荣之妻是高欢妻子娄氏的姐姐，段荣与高欢、窦泰一起从杜洛周那里投奔尔朱荣；窦泰，其父窦乐在破六韩拔陵进攻怀朔镇时被杀，高欢与窦泰也是连襟，窦泰之妻是高欢妻子娄氏的妹妹，高欢担任晋州刺史时特意请求窦泰担任自己的镇城都督；尉景是高欢的妹夫；娄昭，高欢妻弟；库狄干，高欢的另一个妹夫；韩轨，高欢的旧交，高欢年轻时家境贫寒，曾想娶韩轨妹妹为妻，但韩轨母亲不同意，如今终于如愿。二是高欢旧交。这些人包括：潘乐，高欢担任晋州刺史时引为镇城都督；斛律平、斛律金兄弟；贺拔允，在高欢将要东出河北时，贺拔允以侍中的身份出使柔然回来，“允素知高祖非常人，早自结托。高祖以其北士之望，尤亲礼之。”贺拔允遂与高欢一道来到信都；蔡俊，是高欢的老友，与段长、庞苍鹰都看出高欢不是寻常之人，一直追随高欢；孙腾，为高欢晋州长史，亦为高欢的发小。三是高欢旧部。高隆之为高欢晋州治中；敬显俊为高欢晋州别驾等。四是六镇降户头领。张保洛原为葛荣将领，后为尔朱荣统军，与高欢一起讨平纥豆陵步蕃，后归高欢，由此可知此人当为六镇降户头领。《通典·食货典·乡党》引宋孝王《关东风俗传》称：“昔六国之亡，豪族处处而有，秦氏失驭，竟起为乱。及汉高徙诸大姓齐田以实关中，盖所以强本抑末之计也。（北齐）文宣（高洋）之代，政令严猛，羊、毕诸豪，颇被徙逐。至若瀛、冀诸刘，清河张、宋，并州王氏，濮阳侯族，诸如此辈，一宗将近万室，烟火连接，比屋而居。献武（高欢）初在冀郡，大族猬起应之。侯景之反，河南侯氏几为大患，有同刘元海、石勒之众也。”这里列举了河北大族有羊氏、毕氏、刘氏、张氏、宋氏、王氏、侯氏等，但均没有响应高欢，而《文苑英华》朱敬则的《北齐高祖论》称：“于时魏德已衰，群胡得志，孝庄殒于虏手，节闵系于凶徒，义士痛心，壮夫沥血，结党求同盟之会，仗剑想勤王之师，往往而聚焉。所以因天下之心，览群雄之议，以普泰元年六月，建旗于信都，以讨尔朱兆为名。当时赵魏之豪，有高乾邕（高乾）、高敖曹、封隆之、李元诚（李元忠）、卢文伟、崔祖禽（崔祖螭）等尽其死力；盖代之杰，有尉景、段荣、彭乐、窦泰、匹娄昭、薛孤延等共其奔走。”在河北大族中，最先响应高欢的自然是高乾兄弟，高欢虽然与高乾兄弟是同族，但因高欢祖父高谧犯法被流放到北镇，高欢及其父亲高树沾染了鲜卑风气，已经以鲜卑人自居，而高乾兄弟则是河北汉族大族的代表，这些人还有前述的李元忠、卢文伟、封隆之以及依附于高氏兄弟的魏兰根等人，另有原韩楼的部将王怀、薛孤延，二人背叛韩楼投降北魏后，见高欢来到河北，王怀遂率领三千家部众投靠了高欢。高欢的基干力量是六镇降户，但是到冀州以后，他又必须依靠河北大族的支持，而六镇降户大多是鲜卑人，他们在北魏汉化过程中被边缘化，因此，对汉化甚至汉人非常痛恨，双方矛盾很深。只有协调好双方才能形成合力，为了调和双方的矛盾，高欢对鲜卑人讲：“汉人是你们的奴仆，男人为你们耕作，女人为你们织衣，上交粟帛赋税让你们温饱无忧，为什么还要欺凌他们呢？”又对汉人们讲：“鲜卑人是你们雇用的兵客，得到你们一些衣物吃食，为你们防盗击贼，能保你们安宁度日，干吗那么恨他们呢？”

北魏朝廷本欲安抚高欢，可是，高欢却利用了朝廷授予自己东道大行台、渤海王、大都督的高位，大肆培植自己的势力，经过三个多月的准备，高欢在信都已经逐渐站稳了脚跟，下一步，他即将与尔朱氏翻脸了！

北魏节闵帝普泰元年六月，高欢将要起兵讨伐尔朱氏，镇南大将军斛律金、库狄干、娄昭、段荣等人都表示赞同。但要想激变六镇降户，还是颇费周折的，高欢命人假造尔朱兆的文书，书信上声称将要把六镇降户划归契胡当部曲，又伪造并州的公文，征召一万人前往并州讨伐步落稽（刘蠡升）部落，六镇降户个个非常担忧。孙腾、尉景请求延期五天，如此延期了两次后，终于到了将要出发的日子，高欢亲自将他们送到信都郊外，洒泪而别，这些将要离开亲人的将士们与家人号啕痛哭，声震原野。高欢对大家说："我与你们大家一样都是背井离乡之人，情同手足，谁能想到上级又突然做出了这样的安排！今天一路向西，与步落稽交战固然会有一死；我们已经延误了出发的期限，又要被处死；把你们分配给契胡，还免不了一死，唉，这该怎么办啊！"众人都说："那就只有造反了！"高欢说："造反也是情急之下的救命之计，但要造反，就得推举一个人当头领，你们说谁能担任头领？"大家都一致推举高欢担任头领。高欢又说："咱们六镇的乡亲们都非常剽悍，不好管理，大家没看到葛荣的下场吗？虽有百万之众，如果没有严格的纪律，最终也将归于灭亡。如今你们推举我为头领，就应该与过去不一样，一是不能欺负汉人；二是如果谁违反了军令，是生是死都得听我的，答应我这两个条件才行，不然的话，我可不愿自取灭亡，让天下人耻笑。"众人都跪了下来叩头说道："是生是死，均听大人的号令！"于是，高欢这才同意，命令杀牛犒赏全体将士们，封隆之说："此举千载一时，普天之下的百姓有福了啊！"高欢说："讨伐叛贼，是最顺应民心的事；拯救一个时代，是最大的功业。我虽然没有多少才能，但死而后已，岂敢推辞！"六月二十二日，高欢正式举兵，但仍然不敢公然宣布与尔朱氏为敌。

此时，在河北地区，尔朱羽生为殷州刺史，相州刺史是刘诞，幽州刺史是尔朱兆任命的卢曹，尔朱氏将领侯渊则盘踞在定州一带。高欢暗中命令李元忠率领部众从西山进逼殷州州城广阿（河北省隆尧县东），然后让高乾率部前去，谎称救援尔朱羽生。高乾率领轻装骑兵入城晋见尔朱羽生，一起筹划军事行动，而后二人一起走出，高乾突然变脸，将尔朱羽生擒获斩杀，遂袭占了殷州。高乾手持尔朱羽生的头颅来见高欢，高欢大喜，他抚摸着胸口说道："今日造反已成定局！"虽然高欢说动了六镇鲜卑，但对河北大族的态度一直心存疑虑，如今高乾、李元忠占领了殷州，已向自己表明了态度，这是高欢决心起兵的直接原因。从另外一个角度来看，高欢统领的六镇降户亟须解决的问题是粮食，因此，高欢离不开河北大族的支持，他在得到河北大族支持之后，还在接受尔朱氏的官爵，却在数月之间一直没有公开与尔朱氏翻脸，即便是他在举兵之后仍然如此，这不能不让河北大族对其真实用心逐渐产生疑虑，而且，尔朱氏对高欢是有恩的，据

《北齐书·文宣帝纪》称："初，高祖（高欢）之归尔朱荣，时经危乱，家徒壁立，后与亲姻相对，共忧寒馁。帝时尚未能言，欻然应曰'得活'，太后及左右大惊而不敢言。"刚刚投奔尔朱荣的高欢家徒四壁，又没有得到尔朱荣的赏识，全家人既没吃的，又没喝的，后来，是尔朱荣一手把他提拔上来，为晋州刺史，从情理上说，高欢对尔朱氏家族应当存感激之心，对此，河北大族是不能不有所顾虑的。《北齐书·李元忠传》及《北史·李元忠传》均记载，在高欢击败尔朱氏后，经常在宴席中与李元忠谈及往事，李元忠说："昔日起义，轰轰烈烈，十分畅快，近来寂寞无人问，还想再找起义的地方。"高欢拍着手笑道："是这人逼着我起兵的。"遂赏赐给李元忠一匹白马。李元忠开玩笑说："如果您老不给我个侍中当当，我就再找起义的地方去。"高欢回答："不用担心没有起义的地方，只是我这个老翁不好遇。"李元忠说："就是这个老翁难遇，所以我才不离去。"遂捋着高欢的胡须哈哈大笑。从高欢说是李元忠逼自己举兵这一点来看，李元忠和高乾夺占殷州，也将高欢置于无法回头的境地，不得不与河北大族一起与尔朱氏家族翻脸。高乾、李元忠攻下殷州后，高欢即任命李元忠为殷州刺史，镇守广阿。他发布讨伐尔朱氏的檄文，公开与尔朱氏决裂，看到高欢的檄文，尔朱世隆隐匿下来，不敢让节闵帝看到。

此时的北魏朝廷依然是矛盾重重。被尔朱世隆拥立的节闵帝元恭对尔朱氏并不买账，据《洛阳伽蓝记·平等寺》记载，节闵帝与尔朱世隆等人一起饮宴时，常常说道："太原王尔朱荣贪天功为己功，罪也该死。"尔朱世隆等人听了不禁目瞪口呆，面面相觑，从此之后，再也不敢入朝了。身为尚书令的尔朱世隆不敢入朝，只能在家中办公。过去尔朱荣活着的时候，尔朱世隆刚刚担任尚书仆射，由于畏惧尔朱荣，尔朱世隆一直夹着尾巴做人，留心政务，和蔼待人，赢得了开明机敏的美名，可是等到尔朱荣一死，他就再也没有什么顾忌了，他让尚书郎宋游道和邢昕在自己家中东西对坐，受理案件，发号施令，北魏朝廷事无大小，都需要先向尔朱世隆禀报后方可施行。尔朱世隆见节闵帝对尔朱氏心存猜忌，他也刻意把节闵帝晾在一边，自己独揽朝廷大权，生杀予夺，公然强娶王妃，肆意奸淫。尔朱世隆早已觊觎孝庄帝的妹妹、萧赞的妻子寿阳公主，寿阳公主不从被杀，这我们前面已经说过，后来，尔朱世隆又看中了任城王妃，将王妃强娶过来。河阴之难后，北魏大量宗室被杀，很多王妃成了寡妇，被尔朱世隆娶来的任城王妃当是任城王拓跋云的孙子、元澄儿子元彝之妻，任城王妃又是元顺的弟媳、元世俊的堂嫂。

三七一 广阿之战

听说高欢起兵的消息后，尔朱仲远、尔朱度律等人自恃强盛，不以为意，只有尔朱世隆十分担心。过去，尔朱荣曾问身边的人："哪天没有了我，你们说谁能担当军中主帅？"大家都称尔朱兆，尔朱荣却说："尔朱兆只能率领三千以下的骑兵，能代替我担任军中主帅的，只有贺六浑（高欢）一人。"还劝诫尔朱兆说："你不是此人的敌手，最终会被人家穿住鼻子的！"尔朱荣生前对高欢的评价，尔朱世隆不会不知道，这就是他忧心忡忡的原因所在。

为了应对高欢即将到来的进攻，尔朱世隆首先想到的是要稳定内部，他很快就将目光投到了势力庞大的弘农杨氏身上。

杨氏一门一直是孝庄帝的心腹重臣，与城阳王元徽、李延寔之子李彧都有密切的姻亲关系，在诛杀尔朱荣的行动中，杨侃更是亲自参与密谋，等到尔朱兆进入洛阳后，杨侃逃奔华阴老家避难。尔朱世隆决心对杨氏下手，既是为尔朱荣报仇，也是在抵御高欢之前提前排除后方异己势力、稳定后方的举措。如前所述，杨播兄弟六人：杨播、杨椿、杨颖、杨顺、杨津、杨暐，杨播已死，有子侍中杨侃；杨椿有子东道行台杨昱；杨颖为东雍州别驾，有子新安太守杨叔良；杨顺原任冀州刺史，有子东雍州刺史杨辩、正平太守杨仲宣、朱衣直阁杨测、杨稚卿；杨津原任骠骑大将军、北道大行台，有子征东将军、金紫光禄大夫杨遁、光州刺史杨逸、卫将军杨谧、杨愔、杨遵彦；杨暐有子杨元让。除了杨侃三叔杨颖和六叔杨暐这两支地位不高之外，其他四支在北魏末年的政治舞台上都能够频频看到他们的身影。孝庄帝诛杀尔朱荣后就曾让两位杨氏成员担任方面大员：以杨津为北道大行台、杨昱为东道行台。杨津率领五百羽林军前去邺城，杨津准备从滏口西上，接管尔朱兆的并州，但尔朱兆很快就攻陷了洛阳，相州刺史李神等人劝说杨津转投尔朱兆，但杨津没有同意，当时，他的次子杨逸是光州（治所山东省莱州市）刺史，而侄儿杨昱又是东道行台，杨津遂率领轻装骑兵打算东渡黄河，再作打算。但尔朱仲远已攻破东郡，杨津遂无法东去，只好回到了洛阳。

对于这样一个一直与尔朱氏为敌的家族，尔朱世隆是绝不会轻易放过的，在高欢信都举兵后不久，一个诛灭杨氏的计划就展开了。此时，杨侃躲避在华阴老家，杨侃的二叔杨椿已经退休，与儿子杨昱一起也住在老家华阴；杨侃的四叔前冀州刺史杨顺及其儿子杨辩、杨仲宣、杨测、五叔司空杨津及其儿子杨遁都在洛阳；杨津的三子杨谧在晋阳；杨津的次子在光州。尔朱世隆一声令下，四个地方同时向杨氏家族举起了屠刀：尔朱天光令杨侃的岳父韦义远请杨侃出来，并向杨侃承诺赦免他的罪过。杨侃说："尔朱天光即使食言了，也不过我一人被杀，尚能保全一家上百口老小。"遂去晋见尔朱天光，果然尔朱天光翻脸将杨侃杀死了；尔朱天光又派兵掩袭杨椿家，杨氏一门不分老幼全部被杀，诛杀了杨椿、杨昱父子。在洛阳，七月，尔朱世隆诬陷杨氏谋反，请求皇帝批准逮捕杨氏一门，但节闵帝不同意。尔朱世隆苦苦请求，节闵帝不得已只好命令有关部门落实后上报。七月四日深夜，尔朱世隆派兵包围了杨津府邸，将杨津全家全部诛杀。尔朱世隆上报说："杨氏确实要谋反，与逮捕他们的士兵们发生格斗，遂全部被杀。"节闵帝扼腕叹息很久，闭口不言，但也无可奈何。尔朱仲远也派人将杨逸杀死，尔朱兆将杨谧杀死，朝廷上下听到后，无不痛心愤慨。当时，杨津的儿子杨愔在孝庄帝被杀后，逃奔高乾兄弟，听到家中遭遇大难，他才露面前去晋见高欢，哭诉全家被尔朱氏灭门的惨祸，并向高欢陈述讨伐尔朱氏的方略，高欢听着为之动容，遂任命其为行台郎中。都督斛斯椿与朱瑞有矛盾，屡屡在尔朱世隆面前说朱瑞的坏话，尔朱世隆想到昔日朱瑞中途折返洛阳，不禁怒从中来，遂在诛杀杨氏一门后又诛杀了朱瑞。

尔朱世隆虽然诛灭了杨氏一门，但是，尔朱世隆因废黜长广王元晔另立节闵帝元恭而与尔朱兆之间的矛盾无法在短时间里消弭，尔朱氏内部的矛盾也为他们最终的覆灭埋下了伏笔。七月，尔朱兆率先率领两万步骑东出井陉，径直朝殷州扑来，李元忠弃城，逃奔了信都。八月九日，尔朱仲远、尔朱度律率军加入讨伐高欢的队伍，九月，北魏朝廷晋升尔朱仲远为太宰，尔朱天光为大司马。

孙腾对高欢说："如今我们与朝廷隔绝，发号施令没有依据，如果不随机应变暂时册立一位皇帝，就会人心涣散。"高欢犹豫不决，孙腾再三请求，于是，高欢才册立渤海太守元朗为帝。元朗是章武王元融的次子，如前所述，元融是文成帝的弟弟章武王拓跋太洛的孙子，其实元融的生父元彬是南安王拓跋桢，因拓跋太洛无子，将元彬过继给他为子，从血缘关系上来说，元英是元彬的亲哥哥，尔朱荣又是元彬的姑父。高欢之所以犹豫不决，大约就是元朗与尔朱荣家族的关系密切，可是，如果不册立一位皇帝，则自己起兵就显得名不正言不顺。不过，权衡再三，高欢终于同意册立元朗为帝，十月六日，元朗正式在信都城西登基即位，大赦，改元中兴。文武百官均晋升四级。任命高欢为侍中、丞相、都督中外诸军事、大将军、录尚书事、大行台，增邑三万户；以兼侍中、抚军将军、河北大使高乾为侍中、司空公；前平北将军、通直散骑常侍高敖曹为骠骑大将军、仪同三司、终身冀州刺史；以前冀州刺史元嶷为仪同三司。

十月十三日，尔朱度律、尔朱仲远、斛斯椿、贾显智、贺拔胜所部进抵阳平（山东省莘县），此时，尔朱兆、侯渊驻扎在广阿（山东省隆尧县东），号称有十万之众。在南路诸将中，贾显智是贾显度的弟弟，是高欢的旧友；贺拔胜随尔朱度律从洛阳而来，而他的大哥贺拔允就在高欢的军中。

在大战行将到来之前，高欢派人四处散布流言，对西线尔朱兆这一方散布说："尔朱仲远兄弟将要杀死尔朱兆。"又在南线尔朱仲远那里散布："尔朱兆与高欢合谋，将要杀死尔朱仲远等人。"尔朱兆与尔朱度律等人原计划在邺城以东合兵一处，共同北上打击高欢，但由于高欢的反间计，致使尔朱兆与尔朱度律等人相互猜疑，迟迟不向前推进。尔朱仲远等人屡屡请斛斯椿、贺拔胜前往尔朱兆军中解释，尔朱兆率领三百轻装骑兵来到尔朱仲远大营，二人一同坐在大帐之下。尔朱兆性格粗犷，他手舞马鞭，凝望远方，吹着口哨，毫不掩饰自己的愤懑之情，继而怀疑尔朱仲远等人要对他袭击，遂匆匆出来，跨马飞奔而去。尔朱仲远再派斛斯椿和贺拔胜等人追上解释，二人反被尔朱兆扣押，这下，尔朱度律、尔朱仲远真的相信尔朱兆将对自己下手，不禁恐惧万分，遂率军南逃，部队不战而败。尔朱兆将要杀掉贺拔胜，他指责贺拔胜道："你过去杀了破六韩拔陵的大将卫可孤，这是你的第一个罪状；天柱死后，你又不随尔朱世隆等人一起北来，却受孝庄帝之命东征尔朱仲远，这是你的第二条大罪。我很久就想杀你了，你今天还有什么话说？"贺拔胜说："卫可孤参与叛乱，是国家的大贼，贺拔胜父子杀死了他，立下的功劳不小，反而说是罪过，这是闻所未闻之事。天柱被杀，是以君杀臣，贺拔胜岂能背叛朝廷？今日之事，生死都是大王一句话，但是，我们与敌人相距很近，骨肉之间发生猜疑，从古至今没有不败的。贺拔胜不害怕死，只恐大王这样做太失策了。”听了贺拔胜的一席话，尔朱兆就把他放了。

但此时，尔朱度律、尔朱仲远等军已经撤离，高欢的离间计取得了成功，他得以全力对付尔朱兆一人了。

高欢将要与尔朱兆决战，却畏惧对手兵力强大，他询问表侄、亲信都督段韶（段荣之子）：“敌众我寡，这该如何是好？”段韶回答：“所谓的人数众多，就是能够让人们为他拼命；所谓的强大，是能得到天下的人心。尔朱氏家族凶狠残暴，全天下的人有目共睹：他们罔顾道德礼仪，冒天下之大不韪，邙山聚会，群臣有什么罪过却通通被杀死？还有，他们册立君主，可不出数月就又废掉另立，如今，天下之人十家就有一家要去作乱。大王顺应民心，讨伐叛逆，去哪里不能胜利？”高欢说：“我虽说是以顺讨逆，奉辞伐罪，但弱小对抗强大之时，恐怕是没有上天的眷顾的，你难道没听说过吗？”段韶回答：“我听说弱小的能够战胜强大的，是因为弱小的一方代表了正义，强大的一方荒淫无道，上天只帮助有德之人。尔朱氏在外残害天下，内部又没有善良之人辅佐，智慧之人不替他们出谋划策，勇敢之士不替他们卖命，无能之人的权势将为贤能者所夺取，这还有什么可怀疑的呢？”

十月十五日，高欢遂率军与尔朱兆决战于广阿城下，大破尔朱兆军，俘获尔朱兆五千余名甲士。安定王元朗下诏对于参战将士均晋升五级，留守信都的晋升两级，又下诏任命征东将军、吏部尚书封隆之为使持节、北道大使，命其招诱幽州、安州等地，赋予其便宜行事之权。广阿之战后，侯渊即率部投降了高欢。

广阿战后，高欢乘胜包围了邺城，相州刺史刘诞固守不战，而退回晋阳的尔朱兆认为自己战败全都是尔朱仲远、尔朱度律等人擅自撤离所致，把一腔怒火统统发泄到二人身上，双方之间的隔阂也更深了。

三七二 韩陵之战

高欢对邺城的包围一直持续到第二年年初，也就是南梁武帝中大通四年、北魏节闵帝普泰二年、安定王元朗中兴二年，公元532年。

高欢率军进攻邺城，在邺城城墙下面开挖地道，用木柱支撑，然后焚烧木柱，地道塌陷，城墙也随之倒塌。一月十七日，高欢攻克邺城，活捉相州刺史刘诞，任命杨愔为行台右丞。当时，军国大事繁多，各种诏书命令均出自杨愔和开府咨议参军崔棱之手。

二月十六日，安定王元朗追谥孝庄帝为武怀皇帝，二十九日，晋升时年三十六岁的高欢为大丞相、柱国大将军、太师；三月二日，又任命时年十二岁的高欢长子高澄为骠骑大将军；三月十三日，安定王元朗率领留守信都的百官进入邺城。

高欢攻克邺城后，青州大都督崔灵珍、大都督耿翔均派遣使者表示归顺，高欢老友、行汾州事刘贵也弃城来降。这令洛阳的尔朱世隆大为恐慌，而如今，大敌当前，尔朱氏内部还在闹不团结，这将是非常危险的。想到这里，尔朱世隆不由得冒出一身冷汗，他只好纡尊降贵，向晋阳派出使者携带重礼，讨好尔朱兆，只要尔朱兆能率军协防洛阳，什么条件他都能答应；为了能让尔朱兆欢心，尔朱世隆又劝说节闵帝娶尔朱兆之女为皇后。尔朱兆这才高兴，并与尔朱度律、尔朱天光重新立下誓言，恢复了和睦。

高欢占领邺城之后，也动摇了尔朱氏集团内部非尔朱家族将领的信心。斛斯椿偷偷对贺拔胜说："天下百姓对尔朱氏都是恨之入骨，我们却替他卖力，不久我们也会有灭顶之灾了，不如趁早铲除他们。"贺拔胜问："尔朱天光与尔朱兆割据一方，想要彻底铲除他们不是一件容易的事，如果铲除不尽，必将后患无穷，又该如何是好呢？"斛斯椿说："这个容易。"于是，他劝说尔朱世隆劝说尔朱天光等人全都到洛阳集中，一起讨伐高欢。尔朱世隆屡屡征召尔朱天光，但尔朱天光迟迟不来，无奈，尔朱世隆只好命斛斯椿亲自前往长安，邀请尔朱天光东下。斛斯椿见到尔朱天光后说："高欢作乱，除非大王亲自出马，没人能够平定，大王岂可坐视自己的家族为人所灭呢？"当时，尔朱天光平定宿勤明达之后，正计划着消灭河西的费也头纥豆陵伊利、万俟受洛干等部落，在斛斯椿的一再恳求下，尔朱天光终于同意东下。在尔朱天光答应斛斯椿之后，他询问雍州刺史贺拔岳，贺拔岳回答："大王家族割据东、北、西三地，兵马强盛，高欢所领不过是一群乌合之众，怎是大王的对手！只要尔朱家族齐心协力，理当战无不胜。如果骨肉之间相互猜疑，则自保都成问题，哪还有余力对付他人！下官的意思是，大王不如镇守关中，巩固根据地，分出一部分精锐部队东下，与其他各路大军汇合，这样，进可以克制敌人，退又能保全自己。"但尔朱天光不从。

闰三月八日，尔朱天光、尔朱兆、尔朱仲远、尔朱度律率领各自的部队分别从长安、晋阳、东郡、洛阳来到邺城城下，号称有二十万之众（实际人数十余万），在邺城城南的洹水两岸扎下大营，节闵帝元恭任命长孙稚担任大行台，作为大军的统帅。

高欢命令封隆之留守邺城，十九日，他亲率义军出城，驻扎在邺城城西的紫陌。大都督高敖曹率领三千家乡子弟兵追随高欢出战。二十六日，尔朱兆亲率三千轻骑夜袭邺城，直抵邺城西门，但没有得手。

当时，高欢的部队人数远逊于尔朱氏大军，只有不足两千匹战马，步兵不满三万人。高欢要想以寡敌众，就必须充分使用好自己仅有的两千骑兵，布好阵势，给敌人以出其不意的打击。

二十八日，经过精心挑选，高欢率领主力中军在韩陵山（邺城西南、河南省安阳市东北）布下圆形阵势，将牛驴捆绑起来阻塞了归路，将士们已无退路，都抱着必死的决心。除此之外，高欢还部署了两支伏兵，以高敖曹率领左军，以高欢堂弟高岳率领右军，待双方酣战之时，从左右两翼突然杀出，起到前后夹击敌人的效果。决定这次战役能否胜利的因素就是两翼之军能否在关键时刻发挥应有的作用，如果两翼无法扰乱敌阵，整个战役势必变成死缠烂打，结局将凶多吉少。高欢部署的右军主帅是刚刚从洛阳投奔自己的堂弟高岳，虽然高岳并无多少战斗经验，但高欢给其配备的下属均是经验丰富的心腹将领：副将斛律金、韩轨、彭乐、段韶、斛律敦等，他们率领的都是擅长骑射的六镇鲜卑，战斗力很强，因此，高欢对右军并不担心，但对于高敖曹率领的左军，高欢就不无担心了。他对高敖曹说："高都督率领的都是汉兵，恐怕不能担当大任，我打算给你分拨一千余名鲜卑士兵混合编组，你看如何？"高敖曹回答："我率领的部队训练很久，彼此非常熟悉，前后参加多次战斗，战斗力均不比鲜卑逊色。现在如果临时混合编组，感情不能融洽，胜利了就互相争功，失败了就争相诿过，不用再配了。"其实，高欢担心的还不仅仅是汉军的战斗力，更重要的是担心高敖曹的态度，虽然高敖曹拒绝了接纳鲜卑军，但高欢还是让自己的心腹蔡俊来到高敖曹的军中，其意不言自明。高欢部署的这两支伏兵，应当是提前埋伏好了的，并明确了先由右军发起突击，再由左军适时跟进的计划。

高欢率军上了韩陵山，这让尔朱兆等人感到他是在消极避战，尔朱氏大军遂尾随而来。尔朱兆远远望见高欢后，斥责高欢背叛了自己，高欢回答："我之所以效忠你，是要共同辅佐皇室，现在，天子在哪里？"尔朱兆说："永安（孝庄帝年号，指孝庄帝）枉杀了天柱（指尔朱荣），我是替天柱报仇。"高欢说："我过去曾亲耳听到过天柱谋反的计划，当时，你就在门口站着，岂能说天柱没有谋反吗！况且，君主杀死臣下，还要报什么仇！从今往后，你我之间恩断义绝了！"于是，尔朱兆等人命令大军朝高欢的中军扑来。

一场恶战就此展开。

行台右丞杨愔本为儒生，但因为他们家被尔朱氏灭门，他也要求参战，在战斗中一直冲在最前面，但是，高欢的姐夫尉景所部被尔朱氏前锋击败，开始后退。尉景这一退不打紧，影响到整个中军，高欢中军阵脚开始松动，继而向后退去。

就在这千钧一发之际，只见从高欢中军的右翼即尔朱军的左翼突然杀出一队人马，原来那是高岳、韩轨率领的右翼伏兵，只见高岳亲率五百骑兵冲在最前面，他手持战旗，高声呼喊，横冲敌阵，别将斛律敦搜集散卒紧随其后。尔朱军正全力追击高欢主力中军，哪想到自己的左翼杀出一支军队，赶忙掉头迎战。双方刚一交手，突然，又从高欢中军的左翼杀出另一支伏兵，那是高敖曹、蔡俊率领的一千骑兵，他们从栗园杀出，斜刺里朝尔朱军杀来。顿时，尔朱军大乱，就在这时，撤退中的高欢中军趁势回头，前后夹击，但此时尔朱军仍然未败。尔朱兆原率领铁骑绕到高欢军背后截杀，打算前后夹击，但尔朱度律素来厌恶尔朱兆骄傲强悍，担心这次他再立下大功，会更加趾高气扬，欺凌自己，遂严令所部不得跟进。贺拔胜看到尔朱氏内部矛盾仍然很深，遂心灰意冷，与徐州刺史杜德临阵率部投降了高欢。尔朱度律见贺拔胜投降后，眼看高欢大军即将朝自己这里杀来，遂率部提前退出了战场。正与高欢鏖战的尔朱仲远、尔朱兆等军见状，顿时失去斗志，尔朱军遂大败。

尔朱兆敲着心口对慕容绍宗说："我没有听从大人的话，竟然到了这步田地！"遂率领轻骑逃走。慕容绍宗鸣金收兵，搜集残兵败将，整顿军队后回到了晋阳。高乾四弟高季式率领七名骑士紧紧追赶尔朱兆，越过野马岗，终于追上了仓皇西逃的尔朱兆一行，但因寡不敌众，未能擒获尔朱兆。高敖曹四处寻找不见了弟弟，他大哭道："我弟弟死了啊！"一直到当天深夜，高季式才浑身是血回到了大营。战败后，尔朱兆逃回了晋阳，尔朱仲远回到东郡。在洛阳的尔朱彦伯听说战败的消息后，打算亲自率军驻守河桥，但尔朱世隆不从。《魏书》称是节闵帝不从。

三七三 入主洛阳

尔朱度律、尔朱天光、斛斯椿、贾显度兄弟率领洛阳、长安之军朝洛阳方向败退。

途中，斛斯椿对贾显度、贾显智兄弟二人说："现在再不先捉拿尔朱氏兄弟，你我都将大祸临头了！"三人遂趁夜在桑树下结下盟约，约定倍道兼行，先期回到洛阳。

留守洛阳的尔朱世隆已提前命令外兵参军阳叔渊单人匹马来到北中城，清点败逃回来的残兵败将，依次接纳。斛斯椿来到北中城后，无法入城，他急中生智，欺骗阳叔渊说："尔朱天光的部下都是关中人，我听说他们将要大肆劫掠洛阳，计划迁都长安，你应当先让我的部队进入，提前做好戒备。"阳叔渊竟然听信了他的鬼话，放斛斯椿的部队进入北中城。

四月一日，斛斯椿率部进入北中城后，即大开杀戒，将尔朱氏一党全部杀死。很快地，尔朱天光和尔朱度律也率部来到了北中城，却无法进入。二人打算强行攻下城池，天公不作美，恰巧天上下起了瓢泼大雨，日夜不停，弦湿弓软，无法使用，经过长途奔波早已疲惫不堪的军队在这种天气条件下已无力作战，于是，尔朱天光、尔朱度律遂决定沿着黄河北岸西去。由于无法回到洛阳，这支部队很快就军心涣散，行至雷波津，尔朱天光与尔朱度律二人双双被部下擒获，送至斛斯椿这里。斛斯椿派遣行台长孙稚前去洛阳，向节闵帝报告，同时派遣贾显智、张欢二人率领骑兵突入洛阳，一举将尔朱世隆生擒。当时，尔朱彦伯正在宫中值班，长孙稚来到神虎门，上奏节闵帝："高欢的勤王军已经大获全胜，请求诛杀尔朱氏。"节闵帝命中书舍人郭崇给尔朱彦伯报信，尔朱彦伯狼狈外逃，途中，被人抓获，与尔朱世隆一起在阊阖门外被杀，尔朱世隆死时三十三岁。斛斯椿将二人的首级以及尔朱度律、尔朱天光一起送给了邺城的高欢。

韩陵大捷后不久，四月八日，高欢的旧友、骠骑大将军、行济州事侯景也向安定王元朗投降，元朗任命其为尚书仆射、南道大行台、济州刺史；尔朱仲远与定州刺史叱列延庆一起南逃，途中叱列延庆投降高欢，尔朱仲远逃到滑台后，又从滑台南逃到了梁国。尔朱仲远的部将都督乔宁、张子期从滑台来到邺城向高欢投降，高欢斥责他俩："你们追随尔朱仲远，享受了荣华富贵，上百次发誓赌咒，许诺同生共死。过去，尔朱仲远在徐州叛乱，你们是叛乱的头目；现在，尔朱仲远南逃了，你们却又背叛了他。你们侍奉天子不忠，对待故主没有信义，一条狗、一匹马尚且认识自己的主人，你们难道连狗和马都不如吗？"遂将二人处斩。节闵帝也派遣中书舍人卢辩前往邺城慰问高欢，高欢命其前去拜见安定王元朗，卢辩言谈犀利，拒绝接受，高欢无法说服他，只好作罢。

尔朱天光东下后，留弟弟尔朱显寿镇守长安，并征召秦州刺史侯莫陈悦一起东下。贺拔岳预计尔朱天光必败，打算留下侯莫陈悦一起对付尔朱显寿，以响应高欢，但想不出合适的计策。宇文泰对贺拔岳说："现在，尔朱天光尚未走远，侯莫陈悦未必会有二心，如果直接告诉他，恐怕他会惊恐不安。侯莫陈悦虽为主帅，却没有帅才，还不能完全控制下属，因此，如果先说动他的下属，肯定人人都不愿东去，这样一来，侯莫陈悦再想东下，却又耽误了尔朱天光规定的期限，留下来又担心军心浮动，到那个时候再给他提出这个建议，他肯定就会同意。"贺拔岳大喜，即令宇文泰前往侯莫陈悦军中做工作，果然，侯莫陈悦的部将们都不愿东下，侯莫陈悦遂留在了上邽。不久，尔朱天光的败报就传来了，宇文泰遂向其献上了贺拔岳的计划，侯莫陈悦果然听从，率部与贺拔岳一起袭击长安。宇文泰预料尔朱显寿胆小如鼠，听说秦雍二州大兵前来必定会弃城东逃，他率领骑兵为先锋，倍道兼行，尔朱显寿果然弃城东逃，宇文泰追到华阴，将其生擒。高欢任命贺拔岳为关西大行台，贺拔岳以宇文泰为行台左丞，领府司马，府中事无大小都交其全权处理。

在韩陵大战前，尔朱世隆命齐州行台尚书房谟招募军队，进抵四渎（山东省临邑县），另派弟弟青州刺史尔朱弼率军进驻乱城（今地不详），声称将要北渡黄河，为尔朱仲远等军声援。韩陵之战后，侯景动员房谟一起投降高欢，但房谟认为尔朱氏对自己有恩，没有听从。尔朱弼也回到了东阳（山东省青州市东），听到尔朱世隆被杀后，他也打算南逃梁国，屡屡与下属割臂流血发誓。帐下都督冯绍隆说："今后我们就将同生共死，应当割出心前的鲜血盟誓。"尔朱弼听从了，遂召集部下一起盟誓，他露出胸膛，令冯绍隆来割。冯绍隆趁机用力一推，将其诛杀，把人头送到了洛阳。四月十二日，元朗任命高欢的堂祖父车骑大将军、仪同三司、中军大都督高盛兼尚书仆射、北道行台，全权安抚北方各镇。十三日，建州（治所山西省晋城市）刺史辛永右将军、建州大都督张悦也献出城池投降了安定王元朗。

四月十八日，安定王元朗从邺城进抵邙山。然而，他不知道的是，他即将面临与他的堂叔元晔一样的命运，历史似乎给这一家人开了一个天大的玩笑，似乎他们只能做不能进入京师的皇帝。在此之前，高欢已经来到了洛阳，他认为安定王血统疏远，早就打定了废掉元朗的主意，他就派遣尚书仆射魏兰根先期进入洛阳，观察节闵帝的为人，打算继续拥护他当皇帝。魏兰根见节闵帝神采奕奕，恐怕将来难以驾驭，回来后与高乾兄弟以及黄门侍郎崔棱称，节闵帝乃是胡贼所立，现在如果继续拥立，从道理上说不通。高欢召集百官询问应立何人为帝，无人敢说话，只有太仆綦毌俊盛赞节闵帝圣明，应当继续当皇帝，高欢听后，面露欣喜之色，连连点头。崔棱脸色大变，说道："如果说圣明，自可等待高王慢慢登上皇帝宝座，广陵王元恭是叛逆的胡人所立，岂能继续称作天子？如果听从了綦毌俊的话，我们的军队还如何能称得上是义军！"在崔棱等人的强烈反对下，高欢不得已只好将节闵帝囚禁在崇训佛寺之内。节闵帝退位后，赋诗称："朱门久可患，紫极非情玩。颠覆立可待，一年三易换。时运正如此，唯有修真观。"节闵帝素来名声甚好，魏兰根等人无端诽谤，令世人对其非常不满。

高欢在邺城斩杀了投降的乔宁和张子期，让同样反复不定的斛斯椿深感不安。等到高欢进入洛阳以后，他对贺拔胜说："如今，天下之事全在你我二人身上，如果不先发制人，必将为人所制。高欢刚刚到来，除掉他并不困难。"贺拔胜回答："高欢有功当代，谋害他不吉祥。前不久，我与他同住数夜，畅谈昔日往事，他对老兄充满了感激之情，何必对他在意！"斛斯椿这才作罢。

高欢认为，汝南王元悦是孝文帝仅存的儿子，血统最近，应册立为帝，遂请求南梁将其放回，但不久就听说此人性格依旧残暴狂乱，遂打消了这个念头。元悦不行，只能从元悦的侄儿们中间选择，当时北魏宗室诸王大多隐匿起来了，高欢想到了元悦的哥哥广平王元怀的第三子元修。从血统上说，自从公元528年孝文帝之孙孝明帝元诩死后至今，在短短的四年多里，北魏朝廷已经出现了五个皇帝，令人眼花缭乱：公元528年尔朱荣册立长乐王元子攸，即敬宗孝庄帝，他是孝文帝的弟弟彭城王元勰之子，是宣武帝堂弟；公元529年，北海王元颢进入洛阳称帝，元颢是孝文帝弟弟北海王元祥的儿子，与孝庄帝血统一样，都是宣武帝的堂弟；公元530年孝庄帝诛杀尔朱荣，尔朱兆册立长广王元晔为帝，元晔是孝文帝祖叔拓跋桢的孙子，是宣武帝隔了三支的堂叔；公元531年尔朱世隆册立节闵帝元恭，元恭是孝文帝弟弟广陵王元羽之子，他与元子攸、元颢血统不远不近，都是宣武帝的堂弟；高欢在信都册立的元朗，则是尔朱兆立的元晔的堂侄，血统同样疏远，到如今，高欢想到的元修则是宣武帝的亲侄儿，孝文帝的亲孙子，因此，也只有高欢打算册立的这位才算靠谱。

三七四 孝武登基

高欢让斛斯椿前去寻找这位近几年来即将出现的第六位皇帝。

斛斯椿找到元修的亲信、员外散骑侍郎王思政询问元修的下落，王思政反问道："我得先听听你的来意。"斛斯椿回答："打算立他为皇帝。"王思政这才说出了元修的隐藏地点。斛斯椿与王思政一起来见元修，元修脸色大变，对王思政说："你不是出卖我了吧？"王思政回答："没有啊。"元修又问："你敢保证吗？"王思政回答："事态千变万化，谁敢保证？"斛斯椿飞马向高欢报告。高欢派遣四百骑兵将元修接入大帐，泪流满面，诉说自己的忠心，元修称自己没有德行，不足以担当重任，高欢两度跪下叩头，元修也两次跪下还礼。高欢遂出门命人准备皇帝的龙袍，并组织给元修沐浴，派军队彻夜警戒。第二天一大早，文武百官手持马鞭前来拜见，斛斯椿手拿劝进文劝进。他来到大帐外面，弓着身子，探头探脑，一直不敢入内。元修命王思政把奏表取来，看后说道："从今往后，就不得不称朕了啊。"于是，高欢命人替安定王元朗制作禅让文书退位。

四月二十三日，时年二十三岁的元修接受了二十岁的元朗禅让，正式登上了皇帝宝座。北魏朝廷在洛阳东郊举行登基典礼，采用北魏平城时代的古代制度，以黑色毛毡围住七个人，将元修置于毛毡之上，面向西方向上天祭拜。礼毕，元修驾临太极殿，群臣朝拜，然后，他又来到宫城正南门阊阖门，宣布大赦，改元太昌。加封高欢为大丞相、天柱大将军、太师，增封九万户食邑，合计十五万户，世袭定州刺史；二十七日，加封高澄为侍中、开府仪同三司，其余官职如故。高欢建议对于义军将士家属被尔朱氏籍没为奴的，一律赦免，孝武帝元修同意了，另外，他还下诏恢复前御史中尉樊子鹄的官职，兼任尚书左仆射、东南道大行台，都督仪同三司、徐州刺史杜德追击尔朱仲远。樊子鹄一直是尔朱氏家族的部将，曾历任晋州刺史、殷州刺史等职，在孝庄帝与尔朱家族的斗争中，他倾向于孝庄帝，但又依附于尔朱氏，可谓是左右逢源。

高欢起兵信都后，尔朱世隆知道司马子如与高欢私交甚深，就将其外调为南岐州（陕西省凤县）刺史，高欢进入洛阳后，即征召司马子如为大行台尚书，日夜带在身边，商议军国大事。广州刺史韩贤一向受到高欢赞赏，高欢举兵后，尔朱世隆担心韩贤投靠高欢，曾征召他回京，韩贤不愿，暗中派遣山蛮高举烽火，制造出将要发动动乱的假象，使者见状，回复尔朱世隆后，韩贤得以留在当地，不久，他就派人秘密北上联络高欢。高欢进入洛阳后，尔朱氏家族任命的官爵全部作废，唯有韩贤的仍然保持不变。在尔朱家族任命的人中，高欢还担心雍州刺史贺拔岳。他下令征调贺拔岳为冀州刺史，贺拔岳惧怕高欢，打算单人匹马回到洛阳。行台右丞薛孝通劝道："高王以数千鲜卑击破了尔朱氏百万大军，确实难以与他为敌。不过，高王手下的诸将不少过去或者地位比他高，或者与他地位相当，虽然现在屈从于他，这只是形势所迫而已。这些人如今有的在京师任职，有的为方镇大员，高王如果除掉他们就失去了人心，不除掉的话，又将成为心腹之患。况且尔朱兆虽然败退，却依然占据着并州，高王正要对内安抚群雄，对外抵御强敌，岂能离开自己的巢穴，与大人争夺关中之地呢！如今，关中豪杰都听命于大人，都愿意替大人效命，大人以华山为城池，以黄河为壕沟，进可以兼并函谷关以东，退可以把守住函谷关，为何要束手就擒、受人摆布呢！"薛孝通话未说完，贺拔岳就握住他的双手说道："你说得有理！"遂给高欢送上措辞谦卑的奏章，但拒绝就职。

四月二十九日，高欢离开洛阳，回到邺城，孝武帝一直将他送到邙山以东的乾脯山。高欢回到邺城后，即命人将尔朱度律和尔朱天光押送回京，孝武帝下令将二人在洛阳街市斩首示众。尔朱天光有平定关中之功，且为人并不残暴，比尔朱仲远的名声好多了，可是，尔朱仲远南逃到了梁国，得以善终，而尔朱天光身首异处……

高欢在来到洛阳的短短半月之内就完成了废立大计，可谓神速，就在这半月左右的时间里，高欢还大肆寻找女人，完成了一系列播撒种子的任务，也非常高效。《北齐书》是这样说高欢的父亲高树的："性通率，不事家业。"高欢出生后，母亲韩氏去世，高树自己不管高欢，却让高欢的姐姐高氏及其姐夫尉景抚养，另外，高欢的第九子武成帝高湛生于公元527年，而小尔朱氏生下高湛的弟弟高湝当在同年或者稍后，据《北史·后妃下》称：小尔朱氏在生下高湝后不久

“未几，与赵郡公琛（高欢的弟弟高琛）私通”，高琛也因此被高欢打死在棍棒之下，高琛死时二十三岁，高琛死时不会早于公元527年，生年不会早于514年，而高欢生于公元496年，也就是说，高欢竟然比弟弟又年长将近二十岁，由此可以推断，姐弟三人的年龄竟然相差三四十岁，另外，高欢还有一个嫁给了库狄干的妹妹乐陵长公主，可以说，高氏家族好色的本性是祖传的，从高欢家的情况来看，高欢之父高树其实就是个好吃懒做、四处游逛的混混。

史书对高欢的结发妻子娄昭君与高欢相识的记载，富有戏剧性，只说娄昭君见到在城上干活的高欢后，就惊呼道：“这真是我的丈夫啊！”遂派婢女主动向高欢表达心意，并屡屡送去私房钱，让高欢去自己家求婚。这种近似神话的描写十分可疑，不排除高欢与娄昭君先私通后求婚的可能。高欢一生共有十五个儿子，女儿当在五到六个。高欢的儿子分别是：长子高澄（北齐文襄皇帝，娄昭君所生）、次子高洋（北齐文宣皇帝，娄昭君所生）、三子高浚（王氏所生）、四子高淹（穆氏所生）、五子高滶［孝庄帝皇后尔朱荣之女（大尔朱氏）所生］、六子高演（北齐孝昭皇帝，娄昭君所生）、七子高涣（韩轨之妹韩氏所生）、八子高淯（娄昭君所生）、九子高湛（北齐武成皇帝，娄昭君所生）、十子高湝［长广王皇后尔朱兆之女（小尔朱氏）所生］、十一子高湜（游氏所生）、十二子高济（娄昭君所生）、十三子高凝（大尔朱氏所生）、十四子高润（荥阳郑氏郑大车所生）、十五子高洽（冯氏所生）。明见于史书中的高欢女儿：长女孝武帝元修皇后（娄昭君所生，后改嫁北魏彭城王元勰之孙元韶）、次女孝静帝元善见皇后（娄昭君所生，后改嫁杨愔）、浮阳公主（冯氏所生）；另有司马子如之子司马消难之妻、可朱浑天和之妻东平长公主、燕子献妻阳翟公主（高欢养女、韩贤之女）。

在高欢进入洛阳之前，娄昭君当已经给他生下了高澄（时年十二岁）、高洋（时年四岁）以及两个女儿，据《北齐书·高祖十二王传》称高欢的第三子高浚“年八岁时，问于博士卢景裕”云云，另据《魏书·儒林传》称（卢景裕）“兴和（公元539年十一月到543年一月）中，补齐王开府属，卒于晋阳”。再据《北齐书·高祖十二王传》称高欢第五子高滶“元象（公元539年）二年……时年盖八岁矣”。由此可知，高滶当是公元532年出生，而高浚又是他哥哥，卢景裕当在兴和初年就去世了，高浚应与高滶出生在同一年，也就是说，至少高欢的三子高浚、四子高淹、五子高滶是在高欢本年进入洛阳怀上的。

时年高欢三十六岁，正值壮年，对女色十分饥渴。其实，在他进入洛阳之前，就已经饥渴难耐了。刚刚攻陷邺城，他就听说相州长史游京之的女儿游氏非常漂亮，就上门求婚，但游京之拒绝了，高欢大怒，遂下令士兵闯入游家，强行把游氏抢了过来，游京之很快就被气死了。游氏后来为高欢生下了浮阳公主高徥，她在高欢的所有妻妾中最有德行，高欢子女们的婚娶都由游氏操办。进入洛阳以后，高欢更是色欲膨胀，对北魏宗室貌美的寡妇们是照单全收：尔朱荣的女儿大尔朱氏不仅貌美如花，而且武艺高强，骑马射箭样样精通，高欢将她纳为小妾，大尔朱氏先是孝明帝的嫔，后是孝庄帝的皇后，至此她已春风三度；我们无法确知，高欢在洛阳停留的半月时间里，是否也勾搭上了大尔朱氏的侄女小尔朱氏。按：小尔朱氏原是元晔的皇后，史书称，尔朱世隆为了结好尔朱兆又请求节闵帝将尔朱兆的女儿立为皇后，史书没有明言，节闵帝册立的是不是就是这位小尔朱氏，也没有说清楚尔朱兆究竟有几个女儿，但从当时紧迫的情形来看，不能排除节闵帝所纳的就是这位，如果真是这样的话，等到她被高欢占有后，也是春风三度了，后来，她又与高琛私通被流放到了灵州，再后来又嫁给了一个叫卢景璋的人，这是后话；高欢还纳了王氏和穆氏，分别生下高浚和高淹；韩轨的妹妹韩氏，高欢年轻时想娶为妻子，但韩母不同意，等到此时韩氏的丈夫已死，高欢将其纳为夫人；郑大车是郑俨、郑先护的同族妹妹、郑严祖的妹妹，原为广平王元悌的王妃，元悌当是孝武帝元修的二哥，在河阴之变中被杀，郑大车就是元修的寡嫂，也被高欢占有；除了上述几个女人之外，高欢还马不停蹄，又纳了冯氏，这个冯氏当属北魏冯太后一族，先嫁给任城王，后又被尔朱世隆霸占；他还纳了李延寔的堂妹、原城阳王妃，即死去的元徽后妻。

高欢在一口气享用了八九个女人之后，在北去邺城时大约心情是很愉快的吧……

三七五 讨平尔朱

养足精神的高欢回到邺城之后，就紧锣密鼓地着手对晋阳尔朱兆发起最后的进攻了。

七月十日，在经过两个月的准备之后，北魏大丞相高欢亲率大军从滏口（太行山第四陉，河北省武安县西）西进，高欢妹夫、大都督库狄干率领另一路从井陉（太行山第五陉，河北省井陉县东北）西进，对尔朱兆盘踞的晋阳（山西省太原市）发起了钳形攻势。在高欢、库狄干出发八天之后，北魏孝武帝元修命令骠骑大将军、仪同三司高隆之率领十万步骑将与高欢在晋阳城下会师，遂任命高隆之为丞相军司。高隆之本姓徐，后被姑父高氏抚养成人，遂改姓高氏，后成为高欢的心腹，被高欢认为堂弟，高欢担任晋州刺史时被任命为治中。

高欢大军进抵武乡（山西省榆社县西），尔朱兆即大肆劫掠晋阳之后，向北逃窜，回到了老家秀容（山西省朔州市西北）。高欢不战就平定了并州，他认为晋阳城池险固，即在这里修建了大丞相府，定居在了这里。韩陵之战中，洛阳之军贺拔胜所部临阵投降，尔朱度律率先撤离了战场，而后，斛斯椿、贾显度、尔朱天光等部也相继败退，他们的似乎损失并不大，后斛斯椿等人可能又接管了尔朱度律和尔朱天光等部，这可能也是孝武帝能够在较短的时间里在洛阳凑出十万军队的原因。从高欢兵不血刃即赶跑了尔朱兆这一点来看，损失最大的当属于尔朱兆所部，当高欢进逼晋阳时，尔朱兆原契胡之众已无力抵抗，不得不北逃秀容。

在这一年的整个下半年，高欢一直没有发兵北上讨伐尔朱兆，但这并不代表他已经忘记了盘踞秀容的尔朱兆，相反，为了分化瓦解尔朱兆的军心，他派出大量线人拉拢尔朱兆的下属，不少尔朱兆的将佐都给高欢送来密信，表示了忠心，另外，高欢还时不时地发出即将大举进攻的假消息，并真的曾四次整军，将要北上。尔朱兆回到秀容以后，分兵把守各个要隘，趁机四处劫掠，而每次高欢声称将要前来，都弄得尔朱兆神经过敏，但高欢每次说要讨伐，每次都放了空炮，“狼来了”听得多了，慢慢地尔朱兆及其部下也都放松了警惕。

到了这一年的年底，高欢断定在岁末年初尔朱兆必定为迎接新年举行宴会，于是派遣都督窦泰率领精锐骑兵为先锋，一天一夜狂奔了三百里，高欢则亲率大军随之进发——这次，狼真的来了！

公元533年元旦前后，窦泰的军队突然出现在了尔朱兆的驻地。尔朱兆的士兵们因为彻夜欢宴都在休息，突然发现窦泰的军队无不四散而逃。尔朱兆搜集残兵向西南逃去，一月五日高欢率军从晋阳出发截击尔朱兆，一月八日，高欢大军又在赤洪岭大破尔朱兆残部，余众投降的投降、逃散的逃散。《太平寰宇记》卷四十二离石县条称：“离石山，今名赤洪岭，在县西五十步。又云离石水，今名赤洪水，东北从方山县界流入，北齐高欢大破尔朱兆于赤洪冈，即此水之岸也。”南宋王象之《舆地纪胜》曰：“离石山，一名胡公山，又为赤洪岭，故离石水亦赤洪水。”杜佑称：“石州离石县有赤洪水，即离石水，赤洪其别名也。高欢破尔朱兆于赤洪岭，盖近此。又曰：赤洪水源出方山县，东流入离石。”

尔朱兆率众向西南而逃，大约是想投靠关中的尔朱氏旧部贺拔岳、侯莫陈悦等人。尔朱兆逃于深山之中，走投无路的他命身边亲信张亮和奴仆陈山提砍下自己的头颅，出山投降，二人均不忍下手，见状，尔朱兆拔出宝剑，先杀掉了自己最心爱的白马，而后在一棵树上自缢而死。高欢命人收殓了他的尸体，亲临现场予以隆重安葬。尔朱兆率众先逃，慕容绍宗带着尔朱荣的妻子北乡长公主元氏等家眷紧随其后，并在靠近黄河一侧前进。尔朱兆在赤洪岭被高欢截杀后，慕容绍宗等人滞留在乌突城（山西省临县白文镇境内），得知尔朱兆被杀后，慕容绍宗只得带着北乡长公主及其余众投降。高欢赞赏慕容绍宗的大义，对慕容绍宗、北乡长公主以及尔朱荣的儿子尔朱文畅、尔朱文略都非常优厚，保留了慕容绍宗原有的并州刺史一职，因高欢已纳了北乡长公主的女儿大尔朱氏，因此，对北乡长公主以及大尔朱氏的四弟尔朱文畅、五弟尔朱文略都很好，后来，他任命尔朱文畅为肆州刺史，并保留了尔朱文略梁郡王的王爵。尔朱兆在秀容的时候，在他的部下中只有张亮没有给高欢寄去只言片语，高欢对他的忠诚非常赞赏，任命他为丞相府参军。

公元532年的下半年高欢一直在筹划着消灭尔朱兆，而身处洛阳的孝武帝元修也没有闲着。五月三日，新上任不久的元修就将前任皇帝节闵帝即他的堂叔元恭毒死，节闵帝被杀时三十五岁。同时，元修又晋升节闵帝的哥哥、太傅、淮阳王元欣为太师，封沛郡王；节闵帝的堂兄、司徒公、赵郡王、元谌为太保；自己的堂兄、侍中、骠骑大将军、开府仪同三司、清河王元亶为仪同三司，不久又晋升为司徒；自己的堂兄、使持节、侍中、骠骑大将军、开府仪同三司、司州牧、南阳王元宝炬为太尉公；侍中、太保、录尚书事长孙稚为太傅；元叉弟弟、侍中、骠骑大将军、尚书左仆射元罗仪同三司、尚书令；长广王元晔的堂兄、骠骑大将军、吏部尚书元世俊为仪同三司。高欢坚决推辞当天柱大将军，减去五万户封邑，元修同意了，恢复原司空高乾的职务。

为了避讳父亲元怀的名字，元修又下令将孝庄帝的谥号武怀皇帝改为孝庄帝，庙号敬宗。十一月十四日，元修又下令杀死了其他两位前皇帝：长广王（已改封为东海王）元晔和安定王元朗。十九日，他又任命叔父元悦为侍中、大司马，但仅仅过去一个多月，他又认为叔父辈分较高，且血缘关系较近，又将元悦诛杀。接着，他又大赦天下，改元永兴，但很快就有人提出该年号与明元帝拓跋嗣的年号重复，又改为永熙。其实，永兴年号不仅与拓跋嗣年号重复，而且西汉桓帝、冉魏冉闵、前秦苻坚也都用过这个年号；而永熙年号西晋惠帝司马衷也用过。因此，这一年就有了六个年号：南梁武帝中大通四年、北魏节闵帝普泰二年、北魏安定王中兴元年、北魏孝武帝太昌元年、永兴元年、永熙元年。

在元修即位的短短半年里，他还派遣樊子鹄平定了南梁对北魏东南地区的骚扰。魏末大乱以来，南梁武帝虽然没有大举北伐，但他也丝毫没有闲着：公元529年派陈庆之护送元颢入洛，后失败；第二年，又趁着孝庄帝诛杀尔朱荣之机，护送元悦北上，尔朱兆迅速入洛弑杀孝庄帝后，元悦只好退回，与此同时，梁武帝还下诏任命陈庆之为都督南北司州等四州诸军事、南北司州（治所分别为湖北省孝感市北、河南省信阳市）刺史。陈庆之发兵包围了北魏悬瓠城（河南省汝南县南），在溱水击败北魏颍州（治所安徽省阜阳市）刺史娄起等人，又在楚城（河南省汝南县南）击破北魏行台孙楚。在取得胜利后，梁武帝即下诏撤销了义阳地区的警备，停止了水路对前线的粮食运输，江南各州百姓都得以休养生息，开荒六千多顷，两年以后，南梁国库、粮仓都充裕了起来。第三年也就是高欢信都举义的公元531年，北魏南兖州（安徽省亳州市）居民王乞得劫持刺史刘世明，献出城池投降了南梁。梁武帝任命侍中元树为镇北将军、都督北讨诸军事，攻克了北魏谯城（河南省夏邑县北），威胁着北魏尔朱仲远下辖的大梁等地，这大约也是尔朱仲远移镇滑台的直接原因。第二年，尔朱仲远率部参与了尔朱兆等人与高欢的韩陵之战，一直无暇南下击退梁军元树部，数月后，元修即位，即派遣樊子鹄以东南道大行台的身份，与徐州刺史杜德截击难逃的尔朱仲远，但没有追上。此时，元树已经率部前推至梁国（河南省商丘市），元修下诏命令樊子鹄趁势击退梁军。元树见樊子鹄所部军容甚盛，遂趁夜退回了谯城。樊子鹄率部紧紧追赶，元树背城列阵，樊子鹄直抵城下，纵骑横冲梁军，梁军大败，狼狈逃入城中。由于城门狭窄，军士们自相残杀，魏军又在后面猛击，梁军被斩首一千多级，损失数百匹战马。樊子鹄遂率领魏军包围了谯城，元树屡屡出战，但总被击败，遂不敢出城。樊子鹄担心元树派人南下向梁武帝告急，遂分兵进攻梁军已占领的苞州、然州、宕州、大涧、蒙县（确址均不详）等五城，一一将其占领，切断了元树的南逃之路。元树战不能胜，又外无救援，樊子鹄派人劝说，元树同意撤离谯城，条件是魏军要保证他们的生命安全。樊子鹄答应了，并与元树赌咒发誓，元树信以为真，遂率领城内梁军开城撤离，谁知樊子鹄却背信弃义，趁梁军出来一半的时候，下令魏军发起了攻击，梁军遂大败，元树及梁谯州刺史朱文开被活捉。梁朝援军羊侃所部行至官竹（安徽省亳州市北）时，听到了元树已经溃败的消息，遂率部南撤。元树被送到洛阳后，又打算南逃，被魏国杀死。期间，北魏夏州迁往青州（治所山东省青州市东）的居民郭迁袭占青州造反，北魏青州刺史元嶷弃城而逃，元修命令行台侯景、济州刺史蔡俊讨伐，攻克了青州，郭迁南逃到了梁朝。

三七六 各怀鬼胎

在元修外平内乱的同时，他与权臣高欢之间还有一段短暂的蜜月期。

毫无疑问，高欢信都举义是借推翻尔朱氏为名而进行的一场政治赌博，但如果说从那时开始，他就想取魏室而代之多少有些勉强。从高欢的个人经历上来看，一个破落子弟趁着风云际会，又历经磨难能够爬上如此高位，这是过去想都不敢想的事，况且，如今的高欢虽然讨平了尔朱氏，但是，尔朱氏家族的余孽以及效忠于北魏的还大有人在，正如薛孝通替贺拔岳分析的那样，此时的高欢就像一个暴发户一样，突然之间登上权力的巅峰，地位尚不稳固，因此，即便高欢有这个心思，时机也不成熟，可以说，在高欢进入洛阳时，之所以要废除一个年龄较小的安定王元朗，还曾想继续拥戴时值壮年且名声很好的节闵帝，也都说明了这一点，虽然在臣下的反对下，高欢最终并没有选择继续拥戴节闵帝，但他拥立比元朗大四岁且血统更近的元修，也都说明高欢并无贪立幼主以左右朝政的意图，起码是显示了一种自己忠诚于魏室的姿态。而对于孝武帝元修而言，从元修接受群臣劝进书脱口而出的那句话中，我们也能品味出他的那种杨扬自得的神气，如果没有高欢，就没有元修的今天，从这一点来说，元修对高欢也是感激的。为了强化与高欢之间的关系，他专门派遣使者前去晋阳向高欢请求迎娶高欢的长女为皇后，史书虽然没有明确记载元修娶高欢长女的确切时间，但《北史·后妃传》中还是记载了元修册立了高氏为皇后，时间大致在永熙二年。还是在这一年，孝武帝将自己哥哥元亶的女儿元氏（后来孝静帝元善见的姐姐）封为冯翊公主，嫁给了高欢的世子、时年十二岁的高澄。

然而，树欲静而风不止。正如在讨论是否继续拥立节闵帝时崔梭直言不讳地说出要拥立高欢那样，高欢的亲信们当然迫不及待地想让高欢登上皇帝的宝座，与之相反，元修的亲信们则一直对此疑虑重重。高欢的亲信高隆之仗恃着有高欢撑腰，态度骄横，对北魏宗室大臣傲慢无礼，南阳王元宝炬见状大怒，骂道："镇兵，你竟敢这样！"挥拳把高隆之打了一顿。元修不敢得罪高欢，六月五日，将刚刚任命为太尉的元宝炬贬为骠骑大将军，但不久，又将其官复原职了。高隆之与元宝炬之间的摩擦，只是一个特例，但具有一定的代表性。权臣下属与北魏宗室之间的隔阂，从尔朱荣控制朝廷时就曾发生过了，这里既有君权与相权之间权力之争，又有新兴的代北武士集团与洛阳汉化后的上层贵族之间的敌视。

高欢诛杀乔宁和张子期所透露出来的对首鼠两端之人的厌恶，一直让同样毫无立场的斛斯椿印象深刻，在乔宁和张子期身上，斛斯椿敏锐地感觉高欢肯定对自己会有不良的看法，这让他一直惶恐不安，而孝武帝元修的亲信们诸如南阳王元宝炬、武卫将军元毗（元顺的堂兄弟，常山王拓跋遵之后）、王思政等人也都对高欢日渐膨胀的实力感到了压力，于是，两者很快就结合了起来，日夜劝说孝武帝要戒备高欢，伺机将其除掉。中书舍人元世弼又说高欢在接旨时态度傲慢，孝武帝听后心中开始不高兴了。

侍中、司空高乾在参加高欢信都起义时，其父高翼恰巧去世了，因当时情况特殊，高乾没有给父亲守丧。等到孝武帝即位后，高乾上书请求允许解除侍中职务，让自己好回家服丧。高乾上书其实是个姿态，他心里巴望着孝武帝能够下诏挽留他，这样一来，有皇帝的旨意，他也好就坡下驴，继续待在朝中了，可是，孝武帝此时已经对高欢怀有敌意了，看着高欢留在自己身边的人碍手碍脚的，正愁没借口把他们打发出去呢，因此，接到高乾的奏表孝武帝很快就准奏了，解除了高乾的侍中，仅仅保留一个司空的虚职。解除侍中一职，就意味着再无资格接近皇帝，参与军国核心机密了，高乾顿时怏怏不乐。孝武帝对高欢戒备之后，就开始着力拉拢高欢集团的人，也希望高乾能为己所用，一次，孝武帝在华林园饮宴，宴会结束，他特意留下高乾，对他说："司空，你们家世代忠良，如今又立下大功，你我之间名义上虽是君臣，却情同手足，最好你我能对天发誓，以增加相互之间的感情。"孝武帝说这话时，事出仓促，高乾毫无思想准备，也没有想到孝武帝此举是针对高欢的，所以也没有推辞，事后也没有向高欢禀报。

事后不久，斛斯椿就劝说孝武帝设立内廷贴身卫队和卫队都督，又增加禁卫军官的人数，直阁将军以下的武官人数增至数百人，均是从各地精挑细选的骁勇之士。孝武帝多次出宫游玩，斛斯椿都是亲自部署，将这些猛士们另外组织了一支军队护驾，朝廷大事孝武帝只与斛斯椿商量定夺。孝武帝又认为关中大行台贺拔岳手握重兵，他暗中与之联系，又将贺拔岳的二哥、侍中贺拔胜外派为都督三荆州等七州诸军事、荆州刺史，表面上看是疏远贺拔胜，其实是为了让他与贺拔岳一起成掎角之势，以共同对付高欢。高欢岂能不知？得知后，内心也非常不快。

高乾看到孝武帝的一系列反常举动，私下对身边的人说："主上不亲近功臣，却重用一群小人，屡屡派遣元世弼和王思政去关中与贺拔岳商议，又派遣贺拔胜为荆州刺史，表面上看似乎是疏远猜忌贺拔氏兄弟，实际上是在罗织同党，让他们兄弟彼此照应，意欲全据西方。大难就要临头了，肯定会连累到我。"于是，他写信将洛阳的情况一一告知了高欢。高欢得到高乾的书信后，即召他前来晋阳面谈，谈论之中，高乾趁机劝说高欢登基称帝。高欢听后，赶紧用衣袖捂住他的嘴巴，说道："别胡说！现在我让皇帝还让你当侍中，门下省的一切事务都交给你全权处理。"可是，高欢屡屡请求，孝武帝一再驳回。高乾感到情况不妙，就想离开洛阳这一是非之地，请高欢在皇帝面前请求将自己外派到徐州当刺史，二月三日，孝武帝任命高乾为骠骑大将军、开府仪同三司、徐州刺史，以咸阳王元坦接任司空一职。

高乾尚未离开洛阳，孝武帝就听说了他在高欢面前泄露了洛阳的机密，不禁大怒，他给高欢写信说道："高乾与朕私下曾对天发誓，如今他又搬弄是非，首鼠两端。"高欢听说高乾还曾与孝武帝盟过誓，自己竟然不知道，对高乾也产生了厌恶之情，就把高乾过去给自己写的信原封不动地送给了孝武帝。孝武帝将高乾召入宫中，当着高欢使者的面把高乾斥责了一通，高乾辩解道："陛下你自己怀有二心，却说臣下反复无常，君主要想给臣下罗织一个罪名，还怕找不到吗！"遂被孝武帝赐死。孝武帝又密令东徐州刺史潘绍业杀死高乾的弟弟高敖曹，高敖曹提前得知风声，在半路上埋伏了壮士，将潘绍业活捉，在他的衣领之内搜出了密诏，遂率领数十骑兵逃奔晋阳。高欢抱着高敖曹的脑袋失声痛哭道："天子枉杀了司空！"高敖曹的二哥高慎担任光州刺史，孝武帝命令青州部队切断了他的退路，他也从小路逃归了晋阳。高欢借孝武帝之手杀死了高乾，不仅让自己站在道义的制高点上，而且也让河北大族在即将到来的对决中站到了高欢一边，可谓是一石二鸟。

整个永熙二年，高欢和孝武帝都在布局，而核心就是拉拢关中的贺拔岳。贺拔岳也曾派使者冯景前去晋阳拜见高欢，高欢听说来了贺拔岳的使者，不禁大喜，说道："贺拔岳大人还能记得起我高欢呀！"与冯景歃血为盟，由冯景代替贺拔岳与高欢结为异姓兄弟。冯景回到关中后，对贺拔岳说："高欢非常奸诈，不可相信他。"贺拔岳的府司马宇文泰请求亲自去晋阳一趟，看看高欢到底是个什么样的人。高欢见到宇文泰后，对宇文泰的相貌啧啧称奇，说道："这个年轻人的相貌可不同一般。"想把他留到自己的府中，宇文泰再三请求回去复命，高欢同意后，又后悔了，派骑兵前去追赶，一直追到潼关也没追上。宇文泰回到长安后对贺拔岳说："高欢之所以没有篡位，就在于忌惮大人兄弟二人。侯莫陈悦之徒，他并不放在心上。大人只用暗中戒备，除掉高欢并不太难。如今，费也头有上万骑兵，夏州刺史斛拔弥俄突又有三千多精锐部队，灵州刺史曹泥、河西流民纥豆陵伊利等人也都各自拥有部众，不知道归附哪一边。大人如果率军进抵陇山，扼守住要隘，恩威并施，就可以兼并他们，扩充我们的军力。然后，再与西部的羌族、氐族和睦相处，安抚北方的游牧部落，回师长安，匡扶帝室，这是齐桓公、晋文公曾建立的功业。"贺拔岳听后大喜，又派遣宇文泰前往洛阳告知自己的计划。孝武帝很高兴，加宇文泰武卫将军。八月，孝武帝任命贺拔岳为都督雍州、华州等二十州诸军事、雍州刺史，并在胸前刺出鲜血，派使者赏赐给贺拔岳。贺拔岳遂率领军队西上，以牧马为名，进抵平凉。斛拔弥俄突、纥豆陵伊利以及费也头万俟受洛干、铁勒斛律沙门等少数民族部落都纷纷归附了贺拔岳，只有曹泥依附高欢。秦州、南秦州、河州、渭州四州刺史也都率部来到平凉，与贺拔岳会合，接受他的统一指挥。贺拔岳认为夏州（治所陕西省横山县）地理位置非常重要，大家推荐宇文泰担任刺史，贺拔岳说："宇文泰是我的左右手，岂能离开！"他考虑了数日，才最终同意了。

三七七 河曲之变

在弟弟贺拔岳讨平关中的同时，贺拔胜也在上任之初就对南梁雍州发起了进攻。

他率领北魏荆州部队攻克了南梁下迮戍（又名下溠戍，在湖北省随州市西唐县镇），生擒梁将尹道珍、副将库峨，煽动当地山蛮酋长文道期，背叛南梁，归顺北魏。南梁雍州刺史庐陵王萧续（萧衍第五子）派军迎战，却屡屡被魏军击败，汉水以南南梁腹地的军民非常恐慌。贺拔胜又派遣大都督独孤信、军司史宁进攻欧阳、酂城；南雍州刺史长孙亮、南荆州刺史李魔怜、大都督王元轨进攻久山、白洎；都督拔略昶、史仵龙进攻义城、均口，生擒梁将庄思延，俘虏数千梁军。魏军又乘胜攻占了冯翊、安定、沔阳等南梁的侨郡，贺拔胜则驻扎在襄阳、邓县（河南省邓州市）之间。梁武帝给萧续写信告诫："贺拔胜为北方名将，你要谨慎对待。"萧续遂闭城固守。萧续派遣电威将军柳仲礼驻扎在谷城（湖北省谷城县），贺拔胜率军进攻，被柳仲礼击败，遂撤军回到魏国境内。柳仲礼是柳庆远（宋将柳元景侄儿）的孙子。

贺拔岳招抚关中各地少数民族部落、壮大自己的实力，让晋阳的高欢看在眼里，急在心里。他也不甘示弱，派遣长史侯景前往费也头部，企图招抚纥豆陵伊利，但高欢是与尔朱兆一起杀死前酋长纥豆陵步蕃的仇人，纥豆陵伊利岂能听从？软的不行，高欢只好来硬的。他故技重演，在孝武帝永熙三年一月九日，突然率军渡过黄河，在河西的苦泄河（今地不详）大破费也头部，生擒纥豆陵伊利，将该部迁到了山西境内。得知这一消息后，孝武帝下诏责备高欢说："纥豆陵伊利既不侵扰，又不离叛，大王突然讨伐，竟然派一个使者来告诉一声都不行吗！"贺拔岳让费也头纥豆陵伊利归附自己，孝武帝啥话也不说，如今高欢同样把该部弄到自己手里，孝武帝却满腹牢骚，其中的道理大家都明白。孝武帝自然是想在即将到来的与高欢的对决中，让纥豆陵伊利率领部众越过黄河，从北面威胁高欢，高欢也不傻，对孝庄帝令费也头突进到晋阳夹击尔朱兆之事记忆犹新，在随时都能到来的决斗中，高欢必须先期消除来自北面的威胁，唯有如此，才能避免两面作战。虽然如此，高欢仍然对关中贺拔岳、侯莫陈悦的力量感到忧虑，右丞翟嵩说道："大王放心，我能离间他俩，让他们自相残杀。"高欢遂将翟嵩派到关中。

你中有我，我中有你。

在高欢清除了费也头威胁的同时，关中的贺拔岳同样也将目光投向了依附于高欢的灵州（治所宁夏回族自治区灵武市）刺史曹泥。他派遣都督赵贵前去夏州与宇文泰商议，计划赶在与高欢翻脸之前先解决后方的曹泥。宇文泰却说："曹泥屯聚孤城，距离遥远，不足为虑。侯莫陈悦贪婪无信，应当先把他给解决。"但贺拔岳没有同意，在贺拔岳看来，侯莫陈悦与自己曾是战友，如今并没有公然与自己作对，这一点与曹泥不同，在对付曹泥的行动中，还需要依靠侯莫陈悦的支持，岂能自剪羽翼？难道是宇文泰觊觎秦州吗？

贺拔岳通知侯莫陈悦前来高平（宁夏回族自治区固原市）一起商讨讨伐曹泥的行动，而此时的侯莫陈悦已经被翟嵩收买，阴谋趁机刺杀贺拔岳。贺拔岳与侯莫陈悦多次饮宴、密谈，贺拔岳的长史雷绍提醒他要提高警惕，但贺拔岳不听。贺拔岳命令侯莫陈悦率部担任前锋先期出发，侯莫陈悦抵达河曲（宁夏回族自治区灵武西）后，请贺拔岳来到自己军中商议。谈话中间，侯莫陈悦谎称肚子疼，起身离去，他的女婿元洪景拔出佩刀，一刀下去即将毫无防备的贺拔岳脑袋砍下。贺拔岳的侍从们都四散而逃，侯莫陈悦派人到贺拔岳的军中对大家说："我接到特别的指令，只诛杀贺拔岳一人，大家不要害怕。"贺拔岳军中将士们都信以为真，无人敢乱动。可是，侯莫陈悦毕竟心虚，没有及时到贺拔岳的军中安抚，予以接管，而是扔下贺拔岳的部队，只率领自己的军队匆匆撤离，南下撤退到陇山（六盘山）以西，在水洛城（甘肃省庄浪县西北）驻扎了下来。

都督赵贵对自己的亲信们说："我听说过，仁义岂有常态，行仁义者就是君子，反之就是小人。汉代的朱震、三国的王修尚能为受到的一点恩遇而尽节，何况我等受到贺拔岳大人厚恩，岂能与他人一样？"说着流下眼泪，于是愿意追随他的有五十人。赵贵率领这五十人前往侯莫陈悦军中诈降，侯莫陈悦信以为真。赵贵趁机请求将贺拔岳的尸体送回安葬，言辞慷慨，侯莫陈悦同意了。赵贵带着贺拔岳的尸体回到了军中，与寇洛等人收拢将士，一起撤至平凉。到平凉之后，当时军中还是群龙无首，大家就推举年龄最长的寇洛担任主帅，可是，寇洛素来就不是当帅的料，他发号施令，就是没人听从，无奈，寇洛对大家说："寇洛我本来就没有什么才能，不适宜当统帅，前不久被大家推举，暂时担任这个头领，现在请大家再选有才能的人担任。"赵贵对大家说："贺拔岳元帅忠心耿耿，朝野上下都是知道的，大功未就，却惨遭横祸。不仅国家失去了一个良将，而且也让我们大家失去了主心骨。要想寻找盟友，报仇雪恨，必须选择一位贤能之人当我们的头领，统领各军。找的人不适当，大事就难以成就，我们想做成一番事业，也不行啊！我观察夏州刺史宇文泰，英雄盖世，远近归心，深得士卒之心，加上纪律严明，真是我们可以依靠的领导。如今假如我们前去报告贺拔岳大人的死讯，宇文刺史肯定会来，大家伙儿趁机推奉他为主，则大事可成。"但是，诸将有的说去荆州请贺拔胜，有的想向朝廷请示，一直定不下来。都督杜朔周说："远水不解近渴，赵将军说的是。杜朔周请求亲自率领轻骑前去报告丧事。"于是，大家这才同意让他前往夏州。杜朔周，原名赫连达，是赫连勃勃的后代，其祖父赫连库多汗因避难而改姓杜。

杜朔周来到夏州之后，对宇文泰说："侯莫陈悦不顾盟誓，忘恩负义，残害忠良，群情愤慨，投诉无门。大人过去曾领导过我们，军中上下都愿意推举大人，我们思念大人，度日如年，请大人不要耽误。"宇文泰召集将佐们商量去留，前太中大夫韩褒说："这是上天赏赐给你的恩典，还有什么可怀疑的呢？侯莫陈悦不过是一个井底之蛙而已，大人前往，肯定能将他擒获。"有人认为，侯莫陈悦就驻扎在水洛城，距离平凉很近，假设现在已经控制了贺拔岳的部队，则再想对付他就太难了，请暂时留下观察事态的发展。宇文泰说："侯莫陈悦既然已经杀死了元帅，就应当趁势占据平凉，控制住贺拔岳的部队，却退到水洛城，我就此断定他不会有什么作为。难得而容易失去的就是机会，如果不早早前去，人心就会离散了。"都督弥姐元进是夏州最强的士族，心中想响应侯莫陈悦，宇文泰得到消息后，就与帐下都督蔡祐商量逮捕他，蔡祐说："狼子野心，这样，弥姐元进肯定会反扑的，不如直接杀了他。"宇文泰说："你能断大事！"于是，宇文泰就召唤弥姐元进等人进帐议事。宇文泰说："秦陇贼人作乱，我将与你们齐心协力将他们讨平。众人之中似乎有持不同意见的，这是何故？"宇文泰的话音刚落，蔡祐就手持佩刀全副武装从帐外闯了进来，他怒目对着众将说道：

"早上说好了的，晚上就又反悔了，这怎么还算人！今日，我一定要砍下那个奸人的脑袋！"众人都叩头说道："请你查明是谁。"蔡祐就直斥弥姐元进，当即将其斩首，并诛杀了他的党羽，遂与大家一起发誓讨伐侯莫陈悦。宇文泰非常高兴，他对蔡祐说："从今往后，我就把你当作我的儿子，你认我这个父亲吗？"蔡祐自然非常感动。

宇文泰遂率领帐下轻骑奔赴平凉，他又命令杜朔周率领本部人马先占据了弹筝峡（甘肃省平凉市西），当时，民间百姓听说贺拔岳已死，都是人心惶惶，四处躲避，军中将士都想大肆抢掠一番，杜朔周说："宇文泰大人正要吊民伐罪，我们为何要助纣为虐呢！"遂安抚流民，远近百姓们都很喜悦，宇文泰听了对他的做法很赞赏，命其改回自己的本姓。

高欢的嗅觉也同样灵敏，得到侯莫陈悦的密报后，高欢急令侯景前去关中，去招抚贺拔岳的军队。正巧，在安定，宇文泰遇到了侯景，他对侯景说："贺拔岳大人虽然去世了，但尚有我宇文泰在，你来做甚？"侯景听后，不禁脸色大变，回答道："我就如同一支箭，随人拿来射的，岂能自作主张？"说完，只好就此返回。宇文泰来到平凉以后，非常悲痛地哭祭贺拔岳，贺拔岳的将士们又悲又喜，说道："宇文泰大人到了，你我也就不用发愁了。"

三七八 袭占原州

高欢见一计不成，又生一计，他再度派遣侯景与散骑常侍张华原、义宁（山西省沁源县）太守王基前往平凉安抚、拉拢宇文泰。

宇文泰拒不接受，并打算把三人强留下来，说："同意留下，我们就共享富贵，不然的话，今日就是你们的末日。"张华原回答："大人打算以死来要挟使者，这我张华原却不害怕。"宇文泰听了只好将其放回。王基回到晋阳后对高欢说："宇文泰是位英雄豪杰，请求趁其尚未完全安定之时将其消灭。"高欢回答："你没有见到贺拔岳、侯莫陈悦的下场吗？我将用计轻松把他搞定。"

孝武帝元修听到贺拔岳被杀的消息后，也派遣武卫将军元毗来到平凉安抚，并下诏命令他们回到洛阳，并征召侯莫陈悦的部队一同东下。元毗来到平凉后，军中已经推举宇文泰为主了，而侯莫陈悦也归附了高欢，都迟迟不愿应召。宇文泰上书称："贺拔岳竭诚为国，横遭毒手，三军将士，无不灰心丧气，举朝上下也都深为痛惜。都督寇洛等人发誓要报仇雪恨，因臣下过去与他们曾在一起，苦苦请我暂时掌握军队，臣下得知消息后，就于本月十四日率领轻装部队来到军中。现在皇上征召这支部队入京，这的确是一条好计策，不过，现在高欢的部队已经进抵河东郡，侯莫陈悦还在水洛城，何况这些军人大多是本地人，都眷恋故土，不愿东下。如果现在强行逼迫他们出关，侯莫陈悦在后面跟踪，高欢在前头挡道，首尾受敌，形势将十分危险。为了国家，臣即使死了也心甘情愿，只是损伤了国威军威，损失就大了。请求稍微放宽一点时间，允许我慢慢说服教育之后，再逐渐向东移动。"宇文泰说得娓娓动听，其实，他需要时间来牢牢地控制这支军队，更需要时间消灭侯莫陈悦，稳定大关中地区，同时，宇文泰对朝廷的真实意思也不清楚，才编出这一套理由来搪塞，不过，元毗也没白来，宇文泰与元毗以及诸将一起对天发誓，要齐心协力效忠王室。

过去，贺拔岳以东雍州刺史李虎担任左厢大都督，贺拔岳死后，李虎逃奔荆州，投靠贺拔胜，他劝说贺拔胜前往关中，接管弟弟的军队，但贺拔胜没有听从，而是派遣独孤信西进前去接管贺拔岳的部众。李虎只好折返，行至阌乡（河南省灵宝市）被高欢的别将抓获，送到了洛阳。孝武帝正好经营关中，遂任命李虎为卫将军，赏赐给了他很多财物，让他重新回到宇文泰的身边。李虎是西凉最后一任皇帝李歆的玄孙，唐王朝开国皇帝李渊的祖父。当独孤信来到关中后，宇文泰已经接管了军队，独孤信原来就与宇文泰是同乡，相见甚欢。虽然如此，但不久宇文泰就将独孤信打发回洛阳了，途中他遇到元毗，元毗又令其回到了荆州，贺拔胜试图以独孤信来接管贺拔岳军队的努力就此破产。

鞭长莫及，孝武帝只好同意，并任命宇文泰为大都督，统率贺拔岳的军队，同时，孝武帝对宇文泰下诏说："我得知你表态要逐渐东下，非常高兴。现在我也征召了侯莫陈悦的部队，如果他不东下，朕将亲自前去讨伐，你应当体会朕的意思，不要过于耽误时间。"宇文泰虽然接管了贺拔岳的军队，但在关中地区尚有大大小小很多军阀，其中最大的对手当属侯莫陈悦了。得到孝武帝的诏书后，他趁势上书称："侯莫陈悦丧尽天良，加害忠臣，他自忖擅自诛杀大将，罪过很深，因此，不接受诏书东下，驻扎在水洛城，横行秦陇地区。臣下认为陛下刚刚宣布了大赦，所以才按捺下私仇，屡屡派人前去询问侯莫陈悦以及都督可朱浑元等人东下的日期，可是侯莫陈悦扣留了我的使者，不予回复。我观察他势必心生异图，臣下也因此而不敢擅自东下，并且考虑到军心问题，请求再宽限些时日。"

宇文泰又给侯莫陈悦写信斥责道："贺拔岳大人有功于朝廷，而你本来出身低微，受贺拔岳大人的厚恩，推举你为陇右行台，朝廷当时还认为你各方面的条件都不具备，并没有同意，是贺拔岳大人再三为你求情，天子看在贺拔岳大人的情面上，才最终答应了，这是人所共知的事实，不用多说。即使是铁石心肠，也应当懂得知恩图报，何况你我是血肉之躯，岂能没有一丝一毫的羞愧？加上如今王室多难，高欢专权，天子礼贤下士，对你寄予厚望。你还与贺拔岳大人一同接受了皇上的密诏，多次缔结盟约，发誓齐心协力效忠王室，可是，你口是心非，发誓后嘴上沾着的鲜血还没干，你的匕首就拿了出来。甘心与国贼同党，一起想倾覆朝廷，辜负大恩，违背誓言，恬不知耻，难道不是上愧对苍天、下愧对大地吗！我以弱才，受朝廷提拔和贺拔岳大人的知遇之恩，听到贺拔岳大人被杀的消息后，如雷轰顶，当即就向朝廷报告，并率众赶来，被军中将士推举为头领，前不久，皇上下诏征召我率部回朝，听说也给你下达了同样的圣旨。虽然你并无美好的操守，但毕竟年龄不小了，今日是进是退，全由你自己决定。你如果率部从陇山东下，我也将率领大军从北路回京，你我共襄王室；如果首鼠两端，不及时接受圣上的命令，那么，你擅自诛杀大将、违抗圣旨之罪，国家法律有明确的规定，我也枕戈坐甲，准备厮杀，你我不久就会在战场上相见，希望你能权衡利弊，不要等以后后悔就来不及了。"

侯莫陈悦担心宇文泰会打击自己，遂制作假诏书送给秦州刺史万俟普拨，令其率部支援自己。万俟普拨看了诏书后，疑窦丛生，又将诏书原封不动地送交给了宇文泰。宇文泰又上书孝武帝说："臣下自从奉诏统率平凉的军队以后，深感责任重大，整日忙碌，厉兵秣马，时刻想着为国尽力，前不久因为士兵们眷恋故土，侯莫陈悦心怀不轨，权衡再三以暂时留在此地为宜。如今，如果给侯莫陈悦授予一个京官，臣将立马率部东下；朝廷如果认为侯莫陈悦堪为边将，请将其调往瓜州（治所甘肃省敦煌市）和凉州（治所甘肃省武威市）一带也行，不然的话，我们终归会出现猜疑，于事无补。"宇文泰的如意算盘是让朝廷把侯莫陈悦赶出秦陇地区，自己好名正言顺地讨伐侯莫陈悦，进而独霸关中，但孝武帝并未听信宇文泰的一面之词，在他给宇文泰的诏书中已经说得非常明确了，那就是，假如侯莫陈悦不服从朝廷的命令，孝武帝将亲自率军讨伐，也就是说，孝武帝根本没有赋予宇文泰擅自讨伐侯莫陈悦的权力，同时，孝武帝只是同意宇文泰担任大都督，并没有将贺拔岳生前担任的雍州刺史一职给他，而是任命贾显度为雍州刺史。

河曲之变，贺拔岳被杀后，侯莫陈悦军中都非常庆幸，只有行台郎中薛憕私下对亲信们说："侯莫陈悦才能一般，却害死了良将，我等将要成为别人的俘虏了，还有什么值得庆贺的呢！"薛憕是薛安都的从祖弟薛真度的堂孙。

河曲之变后，秦陇地区原州（治所宁夏回族自治区固原市）刺史史归、南秦州刺史（治所骆谷城，甘肃省成县西）李弼、豳州（治所定安，甘肃省宁县）刺史孙定儿、灵州刺史曹泥等人是依附于侯莫陈悦的；而秦州刺史万俟普拨、夏州刺史拔也恶蚝则是宇文泰的人。此时的宇文泰虽说是抢先控制了贺拔岳的部队，但他在秦陇地区并无一个巩固的根据地，过去，他曾担任过原州行事，在原州当地有一定的影响力，因此，他首先将目光投向了原州。原州刺史史归投靠侯莫陈悦后，侯莫陈悦派遣部将王伯和、成次安率领两千人马前来协防，宇文泰派遣猛将侯莫陈崇率领一千骑兵偷袭原州。侯莫陈崇将其余部众都远远埋伏起来，他仅率领七人趁夜偷偷来到原州城下，史归见来骑甚少，遂毫不防备，侯莫陈崇遂突然冲入，占领了城门。城内的李贤兄弟在这里有一定的势力，宇文泰随贺拔岳来到关中后，李贤的弟弟李穆就一直是宇文泰的下属，二人关系很好。宇文泰提前买通李贤以及弟弟李远、李穆等人，李氏兄弟率众为侯莫陈崇的内应，霎时间，原州内外喊杀声四起，一片大乱，侯莫陈崇提前埋伏的骑兵很快杀进了城中，生擒史归以及王伯和、成次安等人，将他们送至平凉杀掉。宇文泰上书请求任命侯莫陈崇为行原州事。

三七九 控驭秦陇

三月，宇文泰即率领大军来到了原州。

在这里，宇文泰就把消灭侯莫陈悦提上了议事日程，秦州刺史万俟普拨也派遣部将叱干保洛率领二千骑兵加入了宇文泰的大军。军队集结完毕后，宇文泰遂向大家宣布了将要讨伐侯莫陈悦，为贺拔岳报仇的计划，并向朝廷上书称：“臣听说以死来报答深恩，即使冒着灭族的危险也要报效主子，为了大义，人人应当视死如归。自从大都督贺拔岳死后，臣多次上书请求回到朝廷，一刻也不愿耽误。只是由于督将以下的将士们都说贺拔岳大人对自己恩重如山，如今大仇未报，无颜活在世上，如果能报仇雪恨，虽万死不辞。况且，侯莫陈悦对外依附强臣，对内又违背圣旨。臣下如今将为国除害，此举表面上看是违背了圣旨，但其实是对国家最大的效忠，等到我消灭侯莫陈悦之后，再静待朝廷的惩处。”虽然史书上说侯莫陈悦依附了高欢，但其实他的政治立场是非常模糊的，孝武帝元修还想争取他的支持，另外，孝武帝当然不愿看到宇文泰在关中一枝独大，因此，并不想让宇文泰吃掉侯莫陈悦。可是，宇文泰巧妙地利用了为贺拔岳报仇这个旗号，一方面作为自己滞留关中的借口；另一方面借打击侯莫陈悦以兼并关中各个势力，达到自己做关中王的目的。

宇文泰过去就不把侯莫陈悦放在眼里，他多次在贺拔岳面前提到侯莫陈悦无能，这让他对自己能够战胜侯莫陈悦充满了信心。南秦州刺史李弼是侯莫陈悦的姨夫，他劝谏侯莫陈悦说：“贺拔岳没有罪过而你却杀害了他，又不能安抚他的部众，致使无人统领。宇文夏州接管了他们，能让这些人为他出死力，军中上下一致要求要替主将报仇，这种声势难以抵挡，如今，你应该解除戒备，向他道歉，不然的话，必然会大祸临头。”侯莫陈悦无计可施，也没有听从李弼的话。李弼知道侯莫陈悦肯定不是宇文泰的对手，他对自己的亲信们说：“宇文夏州才略超过世人，侯莫陈悦智慧不足却要贪图大利，岂能保全自己？我们如果不替自己打算，恐怕将会与之一起被灭族了啊！”

宇文泰留下侄儿宇文导为都督，镇守原州，他自己则趁着天降大雪的恶劣天气，亲率大军进入秦陇。宇文泰的军队军纪严明，秋毫无犯，当地百姓非常高兴。大军穿越高平西南的木狭关（约为宁夏回族自治区固原市西南海子峡出口，陇山之出入口），雪深二尺，宇文泰率军倍道兼行，出其不意，直扑水洛城。侯莫陈悦原本就多疑，当他听说宇文泰率军前来的消息，怀疑自己的手下有宇文泰的奸细，弄得下属人人自危，他自己也深感不安，遂留下一万余人防守水洛城，自己则率军南撤到了略阳（甘肃省秦安县）。宇文泰率军来到水洛城下后，水洛城守军当即就投降了。宇文泰留下大军在水洛城休整，他自己率领数百轻装骑兵马不停蹄又朝略阳杀来，侯莫陈悦听说水洛城已经失守就已方寸大乱，又听说宇文泰的军队朝略阳而来，顿时吓得魂不附体，他召集众将商议，大家都说：“此锋不可抵挡。”于是，侯莫陈悦再次南逃到了上邽（甘肃省天水市）。当时，南秦州刺史李弼也在侯莫陈悦的军中，进入州城后，侯莫陈悦召来李弼商议对策，而李弼明知侯莫陈悦必败，已暗中向宇文泰派去使者表示投降，并答应当内应。侯莫陈悦又放弃上邽，率部进入南方山区，固守山险。当天深夜，李弼整顿自己的军队，对将士们说：“侯莫陈悦大人将要回到上邽，你们何不赶紧收拾行装？”由于李弼与侯莫陈悦的特殊关系，大家都听信了他的话，其他部队也相互惊扰，不少士兵们争先恐后地离开山区，又向上邽而来。李弼提前回到上邽，守住城门，一一安抚这些回来的将士们，并率军向宇文泰投降。宇文泰对他说：“大人与我同心协力，天下何忧不会平定？”遂任命他为秦州刺史。当晚，侯莫陈悦率军准备迎击宇文泰，但军中无故突然自惊，士兵们四散溃逃。宇文泰纵兵奋击，大破侯莫陈悦之军，俘虏近万人，缴获八千匹战马。侯莫陈悦率领身边数十名骑兵仓皇而逃。侯莫陈悦性格好猜忌，军败之后，他下令其他人等不得擅自接近自己，逐渐地他的身边只剩下了两个弟弟、侄儿以及亲手斩杀贺拔岳的人共计七八人，这几个人漫无目的地东奔西跑了数日，后来，有人建议他北上前去灵州投奔曹泥，侯莫陈悦听从了。他自己乘坐骡子，其他几个人都是步行跟随，打算从山间小道朝灵州而去。宇文泰对下属们说：“侯莫陈悦原本就与曹泥联络，他极有可能是逃向灵州了。”遂命令原州都督宇文导率军封锁了北上的各个通道，又命令都督贺拔颖等人向北追去。宇文导在牵屯山截住了侯莫陈悦一行，侯莫陈悦望见追兵，自知不能幸免，遂上吊自杀。

宇文泰进入上邽之后，命令薛憕担任记事参军。上邽府库内的财物堆积如山，宇文泰将财物全部拿出来赏赐给军中将士们，自己什么东西都不要。他身边的一名亲信偷偷留下了一个银镂瓮，宇文泰知道后，当即处罚了他，并将银镂瓮打碎，分赐给将士们。宇文泰率领的部队并非自己的嫡系，在消灭侯莫陈悦之前，他赖以争取贺拔岳旧部的名号是为贺拔岳报仇，但当侯莫陈悦被击败后，宇文泰要想继续拉拢这支部队，就需要另辟蹊径了——赏赐财物当然是最有效的办法了。上邽府库内的财物当然不是宇文泰的，宇文泰将这些财物赏赐给大家，也是在慷他人之慨了。

宇文泰占领上邽之后，豳州刺史孙定儿拒不投降，泾州、灵州等地也都与孙定儿遥相呼应，各地的部众人数合计有数万之众，推举孙定儿为主，抵御宇文泰。宇文泰决定先解决孙定儿，他遂命令都督刘亮率部偷袭豳州。孙定儿听说刘亮前来，但认为刘亮的部队距离尚远，不以为意，也没有戒备。刘亮率领二十名骑兵先来到豳州城下，他们在城池附近的高岭之上竖起一面大旗，然后就闯入了城中。当时，孙定儿正与众将一起饮宴，刘亮等人突然闯入，众人无不瞠目结舌，大为惊骇，以为是神兵从天而降，仓促之间手足无措。刘亮当即命令部下冲上前面，一刀将孙定儿斩杀，然后，他手持孙定儿的人头，挥刀喝令孙定儿的下属不得乱动，又指着城外山岭之上的大旗，命令两位骑兵："出城迎接大军！"城内孙定儿的部众见主将被杀，又看到了城外的大旗，有心反抗的也都放弃了打算，束手归降。

消灭了侯莫陈悦和孙定儿，宇文泰基本上控制了秦陇的核心地域，然而，此时整个关西地区是群魔乱舞：氐王杨绍先趁北魏末年天下大乱逃回了武兴（陕西省勉县），恢复了氐王称号；凉州刺史李叔仁被变民逮捕，关西地区的氐族、羌族、吐谷浑等势力纷纷发动叛乱，东从南岐州（治所固道，陕西省凤县）西到瓜州（治所甘肃省敦煌市）、鄯州（治所青海省乐都县），无数割据势力占领郡县，自立为王。宇文泰调任秦州刺史李弼镇守原州、夏州刺史拔也恶蚝镇守南秦州、渭州（治所甘肃省陇西县）刺史可朱浑道元镇守渭州，以卫将军赵贵负责秦州事务，征集豳州、泾州（治所甘肃省泾川县）、东秦州（治所陕西省黄陵县）、岐州（治所陕西省凤翔县）的粮食供应军需。杨绍先大惊，赶紧向宇文泰送上妻子儿子当人质，表示归顺。

夏州长史于谨对宇文泰说："魏国国运衰微，权臣作威作福，国内盗贼蜂拥而起，百姓嗷嗷待哺。大人以超越世人的才能，怀有兼济天下的韬略，远近都愿意响应大人。应当早作打算，以顺应民心。"宇文泰问道："你说该怎么办？"于谨又说："大人占据关中是秦朝汉朝的旧都，古代被称为天府之国，这里地势险要，将士骁勇善战，土地肥沃，西面有富饶的巴蜀，北面又有发达的畜牧业。如今，如果控制这里的要地，招揽英雄豪杰，休养将士，劝课农桑，足以坐观天下成败。况且，天子在洛阳，受制于一群奸人，如果大人向天子表达忠诚之心，为天子筹算时事的利害关系，请求天子迁都长安，天子肯定会同意，这样一来，大人能挟天子以令诸侯，以天子之命去讨伐叛乱，这将是齐桓公、晋文公曾建立的霸业，也是千载难逢的机会啊！"

宇文泰听了不禁大喜。

三八〇 全取关中

于谨虽然为宇文泰指明了方向，但此时的宇文泰还有更加紧迫的事情要做。

首先，派遣自己的亲信去接管新占领区。有道是，乱世之中，谁有军队，谁就是王。宇文泰任命的这些刺史，是否经过了北魏朝廷的认可，史书没有明言，但很有可能并没有得到北魏朝廷的同意。这是因为，据《北史·魏本纪》记载，北魏孝武帝元修在此前后也看到了关中的重要性，任命了一大批关中的官员，但这些官员不少在来到关中以后，要么不得不投靠了宇文泰，要么就被杀了。《魏书·董绍传》称，原贺拔岳的咨议参军董绍为宇文泰所杀；《魏书·贾显度传》称，在永熙三年五月，北魏朝廷任命贾显度为雍州刺史、西道大行台，“殒于关西”。《北史·王罴传》称，原在荆州与梁军苦战三年的王罴，后被任命为南秦州刺史，王罴后又改任秦州刺史，不久，又被北魏朝廷任命为泾州刺史，但宇文泰任命的泾州刺史是寇洛，当然王罴无法上任，史称：“未及之部，属周文帝（宇文泰）征兵为勤王之举，罴请前驱效命，遂为大都督，镇华州。”由此可知，对于宇文泰而言，如果不归顺自己，即便是贺拔岳身边的亲信也难以立足，更不用说北魏朝廷的命官了，秦陇地区已经是宇文泰的天下了。

其次，宇文泰进行了一场大规模的整军行动。史料对此说得非常简单，只说在此期间，宇文泰将军队分为十二军，分别设置了军主。宇文泰深知，赏赐财物可以笼络住一时的人心，但毕竟这是靠不住的，要想把贺拔岳的旧部完全变成自己的军队，就必须将原有的建制打乱，以自己的心腹充任重组后军队的都督。至于这十二军主分别是何人，史书语焉不详，据《周书·侯莫陈崇传》记载，在大统十六年（公元550年）以前，西魏就形成了八大柱国大将军和十二大将军的七个军府体系，八大柱国大将军分别是：太尉李虎、太傅元欣、太保李弼、独孤信、赵贵、于谨、侯莫陈崇；十二大将军分别是：元赞、元育、元廓、宇文导、侯莫陈顺、达奚武、李远、豆卢宁、宇文贵、贺兰祥、杨忠、王雄。当然，在永熙三年宇文泰刚刚控制贺拔岳旧部整军时的十二军主不能与后来的十二大将军画上等号，但仔细研究相关史料，此时宇文泰任命的十二将军（永熙十二将）大概有以下几人：一是寇洛。寇洛在贺拔岳旧部中年龄最长，地位最高，贺拔岳是大行台时，寇洛就已经是贺拔岳的右都督了，虽然寇洛并无多少才能，但宇文泰能够掌握贺拔岳旧部，与他主动让位有直接的关系，并且，寇洛也是武川（内蒙古自治区武川县）人，与宇文泰是同乡，因此，宇文泰要想笼络住贺拔岳旧部，就难以逾越寇洛。二是赵贵。赵贵与寇洛一样也是武川人，在他的竭力要求下，宇文泰才得以控制住贺拔岳旧部，赵贵可以说是宇文泰的心腹，被任命为十二军一军主将，是情理中的事，史称，（赵贵）被宇文泰任命为“大都督，领府司马”。三是侯莫陈崇。他也出自武川，是单骑生擒万俟丑奴的猛将，侯莫陈崇的哥哥侯莫陈顺过去就与宇文泰是好朋友，侯莫陈崇本人也是力主迎接宇文泰的人之一，因此，其当为“永熙十二将”之一。四是李贤。李贤是陇西李氏，在原州有一定的势力，宇文泰依靠他们兄弟里应外合才夺得了第一个根据地原州，并且，又在宇文泰击败侯莫陈悦后，斩杀了侯莫陈悦，因功被宇文泰封为“假节、抚军将军、大都督”。五是李贤的弟弟李穆，授予“都督”。六是梁御。武川人，与众将一起拥立宇文泰。七是李弼。背叛侯莫陈悦投靠了宇文泰。八是宇文护。宇文泰侄儿，为都督。九是刘亮。《周书·刘亮传》记载：“及太祖（宇文泰）置十二军，简诸将以将之，亮领一军。每征讨，常与怡峰俱为骑将。”十是怡峰。十一是达奚武。十二是王罴。宇文泰在永熙三年的整军是将贺拔岳集团改变为宇文泰集团的关键一步，只有把这支武装变为他自己的武装，他才有可能应对即将到来的高欢的挑战，这次整军也与后来西魏建立的八柱国、十二大将的府兵制有着密切的联系。

宇文泰平定侯莫陈悦的当月，北魏丞相高欢乘虚突袭河西，将费也头纥豆陵部消灭。当高欢得知宇文泰平定秦陇后，对自己不久前对关西局势的乐观估计多少有些懊悔，此时，驻守长安的是首鼠两端的雍州刺史贾显度，当宇文泰进攻侯莫陈悦时，侯莫陈悦曾向高欢求救，高欢在当时也的确派遣韩轨率领一万军队西出蒲坂，贾显度率军给韩轨送船，并请韩轨入关，但是，宇文泰神速解决了侯莫陈悦，这大出高欢的预料。为了拉拢宇文泰，高欢派人给宇文泰送上厚礼，并奉上一封措辞谦卑的书信。

宇文泰不少部下的亲属都在洛阳孝武帝的身边，比如宇文泰的好友侯莫陈顺如今就是孝武帝的散骑常侍、千牛备身、卫将军、合内大都督，因此，虽然宇文泰远在陇右，但对孝武帝与高欢之间的矛盾是一清二楚。宇文泰其实就在构建自己的独立王国，但他在表面上对孝武帝显得毕恭毕敬，力图在孝武帝与高欢之间的夹缝中逐渐巩固自己在关中的地位。他深知自己、高欢与孝武帝之间的关系已形同三国鼎立，如今自己的实力最弱，一旦自己站在高欢一边，惹得孝武帝生气的话，最先灭亡的极有可能是自己，只有进一步加深孝武帝与高欢之间的矛盾，自己才得以成为举足轻重的一极，高欢的书信他连拆都没拆，就原封不动地送交给了孝武帝。宇文泰派往洛阳的使者是都督张轨，斛斯椿对张轨说："高欢阴谋作乱，世人皆知。洛阳人心依靠的只有西方，只是不知宇文泰与贺拔岳相比如何？"张轨回答："宇文泰大人文能治国，武能定邦，至于远见卓识，不是在下能够揣测的。"斛斯椿说："果真如此，那真是可以依靠的了。"

孝武帝命令宇文泰调派两千骑兵前去镇守东雍州（治所陕西省华县），声援洛阳，同时还命令宇文泰将部队稍稍东移。宇文泰遂任命大都督梁御为雍州刺史，率领五千步骑向东进发。梁御见到雍州刺史贾显度后，对他说："北魏国祚衰微，天下大乱，高欢阴谋篡位，不久就会作乱。宇文大人雄才大略，正要辅佐皇室，匡扶天下，大人此时不表明态度，仍然心存疑虑，左右摇摆，恐怕很快就会大难临头了。"贾显度听了，即迎接梁御入城，不久，贾显度即死去了。按：由于《周书》成书于唐代，因隋唐出于北周，隋唐皇室、贵族都与北周有着千丝万缕的关系，因此，《周书》在记载宇文泰等人事迹时往往极尽歌颂之能事，连唐代史学家刘知几也说《周书》内容往往"事有不同，言多爽实"。具体到宇文泰东下一事上，在宇文泰稳定了秦陇之后，从客观上，他有必要把手伸向关中地区，一旦占领了关中，才算真正占尽了地利，所以，即便没有孝武帝的征召，宇文泰也会东下的，这是其一；其二，宇文泰在命令梁御东下时，就已任命其为雍州刺史，用意十分明确，那就是要让梁御夺取雍州，而此时的朝廷任命的雍州刺史则是贾显度，贾显度让出雍州恐怕并非史书描写的那么简单，可能是在梁御的军事压力下被迫投降，也有可能是贾显度战败投降，甚至是被杀；其三，史书的记载有粉饰宇文泰忤逆之嫌，显得十分可疑。

但无论如何，此时宇文泰占据关中已成既成事实。为了拉拢宇文泰，孝武帝只好任命其为侍中、骠骑大将军、开府仪同三司、关西大都督、略阳县公，并允许他代行皇帝职权，任命当地官员。从本年的一月十四日宇文泰接管贺拔岳旧部，紧接着，高欢派遣侯景、孝武帝派遣元毗、贺拔胜派遣独孤信相继前来接管，但均被宇文泰一一顶了回去。开始高欢并没有把宇文泰放到眼里，而是挑拨以侯莫陈悦为首的秦陇各个方镇与宇文泰为敌，他自己则利用宇文泰远离夏州之机，突然出兵河西消灭了与自己为敌的费也头纥豆陵部；孝武帝同样被宇文泰迷惑，他同时征召宇文泰、侯莫陈悦率部入京，然而，宇文泰有自己的打算，他一方面虚构了侯莫陈悦、高欢将要夹击自己的假象，迫使孝武帝认可了他接管贺拔岳部队的事实；另一方面则以替贺拔岳报仇为号召，迅速出兵占领了原州、秦州等地。身在洛阳的孝武帝一直密切注视着关中的局势，已呈半独立状态的宇文泰相继任命了秦陇诸多地区的刺史，这肯定让孝武帝非常忧虑，但又无可奈何，而北魏朝廷任命的刺史又一一被宇文泰收买或者驱逐，这让孝武帝十分不快，所以，在宇文泰势力急剧膨胀的三四个月里，北魏朝廷一直没有对其加官晋爵，他的部属对外称其仍然是“宇文夏州（刺史）”。是先消灭高欢？还是联合高欢除掉宇文泰？这肯定是数月以来一直萦绕在孝武帝脑海中的问题。直到梁御占领雍州之后，孝武帝这才任命宇文泰为关西大都督，正式承认了他对关西地区的统治权，而宇文泰也可以名正言顺地在关中地区安插自己的人，于是，他任命寇洛为泾州刺史，调任李弼为秦州刺史，以前略阳太守张献为南岐州刺史、越特肱为岐州刺史，等等。南岐州刺史卢待伯拒绝交权，宇文泰派遣轻装骑兵袭击南岐州，将其生擒，卢待伯自杀。

三八一 剑拔弩张（一）

永熙三年二月，让洛阳人引以为豪的宏伟壮丽的永宁寺佛塔竟然莫名其妙地失火了！孝武帝登上凌云台观看火势，命令南阳王元宝炬、录尚书事长孙稚率领一千御林军前去救火，可是，火势太大了，这一千士兵到后，根本无能为力，无不痛惜落泪而去。大火从佛塔的第八层开始燃烧，当时，雷雨交加，雨中还夹杂着小雪，洛阳百姓悉数出门前来观火，悲哭之声震动整个洛阳，有三位绝望的和尚投身大火之中，与佛塔一起化为灰烬。大火整整燃烧了三个月才完全熄灭，但地火一直向下燃烧，烧毁深埋在土中的地桩，一年以后从地下尚冒出烟气。五月，有人从东莱郡（治所山东省莱州市）来到洛阳，说："在海上看到了佛塔，光明照耀，宛然如新，海上的百姓们人人都看到了，不一会儿，大雾弥漫，佛塔随之消失了。"有人据此认为，天意似乎在预示：永宁寺大火昭示了魏室不再安宁，飞入东海，将应验在渤海（指渤海王高欢）身上了。

当永宁寺佛塔还在燃烧之时，正是宇文泰实力急剧膨胀的时期，也是孝武帝与高欢矛盾加剧的时期。

就在这一年孝武帝诛杀高乾已经让两人之间的矛盾难以调和了，高欢接着又消灭了费也头纥豆陵部其实已经在提前为军事斗争做着准备，在接下来的三四个月里，洛阳与晋阳之间的隔阂还在继续加深。高欢还在邺城、准备讨伐尔朱兆的时候，冀州刺史封隆之被征召为侍中，他路过邺城就提醒高欢说："斛斯椿、贺拔胜、贾显智等人过去侍奉尔朱氏，中途却又背叛了，等到讨伐尔朱仲远时，他们又与之同流合污，猜忌残忍之人欲望无限，另外，叱列延庆、侯念贤也都在洛阳，大王授予他们职位，这些人肯定会在皇上面前说大王的坏话。"封隆之与高乾兄弟都是冀州大族，如今，唇亡齿寒，更让封隆之深感不安。当时孝武帝已经想对高欢下手，封隆之私下对孙腾说出了永宁寺佛塔失火以及飞入渤海的预兆，孙腾对此并没有在意，也不太相信。正巧，封隆之的妻子去世了，孝武帝想把自己的妹妹平原公主嫁给他，孙腾也想娶平原公主，但平原公主答应了封隆之。孙腾想坏了封隆之的好事，遂将封隆之对自己说的话转告给了斛斯椿，斛斯椿又告诉了孝武帝。封隆之害怕引来杀身之祸，遂逃回冀州老家，高欢又将他召到了晋阳。《资治通鉴》称，这里的平原公主就是孝武帝的妹妹，据《周书·皇后传》称："文帝元皇后，魏孝武帝之妹。初封平原公主，适开府张欢。欢性贪残，遇后无礼，又尝杀后侍婢。后怒，诉之于帝，帝乃执欢杀之。改封后为冯翊公主，以配太祖，生孝闵帝。"如果是她的话，她后来改封为冯翊公主，又嫁给了宇文泰，生下宇文觉。但在此期间，还有一个平原公主元明月，《北史》甚至于将孝武帝要许配给封隆之的这位直接说成了元明月，《北史·孙腾传》记载："时魏京兆王愉（指元愉，孝武帝伯父）女平原公主寡，腾愿尚之，而公主欲侍中封隆之。腾妒隆之，遂相间构。神武（指高欢）启免腾官，俄而复之。"但据《北史·魏本纪第五》记载："帝之在洛也，从妹不嫁者三：一曰平原公主明月，南阳王（指元宝炬）同产也；二曰安德公主，清河王怿女也；三曰蒺藜，亦封公主。"说的是孝武帝元修与三位堂妹乱伦，其中，平原公主元明月，是元修三伯父元愉之女、堂兄元宝炬的同父同母妹妹；安德公主则是元亶、元邵的妹妹，后来的元亶之子、东魏静帝元善见的姑姑；元蒺藜父母不详。由于孝武帝对高欢持敌视态度，他对高欢长女、高皇后并不喜欢，反而霸占了自己的三个堂妹，尤其是对平原公主元明月情有独钟，因此，他答应许配给封隆之的，当属自己的亲妹妹、后来嫁给宇文泰的冯翊公主，而不是《北史》所云的元明月。合理的解释是：孝武帝诛杀张欢后，即将自己的亲妹妹平原公主改封为冯翊公主了，而封堂妹元明月为平原公主。《北史》搞不清楚两者的区别，遂强加解释，同时《资治通鉴》也以元氏的初封来称呼她，致使造成了混淆。

孙腾打封隆之的小报告并没有给自己带来丝毫好处。对于孝武帝而言，不管是封隆之也好，抑或孙腾也罢，他们都是高欢一党，如果说孝武帝准备把妹妹嫁给封隆之是试图拉拢河北大族、分化高欢集团，但此时高欢已虎视眈眈，时间紧迫，容不得孝武帝让高欢一党继续待在洛阳了。就在封隆之逃离洛阳不久，孙腾也因为佩带宝剑入宫，并擅自诛杀御史，畏罪潜逃，回到了晋阳，孙腾回到晋阳后，对高欢报告说孝武帝当着自己的面扇中书舍人梁续的耳光，光禄少卿元子干挽起袖子痛打梁续，边打边说："告诉你家高王，姓元家子弟的拳头就是如此厉害！”高欢的内弟、领军将军娄昭见大势不妙，也是三十六计走为上计，称病逃离了洛阳，回到晋阳。

娄昭离去后，孝武帝以斛斯椿兼任领军将军，并对黄河以南以及关西各州都督、刺史人选进行一次大规模的更换，不过，从实际情况来看，起码孝武帝在关西任命的各个刺史大多受到了宇文泰的抵制，并没有达到预期的效果。就在孝武帝加紧布置的同时，高欢也不甘示弱，开始蚕食黄河以南、帝国东南部地区，以期切断孝武帝的右臂：他首先将矛头对准了徐州刺史华山王元鸷。高欢命令前去讨伐变民的原殷州刺史、徐州大都督邸珍接管了徐州城防。你挖我鼻子，我挖你眼睛。建州（治所山西省晋城市）刺史韩贤、济州（治所山东省茌平县）刺史蔡俊都是高欢一党，建州扼守太行，济州联络河北、屏护山东，地理位置都非常重要，为了排挤韩贤，孝武帝下令撤销建州建制，又让御史弹劾蔡俊，另外任命汝阳王元叔昭接替蔡俊，改任蔡俊行兖州事。高欢上书反对：“蔡俊功劳很大，不可罢免；汝阳王品德高尚，应当担任大州的刺史，可以把我的弟弟、定州刺史高琛免职，由汝阳王接替。”定州在高欢的势力范围，元叔昭去后，等于是虎落平阳，孝武帝当然不会同意。

孝武帝决定发兵讨伐高欢。五月五日，他又增设了六百名贴身禁卫军和二百名禁卫骑兵军官。十日，他下诏实施戒严，对外声称将要讨伐南梁，征召黄河以南各州军队，在洛阳组织大规模的阅兵，顿时，洛阳近郊变成了一座庞大的军营，南自洛水，北到邙山，到处都是营帐，孝武帝与斛斯椿亲自检阅，并增加禁卫军人数，加强了对黄河大桥的守备。孝武帝已经准备发兵了，但他又担心会引起高欢的警觉，六月六日，孝武帝给高欢下达了一封密诏，他在密诏中声称：“宇文黑獭（宇文泰的小名）自从平定秦、陇以后，屡屡提出非分之请，一旦此人怀有二心，即需早做准备。但是，此人的奏表并未完全忤逆，如果发兵前去讨伐，确实有些为难，遂召集群臣商议是否可行。大家都说对外谎称将要南伐，实施戒严，一则是预防宇文黑獭；二则可以吓唬吓唬南梁。大王也应该与朕相互呼应，阅读以后，立即焚毁。”

孝武帝的这套把戏岂能瞒过高欢？他将计就计，立即上书道：“荆州紧靠京师，遍布山蛮，关陇又自恃偏远，将有叛逆之心。臣下已经暗中部署了三万兵马，计划从河东郡渡过黄河，挺近关中；又派遣恒州刺史库狄干、瀛洲刺史郭琼、汾州刺史斛律金、前武卫将军彭乐率领四万大军，从来违津（当在内蒙古自治区包头市至山西省河曲县之间，由此可进攻夏州）西渡黄河；我还派遣领军将军娄昭、相州刺史窦泰、前瀛州刺史尧雄、并州刺史高隆之率领五万大军，南下讨伐荆州；派遣冀州刺史尉景、前冀州刺史高敖曹、济州刺史蔡俊、前侍中封隆之率领七万山东兵、五万突骑，南下讨伐南梁。各路大军均已整装待发，静待陛下的命令。”看了高欢的奏表，孝武帝立即感到高欢已经看穿了自己的心思，遂拿出高欢的奏表，召集群臣商议，阻止高欢的行动。与此同时，高欢也召集下属商议对策，又上书孝武帝说：“臣下被奸臣离间，遂让陛下突然对臣产生猜疑。臣如果胆敢背叛陛下，让我自己受到上天的惩罚，子孙灭绝。陛下您如果相信臣的一片忠心，就停止军事行动，并请考虑将那一两个奸臣逐出朝廷。”

三八二 剑拔弩张（二）

六月十六日，孝武帝命令大都督源子恭率军驻守阳胡（山西省垣曲县），汝阳王元暹率军驻守石济（河南省延津县东北），又任命开府仪同三司贾显智为济州刺史，命其率领豫州刺史斛斯元寿（斛斯椿弟弟）之兵东去济州，准备将蔡俊赶出济州。但蔡俊拒绝让出济州，并早已严加戒备，贾显智一行行至东郡（河南省濮阳市）即不敢继续前进。

孝武帝更加恼火了。六月二十日，孝武帝再次摘录朝中文武官员的意见，回复高欢的指控，并让中书舍人温子升起草诏书。温子升惶恐不安，一直迟疑不敢下笔，孝武帝坐在马扎之上，拔出宝剑，厉声呵斥，温子升无奈，只好下笔写道："前几天，我派人手持心前鲜血送给高王，目的是希望你我彼此能够相互谅解，可是，不良小人横生枝节。近日，孙腾匆匆逃往你那里，致使人们都怀疑这里真有什么阴谋，因此，我特意派御史中尉綦俊前往晋阳说明朕的心意。如今，我接到了大王的奏表，言辞恳切悲凉，反复思考，却仍然有不理解的地方。朕以渺小的身躯，凭借着大王的武功，没有费一点力气，就安坐在朝堂之上，贵为天子，这正是生下我的人是父母，让我富贵的是高王。假如我毫无缘由就背弃了高王，阴谋前去讨伐，将让我自己和我的子孙像高王心中的誓言那样得到应有的报应，苍天大地在此做证。近段时间，我担心宇文泰将要作乱，贺拔胜会积极响应，因此这才宣布戒严，将与大王一起相互支援。宇文泰的使者接二连三地进京，我观察他的作为并无异常之处，而贺拔胜在南方开疆拓土，为国家立下汗马功劳，思量之下也没有什么可责备的地方。大王如果加以讨伐，借口又是什么呢？长期以来，江南就一直没有臣服，从先帝以来，就将他们置之度外。如今，我国人口下降过半，不宜再穷兵黩武。既然朕非常愚蠢，所以不知道大王所说的奸佞之人是谁，大王可以列出姓名，让朕知道。高乾之死，难道只是朕一人的意思！可是，大王突然抱住高敖曹说他的哥哥被冤杀，难道人们的耳朵和眼睛是那么容易被欺骗的吗！我也风闻库狄干对高王说：‘本来打算拥立一个懦弱之人为帝，大王没事找事却立了这位年长之君，难以驾驭，现在，以十五天为期限，发兵南下，自然可以将其废黜，另立他人。’这种言论自是出于大王集团中的功臣之口，哪能出自我这里的佞臣之口！去年，封隆之背叛，今年孙腾逃走，大王既不加罪，又不送回，如此作为，谁能不对大王感到奇怪！大王如果对君主忠心耿耿，为何不斩杀了这两人，将他们的人头送至阙下！大王虽然上书称将西征，却要四路出击，有的将南下洛阳，有的要东临江南，说这种话的人自己就应感到诧异，听到的人岂能不会生疑？大王如果尽忠王室，自可安然居住在北方，洛阳这里即使有百万之众，也不会有什么阴谋。大王如果听信奸邪、背信弃义，发兵南下，这里即使没有一匹战马、一辆战车，也将手握拳头，抵抗到死。朕本无高尚的品德，大王已经册立我为帝，天下百姓没有见识，或许会认为我还能担当大任，如果我死于百姓们之手，就说明朕的确作恶多端，假设我为大王所杀，粉身碎骨，我也无怨无悔。这是为什么呢？我既然因为有高尚的品德被大王推上皇位，这也是大王基于大义所为，一旦大王你自己背弃道德、不顾信义，这样，天下之人也都知道过错在谁了。我本来希望你我君臣休戚与共，成为一体，没有想到如今竟然如此隔阂。古人说过：‘越国之人朝我射箭，我会笑着说出此事；我的哥哥朝我射箭，我会哭着说出来。’朕对大王感情很深，情同手足，因此，当我写完这封信，不自觉地拍着胸脯，叹息悲泣。”

中军将军王思政对孝武帝说：“高欢之心，路人皆知。洛阳不是用武之地，宇文泰心向王室，现在前去关中，依靠他的力量再收复旧都，何忧不能取胜？”孝武帝深以为然，就派遣散骑侍郎柳庆前往高平见宇文泰，讨论时局，宇文泰请求孝武帝迁都长安。柳庆回来复命，孝武帝私下对他说：“我想南下荆州，你看如何？”柳庆回答：“关中地势险要，宇文泰才能又可以依靠。荆州无险可守，又紧挨着南梁，臣下愚蠢，认为那里不合适。”孝武帝又询问阁内都督宇文显和，宇文显和也劝说西进。当时，孝武帝向天下征兵，东郡太守裴侠率部来到洛阳，王思政问他：“如今权臣把持大权，王室地位衰微，这该怎么办？”裴侠回答：“宇文泰受军队的推举，占据形胜之地，正可谓是已经拿到了武器，岂肯再把武器交出来？即使向西去依靠人家，恐怕与逃避水患却跳入火坑没什么两样。”王思政又问：“那么又该怎么办呢？”裴侠回答：“与高欢为敌，大祸将马上降临；投靠宇文泰也会后患无穷。如今，也只能先去关中，慢慢再想出合适的出路了。”王思政表示同意，就向孝武帝推荐了裴侠，孝武帝任命裴侠为左中郎将。

高欢离开洛阳北去时，就认为洛阳饱经战乱，王室的运气已经丧失殆尽，虽然有黄河等险要，但是方圆土地狭窄，不如迁都邺城。当时，孝武帝说：“高祖（孝文帝）定都洛阳，开拓帝国万世之基业，经过十余年的经营一直到世宗（宣武帝）才建设完毕。大王既然为社稷着想，就该遵循高祖的遗志。”高欢只得作罢。此时，高欢与孝武帝之间的矛盾已无法调和，他接到孝武帝的诏书后，再次想到了迁都邺城的计划，于是，他派遣三千骑兵镇守建兴（治所山西省晋城市），增派了河东郡（治所山西省永济市）和济州（治所山东省茌平县）的部队，并下令将自己控制的各州存粮全部送到邺城。孝武帝又给高欢下诏说：“大王如果要平息舆论，让百姓安心，只有撤回河东郡的守军，取消建兴的指挥部，送来相州的粮食，追回济州的部队，让蔡俊接受朝廷的命令，邸珍交出徐州，士兵们放下武器，战马散入原野，百姓恢复各自的生计，大王如果需要粮食，朝廷自会另行送去。这样一来，那些挑拨离间之人自然无话可说，令人疑虑、后悔的事情也不会发生，大王在太原高枕无忧，朕在洛阳也是垂拱而治，肯定不会抬脚北渡黄河，发兵北上。大王如果马头朝南，问鼎轻重，朕虽然不懂军事，但也欲罢不能，肯定会为了江山社稷想出拼死的对策。一切都由大王决定，不是朕所能决定得了的，兴筑万丈高山，却仅仅因为少添最后一筐土而功败垂成，希望你我都珍惜我们曾经的合作。”高欢则上书极力抨击斛斯椿和宇文泰的罪恶。

孝武帝提拔高欢的亲信、广宁（治所河南省济源市）太守任祥为尚书左仆射加开府仪同三司，任祥大为惊恐，弃官北渡黄河，回到郡治，等待高欢。孝武帝大怒，遂下诏允许从北方入京的官员自行决定是去是留，并公开指责高欢的罪恶。高欢也整顿军队，骑马向部队宣告：“孤遭逢尔朱家族专权，遂兴起义兵，拥立主上，大义日月可鉴。不料却被斛斯椿陷害，把忠臣当成叛逆，过去，赵鞅兴起晋阳之兵，诛杀君主身边的奸臣，如今我军南下，也只诛杀斛斯椿一人而已。”他任命高敖曹为前锋，并对他说：“如果当时我采用了不哥哥司空（指高乾）的话，哪里还有今日之举啊！”司马子如也说：“当时打算册立幼主，也是为了预防此事啊。”高欢将弟弟高琛从定州召回，守卫晋阳，命长史崔暹辅佐，自己则亲率大军随后进发。

孝武帝征召贺拔胜、宇文泰二人率军前来洛阳护驾。贺拔胜询问卢柔对策，卢柔回答：“高欢反叛，大人火速进京，与其决一死战，生死不悔，这是上策；北面驻守鲁阳关，南下兼并南梁雍州，东面与兖州、豫州联合，西面与关中的宇文泰结盟，手握百万军队，坐山观虎斗，这是中策；把三个荆州的土地都交给南梁，寻求南梁的庇护，终身的功名，一朝皆去，这是下策。”贺拔胜听后笑了笑，什么话也没说。

孝武帝任命宇文泰为兼尚书仆射、关西大行台，还答应将刚刚改封为冯翊公主的妹妹嫁给他，并对宇文泰的帐内都督杨荐说道：“你回去告诉行台，速速派遣骑兵接我！”任命杨荐为直阁将军。宇文泰与众将商议道：“高欢智慧不足却奸诈有余，其声称将要西征，其目的是想进入洛阳。我打算命令寇洛率领一万步骑从泾州东下，王罴率领一万步兵先行占领华州。高欢如果西来，王罴足以抵挡；如果高欢进入洛阳，寇洛就袭击汾州和晋州，我则迅速东下，直奔洛阳，这样一来，高欢前进将有后顾之忧，后退又有被追击的危险。一举而天下安定，这是上策。”宇文泰任命前秦州刺史骆超为大都督，率领一千轻装骑兵赶赴洛阳，又派遣杨荐与长史宇文测率部东出潼关，迎接孝武帝，他自己则向所属各个州郡发布檄文，痛斥高欢的罪恶，亲自率军从高平东下，前锋军队抵达弘农（河南省灵宝市）。贺拔胜的荆州军队也推进到汝水，但宇文泰和贺拔胜都各自心怀鬼胎，他们的援军都是刚出辖区边界，就停了下来。

三八三 魏分东西（一）

开弓没有回头箭。

即便是指望不上贺拔胜和宇文泰，孝武帝也得硬着头皮往前上。

永熙三年七月九日，孝武帝亲自指挥十余万大军驻守在河桥，任命斛斯椿为先锋，率部在邙山北麓扎营。斛斯椿请求率领两千精锐骑兵渡过黄河，趁着高欢的军队长途而来疲惫不堪之时发动突然袭击。起初，孝武帝非常赞成，但黄门侍郎杨宽听说后对孝武帝说："高欢以臣子的身份却来讨伐君主，他什么事情做不出来？如今，把军队交给别人，恐怕会出现意外。斛斯椿如果渡过了黄河，万一成功，这是灭掉一个高欢，又生出另外一个高欢啊。"

杨宽是杨播、杨椿兄弟的同族侄儿、杨侃的同族弟弟，其父就是破六韩拔陵起义时的那位怀朔镇将杨钧，杨钧有四个儿子：杨暄、杨穆、杨俭、杨宽。虽然两家是同族，但在胡太后第一次临朝时，杨椿的儿子杨昱就曾弹劾时任恒州刺史的族叔杨钧给领军将军元叉行贿，这就说明两家之间的关系并不密切。杨钧一门在北魏中后期没有杨播一门显达，在尔朱氏将杨播一门满门抄斩时，杨钧一家没有受到丝毫影响，此后，杨宽及其哥哥杨俭在北魏后期官运亨通，不久前，孝武帝还任命杨俭以大将军的身份担任北雍州刺史，杨宽此时的职务是黄门侍郎，兼武卫将军。隋朝权臣杨素就是杨暄的孙子，可能是因为杨素的原因，《周书》在为其叔祖杨俭、杨宽立传时都不乏溢美之词，但《魏书》上说杨俭和杨宽二人均"轻薄无行，为人流所鄙"。说明杨钧一家的家风似乎也与杨播家迥然不同。

孝武帝听信了杨宽的话，遂下令斛斯椿停止军事行动。斛斯椿叹息道："最近，彗星进入南斗，皇上听信亲信的谗言，不采纳我的计划，这岂不是天意吗！"宇文泰听说孝武帝的部署后，对身边的亲信们说："高欢数日之内行进了八九百里，此兵家大忌，应当趁机发起进攻。可是，主上以尊贵之身份不能渡河与之决战，正部署军队沿着黄河南岸固守，黄河有万里之遥，防守起来十分困难，一旦一处被突破，则大事去矣！”遂任命大都督赵贵为别道行台，率军从蒲坂东渡黄河，向并州腹地挺进；又派遣大都督李贤率领一千精锐骑兵奔赴洛阳。

孝武帝命令斛斯椿与行台长孙稚、大都督颍川王元斌之（元鉴的弟弟）一起镇守虎牢关（河南省巩义市东），以汝阳王元暹镇守石济（河南省延津县东北），行台长孙子彦（长孙稚之子）率领前弘农太守元洪略镇守陕城（河南省陕县），贾显智、斛斯元寿等人镇守滑台（河南省滑县）。

兵贵神速。

对于高欢而言，必须在贺拔胜、宇文泰的大军抵达洛阳之前，先行渡过黄河，击败孝武帝的军队；一旦荆州之军与关西之军进抵洛阳，则局势就变得复杂了。于是，高欢命令相州刺史窦泰与左厢大都督莫多娄贷文朝滑台扑来，迎击贾显智之军；又以建州刺史韩贤朝石济而来，迎战元暹之军。

窦泰、莫多娄贷文之军与贾显智的部队在长寿津（河南省滑县东北）遭遇，贾显智暗中与窦泰联络，准备临阵投降。军司元玄觉察有变，飞马离开军队逃回洛阳，请求派军增援。孝武帝另派大都督侯几绍率部东进，与窦泰之军在滑台东面交战，贾显智临阵率部投降，侯几绍战死。高欢的左路大军遂威胁到了洛阳的东面。

北中郎将田怙作为高欢的内应，打算将献出北中城，高欢偷偷率军挺进到野王（河南省沁阳市），孝武帝得知后，当即斩杀了田怙。高欢率部来到黄河以北十余里的地方，再次上书表明自己的忠诚，孝武帝不予答复。

七月二十六日，高欢率军渡过了黄河。

孝武帝召集群臣商议对策。有人说南奔南梁，有人建议去荆州投靠贺拔胜，有人劝西去关中，还有人说固守洛口（洛水注入黄河之处，在河南省巩义市东北）决一死战。大家七嘴八舌，莫衷一是。武卫将军元毗等人以关中乃帝王龙兴之地，殷勤叩头请求西去。就在这时，元斌之因与斛斯椿争权，擅自离开虎牢关回到了洛阳，他对孝武帝撒谎说：“高欢的部队到了！”众人听了，均大惊失色。

七月二十七日，孝武帝派出使者征召斛斯椿护驾，并带着南阳王元宝炬、清河王元亶、广阳王元湛、堂妹平原公主元明月，率领五千骑兵离开洛阳城，露宿在瀍水（洛阳近郊河流）西岸。南阳王别墅供养的武僧惠臻手持千牛刀，背负皇帝玉玺，护卫在孝武帝的身边。军人们得知孝武帝将要西去，当晚逃走了一多半，元亶和元湛也都逃回了洛阳。武卫将军独孤信单人匹马赶上了孝武帝。孝武帝叹息道："将军抛弃老母妻子前来，'世乱识忠臣'，这句话岂是一句空话！"

七月二十八日，孝武帝动身西去，李贤在崤山途中遇到了孝武帝。

七月二十九日，高欢率部进入洛阳，住在了大火过后的永宁寺内，派遣领军将军娄昭率军追赶，请求孝武帝回来。他宣称："让天子西去，源于元毗，即使经过一百次大赦，也不会赦免此人的！"长孙子彦无力固守陕城，弃城而逃。高敖曹率领精锐骑兵一路狂追，一直追到陕城以西也没有追上，只好折返。

一路上，孝武帝扬鞭狂奔，三四天之内，随从们都饿着肚子，以喝涧水充饥。行至湖城（河南省灵宝市东），王思村的村民给孝武帝奉上馒头、茶水，孝武帝大喜，下令免除该村十年的赋税。孝武帝在事前就任命毛鸿宾（毛遐的弟弟）为潼关大都督，以防备西方的宇文泰，他们一行人来到稠桑（河南省灵宝市西三十里）时，毛鸿宾前来迎接，献上酒肉，孝武帝的侍从们这才吃饱喝足。孝武帝握着他的手说道："寒松劲草，是朕对你的希望，等到天下太平以后，朕岂能忘记主人！"

八月四日，高欢在洛阳永宁寺召集群臣开会。会上，他装模作样地训斥众人道："身为臣子的职责，就是要匡扶危难。你们在朝堂之上从不劝谏，皇上出外也不追随，天下太平时，你们相互争权夺利，危急时刻又抛弃主上各自逃窜，臣子的节操何在！"群臣无人敢吱声。兼尚书左仆射辛雄说道："皇上与他身边的亲信们商议军国大事，从不允许我等参与。等到皇上西去后，如果我等追随而去，行迹又与奸党相近，我等留下来等待大王，又责怪我们没有追随。我等是进是退，都无从逃脱罪责。"高欢说："你们身为大臣，当以身报国，一群奸佞之人把持朝政，你们曾说出一句劝谏的话吗？把国家弄成这步田地，罪责该由谁负？"于是，他下令将辛雄、开府仪同三司叱列延庆、兼吏部尚书崔孝芬、都官尚书刘廞、兼度支尚书杨机、散骑常侍元世弼全部杀了。辛雄、杨机、崔孝芬、刘廞（刘芳次子）都是北魏朝廷的老臣，代表了北魏朝廷中的汉族士大夫集团，高欢诛杀辛雄等人显示了他对汉族士大夫仇视的一面；叱列延庆是尔朱世隆的姐夫，虽然在韩陵战后叱列延庆投降了高欢，但他在高欢与孝武帝之间的斗争中，站在了孝武帝一边，高欢诛杀叱列延庆则是他清除尔朱氏集团的延续。在诛杀了朝廷重臣之后，高欢推举司徒清河王元亶为大司马，居住在尚书省，代行皇帝职权，裁决国家大事。

宇文泰命令大都督赵贵、雍州刺史梁御率领两千铁骑前去迎接孝武帝。孝武帝一行人沿着渭河一路西行。路上，他对梁御说：“这条河流向东流去，我却路西行，如果能再度见到洛阳，亲自拜谒祖宗的陵墓，这将是你们的功劳啊！”说完，潸然泪下，身边的侍从也都掩面而泣。宇文泰备下了仪仗队前往东阳驿（陕西省西安市附近）迎接孝武帝。见到孝武帝后，他脱下帽子，流下眼泪说：“臣不能阻止贼寇，致使陛下流亡到此，这是臣的罪过，请陛下把臣交付司法机关，严加惩处。”孝武帝说：“远近百姓都知道大人的忠诚和节操，朕因为德行不够，招致贼寇，今日见面，深感惭愧。一切全怪朕自己，不用谢罪了！”将士们都高呼万岁。

孝武帝进入长安后，以雍州刺史府邸为王宫，大赦，任命宇文泰为大将军、雍州刺史、兼尚书令，军国事务由其全权处理。又设置了两名尚书，分别由毛遐和周惠达充任。当时，政府刚刚成立，毛遐和周惠达二人积极储备粮食，修造武器，训练军队。孝武帝在洛阳时就曾答应要将妹妹冯翊公主许配给宇文泰，当时没来得及成亲，高欢就来了，孝武帝进入长安后，即下诏令宇文泰娶了冯翊公主，并拜宇文泰为驸马都尉。

三八四 魏分东西（二）

八月十一日，当孝武帝已经在长安重新组成了新政府后，高欢却亲自率军西进要追回孝武帝。

显然，高欢此举只是一种姿态，显示自己已经做得仁至义尽，其象征意义更大一些，除此之外，高欢借追赶孝武帝之名，率军西进，为了巩固洛阳以西的防御。八月十八日，身在洛阳的清河王元亶宣布大赦。

高欢推进到弘农（河南省灵宝市），九月十三日，高欢派遣行台仆射元子思率领宫廷侍从西进长安，迎接孝武帝。二十九日，高欢军队攻克潼关，生擒毛鸿宾，并挺进到华阴长城（陕西省华阴市境内），龙门（山西省河津市西）都督薛崇礼投降。元子思来到长安后，西魏朝廷下令右卫将军郭琼将其逮捕。元子思对郭琼说："你可速速杀我，为何总关押我这位国家栋梁！"他的哥哥元子华对他说："都是因你如此粗心大意，也牵连到了我！"说毕，以头撞床，悲不自胜。看着哥哥这样，元子思捋了捋胡须，平淡地说道："你身体的气味太难闻。"不久二人均被赐死。兄弟二人是元天穆、元鸷的堂侄。

高欢所部在潼关附近停留了近一个月。在此期间，他一口气给孝武帝写了四十道奏章，一再恳请孝武帝东还，但孝武帝一封都没有回复，高欢这才东还。他退至河东郡（山西省永济市），命令行台长史薛瑜驻守潼关，以大都督库狄温驻守封陵（山西省永济市风陵渡），并在蒲津（山西省永济市）的黄河西岸修筑城堡，任命薛绍宗为华州（治所陕西省大荔县）刺史驻守在此地，他又任命高敖曹为行豫州事（治所河南省汝南县），防备荆州的贺拔胜。

贺拔胜听说孝武帝入关的消息后，即任命长史元颖为行荆州事，驻守南阳（河南省南阳市），他则亲率荆州部队西进，准备迎接孝武帝。当他行至淅阳（河南省南阳市内乡县）时，听说高欢已经进抵华阴，又不敢与高欢发生正面冲突，心中顿时打了退堂鼓，想要返回荆州。行台左丞崔谦对他说：“如今，王室倾覆，主上流离失所，大人应当倍道兼行，前往皇帝的住所护驾，然后，与宇文大人同心协力，一起号召天下，兴起义军，天下之人谁能不望风响应！现在放弃这一壮举，却退回南阳，恐怕会人心离散，一旦失去时机，后悔也来不及了！”但贺拔胜有霸王之心无霸王之智，他没有听从崔谦的建议，最终还是打道回府了。与此同时，高欢已经命令行台侯景等人率部南下，荆州百姓邓诞等人逮捕了元颖响应侯景，等到贺拔胜回来时，侯景已乘虚拿下了贺拔胜的老巢，他以逸待劳，率军迎击，贺拔胜大败，只好率领数百骑兵南逃到了南梁。

在高欢与孝武帝矛盾激化之时，黄河以南乃至山东的不少州郡也都与贺拔胜一样首鼠两端，坐观成败。

东荆州方面。孝武帝还在洛阳期间，见贺拔胜迟迟不来，曾秘密派遣阁内都督赵刚征召东荆州（治所河南省泌阳县）刺史冯景昭率军入援，冯景昭尚未来得及出兵，孝武帝就已经逃离了洛阳。冯景昭召集文武商议，司马冯道和建议驻守州城，等待高欢的命令。赵刚应声反对道：“大人应当率部火速赶往皇上的驻地。”赵刚话音落地，东荆州的一班文武是鸦雀无声。赵刚将佩刀扔到地上，说道：“大人如果要当一个忠臣，那么就立即诛杀了冯道和；如果要依附国贼，请速速杀我！”冯景昭被赵刚的慷慨陈词打动，遂率部西进。此时，已经占领南阳的侯景正包围了穰城（北魏荆州治所，河南省邓州市东南），当地百姓杨祖欢等人起兵响应，并在途中截击冯景昭所部，冯景昭战败，赵刚也逃入山蛮聚居区。

山东方面。齐州（治所山东省济南市）刺史侯渊、兖州（山东省兖州市）刺史樊子鹄、青州（山东省青州市）刺史东莱王元贵平等人暗中联络，观察事态的发展，侯渊也向高欢派去使者结好。等到孝武帝入关后，清河王元亶临朝承制，改任汝阳王元暹为齐州刺史。元暹来到济南城下，侯渊却拒不从命。城内百姓刘桃符等人偷偷将其接入城内，侯渊率部逃出城外，其妻子儿女部属全都落入元暹之手。侯渊行至广里（山东省济南市长清区西南）时，又接到了清河王元亶改任其为青州刺史的委任状。高欢也派人给他送来书信说：“你不要担心部属人数太少，不敢东去，山东人素来人情淡薄，唯利是从，齐州人尚且能接纳汝阳王元暹，青州人岂能不接纳你侯渊吗？”于是，侯渊又折返东去，元暹把他的妻子儿女以及部队又都交还给了他。等到侯渊来到青州时，果然，元贵平也拒绝移交，侯渊率部偷袭高阳郡（山东省潍坊市），并一举将其攻克。而后，他将辎重、家眷都安置在城内，亲自率领轻装骑兵四处骚扰、劫掠。元贵平命令他的世子率众进攻高阳，侯渊趁东阳城（青州治所，山东省青州市东）空虚，深夜率部朝东阳杀来。途中，侯渊所部遇到给青州军队送粮食的百姓，他吓唬他们说："政府军已经到了，把青州军队已斩杀殆尽，我们就是世子部队的人，侥幸逃脱回来，你们还去送死？"吓得这些送粮的百姓们扔掉粮食，四散而逃。等到天明，侯渊又对路上的青州百姓们说："昨夜，政府军已经到了高阳城，我是前锋部队，现已进抵此地，不知侯渊大人到底在何处？"青州城内百姓听了，大为惊慌，遂逮捕了元贵平出城投降。十月十九日，侯渊斩杀元贵平，将人头送至洛阳。

就在侯景平定贺拔胜、侯渊斩杀元贵平前后，高欢也回到了洛阳。回到洛阳后，他又派和尚道荣拿着奏表入关，交给了孝武帝，他在奏表中给孝武帝摊牌道："陛下如果能赏赐我一纸命令，答应回到洛阳，臣将率领洛阳文武百官，洒扫街道宫室，静待陛下。如果陛下一直不能成行，那么，皇家的宗庙不可一日无人主持祭祀，万国百姓也需要有一位领导，臣宁可辜负陛下一人，也不能对不起江山社稷。"孝武帝仍然不予理睬。

高欢遂召集洛阳文武百官商议另立一位皇帝。当时，已经临朝承制了两个月的清河王元亶已表现得俨然一位未来的皇帝了，他每次出入都像皇帝那样宣布净街。高欢对此很不以为然，更重要的是，高欢这次学乖了，不想再拥立一位年长之君，免得像元修那样不知感恩图报，遂宣称："从孝昌（孝明帝末年）年间以来，皇室宗庙的牌位次序混乱，永安（元子攸）把孝文帝当作自己的伯父，孝文帝又将孝明帝的牌位迁到厢房，帝国大业衰败，皇帝在位时间都很短暂，全都是源于这个。"遂对元亶说："我本打算拥立你为帝，但思来想去，还是不如立你的儿子。"元亶非常不安，遂轻装骑马南逃，高欢命人又将他追了回来。十月十七日，高欢拥立元亶的儿子、时年十一岁的元善见为皇帝，大赦，改元天平。

至此，北魏帝国正式分裂为东西两个国家，两国大体上以潼关为界，西边宇文泰主导的称为西魏，东面高欢主导的称为东魏。

潼关天险历来是兵家必争之地，但由于其与东部腹地较远，交通不便，因此，在大多数情况下，潼关是在西部势力的控制之下的。得知高欢占领潼关后，宇文泰即亲率大军前来争夺。不久，宇文泰的西魏军就一举攻克潼关，斩杀了守将薛瑜，俘获七千多东魏士兵。东魏行台薛修义等人率众西渡黄河，固守杨氏壁

（陕西省韩城市），西魏司空参军薛端纠率领村民击败了东魏军队，又夺回了杨氏壁，西魏丞相宇文泰任命苏景恕为南汾州刺史，率部镇守在那里。

十月二十一日，东魏朝廷任命太师、赵郡王元谌为大司马、司空，咸阳王元坦为太尉，开府仪同三司高盛为司徒，开府仪同三司高敖曹为司空。面对宇文泰的攻势以及洛阳城内复杂的形势，高欢决定将国都迁往邺城，护军将军祖莹表示赞同。命令下发三日，洛阳全体军民就被迫上路。十月二十七日，东魏皇帝元善见从洛阳出发，没收百官的马匹，尚书丞、尚书郎以上但不是皇帝亲随的官员只能骑驴，高欢率军暂时留在洛阳处理善后事宜，洛阳四十万居民全部匆匆随行。高欢改司州为洛州，任命尚书令元弼为洛州刺史，镇守洛阳；以行台尚书司马子如为尚书左仆射，与尚书右仆射高隆之、侍中高岳、孙腾留在邺城，共同处理朝政。迁都后，高欢回到了晋阳，孝静帝下诏因刚刚迁到邺城的百姓生活困难，特意发放一百三十万石粮食予以赈济；并免除新迁百官三年赋税，居民五年赋税。十一月十一日，孝静帝元善见抵达邺城，居住在北城的相州刺史府衙，改相州刺史为司州牧，魏郡太守为魏尹，以魏郡、林虑、广平、阳丘、汲郡、黎阳、东濮阳、清河、广宗等郡为京畿之地。不久，又设置了四中郎将，在僵石桥置东中郎将，蒲泉置西中郎将，济北置南中郎将，洛水置北中郎将。

过去，洛阳有童谣称：“可怜青雀子，飞来邺城里，羽翮垂欲成，化作鹦鹉子。”有人就认为，童谣中说的青雀子是指清河王元善见，鹦鹉是指高欢。当时，随从孝文帝西迁的禁卫军家属（所谓的“六坊之众”）不足万人，下余的全部被迁到了邺城，高欢下令对于这些鲜卑人仍然正常发给工资，春秋二季赏赐布帛缝制衣服，此外，遇到丰年，则将应发放的粮食折算成布帛发给这些人，留下粮食由政府管理以备不时之需。

三八五 分裂伊始（一）

北魏分立后，东魏的高欢和西魏的宇文泰同时面临着国内诸多挑战，在随后的一年左右的时间里，二人分别采取了一系列措施。

先说东魏高欢。

一是争夺荆州。在贺拔胜都督三荆之时，他曾上书推荐独孤信担任大都督，朝廷的委任状尚未下达，高欢的部将侯景就夺占了荆州，独孤信单骑追随孝武帝逃往关中。虽然东魏占领了荆州，但当地不少居民心向西魏，山蛮酋长樊五能率众攻破淅阳，响应西魏。东魏西荆州刺史辛篡将要率军讨伐，行台郎中李广劝谏道："淅阳周边荒无人烟，只有一座孤零零的城池，并且，山路险峻，四处都是山蛮。如今我们要去讨伐，派遣的部队少了，就无法战胜敌人；可派去的部队多了，我们的本部防御力量就显得薄弱。一旦失利，将威名大损，人心失望后，即便是州城也难以保住。"辛篡却说："岂能眼睁睁地看着敌人猖獗，却不去讨伐！"李广说："现在，我们的心腹之患在于稳定内部，哪有工夫去顾及这些！听说朝廷派来的大军很快就会到达，大人只管固守城池，安抚百姓，等待朝廷军队到来，即使丢掉淅阳，也没什么可惜的。"辛篡不听，率军前去讨伐，结果却被山蛮击败，手下众将四散而逃。

此时，西魏已任命独孤信为卫将军、都督三荆州诸军事、尚书右仆射、东南道行台、大都督、荆州刺史，打算重新夺回荆州。独孤信行至武陶（武关，陕西省商南县），淅阳山蛮向独孤信派出使者表示归顺。东魏派遣弘农郡守田八能率领山蛮挡住了独孤信的去路，又派遣都督张齐民率领三千步骑绕到独孤信的背后，企图吃掉独孤信所部。独孤信对部下说："如今，我们的人数不足一千，却腹背受敌，如果我们回头去进攻身后的张齐民，则敌人就会误认为我们撤退了，必定争相前来截击我们，不如正面迎击田八能，一旦击破了他，我们背后的张齐民自然就会退去。”遂率部径直前去迎战田八能，一举将其击败，并乘胜包围了穰城。辛纂率军出城迎战，却被独孤信击败，逃奔城内。独孤信命令都督杨忠、康洛儿、元长生为先锋追击，穰城城门尚未关上，杨忠一马当先，呵斥守门人："大军已经到来，城内又有内应，你等要想活命，还不速速退去！”听了杨忠的话，守门人一哄而散，杨忠率众攻入城内，他弯弓大喊，辛纂身边近百名卫士无人敢动，遂斩杀了辛纂。而后，独孤信又分兵平定了三个荆州。荆州得而复失的消息传来，高欢立即命令豫州刺史高敖曹与侯景率军前去争夺，数月之后，侯景与高敖曹率军突然进抵穰城城下，独孤信、杨忠不敌，遂逃奔南梁，荆州之地又重新回到了东魏手中。

二是平定东南。原黄河以南的不少州郡长官都是孝武帝的人，因此，在高欢赶走孝武帝之后，如何稳定黄河以南地区就成为高欢另一个需要认真应对的问题。黄河以南地区当然包括了荆州地区，除了荆州地区之外，还包括淮北的兖州和徐州地区以及山东半岛的青州济州等地。就在孝武帝西去后不久，永熙三年（天平元年）十一月，兖州（治所瑕丘，山东省兖州市东北）刺史樊子鹄就起兵反抗高欢，南青州（治所山东省沂水县）刺史大野拔、徐州人刘粹也率众响应。高欢命令仪同三司娄昭为东道大都督，率众前去讨伐。樊子鹄命令前胶州刺史严思达驻守东平（山东省东平县），娄昭将其攻克，于是，乘胜包围了瑕丘。东魏军队久攻不下，娄昭命令堵塞河道，用河水浇灌城池，孝静帝派遣散骑常侍陆琛、兼黄门郎张景前来招抚樊子鹄。天平二年二月二十日，大野拔面见樊子鹄，趁机将其斩杀，率众出降。众将建议将参与叛乱的百姓全部斩杀，娄昭却说："兖州不幸，无故受到蹂躏，百姓翘首盼望官军，罪魁祸首是他们的长官，百姓们又有什么罪过！现在把他们全部斩杀，百姓的冤情又能向谁去倾诉！”遂将被胁迫参与叛乱的百姓们全部释放了。高欢与孝武帝矛盾激化时，樊子鹄就与当时的齐州刺史侯渊、青州刺史元贵平暗中联络，首鼠两端，高欢对此心知肚明，但侯渊为了自保，又偷偷投靠了高欢。孝武帝西逃后，临朝称制的元亶就以汝阳王元暹取代了侯渊，以侯渊取代了元贵平，这当然是高欢让侯渊与元贵平之间自相残杀的一条毒计。果然，侯渊袭杀了元贵平，顺利地当上了青州刺史。如今，樊子鹄已被消灭，高欢清除侯渊的时机已经成熟。封隆之的弟弟封延之跟随娄昭讨伐樊子鹄，樊子鹄被消灭后，天平二年三月，东魏朝廷就将刚刚担任青州刺史四个多月的侯渊罢免，任命封延之为青州刺史。侯渊被免官后，内心非常害怕，行至广州（河北省枣强县），即率众发动叛乱，劫掠当地郡县。四月，高欢命令济州刺史蔡俊发兵前去讨伐，侯渊部下纷纷投降，无奈，侯渊决定南下投奔南梁，行至半道，却被一位卖酒的人杀死，他的首级也被送到了邺城。

三是消灭稽胡。盘踞在云阳谷的山胡刘蠡升自公元525年反叛，迄今已整整十年之久，由于北魏国内一直战乱不断，再加上刘蠡升的根据地山势险峻，所以，他一直未被消灭。北魏边境经常受到叛军的骚扰，被人称为“胡荒”。高欢从洛阳回到晋阳以后，就决心拔掉这颗钉子。天平二年一月十五日，他不顾天气严寒、大雪纷飞，亲自率军讨伐刘蠡升，大破叛军，高欢也因此被孝静帝晋升为相国，但他坚决予以推辞。三月，高欢假装与刘蠡升实现和解，并答应将自己的女儿嫁给刘蠡升的太子。刘蠡升信以为真，不再戒备，高欢偷偷率军奔袭，三月十五日，刘蠡升的北部王斩杀刘蠡升投降。刘蠡升余众又拥立其子南海王为主，继续负隅顽抗。高欢率部发起进攻，活捉了南海王及其弟弟北海王、西海王、皇后、群臣四百余人，俘获民众五万多户，彻底平定了山胡之乱。

四是抵御南梁。在北魏国内大乱之时，南梁武帝萧衍也时刻注视着北魏的局势，他再次故技重演，从东、中、西三个方向对东西魏发起了进攻：东路以信武将军元庆和为镇北将军，率众北伐。元庆和是文成帝弟弟拓跋天赐的孙子，原任北魏东豫州刺史，在孝昌三年南梁的进攻中战败投降。中路，命令司州刺史陈庆之率军北伐。西路则以益州刺史鄱阳王萧范、南梁州刺史樊文炽率军北上。梁军首先从中路发起进攻。当独孤信重新夺占荆州时，东魏豫州之地的军队正忙于平定河南中部的叛乱。当时，元洪威占据颍州（治所河南省长葛市西）发动叛乱，颍川（河南省禹州市）百姓赵继宗又杀了颍川太守邵招，占领乐口，自称豫州刺史，响应元洪威。在这种情况下，东魏军队根本无暇顾及荆州的独孤信，只好北上对付元洪威等人。元洪威为拓跋珪四叔祖高凉王拓跋孤之后，华山王元鸷是其堂叔祖。豫州刺史尧雄率军前去讨伐，赵继宗被击败逃走。可是，就在尧雄离开治所悬瓠城（河南省汝南县）时，城内百姓又推举王长为刺史再次发动叛乱。行台侯景与尧雄只得回师又将叛乱平定。但这时，南梁军队也来捣乱，梁将李洪芝、王当伯袭破平乡城（河南省项城市西北），侵扰东魏豫州州境。尧雄设下埋伏，大破梁军，并生擒李洪芝、王当伯二人。不久，南梁司州刺史陈庆之亲自率领梁军前来，进逼悬瓠城，尧雄率军出战，所向披靡，将陈庆之击败，陈庆之丢掉辎重撤离。悬瓠战败后，陈庆之又率部包围了东魏南荆州（治所湖北省枣阳市），尧雄说道："白苟堆（河南省正阳县东南白苟城），是南梁的北方重镇，我们趁其空虚，一定能够攻克，敌人听到我军进攻，自然会解除南荆州之围！"陈庆之听说东魏军包围了白苟城，果然前来救援。陈庆之尚未到来，尧雄就已经攻破了城池，俘虏梁将苟元广以下二千梁军。中路梁军对东魏的进攻可谓是得不偿失。在中路梁军被击败后，东路梁军又向东魏发起了进攻。东魏军刚刚平定樊子鹄不久，元庆和率领的梁军就到了。元庆和在去年年底即率部占领了东魏的濑乡（河南省鹿邑县），如今，他又率领东路梁军包围了东魏的城父（安徽省亳州市东南），高欢派遣高敖曹率领三万大军南下朝项城杀来，又命窦泰率领三万人直扑城父，命令侯景率领三万人增援彭城，并任命任祥为东南道行台仆射，统一指挥三支大军。元庆和率军进攻东魏的南兖州（治所安徽省蒙城县），东魏洛州刺史率军抵抗。六月，元庆和又率部进攻南顿（河南省商水县），东魏豫州（治所河南省汝南县）刺史尧雄将其击破。不久，东魏朝廷又增派行台元晏迎击元庆和。据《魏书》记载，元庆和率领的梁军进抵东魏项城附近时，见东魏大军前来，吓得不战而逃。回到梁国后，梁武帝萧衍非常恼火，斥责道："说起话来夸夸其谈，比得上一百张嘴巴；临到战场上时，胆子却小得像个老鼠！"遂将其流放到合浦（广西壮族自治区合浦县）。从梁武帝对元庆和的严厉处罚上来看，东路梁军肯定是遭到了惨败。

公元535年（东魏天平二年），高欢可谓是顺风顺水：二月，平定了樊子鹄；三月，消灭了山胡刘蠡升，同月，豫州军队又击败了南梁陈庆之、消灭了侯渊；六月，击退了南梁元庆和。经过半年多的征战，高欢基本上扭转了因孝武帝西去带来的被动局面，稳定了东魏国内的局势，到了下半年，在政局平稳之后，东魏朝廷征发七万六千人开始在邺城建筑新的皇宫，命尚书仆射高隆之与司空胄曹参军辛术负责工程建设，并构筑了方圆二十五里的邺城南城。

三八六 分裂伊始（二）

据万斯同的《东魏将相大臣年表》，截至该年年底，东魏朝廷主要的重臣分别是：丞相高欢；太傅、侍中咸阳王元坦；大司马元谌；录尚书事西河王元悰；太尉高盛；司徒高敖曹；司空襄城王元旭；尚书令元嶷；尚书左仆射司马子如；尚书右仆射兼吏部尚书高隆之；御史中尉兼骠骑大将军窦泰；中书监源子恭；中书令山伟；侍中孙腾、王衍、贾思同；领军将军娄昭。

在这些重臣中，元魏宗室共有元坦、元谌、元悰、元旭、元嶷五人，其中，元坦是孝文帝的次弟咸阳王元禧之子，与宣武帝为堂兄弟关系，是现任皇帝元善见的堂叔祖；元谌是元坦的堂兄弟，与元善见的亲疏关系和元坦一样；元悰关系就比较疏远，他是孝文帝叔祖拓跋子推的重孙，是宣武帝的同族兄弟，也是元善见的同族祖父；元旭是孝文帝叔祖拓跋长寿的孙子，与孝文帝是一辈人，与显赫一时的城阳王元徽是兄弟关系，是元善见关系疏远的同族曾祖父；元嶷则更加疏远，他是道武帝拓跋珪叔父拓跋寿鸠的曾孙，与文成帝之父景穆太子拓跋晃是同辈，是元善见的六世叔祖。这五人，元坦性格凶狠粗鲁，名声很坏，过去就曾被其堂叔安丰王元延明斥责道："你的凶狠随着年龄增长而增多，过去南方刘宋有个东海王刘祎是个低能儿，被人称为'驴王'，我看这个绰号给你更合适！"前年，他的哥哥元树被樊子鹄诱捕到洛阳后，元坦还担心会危及自己的爵位，千方百计想让朝廷杀掉元树，元树哭着对他说："我因为咱家遭遇大难，才流落到南方，今天到此，只想活命而已，岂会贪图富贵？你虽然身躯魁伟，却没有一点善心！"高欢让这样一个毫无心肝的人身居高位，完全就是个摆设；元谌过去虽然也曾在尔朱荣想要迁都时发过一回威，但史称此人也没有多少才能见识，虽然地位很高，但人们也都没把他当回事，也属于可有可无之人；元悰性格宽和，又没有什么贪欲，生活清廉，与世无争；元旭更是无所作为，没有留下一点值得记载之处；史书对元嶷也称："虽居重任，随时而已。"这些人有一个共同的特点：与宗室血缘疏远，要么名声不好，要么随遇而安，对高欢毫无威胁，把他们放在那，又没有什么实权，只是起到一个摆设作用，让人感到这似乎还是元魏的天下。剩下拥有实权的则大多是高欢的亲戚、心腹。

顺风顺水的高欢也遇到了一件令其非常不快的事情。就在他年初讨伐刘蠡升之时，留守晋阳的十四岁的世子高澄竟然与自己心爱的妃子郑大车私通了！荥阳郑氏不乏帅哥美女，郑大车的从兄郑俨就是胡太后的情夫，但郑氏一门大多家风污秽，郑大车的哥哥郑严祖在前两年就曾因与堂妹通奸而被御史中尉弹劾，史称他们家是"轻躁薄行，不修士业，倾侧势家，乾没荣利，闺门秽乱，声满天下"。在这种家风的熏陶之下，郑大车做出与高澄乱伦之事也在预料之内。不仅郑大车与高澄有过私通之事，据《北齐书·高祖十一王传》记载：郑大车的亲生儿子高润"年十四五，母郑妃与之同寝，有秽杂之声"。也就是说，在十余年后，民间亦传闻，郑大车又与自己的亲生儿子有乱伦之事。

高欢从前线回来后，就有一个婢女向高欢告发，另外两个婢女做证。郑大车嫁给高欢后，最受高欢的宠爱，听到儿子竟然与自己的爱妃私通，高欢是勃然大怒，不仅下令把高澄重打了一百大棒，关押起来，连高澄的母亲、自己的结发妻子娄氏也软禁起来。当时，大尔朱氏已为高欢生下了第五子高澈，而且高欢对大尔朱氏也是宠爱有加，因此，他打算废掉高澄，另立高澈为世子。高澄得知后，赶忙派人向身在邺城的司马子如求救。司马子如见到高欢后，假装对此事一概不知，请求拜见娄夫人，高欢这才将此事告诉了他。司马子如现身说法，劝说高欢："我的儿子司马消难也奸污过我的妾，家丑不可外扬，这种事只能掩盖，岂可张扬？"接着，司马子如开始给高欢打悲情牌，他继续说道："王妃是大王的结发妻子，过去经常把父母家里的财物拿来让大王使用；大王在怀朔镇时，被镇将打得体无完肤，王妃昼夜在您的身边伺候。后来，你们夫妻二人一起躲避葛荣，逃到并州。家里实在太穷苦了，王妃亲自燃烧马粪，给你做饭，还亲手给你缝制靴子，这种恩情岂能忘掉？苍天有眼，你们夫妻关系和睦，儿子高澄能继承大业，女儿嫁给了皇帝（长女嫁孝武帝），而且王妃的弟弟、领军将军娄昭建立的大功，岂能一下抹杀？一个女人如同一棵小草，何况婢女口里说的话不必当真。"司马子如的一席话说得高欢有些动摇，他下令让司马子如再次审讯告发的婢女。

司马子如从高欢那里出来后，见到高澄，故意埋怨他说："男子汉大丈夫为何要惧怕权威，自己诬陷自己？"于是，他召来两位做证的婢女，让二人改口，并逼迫那位告发的婢女上吊自杀。等到一切办妥之后，司马子如向高欢报告说："果然是假的。"高欢听后大喜，这才下令娄昭君和高澄与自己相见。其实，以高欢的聪明，他岂能不知这事是司马子如从中做了手脚？显然，在权衡利弊之后，高欢最终选择了给自己一个台阶罢了。

娄昭君进入院子，远远地看见高欢，赶忙跪下一步一叩头；高澄进来后，也是边拜边走。看到妻子儿子如此这般，高欢也流下了眼泪，父子夫妻三人相抱而泣，和好如初。高欢设宴款待司马子如，说道："保全我们父子的是你司马子如啊！"赏赐给他一百三十斤黄金；高澄也赠给司马子如五十匹骏马。这场风波就此尘埃落定，但它只是高氏家族内部淫乱的开始。

撇下高欢不提，我们再来看宇文泰。对于宇文泰而言，同样面临着诸多挑战。

首先就是他与孝武帝的关系问题。为了拉拢宇文泰，孝武帝永熙三年八月进入关中，当月即答应将自己的妹妹冯翊公主嫁给他。于是，时年二十八岁的宇文泰也由此成为二十五岁的孝武帝元修的妹夫，被拜为驸马都尉。九月，高欢退回洛阳。宇文泰即率军东进进攻潼关，并攻克了华州，关上了东魏军队西进的大门。高欢迁都之后，宇文泰腾出手来，派遣仪同三司李虎、李弼、赵贵率军北上，解决灵州的曹泥。到第二年年初，李虎等人招降了费也头部众，一起进攻灵州，经过四十天的围困，曹泥终于投降了。

而就在宇文泰全力解决曹泥这一心腹之患的同时，他与孝武帝的关系却陡然恶化了起来。如前所述，孝武帝宠爱自己的三个堂妹：南阳王元宝炬的妹妹平原公主元明月、清河王元亶的妹妹安德公主，还有一个名叫元蒺藜的公主。还是在洛阳之时，孝武帝曾在宫中饮宴，命一群女人咏诗，有人曾吟咏鲍照的乐府诗："朱门九重门九闺，愿逐明月入君怀。"孝武帝入关时，仓促之间只带上了最心爱的堂妹元明月一人，元蒺藜羞愤之余竟上吊自杀。孝武帝与自己堂妹之间的乱伦关系，让宇文泰感到很不舒服，他命令宗室诸王将元明月抓来杀死。宇文泰此举让孝武帝勃然大怒，有时候弯弓搭箭，有时候拍打桌案，从此他与宇文泰势不两立，君臣之间再无和好的可能。永熙三年闰十二月十五日，嵩山道士潘弥上奏说："今日千万要谨慎，当有急兵。"孝武帝整整一天都是提心吊胆的。好不容易挨到夜里，他在逍遥园宴请阿至罗酋长，宴会上，他对侍臣说："此处就像是洛阳的华林园，使人增添一份悲戚之感。”他命人牵来自己常骑的波斯骝马，让南阳王元宝炬骑乘，元宝炬的脚刚跨入马鞍，那匹宝马却突然倒地而死，孝武帝心里陡然升起一种不祥之兆。阿至罗国即高车国，是在孝文帝时期从柔然中分裂出来的阿伏至罗和弟弟穷期在今新疆维吾尔自治区准噶尔盆地建立的政权，后在中亚嚈哒国的打击下，一部分部众归顺了北魏，被安置在高平镇一带。北魏宣武帝时期，阿至罗国王伊匐趁柔然内乱，击破柔然，占据了柔然王庭。数年后，在北魏扶持下，柔然阿那瓌又收复失地，永熙二年，在高欢执政时，阿至罗十万户请求归顺北魏。此时，孝武帝宴请阿至罗酋长显然是想利用他们，帮助自己对付宇文泰。

这场饮宴一直持续到夜晚。宴会结束后，孝武帝起驾回宫，行至皇宫后门时，孝武帝的坐骑突然受惊，不肯进门，鞭打后才勉强进宫。入宫后，孝武帝对潘弥说：“今日万幸，没有发生意外吧？”潘弥回答：“只有经过半夜以后，才算大吉了。”不一会儿，孝武帝命人拿酒来喝，谁知，侍从送上的是毒酒，孝武帝喝下后当即就被毒死了，终年二十五岁。

孝武帝来到长安不足半年就被宇文泰毒死，这当然是出乎他的预料。宣武帝、孝明帝年间，民谣称：“狐非狐，貉非貉，焦梨狗子啮断索。”黑獭俗称焦梨狗子，指宇文泰；索，因拓跋鲜卑编发，故南方人称之为索虏，指北魏。人们都说，孝武帝的死应验了这句民谚。

三八七 分裂伊始（三）

从宇文泰果断毒死孝武帝这一点来看，在狠毒方面他比高欢有过之而无不及。

孝武帝死后，宇文泰召集群臣商议继任人选。宇文泰的亲信们大多推举孝武帝的侄儿广平王元赞，侍中濮阳王元顺在内室中哭着对宇文泰说："高欢驱逐了先帝，册立幼主，独揽大权，大人行事应当与他相反。广平王年幼无知，不如册立年长之君。"元顺是拓跋珪的堂弟常山王拓跋遵的曾孙。宇文泰听从了，决定拥立孝武帝的堂兄、时年二十八岁的太宰元宝炬为帝。

东魏天平二年一月一日，宇文泰拥立时年二十九岁的元宝炬为帝，即西魏文帝，大赦，改元大统。以丞相宇文泰为都督中外诸军事、录尚书事、大行台，改封安定郡王，宇文泰坚决推辞王爵及录尚书事，遂封为安定公。以尚书令斛斯椿为太保，广平王元赞为司徒。据万斯同《西魏将相大臣年表》记载，截至这年年底，西魏重臣主要有：大丞相宇文泰，太师广陵王元欣，太傅念贤，太保斛斯椿，太尉梁览，司徒广平王元赞（七月被万俟受洛干取代），司空越勒肱，车骑大将军王罴、李虎（兼陇右行台左仆射）、李弼（兼雍州刺史）、泉企（兼尚书右仆射、洛州刺史）、于谨，尚书令斛斯椿，尚书左仆射扶风王元孚，尚书右仆射顺阳王元昺，中书监乙弗绘，中书令冯翊王元季海，领军将军寇洛。皇室有广陵王元欣、广平王元赞、扶风王元孚、冯翊王元季海、顺阳王元昺五人。节闵帝元恭的哥哥元欣，是孝武帝元修和魏文帝元宝炬的堂叔，孝武帝入关后，他也辗转来到关中；元赞，是孝武帝元修的侄儿，元宝炬的堂侄；扶风王元孚，是景穆太子拓跋晃的弟弟临淮王拓跋谭的孙子，为元彧的叔父、元渊的堂兄弟，是魏文帝元宝炬的从高祖辈；元季海为元顺、元毗的堂叔，为宗室疏属，辈分极高，为元宝炬的从七世祖。元昺，生平不详，据《北史》记载，元寿兴又叫元昺，但该人在宣武帝时就已经被杀了，显然不是一人，亦不知万斯同的依据在哪里。另据《北史·景穆十二王传》记载，景穆太子拓跋晃的儿子拓跋子推，有子拓跋太兴，拓跋太兴又有元昂、元仲景、元暹三子。孝武帝西逃时，以元仲景为中军大都督留守洛阳，高欢入京后，元仲景也逃到了长安，“仍除尚书右仆射，封顺阳王。”因此，《年表》中的元昺应为元仲景之误。元仲景也是魏文帝元宝炬的从祖父。元仲景失去妻子后，又娶了尔朱天光的妻子也列氏。也列氏本来是个妓女，有美色，元仲景对她非常宠爱，后来，他的结发妻子叔袁纥氏也从洛阳逃到长安，也列氏遂迁到另外一处宅院居住。后来，也列氏耐不住寂寞，与他人发生奸情，事情败露后，魏文帝下诏命令元仲景杀了她，可是，元仲景还是舍不得，杀死一名婢女代替，又偷偷把也列氏藏到别处。元仲景担心叔袁纥氏泄露内情，想杀死叔袁纥氏，而叔袁纥氏也想杀了也列氏。也列氏对手下的奴仆说：“如果叔袁纥氏杀死我，肯定会把我的尸体扔到茅厕中，假如我主动向丞相宇文泰坦白，可能还不会处死我。即便是不管自首情节，杀死我以后起码会将我埋在一块好的地方，你替我告发。”宇文泰上报魏文帝，魏文帝下诏重打元仲景一百棍，免去尚书右仆射，也列氏因自首而被驱逐。可是，元仲景依然离不开这个女人，私下里还与她来往，又有人告发，元仲景又被打了一百大棒，这次把王爵也给剥夺了，后来，宇文泰又恢复了他的官爵，也列氏与叔袁纥氏也住在了一起。两个女人住在一起，矛盾不仅得不到解决，反而愈演愈烈，大统五年，西魏朝廷将元仲景赐死。

异姓大臣：念贤也是武川人，孝武帝时期为骠骑大将军、殿中尚书，孝武帝讨伐高欢时任命其为中军北面大都督，念贤辈分较高，宇文泰等人像长辈一样敬重他；梁览原籍安定（甘肃省泾川县），祖上迁至河州（治所甘肃省临夏市），为当地豪强，梁览以平定莫折念生之功，被封为凉州、河州二州刺史；王罴此人我们并不陌生，他曾为北魏苦守荆州三年，这个人很直爽：一次，一位宫中的使者来见王罴，王罴设宴招待，使者吃饼的时候，把饼的边沿撕下。王罴说：“耕种收获已经非常不容易了，去壳加火，又费了不少功，你如此选择，应并不饿。”当即命令撤下饭菜，使者惊得目瞪口呆；还有一次，一位客人和王罴一起吃瓜，客人削瓜皮的时候，稍微削得深些，王罴心生不满，等到瓜皮落地后，他又弯腰从地上拾起吃掉，客人惭愧得不得了；王罴脾气暴躁，曾经有一个下属以权谋私，王罴听了大怒，来不及命人打，他自己抄起鞋子就打；王罴每次设宴，总是拿着秤亲自给大家均分酒肉，人们虽然对他一视同仁的作风都很佩服，但也讥笑他的粗鄙、琐碎。万俟受洛干，匈奴万俟部首领；越勒肱生平不详；李虎，前已说过，为唐高祖李渊的祖父、唐太宗李世民的曾祖；李弼，年少即有大志，臂力过人，曾说过："大丈夫生在世间，理当冲锋陷阵，平定大乱，以取得富贵，岂能平平庸庸在官场上依次晋升呢！"他崭露头角是在跟随尔朱天光讨伐赤水蜀，又随贺拔岳讨平了万俟丑奴、万俟道洛，敌人都畏惧李弼，说："临阵不要与李将军对敌！"李弼有子李曜、李晖、李衍、李纶、李晏、李椿（过继给李弼弟弟李标为子），李弼的这几个儿子都很有出息，其中，次子李晖娶了魏文帝元宝炬的女儿义安长公主，继承了李弼的爵位，另封李弼长子李曜为邢国公，李曜的儿子李宽在北周和隋朝时也号称名将，被封为蒲山公，隋末瓦岗军头领蒲山公李密就是他的儿子；泉企，是陕西省商洛一带的豪强，十二岁就被当地百姓推举为县令，宣武帝同意了，后晋升为上洛郡守，萧宝寅叛乱时曾派兵试图夺取上洛，当地泉氏、杜氏两姓密谋响应，被泉企击败。后泉企又担任过东雍州刺史，孝武帝将要西去，又改任泉企为洛州（陕西省商洛市）刺史。高欢率部推进至潼关时，泉企命儿子泉元礼率军抵御，高欢不敢继续西进。上洛（陕西省商洛市）人都督泉岳及其弟弟泉猛略与拒阳（陕西省洛南县）人杜窋密谋占领洛州，响应高欢。泉企得知后，杀死了泉岳和泉猛略，洛州也转危为安。泉企个性谨慎，每次升职，总是忧心忡忡，寝食难安。于谨过去说过，不提。乙弗绘，是魏文帝元宝炬的皇后乙弗氏的哥哥。乙弗氏源于吐谷浑乙弗部，乙弗绘的高祖乙弗莫瑰归顺北魏，被封为西平公。从乙弗莫瑰以后三代人都娶了北魏公主，女儿也大多嫁给北魏诸王，成为王妃，乙弗绘兄妹的母亲就是孝文帝的第四女淮阳公主，因此魏文帝元宝炬与乙弗绘兄妹又是表兄弟、表兄妹关系。

一月八日，魏文帝又册立王妃乙弗氏为皇后，立儿子元欣为皇太子。十年前，乙弗氏十六岁时嫁给比他大三岁的元宝炬，当时，元宝炬还是位直阁将军，与孝明帝一起密谋诛杀胡太后的近臣，事泄而被免官。这十年里，北魏国内经历了太多的事情，当时破六韩拔陵刚刚起兵，而如今世事沧桑，元宝炬竟然登上了帝位！乙弗氏容貌美丽，性格贤淑、节俭，从不嫉妒，文成帝驾崩后曾权倾一时的乙浑，当是乙弗氏的同族长辈。乙弗氏与元宝炬二人感情很深，在二人共同生活的十四年里，乙弗氏共给元宝炬生下了十二个孩子，但大多夭折了，只有元欣和武都王元戊长大成人。在同一时期，有两个元欣，一个是太傅广陵王元欣，另一个是皇太子元欣，而前者是后者的堂叔祖父。

当高欢迅速解决了刘蠡升、樊子鹄之时，也就是永熙三年年底和大统元年年初，宇文泰也快刀斩乱麻，完成了毒杀孝武帝元修、拥立魏文帝元宝炬、逼降曹泥、夺占潼关等一系列大事，地位更加稳固，这让渭州（治所甘肃省陇西县）刺史可朱浑道元非常不安。当初，可朱浑道元依附侯莫陈悦，侯莫陈悦死后，宇文泰进攻渭州，无法得手，遂与可朱浑道元结盟而退。可朱浑道元世代居住在怀朔镇，与高欢私交很好，并且他的母亲、哥哥也都留在邺城，因此，经常与高欢保持着通信联系。宇文泰一直想拔掉这个隐患，可朱浑道元得知后，遂率领三千户部众向西北转移，他们度过乌兰津（甘肃省平凉市西北），逃到了灵州（治所宁夏回族自治区灵武县）。可朱浑道元与灵州刺史曹泥的女婿刘丰结下了深厚情谊，他盛赞高欢雄才大略，刘丰就暗下归顺高欢之心，遂把他们护送到云州（治所内蒙古自治区和林格尔县）。高欢听说后，命令平阳太守高嵩赏赐可朱浑道元一枚金手镯，并送去粮食辎重，派人迎接他们南下，可朱浑道元回到晋阳后，被高欢拜为车骑大将军。可朱浑道元来到晋阳后，高欢才得知孝武帝的死讯，请求为孝武帝服丧。东魏孝静帝元善见召集群臣商议，太学博士潘崇和说：“君主对待臣下无礼，臣下就不需要给他服丧，这就是商汤的百姓不替夏桀服丧、周武王的臣子不给商纣王服丧的道理。”国子博士卫继隆、李同规说：“高皇后与孝武帝并未离婚，应当为他服丧。”东魏政府采纳了卫继隆、李同规二人的建议。得知孝武帝已死的消息后，到了三月，高欢又将这位女儿嫁给了彭城王元韶为妻。元韶是孝文帝弟弟元勰的孙子，与孝武帝元修是堂兄弟关系。元韶的父亲就是孝庄帝元子攸的亲哥哥无上王元劭，河阴之变前，元劭将年幼的元韶寄放在荥阳太守郑仲明家，但不久，郑仲明家也被尔朱荣抄家，元韶与郑仲明的儿子郑僧副一起逃难，藏匿在嵩山一位程姓老太太家里。孝庄帝即位后，将他找到，封为彭城王。元韶好学、谦恭，他娶了高氏后，也算是发了一笔横财，孝武帝西逃后，北魏皇宫内的珍宝都归了皇后高氏所有，她嫁到元韶家，又将这些珍宝作为嫁妆带了过来。

三八八 分裂伊始（四）

高欢当然不愿看到潼关再次落入宇文泰之手，就在这一年（东魏天平二年、西魏大统元年，公元535年）一月，他就命令东魏大行台尚书司马子如率领大都督窦泰、泰州（治所河东郡蒲坂，山西省永济市）刺史韩轨等人一起发动反攻，企图再夺回潼关。西魏丞相宇文泰驻军霸上（陕西省西安市东）。司马子如、韩轨等人率部回到河东，趁夜偷偷从蒲津西渡黄河，直接进攻华州（治所陕西省大荔县）。当时，华州修城尚未完工，云梯都还放在城外，天色蒙蒙亮，东魏军队爬上云梯，登上了城墙。西魏华州刺史王罴毫无觉察，还正在酣睡，突然，屋外人声鼎沸，把王罴吵醒，王罴从床上一跃而起，披头散发，赤裸身体，光着双脚，手持木棒，高呼着冲出房门。东魏军队见状，吃了一惊，逐渐往城东门退去。王罴一直追到东门，这时，身边的将士们逐渐聚集了起来，双方交战，将东魏军击败，司马子如等人只好退去。

不久，宇文泰又发现了一位人才——苏绰。苏绰是武功苏氏，他的堂兄就是那位劝阻萧宝寅叛乱的行台郎中苏湛。苏湛兄弟三人，哥哥苏亮、弟弟苏让，堂弟苏绰、苏椿。苏家兄弟们当时在关中地区非常出名，苏亮的文章比苏绰写得好，但苏绰的实际工作能力又比苏亮高了一筹，被人并称为“二苏”。苏绰年少好学，博览群书，尤其精通算术。他的堂兄苏让担任汾州（治所山西省吉县）刺史，宇文泰到长安城外送别，临别，问他：“你们家的子弟中，谁能为官？”苏让推荐了苏绰，宇文泰遂任命苏绰为行台郎中。苏绰当了一年多的行台郎中，并未被宇文泰发现，但行台各部门日常遇到的疑难问题，都要参考苏绰的意见才能做出决定；公文的样式也是苏绰定的。一次，宇文泰与尚书仆射周惠达讨论一件事，周惠达却回答不出来，请求回去与下属商议。出来后，他找到苏绰询问该如何处理，苏绰给其条分缕析，拟订下了处理方案。周惠达送上后，宇文泰连连称善，遂问道："你是与谁讨论的？"周惠达如实回答，并称赞苏绰有辅佐君王的才干，宇文泰说道："我很早也听说过此人了。"不久，把他任命为著作佐郎。一次，宇文泰与西魏公卿大臣们一起去昆明池赏鱼，走到西汉的仓池（此处位于西汉未央宫西，上有小岛，名为渐台，王莽即死于这里），宇文泰询问身边的人这是什么地方，无人知道。有人说："苏绰学识渊博，请问问他。"宇文泰遂召来苏绰，苏绰回答得一清二楚。宇文泰大喜，又询问天地开辟及历代兴亡之事，苏绰口齿伶俐，对答如流。宇文泰听了更加赞赏，遂与苏绰二人并马徐行，到了昆明池，宇文泰竟忘了此行的目的，没有架设渔网就与苏绰又回来了。宇文泰将苏绰留在家中，询问治国之道。开始，宇文泰是躺着听，苏绰将帝王之道娓娓道来，并说出申不害和韩非子管理国家的办法。听着听着，宇文泰不由自主地整理衣冠，正襟危坐，双膝靠近苏绰，二人一直谈论到第二天凌晨，意犹未尽。清晨，宇文泰见到周惠达说："苏绰真是位奇异之士，我将把政务都交给他。"当天，即拜苏绰为大行台左丞，参与军国机密，深得宇文泰的宠信。苏绰创立了西魏政府公文制作流程，规定支出用红色、收入用黑色书写的记账方法，继而，又演变成朝廷向外发布的文书用红色标头书写、下级向朝廷请示汇报的文书用黑色标头书写，这也成为沿用至今的红头文件的由来，他还规定了会计以及整理户籍的办法，后世大多效仿他的方法。苏绰的儿子苏威是隋朝时期的一位重臣。

与东魏的高欢一样，宇文泰也遇到了南梁的侵扰。七月，南梁益州刺史鄱阳王萧范、南梁州（治所四川省阆中市）刺史樊文炽一起包围了晋寿（四川省广元市）。西魏东益州刺史傅敬和投降了南梁。萧范是萧衍十弟萧恢的长子；傅敬和是北魏名将傅竖眼的儿子。梁军占领晋寿后，到了十一月，南梁北梁州刺史兰钦又率军进攻南郑，西魏梁州刺史元罗投降，被南梁封为南郡王。北魏梁州下辖晋昌、褒中、安康、汉中、华阳五郡，包括了今陕西省秦岭以南大部，控制着通往关中的斜谷、子午道等数条交通要道，梁州为南梁夺得，对西魏威胁很大。在北魏末年十年大乱中，南梁武帝多次发兵北伐，先是收复了寿阳，并将势力扩展到淮河以北地区，后来，又占领了义阳三关，再就是这次收复汉中地区。除此之外，南梁军队在与北魏军队作战中，败多胜少，却并没有捞到多少好处，两国的军事势力还是有不小的差距。

与西魏的宇文泰一样，东魏的高欢也得到了一位人才，他就是陈元康。高欢以前倚重的人是孙搴，孙搴与孙腾同族，开始时高欢并未发现他的才能，在高欢西征时，命中外府司马李义深、相府城局李士略一起写檄文，二人均推辞了，请孙搴代写。高欢将孙搴召入大帐，亲自为他吹火，催促赶快下笔。孙搴挥舞毛笔，一会儿工夫，一篇文辞甚美的檄文就写成了，高欢大喜，立即任命其为相府主簿，并把一名韦姓美女赏给了他。高欢世子高澄在经历了一场风波之后，一直想离开晋阳这个是非之地，前往邺城辅政。开始，高欢考虑到他年龄太小并没有同意，通过孙搴从中斡旋，天平三年二月二十六日，十五岁的高澄终于如愿以偿，得以顺利入朝，被东魏孝静帝任命为尚书令，加领左右、京畿大都督。当时，东魏朝廷上下也都听说过高澄聪明过人，但仍然认为他不过是个少年，心里多少有些轻视，可是，等到高澄来到邺城之后，执法严明，令朝野上下大为震动。

司马子如、高季式与孙搴喝酒，孙搴大醉竟然死去。高欢亲自参加吊唁仪式，司马子如叩头请罪，高欢说："你折断了我的右胳膊，你要替我另外物色一个！"于是，司马子如就向高欢推荐魏子建的儿子魏收，高欢任命魏收为主簿。过了几天，高欢对高季式又说："你用酒灌死了我的主簿，魏收处理公文的能力我不满意。司徒你过去曾说过有一个人非常谨慎小心，这人是谁？"高季式遂向高欢推荐了陈元康，并说："这人能在黑夜里写字，是一个做事雷厉风行的人。"高欢召见后，即授予大丞相功曹，掌握军国机要，又晋升为大行台都官郎。当时，军国事务繁多，而陈元康是无所不知。有时候，高欢出外，令陈元康在家留守，他在马上说出九十多项临时工作，陈元康屈指算来，全都能记下，无所遗漏。他与功曹赵隐齐名，被人称为"陈赵"。陈元康性格柔顺谨慎，又洞察世事，高欢对他非常亲近，常说："这样的人才确实难得，这是上天赏赐给我的啊。"一次，高欢在家里对高澄发火，拳脚相加，破口大骂。高欢出来后告诉了陈元康，陈元康说："大王教育世子，自有方法，岂能如此？"言辞恳切，以致流下眼泪，高欢因此表示以后要戒除发火。有时候高欢忍不住还会发火，总会说："别让陈元康知道了。"高澄入邺城辅政后，以并州别驾崔暹为尚书左丞、吏部郎，对其非常信任，除了崔暹之外，高澄还信任崔季舒、崔昂，而高欢也重用张亮、张徽纂二人，但这些人都比不上陈元康，时称："三崔二张，不如一康。"

三八九 南和西攻（一）

东西魏分立之初，东魏的高欢和西魏的宇文泰都有各自的软肋。

对于高欢而言，黄河以南地区原来并非自己的势力范围，需要经过一番争夺，大体上经过天平二年的较量，高欢依靠侯景、高敖曹、窦泰、尧雄等人消灭了樊子鹄，击退了梁军，赶跑了贺拔岳、独孤信，稳定了黄河以南地区。虽然如此，黄河以南各州郡的形势依然不容乐观，天平二年八月，逃往山蛮聚居区内的赵刚劝说东魏东荆州刺史李愍（李元忠同族）投降西魏，李愍遂派赵刚前往晋阳察看形势，赵刚回来后，仍然劝说李愍斩杀了响应侯景的杨祖欢等人，以东荆州投靠了西魏。李愍遂命赵刚回到了长安，但不久，李愍就死了，死因不详，实际上，西魏占领东荆州的企图是落空了。

对于宇文泰而言，同样面临着“敌中有我、我中有敌”的问题，如前所述，灵州刺史曹泥、渭州刺史可朱浑道元都是心向高欢的，甚至于秦州（驻守在覆鞅城，今地不详）刺史万俟普及其儿子万俟受洛干、豳州刺史叱干宝乐等人也都是高欢的好友，态度暧昧。大统元年（东魏天平二年），宇文泰逼降了曹泥、赶跑了可朱浑道元，总算是稍稍松了一口气。

但高欢并没有给宇文泰多少喘息的机会。

东魏天平三年（公元536年）一月二十二日，高欢亲自率领一万骑兵，趁着黄河冬季结冰之时，西渡黄河，长途奔袭西魏的夏州（统万城，治所陕西省横山县）。东魏军昼夜兼行，一路上只吃干粮，四天即来到了统万城下。东魏将士们将长矛捆绑起来，当作云梯，趁夜爬上了城墙，生擒西魏夏州刺史斛拔俄弥突。高欢仍然留任斛拔俄弥突为刺史，并留下都督张琼、许和为慰劳大使，率军驻守，将斛拔俄弥突的部众五千多户全部迁至黄河以东。

宇文泰与西魏群臣商议对策，都督郭贤说：“高欢兵力虽多，但他智力勇力均已枯竭，揣测他此举，必然不敢深入。过去，贺拔岳大人刚刚去世，关中一片惊恐，那时候，高欢不能趁机夺取雍州，说明了他没有智慧；等到孝武帝西迁时，关中军队力量很弱，毛鸿宾在潼关战败，潼关天险被打破，他又不能趁此良机，寻找我军主力决战，这说明了他没有勇气。如今，我方上下一心，军民团结，高欢士气低落，岂敢前来送死？况且，夏州、豳州之地十分荒凉，千里没有人烟，纵使高欢他意欲南下，粮草却跟不上，由此看来，高欢肯定不会趁机南下的。”

果然，在高欢夺占西魏夏州以后，并没有发兵南下关中，而是以夏州为据点，四处劝诱西魏地方官吏。在他的劝诱下，西魏灵州刺史曹泥及其女婿刘丰再度背叛，投降了东魏。宇文泰派遣行台赵善、万俟受洛干等人率军包围了灵州州城灵武，西魏军引黄河水倒灌城池，仅差四尺，河水就将城池淹没。高欢得知后，秘密联络在原州附近的阿至罗部众，命令他们调派三万骑兵绕到西魏军队背后，西魏军担心腹背受敌，遂撤离灵州。西魏军队退去后，高欢亲自率领骑兵从统万城西进，迎接曹泥和刘丰，将所属五千多户残余部众（《北齐书·刘丰传》称“数万户”）迁回东魏，任命刘丰为南汾州（治所山西省吉县）刺史。永熙二年，在原州游牧并趁北魏末年大乱而叛乱的阿至罗部众受到高欢的招抚，有十万余户归降，高欢对他们赏赐了大量粮食布帛，阿至罗酋长吐陈等人对高欢非常感激，当时，朝廷还有人提出异议，至此，在高欢与宇文泰的较量中，阿至罗人起兵响应，有力地支持了高欢。

紧接着，高欢又命阿至罗部众东下，威逼西魏秦州刺史万俟普，高欢动员军队也遥相呼应。到了这一年的六月（《周书》称五月），西魏秦州刺史万俟普、太宰万俟受洛干、豳州刺史叱干宝乐、右卫将军破六韩常以及三百多名督将率领各自的部队叛逃到东魏，西魏丞相宇文泰率领轻装骑兵前去追赶，一直追到榆林河以北一千多里，也没有追上。

西魏大统二年，对于宇文泰而言，可谓是一个多灾多难的年份，史称，这一年，关中地区发生了极为严重的饥荒，人们之间因饥饿而相互残杀、吞食，因饥饿或被杀而死的就高达十之七八。而在这一年的年初，东魏高欢袭破了夏州，紧接着引发了灵州刺史曹泥、秦州刺史万俟普等人一连串大规模的叛逃事件，与此同时，秦陇以西与吐谷浑、宕昌接壤地区也发生了叛乱。吐谷浑十四代王伏连筹大体上生活于北魏孝文帝、宣武帝、孝明帝时期，直到十二年前的孝明帝正光五年（公元524年）秦陇莫折念生叛乱后，凉州幢帅于菩提等人囚禁刺史宋颖，北魏朝廷无力讨伐，还是请吐谷浑王伏连筹发兵讨伐。后伏连筹去世，其子夸吕继位，夸吕看到北魏大乱，遂自称可汗，居住在伏俟城（青海省共和县铁不卡古城），对此，南方史书有不同的记载，《梁书》称，在伏连筹死后，其子呵罗真继位，呵罗真死后，其子佛辅继位，四年后，可沓振继位。由于史料缺乏，学者们对此各有各的推测，有人说在伏连筹死后，吐谷浑大乱，王位依次更迭；也有人说这几个人实际上是一个人，但总之，到夸吕吐谷浑已步入正轨。

除了吐谷浑势力逐渐东移，宕昌国的势力也逐渐膨胀。宕昌东临仇池，核心地区在今甘肃省宕昌县，东西上千里，南北八百里。就在两年前宇文泰刚刚夺得贺拔岳部众之时，宕昌国王梁仚定引诱吐谷浑军队一起进攻金城（甘肃省兰州市），与此同时，渭州（甘肃省陇西县）等地的羌族和氐族部众也相互联络，发动叛乱，秦陇西部地区已经完全失去控制了。宇文泰焦头烂额，一直无力发兵讨伐，只好采取羁縻和安抚的手段，他派遣潘濬出使吐谷浑，以图制止吐谷浑对河西、陇右地区的野心，吐谷浑虽然献上了会舞蹈的马以及牛羊等，但依然不断骚扰西魏西部边境；宇文泰还极力拉拢宕昌势力，改封梁仚定的堂兄、河州（治所甘肃省临夏市）刺史梁览为郡公，到了本年，他又晋升梁览为太尉。

当东魏丞相高欢发兵西进、西魏众多大臣叛逃前后，宕昌的梁仚定也再度反叛，阴谋杀死梁览，占领河州。梁览与梁仚定多次交战，但一直未能击退他的进攻，宇文泰得知后，立即命令行台赵贵、大都督侯莫陈顺率军西上。梁仚定见西魏军队前来，这才害怕，谢罪称臣。宇文泰无暇顾及，遂免除了他的罪过，拜其为抚军将军，并命侯莫陈顺接替梁览驻守在河州。

国内天灾不断，东魏高欢兵锋犀利，西部吐谷浑、宕昌心怀不轨，而北方柔然阿那瓌也是虎视眈眈。

柔然可汗阿那瓌借助北魏之力得以起死回生，可以说北魏政府扶植阿那瓌有阻止高车国独霸西域的意图，但从结果上来看，与《农夫与蛇》的故事相近：阿那瓌北去之时，纵兵大肆劫掠代北，激化了代北地区的矛盾，从而引发了六镇叛乱。他一直大耍两面派的手法，一会儿帮助北魏朝廷歼灭破六韩拔陵；一会儿又南下劫掠，壮大自己。在壮大了力量之后，阿那瓌即发起了对高车国的复仇行动。正如北魏大臣袁翻说的那样“高车士马虽众，主甚愚弱，上不制下，下不奉上，唯以掠盗为资，陵夺为业”。这样的国家是无法抵御重新壮大的阿那瓌的打击的，至迟在永安元年（公元528年）以前，阿那瓌已经打败了高车王伊匐，伊匐战败后，为其弟越居所杀。大约正因此，阿那瓌在这一年派使者入京晋见时，刚刚被尔朱荣拥立为帝的孝庄帝特意下诏"赞拜不言名，上书不称臣"。由于两国实力的变化，北魏与柔然之间已经由原来的宗主与藩属关系演变成了平等国家之间的关系了。从那时开始，又经过了七年，北魏分裂，这数年间，北魏帝国持续混乱，两国之间的实力对比进一步悬殊。此时的柔然国俨然又成昔日漠北的强国，虽然阿那瓌每年都还来朝贡，但态度逐渐变得非常傲慢。

孝武帝刚刚即位的太昌元年（公元532年）六月，阿那瓌就派遣乌勾兰树升伐等来到洛阳朝见，并为长子庵罗辰提亲。北魏朝廷一直拖了十个月，到第二年四月，孝武帝元修才答应以大哥范阳王元诲的长女琅邪公主许配给他，但一直到永熙三年（公元534年）孝武帝入关，也没有成婚。

《资治通鉴》在南梁大同元年，即东魏天平二年、西魏大统元年这一年称，柔然向东魏求婚，高欢以常山王妹为兰陵公主，嫁给了柔然。此后，柔然多次侵扰西魏，西魏又派遣中书舍人库狄峙与柔然和亲，从此，柔然不再侵扰了。其实，这一记载是错误的，当时的情况并非如此。东西魏分裂后，阿那瓌即于东魏天平二年派遣粟特胡人安吐根前去晋阳，打探东魏的虚实，而安吐根则暗中告诫高欢，要防备柔然军队南下。同年，阿那瓌又向西魏求和亲，宇文泰即以孝武帝时的中书舍人元翌（宗室疏属）之女号称化政公主，嫁给了阿那瓌的弟弟塔寒，又命帐内都督杨荐、太子太傅杨宽二人为使者出使柔然国，二人来到柔然国内，均娶妻而还，至此，宇文泰抢先结好了柔然。西魏与柔然结亲立即引起了东魏高欢的警觉，第二年，他也派遣中书舍人杨畅前往柔然国，此时，柔然与西魏之间的关系尚不牢固，宇文泰担心出现枝节，也赶忙派遣贺若谊前往。贺若谊到柔然国中后，以厚利相引诱，终于说动了阿那瓌。阿那瓌将东魏的使者杨畅交给了贺若谊，并表示与西魏联合——宇文泰承诺给予柔然的厚利。大约正是在这个时候，宇文泰为了进一步巩固两国的关系，又产生了让魏文帝废掉乙弗皇后，另行迎娶阿那瓌长女为皇后的打算。

三九〇 南和西攻（二）

宇文泰和高欢二人都知道对方是自己最大的敌人，当西魏大统二年宇文泰正忙着结好柔然、争取外援之时，在上半年取得了突入夏州、招诱西魏不少高官叛逃的胜绩之后，到了下半年，也许高欢觉得宇文泰暂时已构不成太大威胁，他置处境艰难的宇文泰于不顾，于九月四日，命令定州刺史侯景兼尚书右仆射、南道行台，率领诸将南下，朝南梁杀来。

南梁武帝自去年进攻东魏连连受挫后，就打消了继续与东魏为敌的打算，到了今年，在东魏黄河以南军队的压力下，二月份，南梁光州（治所河南省光山县）刺史郝树投降东魏；七月，南梁夏州（当为侨置州，确址不详，疑为安徽省怀远县一带）刺史田独鞞、颍川（确址不详，疑为安徽省颍上县一带）防城都督刘鸾庆也相继投降了东魏。此时，白苟堆（河南省正阳县）也已被东魏尧雄占领，光州投降后，刚刚被南梁夺得的义阳（河南省信阳市）已处于东魏东（光州）、北（豫州）、西（南荆州）的三面包围之下，处境危险，与此同时，夏州和颍川的投降，也让南梁夺占东魏的淮北土地面临丢失的可能。在去年年底梁军夺占西魏汉中之后，至迟到今年年初，梁武帝已经派遣战败被俘的魏国益州刺史傅敬和回到东魏，主动向东魏求和了。

滞留在南梁的贺拔胜等人多次请求梁武帝出兵讨伐东魏，但梁武帝一直没有同意，贺拔胜等人打算回到北方，史宁对贺拔胜说："梁主对朱异言听计从，请结好朱异。"在朱异的帮助下，梁武帝最终同意贺拔胜、史宁、卢柔北还，并亲自到南苑设宴给他们饯行。贺拔胜深感梁武帝的厚恩，从此以后，凡是见到南去的鸟兽从不射杀。贺拔胜一行人行至襄城（河南省襄城县），高欢命令侯景率领轻装骑兵截击，贺拔胜等人弃舟登岸，从山间小道逃回长安，一路上冻死饿死了一多半。贺拔胜来到长安后，跪在宫门之外谢罪，魏文帝握着贺拔胜的双手，说道："君王逃难，这也是天意，不是你的罪过。"授予其太师之位。宇文泰以卢柔为从事中郎，与苏绰一起掌管机密。在贺拔胜等人回到西魏后，西魏宇文泰又派遣杨荐前往南梁，结好南梁，独孤信与部下杨忠也借机请求北归。独孤信的母亲在东魏，梁武帝询问他是回东魏还是回西魏。独孤信回答："侍奉君王，不敢顾及私情而怀有二心。"梁武帝认为他很讲义气，就送给他很多财物，将其放回。独孤信和杨忠回到长安后，西魏朝廷晋升独孤信为骠骑大将军、加侍中、开府仪同三司。一次，宇文泰在龙门打猎，杨忠一人与一头老虎搏斗，只见他左手夹住老虎的腰，右手拔取老虎的舌头，宇文泰认为杨忠是位难得的壮士，因北方人称老虎叫"揜于"，宇文泰遂称杨忠为杨揜于（此时，杨忠还姓普六茹，应当叫普六茹揜于）。宇文泰非常欣赏杨忠的勇猛，将其留在身边担任侍卫武官。杨忠就是隋朝开国皇帝隋文帝杨坚的父亲。

也许是梁武帝将贺拔胜等人放归西魏，让高欢不快，才促使高欢举兵南下的？显然，事情并非如此简单。正如高欢在年初进攻西魏夏州其目的是在即将到来的对西魏的决战中，提前解除来自河西的威胁，高欢在下半年命令侯景率军南下，也是想以战逼和，避免梁军在东西魏决战中趁火打劫，抄了自己的后路。

面对东魏的进攻，十月八日，南梁武帝萧衍下诏进行动员，实施北伐。同日，东魏侯景率领七万大军进攻南梁楚州，俘虏了南梁楚州刺史桓和。南梁设置的楚州治所在楚城（河南省信阳市东北六十里），下辖汝阳、仵城、城阳郡。攻陷楚州后，东魏军遂兵临淮河北岸，他给南梁司州刺史陈庆之写信劝降。陈庆之率军迎头痛击，大破侯景所部，当时天气异常寒冷，下着大雪，侯景丢弃辎重北逃。梁武帝已经派遣右卫将军夏侯夔等人率部增援陈庆之，援军刚走到黎浆（安徽省寿春附近），陈庆之已取得了胜利，十一月二日，梁武帝下令撤回北伐之军。

其实，高欢与萧衍都不想打，本来高欢想趁光州、白苟堆等地被魏军夺回的有利时机，继续扩大战果，一举拿下义阳三关，确保自己在与宇文泰的对抗中，南梁中线军队不至于突入豫州腹地，谁知侯景遇到陈庆之仍然不是对手，大败而还。高欢立马改变策略，接受了梁武帝求和的要求，派遣使者火速南下，以期与南梁实现和平。十二月六日，东魏使者来到建康请和，梁武帝答应了，从此以后，南梁与东魏之间实现了持续十年的和平。第二年七月十一日，东魏派遣兼散骑常侍李谐、兼吏部郎中卢元明、兼通直散骑常侍李邺出使南梁。梁武帝接见东魏使者，李谐等人谈吐文雅，应对如流，等三人告辞后，梁武帝一直目送他们走出，对身边的侍从们说："我今天是遇到对手了，你们总是说北方没有人才，这些人又都是从哪来的？"当时，南北和好，但又都竭力炫耀各自的人才，充当使者的必是当世数一数二的人物，没有才能又没有门第的，不可能充任。而梁朝使者每次来到邺城，全城也为之轰动，贵族子弟们一定是盛装前去，参加典礼，朝廷赏赐给使者丰厚的礼物，使者下榻的宾馆也是门庭若市，高朋满座。宴会上，尚书令高澄常常派遣亲信窥探，本国接待人员说出一句出奇制胜的话来，高澄听了总会情不自禁地拍手大笑。东魏使者来到建康，遇到的情形也是如此。

所谓的"邺下风流"人物，以李神俊、李谐、卢元明、王元景、杨遵彦、崔赡为首。李神俊是陇西李宝的四子李佐的第三子，是孝庄帝的堂舅；李谐为顿丘李氏，顿丘李氏发迹于献文帝之母李氏，李氏死后，其兄弟李峻、李诞、李嶷等五人从南朝来到北魏，李嶷之子李平，李谐是李平的次子。李谐外表并不出众，他个头矮小，六指，说话结巴，是个跛子，还患有大脖子病，但他为了弥补大脖子病的缺陷，故意抬起头来走路，为了弥补跛子的缺陷，故意走路很慢，为了弥补结巴的缺陷，故意说话很慢。当时东魏朝廷群臣本来推举崔㥄当主使，但崔㥄说："如果论到文采和学识，我也不服李谐；但说到反应机敏，李谐比我强多了。"卢元明出自范阳卢氏，卢玄之子卢度世第三子卢昶的儿子。范阳卢氏门第也很高，卢元明是卢昶的第五子，博学多才，善谈玄理，曾深得元彧、元熙的赞赏。王元景即王昕，是前秦丞相王猛的六世孙，杨遵彦即杨愔，崔赡就是崔㥄的儿子。

在结好南梁后，东魏丞相高欢即于当年（公元536年）十二月十一日，率领大军讨伐西魏，他派遣司徒高敖曹率部朝上洛杀来，以大都督窦泰朝潼关扑来。

东魏天平四年（西魏大统三年，公元537年）一月，东魏丞相高欢率部来到蒲坂，在黄河上搭建三座浮桥，做出准备渡河的姿态。西魏丞相宇文泰率部驻扎在广阳（陕西省高陵县），他对诸将说："敌人三路夹击而来，高欢建造浮桥，不过是为了显示其要渡河的决心，其目的就是想牵制住我军，让中路的窦泰得以顺利入关而已。高欢自称起兵以来，窦泰常作为前锋，军中大多是精锐部队，屡战屡胜，骄傲轻敌，如今，我们长途奔袭，一定能够取胜，击败窦泰之后，高欢自然会退去。"众将都说："高欢就在眼前，舍近求远，一旦出了意外，后悔都来不及了！不如分兵抵御。"宇文泰说："高欢两次进攻潼关，我军都驻扎在霸上。如今，他大举前来，一定会认为我们还像以往那样固守长安近郊，对我非常轻视，我军趁机偷袭，肯定能够取胜！敌人虽然在修筑浮桥，但尚在短时间内无法建成，我断定不出五日，一定能够击败窦泰！”行台左丞苏绰、中兵参军达奚武二人也表示同意。

一月十四日，宇文泰率领六千名轻装骑兵回到了长安，众将还有不少人持不同意见。宇文泰没有透露自己的真实想法，随便询问族侄、直事郎中宇文深该怎么办，宇文深回答：“窦泰是高欢手下的一员猛将，如今，我军如果去进攻蒲坂，那么，高欢就会固守在那里，窦泰前去救援，我军内外受敌，这非常危险；不如挑选精锐部队偷偷向窦泰驻守的小关（潼关南禁谷）进发，窦泰性格急躁，必定会率军出战，而高欢小心谨慎，未必会马上相救，我军猛击窦泰，肯定能将其击败。击败窦泰后，高欢自然士气低落，我军回师进击，一定能够胜利。”宇文泰大喜说：“这正是我的想法！”于是，对外声称要退守陇右地区。宇文深是宇文测的弟弟。

一月十五日，宇文泰晋见西魏文帝元宝炬，而后，率军秘密东进，十七日拂晓，西魏主力抵达小关。窦泰听说西魏大军逼近小关营寨，他立即从黄河对岸的风陵渡渡河而来，宇文泰率军直抵马牧泽（小关东北）。窦泰突然听说宇文泰前来，惶恐不安，依托山险布阵，阵势尚未布好，宇文泰大军就冲杀了过来，遂大破窦泰军，窦泰全军覆没，被斩杀俘虏了近万人，窦泰本人也战败自杀。高欢因黄河河冰尚薄，无法过河救援，遂撤去浮桥撤军。以仪同三司、猛将薛孤延断后，薛孤延一天之内砍折了十五把佩刀，东魏军这才得以狼狈退回晋阳。宇文泰也凯旋。

高欢退去之后，南路的高敖曹还在一路向西。山路险峻，西魏军早已占据险要，上洛豪强杜窋担任东魏军的向导，高敖曹率部转斗而前，所向无敌，遂进逼西魏上洛（陕西省商洛市）。激战中，高敖曹被城上的流箭射中，其中贯穿伤就有三处，他从马上摔下昏厥了很久才苏醒过来，遂重新骑上战马，脱去头盔，巡视督战。西魏洛州刺史泉企命令二儿子泉仲遵率领五百人出战，因寡不敌众，退回城内。泉企率众固守十余日，箭全部射完，外无援军，他的两个儿子泉元礼、泉仲遵殊死抵抗，泉仲遵被东魏军射瞎了眼睛，无法继续作战，不久，上洛城陷落了。泉企对高敖曹说：“我泉企是用尽了我的力量，并非甘心屈服。”高敖曹任命杜窋接任洛州刺史。高敖曹伤势很重，说：“恨我不能活着看到四弟高季式当个刺史了！”高欢听后，立即任命高季式为济州刺史。高敖曹还想趁势西上，进攻蓝田（陕西省蓝田县）。高欢派人对他说：“窦泰已经死了，军心浮动，应当速速回来，山路险恶，敌人强盛，只要你一人能安全回来就行。”高敖曹不忍心丢下自己的军队，于是，边战边退，带领全军顺利回到国内。东魏军带着泉企、泉元礼父子一起东归，泉仲遵因伤势过重无法行动。临行之际，泉企对两个儿子嘱咐道：“我平生的志向也不过是当个县令之类，就心满意足了，风云际会，我竟然被授予宰相一职。如今，我的官职已高，年纪又大了，来日无多。你们的才能足以建立功勋，忠孝不能两全，你们要各作打算，不要落入敌手，只要你们能效命本朝，我就死而无憾了。绝不能因为我在东魏，就做出有损节操之事来！”父子洒泪而别，泉元礼在半途中逃了回来。杜、泉两家虽然都是当地豪强，但当地人都敬重泉家而轻视杜家。泉元礼回来后，暗中联络当地豪强，两三天内即率领部众偷袭州城，斩杀了杜窋，西魏朝廷拜泉元礼为卫将军、车骑大将军、世袭洛州刺史；以泉仲遵为征东将军、豫州刺史、封丰阳县伯。

三九一 沙苑之战（一）

高欢去不了黄河对岸，宇文泰肯定也到不了河东，在宇文泰并未追击高欢大军的情况下，为高欢断后的薛孤延竟然一天之内砍折十五把宝刀，才保证了高欢从河东地区安全脱身，如此激烈的战斗因何而起？在北魏末年，河东地区的情况一直比较特殊，这里沟壑纵横，地形复杂，居住着山胡、蜀人等部族，他们时叛时降，可能在高欢撤退时，当地胡人对高欢后卫部队发起了进攻，这是一种可能；另一种可能是，此事发生在数月后的沙苑之战以后，《北齐书·薛孤延传》将时间误记到这里了。

花无百日红。小关败后，回到晋阳的高欢同样面临灾荒的问题，所幸的是，东魏灾害较轻，且东魏经济实力要好于西魏。史称，二月，高欢以并（治所山西省太原市）、肆（治所山西省忻州市）、汾（治所山西省汾阳市）、建（治所山西省晋城市）、晋（治所山西省临汾市）、东雍（治所山西省临汾市）、南汾（治所山西省吉县）、泰（治所山西省永济市）、陕（治所河南省灵宝市）九州遭受霜灾、旱灾，百姓流离失所，下令当地政府开仓赈济。六月，高欢前去汾阳北燕京山上的天池游玩，在那里，他发现了一块奇异的石头，石头上隐然呈现“六王三川”的字样。高欢询问行台郎中阳休之，阳休之回答：“六是大王的字，王是当称王于天下之意，这是大王将王天下的预兆。既然又是在天池得到了这块石头，可以说是天意啊，非常吉祥。”高欢又问三川是指什么，阳休之回答：“黄河、洛河、伊水被称为三川，泾水、渭河、洛河也被称为三川。黄河、洛水、伊水是指洛阳，泾水、渭河、洛河是指雍州。大王如果接受了天命，终将拥有关中。”高欢说：“世上的人无事生非，闲得蛋疼，总是说我将要谋反。一旦他们听了你的这番话，那还了得，千万不要乱说。”行台郎中杜弼原为窦泰监军，窦泰兵败自杀后，高欢以其不谏诤将要处罚他，幸赖房谟劝谏，高欢才饶了他，后来，杜弼又抽空建议高欢称帝，高欢拿起一根拐杖，把他打出门去。

这种时候当然不是说这事的时机。在小关战败后的近半年时间里，高欢七月派遣高规格的使团南下南梁继续巩固与南梁之间刚刚恢复的友好关系；又征发各地的壮丁，为对西魏进行大规模进攻做准备；与此同时，高欢也没有忘记雄踞漠北的柔然。在此期间，柔然国虽然倾向于西魏，但态度并不十分明朗，与西魏之间的纽带尚不牢固，高欢遂派遣使者元整出使柔然国，而柔然也派遣使者温豆拔、龙无驹等人前往东魏。听到东魏出使柔然的消息后，宇文泰非常担心，他说服西魏文帝元宝炬废黜结发妻子，向柔然头兵可汗阿那瓌求婚。阿那瓌过去与元孚相识，对西魏使者们说如果元孚不来，婚事说不成，西魏朝廷又派遣太保元孚前去，柔然大喜，遂扣留了东魏使者元整，答应了西魏的请求，东魏也将柔然的使者温豆拔、龙无驹等人扣留了下来。西魏又派遣司空王盟（当为宇文泰的舅舅）、扬列将军王懋父子和太子太傅杨宽等人组成盛大的迎亲队伍，前去柔然迎接柔然新娘——时年十三岁的阿那瓌的长女。在这场外交战中，高欢暂时处于下风。

高欢还清醒地认识到队伍存在的一些突出问题，首先是文武官员的贪污问题。高欢刚从滏口东下冀州时，一改尔朱氏贪婪之风，当时，高欢军中派出的使者路过村子，遇到祭祀日也不敢喝百姓们的社酒。等到进入洛阳之后，官员们逐渐沾染了过去的贪污之风。行台郎中杜弼对高欢谈及此事，请求高欢加以惩治。高欢岂能不知这一状况，但他也有自己的难处，他对杜弼说："你过来，我告诉你。天下黑暗乱离已持续很久了，如今，我军中将领们的家属大多滞留在关中，宇文黑獭（宇文泰）经常派人前来劝诱，这些人是继续留在我这儿或是逃往关西，都还不一定呢。况且，江南还有一个东吴的老翁萧衍，醉心于恢复古代正统的礼仪规范，中原士大夫们见状，都从内心里认为那里才是中华政权的正统所在。一旦我严刑峻法，恐怕会造成'将领们全都逃到关中，知识分子们全都逃奔江南'的局面，我还建立什么国家？你暂时稍稍忍耐一下，我不会忘了这事。"当时，追随高欢起义的所谓的"勋贵"们更是无法无天，随意抢掠百姓财物，如同强盗一般。高欢商议讨伐西魏，杜弼却请求先除掉国内的奸贼们。高欢询问国内的奸贼是指谁，杜弼说："那些个公然掠夺百姓的勋贵们就是！"高欢没有回答，只是下令军人们弯弓搭箭，手持刀枪，排列两行，让杜弼从中间走过，并说："肯定伤不了你的。"杜弼从刀枪中走过，顿时吓得失魂落魄，汗流浃背。

随后，高欢对他说："虽然箭已上弦，但并没有射出；钢刀虽然高举，也没有砍下；虽然紧握长矛，但并没有刺出，即使这样，你已经是魂飞魄散了。这些个立下大功的'勋贵'们以血肉之躯去抵挡钢刀箭头，百死一生，即使他们贪婪一些，人格卑鄙一些，但他们的贡献很大，岂能与寻常之人一样看待？"杜弼跪地叩头，说道："我这个愚蠢之人看不到真理。"

其次，高欢需要解决的还有鲜卑人与汉人之间的隔阂。史书上说鲜卑人与汉人之间的隔阂，其实是六镇尚保留着鲜卑风俗的鲜卑人与汉人之间的隔阂。从某种程度上来说，六镇之乱是对北魏孝文帝汉化政策的反动，作为六镇余绪的高欢、宇文泰二人在保持鲜卑本民族风俗方面是一致的，高欢似乎更善于协调鲜卑人与汉人之间的关系，过去我们说过，他每次号令将士们总是让丞相属张华原宣布，对鲜卑人就说："汉人是你们的奴婢，男人替你们耕田，女人替你们织布，他们给你们运送粮食，让你们吃饱喝足，你们为何还要欺凌他们呢？"对汉人们则说："鲜卑人是你们的客人，他们虽然取了你们一斛粮食，一匹布帛，但他们在战场上替你们杀敌，让你们生活安宁，你们为何还要仇视他们呢？"当时，鲜卑人都轻视汉人，唯独忌惮高敖曹。高欢在向大军下达命令时，说的都是鲜卑话，但如果高敖曹在场，高欢就赶紧改用汉语。高敖曹从上洛回来后，高欢又任命他为军司、大都督，统领七十六个都督。一次，高敖曹前去相府拜见高欢，门卫不让进，高敖曹大怒，弯弓搭箭就朝门卫射去，高欢知道后也没敢怪罪。高欢任命侯景为西道大行台，与高敖曹、行台任祥、御史中尉刘贵、豫州刺史尧雄、冀州刺史万俟受洛干一起在虎牢关训练军队。高敖曹与北豫州刺史郑严祖在一起赌博，御史中尉刘贵派人召唤郑严祖，高敖曹不放，使者在一旁催促不已，让高敖曹勃然大怒，命人把那人用枷锁锁住。御史中尉刘贵是高欢的老友，那也是高欢身边的红人，狐假虎威，他的下属平日里也是趾高气扬的，被高敖曹上枷后，他还不服气，愤愤说道："枷住我容易，脱去的时候就难了！"高敖曹二话没说，抽出佩刀，就在枷上把那人的人头砍下，说道："这又有何难！"刘贵知道后，也不敢找高敖曹理论。第二天，刘贵和高敖曹坐在一起的时候，外面有人报告说整修黄河民夫很多都淹死了，刘贵漠然说道："只值一文钱的汉子（双关语气，暗示汉人低贱），随他们去死！"高敖曹听了大怒，抽出佩刀，一刀就向刘贵砍来，刘贵逃回自己的军营。高敖曹鸣鼓集合军队，就要进攻刘贵，侯景、万俟受洛干一起前来劝慰，很久，高敖曹才作罢。

三九二 沙苑之战（二）

柔然可汗答应了西魏的请求，让宇文泰解除了后顾之忧，但更为烦心的事还萦绕在宇文泰的心中——那就是持续的饥荒。

西魏的灾荒从上一年一直持续到本年，为了破解饥荒，宇文泰决定主动向东魏发起进攻，到东魏那里找粮食吃。宇文泰的同族侄儿宇文深也劝说宇文泰发兵进攻弘农，宇文泰听从了。西魏大统三年（东魏天平四年，公元537年）六月，夏阳人王游浪聚众占据杨氏壁发动叛乱，宇文泰命令于谨率军攻克杨氏壁（胡三省注称，为华阴杨氏避乱而修筑的堡垒，在陕西省华阴市境内）；七月，西魏朝廷向各郡县征兵；八月十四日，宇文泰率领李弼等十二将实施东伐，以北雍州（治所华原，陕西省铜川市耀州区）刺史于谨为先锋。于谨率军朝东魏盘豆（河南省灵宝市西）杀来，东魏守将高叔礼固守不降，被于谨一举攻克，东魏一千余人被俘。八月二十五日，西魏军队包围了弘农。宇文泰命令达奚武带着两名骑兵前去侦察，与东魏骑兵遭遇，双方交手，达奚武三人斩杀了六名东魏士兵，俘获了三人，安全回营。八月二十七日，西魏军队攻克弘农，活捉东魏陕州刺史李徽伯，生擒八千名东魏士兵。

宇文泰占领弘农后，饥肠辘辘的西魏将士们总算找到了吃的。尚书左丞杨标对宇文泰说自己的父亲杨猛曾担任过邵郡（治所即在白水县，山西省垣曲县）的白水县令，结识当地的豪强，请求北渡黄河说服他们献出邵郡，宇文泰同意了。杨标与当地豪强王覆怜等聚众起兵，斩杀了东魏邵郡太守程保及四名县令，宇文泰遂任命王覆怜为太守。宇文泰又派遣使者渡河说服山西西南部归附东魏的各个城堡，半月之内，不少城堡都归顺了西魏。东魏东雍州刺史司马恭镇守正平（山西省临汾市），西魏司空从事中郎裴邃（与南梁名将同名，并非同一人）打算进攻，司马恭弃城而逃，宇文泰遂以杨标为行正平郡事（代理正平太守）。为配合宇文泰的进攻，本年九月，柔然也发兵南下进攻东魏，前锋一直进抵三堆（山西省静乐县），直接威胁到了晋阳的安全。高欢亲自率军迎战，将柔然军队击退。柔然军队牵制了高欢的主力，让他无力兼顾南面，这也是山西西南部不少处于半独立状态的城堡纷纷归附西魏的原因。

令高欢恼火的是：小小的宇文泰竟敢主动对自己发起进攻！这大大出乎他的意料，也让他勃然大怒，击退柔然之后，高欢即部署对西魏进行大规模的讨伐。他组织起空前强大的兵力，决心一举将宇文泰消灭。

闰九月月初，东魏丞相高欢亲自率领二十万（《周书》称十万）大军从壶口（山西省吉县西南七十里）直插蒲津（陕西省大荔县东黄河渡口），另外命令高敖曹率领三万人马从黄河以南向西进攻。西魏丞相宇文泰率领的部队不足一万人，一直在弘农征收粮食，已五十余日了，听说高欢的大军将要渡河，遂撤离弘农，率领主力西上，进入了潼关，宇文泰西去后，高敖曹遂率部包围了弘农。在此次西伐之前，高欢曾就此战征求行泰州事段荣（高欢连襟）的意见，段荣坚决反对。此时，高欢右长史薛琡也对高欢说："西魏连年饥荒，没有粮食吃，因此，宇文泰才冒死前来，进攻我陕州，目的不过是想抢夺粮食。现在，司徒高敖曹已经包围了陕城，西魏人抢夺的粮食运不出去，只要在交通要道上部署重兵，不与敌人正面交锋，等僵持到麦收季节，西魏军民肯定会全部饿死。届时，元宝炬和宇文黑獭自然归降，请求大王不要西渡黄河。"侯景也劝谏道："这次兴兵，我军的人数非常多，万一失利，后果难以控制。不如将部队一分为二，相继前进。前军如果获胜了，后军可扩大战果；一旦前军失利，后军再进行增援。"鉴于上次分军、窦泰被杀的教训，高欢这次矫枉过正，再也不敢分军了，加上如今国内人心浮动，高欢对手下的将领更不放心，因此，他拒绝了二人的建议，遂率部从蒲津渡过了黄河。

此时西魏的形势可谓是危若累卵。

西魏宇文泰派人前去华州，告诫华州刺史王罴要严加戒备。王罴回答："我这个老熊当道卧，哪容貉子在面前经过！"宇文泰听了很高兴。高欢率军来到冯翊（陕西省大荔县）城下，对王罴说道："你为何不早早投降！"王罴大呼："此城即是王罴的坟墓，在此生，在此死，不要命的尽管上来！"高欢情知难以攻取，不敢强攻，遂绕过冯翊南下，渡过北洛河，在许原（陕西省大荔县南）以西扎下大营。

此时，宇文泰率领的那不足一万人马也来到了渭河南岸，西魏朝廷征调的郡县部队尚未抵达。宇文泰打算进击高欢军，众将均以众寡不敌，请求等到高欢继续西进之后，进一步观察形势后，再作决断。宇文泰说："一旦等到高欢进抵长安附近，人心必定要引起骚动，现在，趁着他刚刚从远方来到，可予以迎头痛击。"遂下令在渭河之上建造浮桥，命令士兵们携带三日的军粮，率领轻装骑兵毅然渡过了渭河，留下辎重部队在渭河南岸随着北岸的部队一起向西移动。

十月一日，宇文泰率领的西魏军在渭河北岸推进到了沙苑。

沙苑是位于关中平原内部的一块神秘的沙漠地带，具体位于陕西省大荔县以南洛河（与洛阳的洛河并非同一条河流，此处的洛河又称北洛河）与渭河之间，东起大荔县朝邑镇南，西到渭南县孝义镇。《水经注》称："洛水东经沙阜北，其阜东西八十里，南北三十里，俗名沙苑。"现在的沙苑东西长35公里，南北宽6—10公里，沙区地貌外围多为沙草地、中部是槽型谷地，在谷地与沙草地中间是连绵不绝的沙丘，整个沙苑大致呈橄榄形。《同州府志》也说："沙苑在县南洛渭之间，亦名沙海，沙泽其中盆起者曰沙阜。东跨朝邑，西至渭南，南连华州。广八十里，袤三之二。其沙随风流徙，不可耕植。"

在北洛河以南、渭河以北的这片沙漠里，时年四十二岁的高欢将与三十三岁的宇文泰展开一场生死对决。此时，东魏军在沙苑以西、以北地区，并逐渐向西移动，而宇文泰的西魏军则依靠渭河北岸，在沙苑的以东、以南地区，随着高欢军逐渐向西前进，两军相距六十里。宇文泰手下众将都非常担心，唯独宇文深向宇文泰表示祝贺。宇文泰询问缘由，宇文深回答："高欢治理河北，深得民心，如果他固守那里，确实难以攻取。如今，他竟然率部渡河前来，违背大家的意愿，只不过是高欢认为窦泰被杀是奇耻大辱，所以，他才刚愎自用，拒绝采纳众将的意见，执意而来，这就是所谓的愤怒之兵，可以一举将其擒获。这实在是显而易见的事，为什么不祝贺呢！我请求给臣一个符节，调派王罴的军队切断东魏的退路，将一举全歼他们。"宇文泰派遣达奚武前去侦察，达奚武率领三名骑兵，身着东魏军军服。天黑时，达奚武四人来到距离高欢军营一百步的近处，他们下马偷听到了东魏军的口令，而后，四人又骑上战马，装作夜晚的巡逻队，从容在东魏各个军营里穿行，遇到违规违纪的东魏士兵，他们还往往一顿毒打。达奚武等人完全掌握了东魏军的虚实后，又安全回到了自己军中，向宇文泰详细作了汇报。

高欢听说宇文泰率军前来，即率领大军前来。侦察兵报告说高欢率部前来了，宇文泰遂赶忙召集众将商议对策。李弼说："敌众我寡，不可在平地与敌人决战，从这里往东十里之处，是渭河的拐弯处，我军可以提前占据那里，以等待敌军的到来。"宇文泰采纳了他的意见，遂率部向东撤离，到达渭河拐弯处后，西魏军背靠渭河东西列阵，李弼为右翼司令，赵贵为左翼司令，命令将士们藏匿于芦苇之中，约定听到鼓声后一齐出击。

一场决定西魏生死存亡的大战即将爆发……

三九三 沙苑之战（三）

吃晚饭的时候，东魏军尾随来到了渭河拐弯处。

东魏都督斛律羌举说："宇文黑獭纠集穷凶极恶的死党，谁强谁弱，他们也一清二楚。现在，我揣摩他的想法就是要与我决一死战，斗个鱼死网破，这就如同走投无路的疯狗，弄不好也会咬人一口，况且，渭河拐弯处十分泥泞，无法发挥战力。不如放慢步伐，在此地与之相持，而分出一支精锐骑兵奔袭长安，长安空虚，可不战而克。攻克了他的根据地，宇文黑獭无处可去，他的人头也将很快高悬于我辕门之上。"高欢又听到分军，他本能地否定了斛律羌举的意见，又反问大家道："纵火焚烧芦苇，你们看怎么样？"侯景却说："应当生擒宇文泰向百姓展示，假如纵火烧死了他，谁能相信？"高欢有些犹豫，产生了暂时看一看的想法。此时，猛将彭乐大声请求与宇文泰决一死战，他说："我众敌寡，一百个人打一个，这根本不会出现意外！"高欢遂决定一战。

东魏军继续向东前进。

当他们发现西魏军人数非常少后，东魏各路军争先恐后地朝西魏军扑来，队列大乱。双方军队将要接触，宇文泰即擂响了战鼓，提前埋伏在芦苇丛中的西魏伏兵顿时从四面八方杀了出来，于谨等六军与东魏军缠斗，李弼等人率领六十名骑兵从左翼朝东魏军拦腰杀来，把东魏军队一分为二，遂大破东魏军。李弼的弟弟李标身材矮小，激战中，他跨马运矛，冲锋陷阵，隐身于鞍马之中，十分骁勇。东魏军看不到他的相貌，纷纷说道："避开这个小孩！"宇文泰久闻李标勇敢，但从未见识过，今日亲眼所见，不禁连连称叹："如此勇猛，何必要八尺之躯呢！"征虏将军耿令贵（又名耿豪）粗鲁、勇猛，此战杀敌最多，身上铠甲被鲜血染成了红色，宇文泰说道："令贵勇猛无敌，所向无前，他铠甲就说明了一切，不用再细数他砍下的人头了。"东魏猛将彭乐趁醉深入西魏阵中，被西魏士兵用长矛刺中腹部，肠子从伤口流出，彭乐把肠子又塞回腹中，剩下一段肠子塞不进去，他一刀截断扔掉，继续与西魏军厮杀，但东魏军在西魏军的打击下，最终失利，彭乐只好退去。

高欢打算收集残兵败将继续死战，命张华原拿着花名册到各营点名，却没人答应。张华原回来后，对高欢说："大家都逃散了，各营都空了！"高欢还于心不甘，不想离去。斛律金说："人心已经离散了，不能再用了，应当火速撤回河东。"高欢坐在马上没动，斛律金扬鞭打马，高欢这才飞马绝尘而去。当晚，高欢来到黄河渡口，渡船离岸很远，高欢换乘骆驼，才上得船来。

沙苑之战，西魏军临阵斩杀了六千名东魏士兵，俘虏两万余人，而后，宇文泰挥军乘胜追击，一直追到黄河西岸，前后共计俘虏了七万名东魏士兵，他从中选拔了两万壮丁，剩余的全部放回，又缴获武器、铠甲十八万件。都督李穆说："此战高欢已经破胆了，渡河追击，可以生擒他！"宇文泰不从，遂回师渭河南岸休整。这时，征召的各郡县的部队才来到，宇文泰遂命令每人在沙苑战场上种下一棵柳树，以展示战功。

侯景对高欢说："黑獭刚刚取胜，心高气傲，肯定毫无防备，我请求率领两万精锐骑兵（《南史》称侯景请求数千骑兵），径直入关，必定能将其擒获。"高欢征求妻子娄昭君的意见，娄昭君说："假如真是如此，他侯景岂有回来的道理！得到了黑獭却失去了侯景，又有什么好处呢！"高欢遂拒绝了侯景的请求。负责进攻弘农的高敖曹在得知高欢在沙苑惨败后，也从弘农撤离，回到了洛阳。

战后，西魏朝廷晋封宇文泰为柱国大将军，封赏李弼、独孤信、梁御、怡峰、赵贵、于谨、若干惠、刘亮、王德、侯莫陈崇、李远、达奚武十二将，其中，晋封李弼为特进，爵赵郡公，增邑一千户；独孤信为河内郡公，增邑二千户；梁御加侍中、开府仪同三司，晋爵广平郡公，增邑一千五百户；若干惠加侍中、开府，晋爵长乐郡公，增邑加上以前的合计为二千二百户；怡峰为乐陵郡公；赵贵被拜为侍中、骠骑大将军、开府仪同三司，晋爵中山郡公，雍州刺史；于谨为常山郡公，增邑一千户；刘亮开府仪同三司、大都督，晋爵长广郡公，食邑二千户；王德为开府、侍中，晋爵河间郡公，食邑二千七百户；侯莫陈崇原为彭城郡公，增邑二千户；达奚武为大都督，晋爵高阳郡公，拜车骑大将军、仪同三司。其余将领也都一一得到了封赏。

宇文泰在非常艰难的情况下取得了沙苑之战的胜利，让西魏转危为安，并很快转入了反攻。十月十八日，也就是在沙苑之战结束的半月后，宇文泰即命令行台宫景寿、都督杨白驹等人率部朝洛阳杀来。东魏洛州刺史韩贤率部迎战，将西魏军队击退。洛州居民韩木兰等人趁机叛乱，韩贤又将其击破，韩贤亲自在战场上查验战果，搜集变民丢弃的武器。一名变民走投无路，就藏在尸体中间装死，等到韩贤走到跟前，此人突然起身，一刀砍断了韩贤的小腿，韩贤遂不治身亡。宫景寿、杨白驹二人被击退后，西魏朝廷又命令冯翊王元季海、独孤信率领两万步骑朝洛阳杀来；洛州刺史李显率部南下三荆［（荆州（治所河南省邓州市）、东荆州（治所河南省泌阳县）、北荆州（治所河南省嵩县）］；贺拔胜、李弼包围了蒲坂。

先说元季海、独孤信这一路。独孤信率领的中路西魏军进抵新安时，东魏高敖曹自知不敌，率部北渡黄河，独孤信遂包围了洛阳。东魏洛州刺史广阳王元湛弃城逃往邺城，独孤信占据了金墉城。当初孝武帝西去时，散骑常侍裴宽对弟弟们说："天子已经西去，我不会投靠高欢的。"他率领家属逃到洛阳东南的大石岭，等到独孤信重新占领洛阳后，裴宽这才出来。当时洛阳残破，居民流亡他乡，洛阳附近只有柳虬居住在阳城（河南省登封市东南），裴诹之居住在颍川（河南省许昌市），独孤信将二人征召来，任命柳虬为行台郎中，裴诹之为开府属。裴诹之是裴让之的弟弟，与皇甫和及其弟弟皇甫亮均以才学知名洛阳，人称："诹胜于让，和不如亮。"

东魏颍州长史贺若统与密县人张俭扣押刺史田迄（一说田迅）投降西魏，西魏都督梁回率部进驻颍川（河南省许昌市）。贺若统在发动之前，非常犹豫，其子年仅十七岁的贺若敦对父亲说："父亲大人过去是葛荣的将帅，后来又跟随尔朱荣，受到礼遇，韩陵之战后，又投靠了高欢。既不是高欢的旧交，又没有立下功劳，但他给予大人的职位与过去没有两样，这是因为如今天下大乱，他尚需要我等的帮助，一旦天下太平，他岂能容纳我们？"贺若统遂流着眼泪同意了，当时，各地变民很多，大多啸聚山林，大龟山变民张世显偷偷来袭，贺若敦亲手斩杀了七八个敌人，敌人这才退去。贺若统大喜，说道："我从小就投身行伍，像我儿这种年纪就如此有胆有识，我还未见过第二个。如此看来，我儿不仅能让我家兴隆，也终将成为国家的名将！"前通直散骑侍郎郑伟（郑先护之子）及郑荣业也在陈留（河南省开封市）起兵，进攻东魏的梁州（河南省开封市），活捉刺史鹿永吉。前大司马从事中郎崔彦穆、檀深进攻荥阳（河南省荥阳市），逮捕了东魏太守苏淑（一说苏定），与广州（治所河南省鲁山县）长史刘志一起向西魏投降。西魏丞相宇文泰拜郑伟为北徐州刺史，崔彦穆为荥阳太守。

到了十一月，东魏朝廷命令豫州刺史尧雄与广州刺史赵育、扬州刺史是云宝等人率领本部人马，随行台任延敬围攻颍川，西魏丞相宇文泰命令大都督宇文贵、乐陵公怡峰率领两千步骑前去救援。西魏军队进抵阳翟（河南省禹州市）后，东魏尧雄所部已经逼近颍川，仅距颍川三十里之遥，而任祥尚有四万主力紧随其后。西魏众将都认为："敌众我寡，不可与敌人争锋。"宇文贵却说："尧雄等人认为我军人数太少，不敢发起进攻。假如他们与任祥一起进攻颍川，颍川城池肯定会陷落。如果贺若统等人被杀，我们在此又有什么意义！如今火速进入颍川城内，一方面有城池作为依托；另一方面又出其不意，肯定能够击败敌人。"遂率部进入颍川城内，严阵以待。不久，东魏军就来到了城下，宇文贵率军进击，大破东魏军队，尧雄战败而逃，赵育投降，东魏一万多士兵被俘。任祥听说尧雄战败，不敢继续前进，宇文贵与怡峰乘胜进击。任祥退守宛陵（河南省尉氏县），宇文贵进击，又将其击败。是云宝和赵育各自回到了本州，是云宝杀死东魏阳州（治所河南省宜阳县）刺史那椿也投降了西魏。西魏朝廷晋升宇文贵为开府仪同三司，任命是云宝、赵育为车骑大将军。宇文泰又派遣韦孝宽乘胜进攻东魏的豫州（治所河南省汝南县），尧雄都督郭丞伯、程多宝等人投降，西魏军队活捉了东魏行台冯邕以及下属数千人。史称："颍、豫、襄、广、陈留之地，并相继款附"。

三九四 沙苑之战（四）

再说北路。

在高欢西征时，蒲坂百姓敬珍对堂兄敬祥说：“高欢逼走了孝武帝，天下的忠臣义士无不想杀死他，如今，他又发兵向西，我打算与哥哥一起起兵，切断他的退路，这是千载难逢的机会。”敬祥同意了，遂与同郡豪杰张小白、樊昭贤、王玄略等人一起集结了一万多名乡民。等到高欢沙苑战败后，敬祥、敬珍率众截杀了很多东魏败军，薛孤延为高欢断后一天砍折十余口大刀之事，当发生在这时。西魏贺拔胜、李弼东渡黄河后，敬祥、敬珍二人率领猗氏（山西省临猗县）、南解（山西省虞乡县西十三里）、北解（山西省临晋县西南五姓湖北）、安邑（山西省夏县北）、温泉（山西省临晋县界）、虞乡（山西省虞乡县）六县十余万户百姓投降，宇文泰任命敬珍为平阳（山西省临汾市）太守，敬祥为行台郎中，他握着敬珍的双手，说道：“让国家收复了河东之地的，是你们兄弟二人啊！把你们兄弟留在这里，我就放心了！”东魏秦州刺史薛崇礼驻守蒲坂，别驾薛善是薛崇礼的族弟，劝说他道：“高欢有驱逐君王的大罪，我与你世代受到皇室的厚恩，如今，大军到来，你我还替高欢卖命，一旦城被攻破，你我的人头将被送往长安，标上逆贼的人头，即使死了，仍然心有愧疚。最好是现在就投降。”薛崇礼犹豫不决。当时，薛善堂弟薛馥的妹夫高子信为防城都督，负责防守南城，他派薛馥来见薛善，说：“打算接应西魏军队，但恐怕力不从心。”薛善遂让弟弟薛济率领数十名门客，与高子信等人一起打开城门迎接西魏军队，薛崇礼逃出城外，但又被抓了回来。宇文泰率部进军蒲坂，分兵相继平定了汾州（山西省吉县）、绛州（山西省绛县）。东魏行晋州（治所山西省临汾市）事封祖业弃城逃走，仪同三司薛修义追到洪洞（山西省洪洞县），劝说他回到晋州，但封祖业不从。薛修义又回到晋州，安抚军民，固守城池。西魏仪同三司长孙子彦率军来到城下，薛修义设下埋伏，大开城门迎接。长孙子彦不知道虚实，遂不战而退。高欢任命薛修义为晋州刺史。

东西魏围绕山西西南部的争夺，还与另外一个人有关，他就是杨标。在沙苑之战前，杨标就已经暗中联络了正平（山西省新绛县西南）、河北（山西省芮城县东北）、南汾（山西省吉县）、二绛［南绛（山西省绛县东南十里）、北绛（山西省翼城县东二十里）］、建州（山西省晋城市）、太宁（山西省隰县）等城，这些城池纷纷表示愿意归顺西魏。等到高欢沙苑败后，一路撤下来，沿途遭到了这些地方的突然袭击，东魏猛将潘乐、可朱浑道元、韩轨等人作为殿后，损失惨重。东雍州（治所山西省新绛县）刺史马恭害怕杨标的声威，弃城而逃，杨标遂占领了东雍州。在河桥之战前，宇文泰又任命杨标为行建州（山西省晋城市）事，命其继续向东进发，宇文泰的目的是想让其切断晋阳与洛阳的联系，为即将展开的河桥之战做准备——这与高欢在河桥战前派遣斛律金分兵进攻河东的思路如出一辙。杨标没有辜负宇文泰的期望，当他挺进到建州时，就已经拥有一万部众，东魏建州刺史车折于洛出城迎战，被杨标击败，又在城西击破东魏行台斛律俱的两万步骑，缴获了大量军需物资。建州是晋阳通向洛阳的咽喉要道，高欢自然不能坐视不顾，他立即命令侯景率部攻克了正平，又派遣行台薛修义与斛律俱合兵一处，准备一举全歼杨标所部。杨标担心腹背受敌，遂决定撤回西魏境内，但又担心部众背叛，就伪造了一封宇文泰的书信，命人假扮使者从外面来到军营，书信上谎称已经派遣四路大军前来增援，又派遣当地义军首领率领所部四处搜集军粮，等到这些人出外之后，杨标这才率领本部人马趁夜突围，回到了邵郡。东魏攻下正平以后，又以那里为东雍州的治所，派遣薛荣祖前去镇守。杨标先派遣一部，佯攻汾河大桥，薛荣祖果然出动城内全部主力驻守在汾河大桥，杨标见薛荣祖上当，当晚，他亲率两千步骑，从其他渡口偷偷渡过了汾河，袭占了正平。杨标离开邵郡后，当地百姓又发动叛乱，郡守郭武安逃脱，杨标又率军南下，重新收复了邵郡。不久，他又击破东魏的南绛郡，俘获东魏郡守屈僧珍。大约也就是在此期间，西魏宇文泰命令秦州长史长孙俭拉拢东魏的西夏州刺史许和，许和遂投降了西魏，西魏任命长孙俭为西夏州刺史，将东魏势力从黄河以西赶了出去。

还有南路。

在西魏军的进攻下，东魏荆州刺史王则弃城南逃到梁国，在占领荆州后，西魏荆州刺史郭鸾又继续进攻东魏东荆州（治所河南省泌阳县）刺史慕容俨，慕容俨固守城池二百多天，昼夜苦战，大败郭鸾军，又追杀了三百多人，又生擒西魏刺史郭他。当时，东魏黄河以南的各州郡大多被西魏占领，唯独东荆州还在东魏的手中，不仅如此，很多地方的百姓也都纷纷发动叛乱，脱离东魏朝廷。河间人邢磨纳、范阳人卢仲礼及其堂弟卢仲裕等人也在海边起兵，响应西魏。东魏济州刺史高季式有一千多人私人武装，八百多匹战马，濮阳百姓杜灵椿等人聚集了上万部众发动叛乱，他们攻城略地，四处劫掠，高季式派遣三百骑兵即将其平定，又剿灭了阳平（河北省大名县）的变民。有人对他说："濮阳和阳平都是京畿下属的郡县，你没有接到皇上的征调诏命，变民军又没有骚扰我们，何苦使用私人武装前去平叛？万一失利，岂不引祸上身？"高季式回答："你怎能说出这么不忠的话来？我与朝廷安危与共，哪里有见到叛贼不去讨伐的道理？况且，叛贼们知道官军不会马上到来，又想不到外州的部队会来袭击，趁他们没有戒备，一定能够将其击破，即便是因此受到处罚，我也不会后悔。"

沙苑之战后一两个月内，到这一年的年底，西魏已经占领了河东地区、洛阳以及河南中南部地区，可以说，东魏损失惨重。高欢这次偷鸡不成蚀把米，不仅未能消灭宇文泰，相反，自己国内也因战败而危机四伏，不仅黄河以南传统上属于孝武帝势力范围的郡县纷纷倒戈，而且对于两国都至关重要的河东地区也被西魏占领，西魏兵锋可以轻松跃过黄河，直指晋阳，从此以后，东魏之前的优势已不复存在，虽然此后高欢和宇文泰二人还曾多次较量，但双方均无法吃掉对手。那么，高欢是如何失掉这次至关重要的沙苑战役呢？回顾起来，大致有以下几个原因。

一是高欢与宇文泰之间的能力对比。盛名之下，其实难符。韩陵之战高欢大破尔朱氏，一战成名，威震四海，此后，他又消灭了尔朱氏，并取代他们成为北魏末年举足轻重的一位权臣。诚然，高欢智勇双全，足智多谋，但与宇文泰相比，其军事才能略逊一筹：高欢善于偷袭他人，消灭尔朱兆、袭占夏州，都是其迷惑敌人、长途奔袭的成功战例，但作为一名军事家，仅仅依靠偷袭他人这一手则根本无法完成肩负的历史使命。高欢在与他人正面对垒中，往往拿不出奇思妙想，他在韩陵之战虽然取得了胜利，但使出的招数也不外乎侧翼包抄，如果不是尔朱家族内部矛盾重重，韩陵之战的结果也是充满变数的。在战场上，宇文泰能够审时度势，善于捕捉战机，这一点，宇文泰就比高欢要聪明得多。

二是不懂得不战而屈人之兵的道理。战前，侯景等人多次劝说高欢不要西渡黄河，以守为攻，等待宇文泰在关西被活活饿死，但高欢不听；侯景等人还建议他分兵，但高欢仍然不从。

三是骄兵必败。当时的宇文泰实力很弱，国内又遭遇严重的饥荒，不得不率军来到东魏国内寻找粮食，高欢搜集了数十万大军企图一举荡平西魏。从人数上来看，高欢军队占绝对优势，但这些部队里应当有不少是刚刚征召的新兵，战斗力并不强，但人数的优势令高欢及其手下不少将领盲目乐观，产生了骄傲轻敌的思想。

到第二年年初，东魏的砀郡捕获了一头大象，一月七日，遂改元为元象元年，即公元538年，这一年是西魏的大统四年，南梁的大同四年。

年初，东魏即开始部署实施反攻：

山西方面，东魏派遣大都督贺拔仁进攻被西魏占领的南汾州（治所山西省吉县），西魏南汾州刺史韦子粲投降，宇文泰闻讯大怒，将韦子粲全家灭门。另据《北齐书·高市贵传》记载："天平初，复除晋州刺史。高祖寻以洪峒要险，遣市贵镇之。高祖沙苑失利，晋州行事封祖业弃城而还，州民柴览聚众作逆。高祖命市贵讨览，览奔柴壁，市贵破斩之。是时，东雍、南汾二州境多群贼，聚为盗，因市贵平览，皆散归复业。后秀容人五千户叛应山胡，复以市贵为行台，统诸军讨平之。"《北齐书·薛修义传》记载："擒西魏所署正平太守段荣显。招降胡酋胡垂黎等部落数千口，表置五城郡以安处之。"《北齐书·斛律金传》记载："从高祖战于沙苑，不利班师，因此东雍诸城复为西军所据，遣金与尉景、库狄干等讨复之。元象中，周文帝复大举向河阳。高祖率众讨之，使金径往太州，为掎角之势。金到晋州，以军退不行，仍与行台薛修义共围乔山之寇。俄而高祖至，仍共讨平之，因从高祖攻下南绛、邵郡等数城。"

黄河以南地区，继上一年十二月，西魏行台杨白驹与东魏阳州刺史段粲在蓼坞（陕西省潼关县）战败后，东魏大行台侯景等人又在虎牢关整顿军队，准备收复黄河以南各州。西魏韦孝宽占领豫州后，打算将俘虏的数千人送回长安，当他们行至乐口（今地不详），尧雄的外兵参军王恒伽、都督赫连俊等率领数十骑从大梁前来截击，斩杀了叛徒程多宝，将尧雄等人家眷接回大梁。西魏任命郭丞伯为颍川太守，东魏任祥、尧雄与侯景、高敖曹、万俟受洛干、斛律羌举、慕容绍宗、刘贵等人会攻颍州，占领颍川的西魏将领梁回弃城西逃。

尧雄另外攻破了乐口，生擒郭丞伯，接着，他率军南下，驱逐了占领豫州的韦孝宽、赵继宗（原为变民头领）等人。西魏以是云宝为扬州刺史，驻扎在项城，义州刺史韩显盘踞在南顿（河南省项城市北五十里）。尧雄在收复悬瓠之后，又率军北上，一天之内攻克了项城、南顿二城，生擒韩显及其长史丘岳，是云宝西逃，俘虏西魏将士两千多人。二月，尧雄又攻克了阳州，与此同时，侯景率军进攻广州，激战数十天之久，仍然没有攻下。此时，东魏军队听说西魏援军将至，侯景召集众将商议对策，行洛州事卢勇请求前去侦察。卢勇遂率领一百多名骑兵前去，当他们行至大隗山（位于河南省新密市苟堂镇范堂沟村）时，就发现了西魏军队。当时，天色已晚，卢勇命人在树梢上挂满旗帜，深夜，他将这一百多人分作十队，吹响号角，直扑西魏军大营，生擒西魏仪同三司程华，斩杀仪同三司王征蛮。得知援军战败后，西魏广州守将骆超遂投降东魏，高欢任命卢勇行广州事。至此，南汾州、颍州、豫州、广州在西魏占领两个月左右后，又回到东魏手中。眼看东魏军队咄咄逼人，西魏司州牧元季海吓得魂不附体，率部离开洛阳西逃，洛阳所属郡县也都纷纷背叛，只剩下独孤信还驻守在金墉城内。当时，西魏将领权景宣奉命修缮洛阳宫室，率领三千余人外出开采运输石料，元季海离开洛阳后，洛阳周边地区一片大乱，道路被变民切断。权景宣率领二十余名骑兵边战边撤，身边的骑兵被杀殆尽，权景宣单人匹马亲手杀死数名敌人，这才侥幸脱身，藏匿在百姓家里。

东魏高欢、侯景正忙着对洛阳发起反攻，西魏文帝的元宝炬则在这一年的年初迎来了一位非常重要的人物——柔然头兵可汗阿那瓌的长女郁久闾氏。二月十五日，西魏乙弗皇后被迫出家为尼，迎娶郁久闾氏。三月，柔然头兵可汗将长女郁久闾氏送到西魏，郁久闾氏的陪嫁有七百辆大车，一万匹马，两千头骆驼。当柔然的送亲队伍行至黑盐池（宁夏回族自治区盐池县境内）时，西魏迎亲的仪仗队伍才来到。柔然的营帐都是向东开门，扶风王元孚请求郁久闾氏面南而坐，时年十四岁的郁久闾氏却说："我尚未见到魏国国君，仍然还是柔然国的女儿，魏国的仪仗队可以面南而立，我则仍然面东而坐。"三月十七日，时年三十二岁的西魏皇帝元宝炬封郁久闾氏为皇后，第二天，西魏实施大赦，任命王盟为司徒。

宇文泰前往长安朝见，不久，他又匆匆赶回华州（治所陕西省大荔县）临时驻地。因为，此时东魏正组织另一场大规模的反攻。

三九五 河桥之战（一）

东魏元象元年（西魏大统四年，公元538年）七月，在收复了洛阳以东之后，东魏大行台侯景、大都督高敖曹等将将西魏骠骑大将军独孤信团团包围于金墉城内，东魏太师高欢另率大军朝洛阳开来。侯景下令纵火焚烧洛阳城，洛阳城内城外顿时火光冲天，官衙、民宅、寺庙等建筑大多被焚毁，只剩下十之二三侥幸保存了下来。刚刚投降西魏的贺若统之子贺若敦也在金墉城城内，他武艺高强，手挽三石的强弓，箭不虚发。此时，新婚不久的西魏皇帝元宝炬正打算带着妻子前往洛阳拜谒祖陵，恰巧独孤信告急的文书传来，元宝炬遂决定与丞相宇文泰一起东下，他命令尚书左仆射周惠达辅佐太子元钦留守长安，开府仪同三司李弼、车骑大将军达奚武率领一千骑兵充当先锋，率先出发。八月三日，西魏丞相宇文泰率领大军进抵榖城（河南省新安县）。

听说西魏援军前来的消息，东魏大行台侯景等人打算整顿军队，以逸待劳，等到西魏援军来到洛阳近郊之后再战，可是，仪同三司莫多娄贷文请求率领本部人马西上，给予初来乍到的西魏军迎头痛击。侯景等人反复劝说，但莫多娄贷文勇猛果决，刚愎自用，拒不听从侯景等人的劝说，与可朱浑道元率领一千骑兵渡过瀍涧西去，夜里，他们在孝水（河南省新安县境内）与西魏李弼、达奚武所部遭遇。李弼命令将士们齐声高叫，用马匹拖着树枝扬起尘土，莫多娄贷文误以为西魏大军到了，遂率部掉头而逃。李弼趁势追击，斩杀了莫多娄贷文，可朱浑道元单人匹马逃脱，所部全部被西魏俘虏，送到了弘农。

当夜，宇文泰的大军就赶到了瀍水（洛阳附近的一条河流）东岸，侯景等人匆忙率部东撤。第二天，宇文泰率领轻装骑兵在黄河岸边追上了侯景，侯景北面依托黄河大桥，南端连接邙山，列下军阵，与宇文泰决战——一场混战就此打响。

战事刚刚打响，西魏主帅宇文泰就险些丧命。宇文泰的坐骑被流箭射中，顿时惊恐狂奔，失去控制，把宇文泰也摔下马来。东魏士兵们追了上来，宇文泰身边的侍卫也都四散而逃。就在这时，都督李穆跳下马来，用马鞭抽打宇文泰的脊背，高声喝道："你这个陇东的军士，你们的主帅逃到哪里去了？为何你一人留在此地？"追兵见李穆在鞭打宇文泰，遂不再怀疑宇文泰是个大人物，从他身边飞驰而过。等到追兵离去后，李穆将自己的马匹交给宇文泰，二人这才匆匆逃离了战场。《周书·尉迟纲传》记载："河桥之战，太祖马中流矢，因而惊奔。纲（尉迟纲是宇文泰的外甥）与李穆等左右力战，众皆披靡，太祖方得乘马。"与此稍有不同。

当天，浓雾密布，双方从清晨一直激战到下午，交战了数十回合。由于双方阵势拉得很长，首尾不能照应，各处战况谁都不清楚。西魏独孤信、李远在右翼，赵贵、怡峰在左翼，他们均不顺利，又不知道元宝炬、宇文泰的下落，均丢下队伍，单身逃离战场。开府仪同三司李虎、念贤等部担任后卫，看到独孤信等人退下后，也都狼狈而逃。

实际上，宇文泰回到军中后，他指挥的中军士气重新高涨起来，英勇奋击当面东魏军队。东魏大都督高敖曹素来瞧不起宇文泰，他特意在阵前竖起华丽的都督大旗、伞盖，西魏军队全力猛攻，高敖曹全军覆没，他本人单枪匹马北逃到河阳南城（黄河大桥南端的城堡）。守卫河阳南城的东魏守将高永乐是高欢的堂侄，与高敖曹不和，遂趁机报复，闭门不纳。高敖曹仰面大喊，请求城上垂下绳索，城上却毫无反应；他拔出佩刀猛砍城门，还未砍穿，追兵就赶到了。高敖曹躲到桥下，追兵见到高敖曹的贴身奴仆手里拿着一条金腰带，遂逼问高敖曹的下落，奴仆指了指桥下。高敖曹情知难以脱身，遂抬起头颅，说道："来来来！给你一个开国公！"追兵一刀下去，砍掉他的头颅而去。高敖曹死时四十八岁。高欢听说后，痛心疾首，肝胆俱裂，杖打高永乐二百大棒，追赠高敖曹为太师、大司马、太尉。宇文泰答应赏赐砍杀高敖曹的那人一万匹绸缎，每年付给他一点，等到四十三年后北周灭亡，还未付清。西魏军队又斩杀了东魏西兖州刺史宋显等人，俘虏一万五千多名东魏士兵，东魏将士跳入黄河淹死的又有上万人。激战中，西魏王思政下马战斗，他手持长矛左右猛击，一击总要打到数人，但深陷东魏军的重重包围之中，身边的将士全部战死，一直打到天黑，王思政身负重伤，昏倒在地。每次战斗，王思政总是身穿破旧的铠甲，敌人也不知道他是位将帅，因此，他侥幸捡回一命。天黑以后，王思政的部下雷五安在战场上哭着呼唤王思政，正巧王思政苏醒过来，雷五安割下衣裳，包扎好他的伤口，扶着王思政骑上马，直到深夜才回到营中。王思政原本是孝武帝的亲信，与宇文泰并无渊源，等到孝武帝死后，王思政非常不安，也就在这次战前，宇文泰在华州拿出数段丝绸，命众将赌博，又解下自己的金腰带对大家说："谁先掷得卢的，就送给谁。"在座的人快掷完了，也没有掷出卢。轮到王思政掷时，他一脸严肃，跪下发誓说："王思政我背井离乡，受到丞相知遇之恩，正要尽心竭力，报答丞相。如果我说的这些话是发自肺腑，让丞相知道我的真心，那么就让我掷得卢；如果我说了假话，神灵也要显灵，就不让我掷出卢，我也将自杀谢罪！"听了王思政的这话，在座的人无不大吃一惊。只见王思政当即拔出佩刀，横在膝盖之上，抓起赌具，就掷了起来，还未等宇文泰制止，就掷出了一个卢。见此，王思政这才慢慢站起身来，拜谢接下了那条金腰带。平东将军蔡祐在夏州时曾被宇文泰称为儿子，激战中，他也是下马步战，身边的随从劝他上马，蔡祐大怒说："丞相像对待儿子一般爱我，今天我岂望活着回去！"率领身边十几人大喊着冲入东魏军中，杀伤了很多敌人。东魏将他们包围了十几层，蔡祐拉满弓弦，四处射击。东魏军招募身穿厚铠甲、手持长刀的猛士径直上前单挑蔡祐，等到那人冲到距离蔡祐三十多步的时候，有人劝说蔡祐发射，蔡祐说："你我的性命就在此一箭，岂能随便射出！"等到那人冲到十步那么远时，蔡祐这才一箭射去，那人应声倒地。东魏兵稍稍后退，蔡祐等人也慢慢脱离了包围圈。李弼深入东魏阵中，身负七处枪伤，被东魏军抓获，李弼假装伤势很重，昏迷在地，他趁着守卫懈怠之际，突然跃上身边的战马，一路狂奔逃回关中。西魏将窦炽身边仅剩两个骑兵，三人被东魏军队追击，逃到邙山，窦炽下马，依托山峦抵御敌人。不一会儿，东魏军人越聚越多，从三面朝窦炽三人杀来，箭如雨下。跟随窦炽的那两名骑士的弓均被敌人射坏，窦炽让他们两人的箭都交给自己，朝敌人射去，每发一箭，敌人无不应弦而倒。东魏士兵们说道："就是抓住这家伙也得不偿失。"遂稍稍后退了下来。窦炽趁着敌人懈怠，遂突围而去。

东魏邙山战败，各路大军都通过黄河大桥狼狈北逃，唯独万俟受洛干按兵不动，对西魏军说道："万俟受洛干在此，要来只管来！"西魏军不敢上前，遂撤离战场，高欢将万俟受洛干的营地命名为回洛。

西魏左右两翼都退去了，宇文泰独自不能继续留下，遂焚烧大营西撤，留下仪同三司长孙子彦守卫在金墉城。宇文泰与西魏文帝元宝炬一路西行，当他们行至弘农时，弘农守军已经弃城而去，头一天被俘的东魏莫多娄贷文所部的俘虏闭门固守，宇文泰率军攻下城池，诛杀了数百人。蔡祐在弘农追上了宇文泰，夜里，宇文泰见到蔡祐后，说道："蔡祐，看到你能安全回来，我就没什么可担忧的了。"由于惊恐过度，宇文泰难以入睡，他把头枕着蔡祐的大腿，才能安然入睡。蔡祐每次出战，总是冲在最前面，战后，众将总是为功劳大小争吵不休，唯独蔡祐不说一句。宇文泰总是赞赏道："蔡祐从不说自己的功劳，我将代替他来说。"宇文泰在弘农稍事休息后，即任命王思政为侍中、东道行台，命其镇守弘农，他自己则与元宝炬一起朝关中而来。

可就在这时，一个非常不妙的消息却传到了宇文泰的军中！

西魏倾国东伐，关中留守的部队很少，在沙苑之战中俘虏的东魏士兵都散居在民间，他们听说西魏兵败的消息后，就暗中联络，阴谋发动叛乱。李虎等人先期回到长安后，无计可施，与太尉王盟、尚书仆射周惠达等人带着太子元钦逃出长安，驻扎在渭河北岸。各地百姓公然相互抢劫，关中一片混乱。沙苑之战中被俘的东魏都督赵青雀、雍州百姓于伏德等人趁乱发动叛乱，赵青雀占领长安内城，于伏德占据咸阳，与西魏咸阳太守慕容思庆一起招收东魏降卒，抵御西魏西归的部队；长安外城的百姓联合起来，反抗赵青雀，天天与之交战。大都督侯莫陈顺在渭河河桥与变民作战，屡破叛军，叛军遂不敢出城。

三九六 河桥之战（二）

河桥之战西魏军战败的消息传来，镇守河东（山西省永济市）的王罴大开城门，他对大家说：“现在听说大军失利，赵青雀又在京师作乱，弄得人心惶惶。我王罴奉命镇守此城，将以死报答君王之恩。有愿意与我同心协力的，就留下固守此城；假如担心城池终将陷落的，就请早早离开。”大家被王罴的坦诚感动，全都愿意留下。

听说关中大乱，西魏文帝元宝炬、丞相宇文泰停留在阌（音：文）乡（河南省灵宝市境内）观望。宇文泰认为，西魏军队刚刚经过大战，都十分疲惫，不宜迅速入关，他又认为赵青雀等人不过是乌合之众，难以有所作为，他说：“等我到了长安，以轻装骑兵给其施加压力，他必然会自绑双手投降的。”通直散骑常侍陆通劝谏道：“赵青雀蓄谋已久，肯定不会轻易投降的，马蜂、蝎子虽然个头很小，毒性却很大，岂能轻视！况且，赵青雀等人谎称东魏军即将到来，如果我们仅仅率领轻装骑兵前去，百姓们必定会相信他们的谎言，将更加惊慌。如今，我们的军队确实非常疲惫，但是仍然不乏精锐，凭借着大人的威名，率领大军前去，何必担心不会取胜！”宇文泰听从了他的建议，遂率领大军火速入关。

关中百姓见到宇文泰亲自回来了，无不悲喜交加，相互庆贺。华州刺史宇文导（宇文泰长兄宇文颢次子、宇文护次兄）率军偷袭咸阳，斩杀了慕容思庆，生擒于伏德，而后，他又驻扎在渭桥，与宇文泰的大军会师，一起进攻赵青雀。宇文泰回到长安后，很快就平定了赵青雀的叛乱。西魏太傅梁景睿因病留在长安，与赵青雀通谋，宇文泰也将其斩杀，关中又重新恢复了秩序。

东魏太师高欢从晋阳亲率七千骑兵南下，行至孟津，还未渡河，河桥之战已经结束，西魏军也已经西撤。高欢遂命令部队渡河，派遣部将率军一直追到崤山，却没有追上。高欢率军进攻金墉城，西魏守将长孙子彦弃城而逃，高欢又将洛阳城内侯景尚未焚毁的宫室、民宅全部焚毁，又把金墉城彻底铲平，这才匆匆回到了晋阳。正如前引的《北齐书·斛律金传》记载的那样，高欢原本派遣斛律金前往泰州（西魏的王罴驻扎的蒲坂），以牵制西魏军，但当斛律金进抵晋州时就听说了东魏军队败退的消息，遂停留在那里，与行台薛修义一起讨伐乔山的变民，不久，高欢也率军前来，一起讨平了叛乱，并顺势攻下了被西魏占领的南绛（山西省绛县东南）、邵郡（山西省垣曲县）等数城。沙苑之战后，西魏不仅巩固了潼关天险，又夺占了黄河以东的蒲坂等地，显然，在高欢看来，西魏军队占据河东一带是东魏帝国的心腹之患，将直接威胁到晋阳腹地的安危，这让高欢寝食难安，假如以后西魏军队从蒲坂和洛阳夹击东魏，南北呼应，东魏将处于非常危险的境地，但此时高欢已无力兼顾洛阳，他的首要任务是再夺回河东，扭转不利的战略态势，这当属他破坏洛阳的原因。高欢因裴让之的弟弟裴诹之投降西魏，遂将他们兄弟五人都囚禁起来，裴让之说："过去，诸葛亮兄弟各为其主，况且，我的老母亲还在这里，我绝不会做出不忠不孝之事。大人以诚待人，大家也会真心归附；大人如果心存猜忌，恐怕要建立其霸业就难了啊！"高欢听了遂将他们都释放了。

九月，西魏皇帝元宝炬重回长安，宇文泰则回到华州，这次河桥之战终于落下了帷幕。

虽然如此，由于史料相互矛盾，对于这次河桥之战，我们尚存诸多疑问，具体如下：

一是这次战役的准确称谓。对于发生在东魏元象元年的这次战役，史书的称谓各不相同，由于东西魏包括后来的北周北齐两国在洛阳周边地区发生了很多次大的战役，史书上的称谓非常混乱，也造成了后人理解上的混乱，有必要一一澄清。《周书》对这次战役基本上冠以"河桥之役"，比如，《周书·贺拔胜传》称："河桥之役，胜大破东魏军。太祖命胜收其降卒而还。"《周书·念贤传》称："河桥之役，贤不力战，乃先还，自是名誉颇减。"《周书·寇洛传》称："与独孤信复洛阳，移镇弘农。四年，从太祖与东魏战于河桥。军还，洛率所部镇东雍。"《周书·于谨传》称："又从战河桥。"《周书·赵贵传》称："从战河桥，贵与怡峰为左军，战不利，先还。"《周书·侯莫陈崇传》称："四年，从战河桥，崇功居多。"等等。但也有例外，《周书·周惠达传》则称："及邙山失律，人情骇动。赵青雀率东人据长安子城反，惠达奉太子出渭桥北以御之。”似乎又想将此战表述为邙山之战的意思。但总体而言，《周书》对于东西魏之间几次较大规模的冲突的表述是清晰的，这在同书《王杰传》中表现得很明显：“复潼关，破沙苑，争河桥，战邙山”云云，将这次战役与五年后的邙山之战区分得非常清楚。《北齐书》对此次战役的表述就相对混乱一些：《北齐书》大多将此战表述为“河阴之役”，如：《北齐书·神武下》称：“八月辛卯，战于河阴，大破西魏军，俘获数万。司徒高昂、大都督李猛、宋显死之。”《北齐书·阳州公永乐传》称：“河阴之战，司徒高昂失利退。”《北齐书·库狄干传》称：“河阴之役，诸将大捷，唯干兵退。”《北齐书·宋显传》称：“及河阴之战，深入赴敌，遂没于行阵。”《北齐书·万俟受洛干传》称：“与诸将围独孤如愿于金墉，及河阴之战，并有功。”等等。但也有地方将此战称之为河阳之战的，比如，《北齐书·库狄回洛传》称：“破周文于河阳，转授夏州刺史。”《北齐书·綦连猛传》称：“元象元年，从高祖向河阳，与周文帝战于邙山。”还有将此战称为邙山之战的，如，《北齐书·高市贵传》称：“元象中，从高祖破周文帝于邙山。”《北齐书·暴显传》称：“元象元年……二年……从高祖与西师战于邙山，高祖令显守河桥镇，据中潬城。”由于表述的不一致，导致将此战与以后的邙山之战混淆，因此，为了与其他战役区别开来，以河桥之战界定本次战役较为妥当。

二是这次战役究竟谁胜谁负？我们在前面叙述的战役过程，基本上沿用了《资治通鉴》和《周书》的记载，根据上述记载，我们似乎可以判断东魏军是失败了。理由是，东魏军丧失了高敖曹、宋显、李猛等大将，并死伤数万之众，但是，事情的真实情况可能要复杂得多。仅就《资治通鉴》和《周书》的说法本身就有不少疑点：该书明确记载，不论是西魏军赵贵、怡峰的左翼，还是李远、独孤信的右翼均遭到了失败，甚至是宇文泰的中军也在战役之初因宇文泰马惊而陷于十分被动的局面，参战的西魏军将领不少深陷绝境，李弼被俘，王思政重伤，蔡祐、窦炽差一点丧命，其他如赵贵、李虎等人都是单枪匹马弃军西逃，显然，战役之初，西魏军是大败的。其次，《北齐书》则记载，这次战役东魏军队大胜，《北齐书·神武下》称：“八月辛卯，战于河阴，大破西魏军，俘获数万。司徒高昂、大都督李猛、宋显死之。西师之败，独孤信先入关，周文留其都督长孙子彦守金墉，遂烧营以遁。神武遣兵追奔，至崤，不及而还。”《北齐书·库狄干传》称：“河阴之役，诸将大捷，唯干兵退。”《北齐书·刘丰传》称：

“又从高祖破周文于河阴，丰功居多，高祖执手嗟赏。”另据《魏书·孝静帝纪》称：“八月辛卯，战于河阴，大破之。斩其大都督、仪同三司寇洛生等二十余人，俘获数万。”按照《北齐书》和《魏书》的说法，东魏军队不仅没有失败，相反还取得了大胜。根据各方史料的记载，这场战役大致是这样展开的：侯景等人包围独孤信的金墉城，其目的就是引诱宇文泰上钩，得知宇文泰亲自率军前来之后，侯景等人经过了精心布置，在邙山、河桥一线布下阵势，企图全歼西魏军队。战役之初，高敖曹以一军吸引西魏军主力朝自己发起进攻，当西魏军全线朝东魏中军压来后，其左右两翼则暴露出来，东魏左右两翼遂向西魏军侧翼发起猛攻，将西魏两翼击败。西魏中军追上东魏中军，前突至河桥南端，高敖曹被杀，东魏中路部队纷纷败退到黄河北岸，但不久，败退的东魏军队就发现了西魏中军没有后援，而西魏宇文泰也得知了自己的左右两翼已经败退，遂撤退下来。东魏军队又想追击，但见西魏猛将杨忠与另外五个人如凶神恶煞一般守卫在河桥之上，东魏军队遂不敢近前，宇文泰才得以从战场上脱身。不论是西魏皇帝元宝炬还是丞相宇文泰，在这场战役中都显得非常狼狈，《周书·申徽传》称：“河桥之役，大军不利，近侍之官，分散者众，徽独不离左右。魏帝称叹之。”皇帝身边的侍从仅剩下申徽一人；而宇文泰也是惊恐万状，如前所述，他在来到弘农之后，头枕蔡祐的大腿才能睡熟，也说明了他是吓破了胆的，假如西魏军真的如《资治通鉴》所说那样俘虏了东魏一万五千人，取得了大胜的话，元宝炬和宇文泰这两位西魏最高统帅岂能是这副模样？因此，这次战役应当是东魏军取得了胜利，不过，即使东魏军胜利了，因其丧失了猛将高敖曹等人，也是一场惨胜。正如胡三省在《资治通鉴注》中说的那样：侯景军“参用马步，其置阵坚固，宇文泰以轻骑来，见其阵势如此，敛兵不进可也，遽前合战，亦屡胜而骄耳”。

三九七 改弦更张（一）

东魏元象元年（西魏大统四年，公元538年）八月四日的河桥之战后，东魏虽然收复了黄河以南部分郡县，但河东、荆州地区以及洛阳周边部分地区都还在西魏之手。

为了稳定新占领的河东地区，宇文泰对李远说："河东郡位置非常重要，除了你无人可以担当此任。"遂任命其为河东郡守。李远到任后，移风易俗，劝课农桑，严明纪律，兼顾修造守御器具，不到一个月，当地百姓都对他非常爱戴。

河东地区逐渐稳定下来，但洛阳周边地区的情况复杂得多。当初，伊川当地的豪强李长寿被北魏朝廷任命为防蛮都督，逐渐晋升为北华州（原为东秦州，治所陕西省黄陵县西南）刺史。孝武帝西迁后，李长寿率领部众抗拒东魏，被西魏政府任命为广州（治所河南省鲁山县）刺史。东魏行台侯景率军攻克了李长寿的堡垒，将其诛杀，他的儿子李延孙又收集父亲的旧部，继续抗击东魏。北魏广陵王元欣、录尚书长孙稚等人都是先依附于他，由他派人将他们又护送到关中。东魏高欢对其非常痛恨，多次派兵前去清剿，均无功而返。西魏朝廷任命李延孙为京南行台、节度河南诸军事、广州刺史。李延孙以收复洛阳地区为己任，西魏朝廷知道李延孙的部队人数太少，不足成事，又任命李长寿的女婿韦法保为东洛州（西魏以上洛为洛州，以原洛阳之地为东洛州）刺史，并给他配备了数百兵丁。韦法保到来后，与李延孙合兵一处，在伏流城构筑工事。伏流城，是伊川郡的郡治，在今河南省洛阳市嵩县东北田湖镇一带。独孤信占领洛阳后，曾派遣权景宣率领三千人采集木材、石材整修洛阳宫室，遇上东魏军队前来，权景宣隐匿在民间。不久，他感到总这样也不是个办法，就伪造了宇文泰的书信，招募了五百多人，占据了宜阳（河南省宜阳县西五十里），声称西魏大军即将前来。东魏将段琛等人率部来到九曲（河南省宜阳县西北），忌惮权景宣，不敢继续西进。权景宜担心东魏军最终会得知虚实，遂对外宣称迎接大军，率领心腹逃走，与李延孙相会，合兵攻下了孔城（河南省伊川县西南），洛阳以南的不少郡县都纷纷归附。西魏丞相宇文泰命令权景宣驻守在张白坞（在河南省宜阳县西北），指挥关东响应西魏的各路人马。不久，李延孙为其长史杨伯兰（《周书·赵刚传》称杨伯简）所杀，韦法保即率部进驻李延孙的营寨。

权景宣从宜阳逃走以后，东魏的段琛和尧雄重新占领了宜阳，派遣阳州刺史牛道恒招诱西魏的边民。西魏行宜阳郡事、南兖州刺史韦孝宽深感头疼，就派人搜集到牛道恒的手迹，命令善于模仿别人笔迹的人伪造一封牛道恒写给自己的书信，信中说明将要投降西魏，还在信纸上留下火烧过的痕迹，仿佛是灯火下写就的，然后，让人送到了段琛的手上。段琛果然对牛道恒怀疑起来，牛道恒提出的建议，段琛一个都不采纳。韦孝宽知道段琛与牛道恒之间不和，遂接连出兵骚扰，最终活捉了段琛、牛道恒等人，洛阳西南、西北部一带又回到西魏手中。洛阳东部一带的情况却更为复杂。河桥之战后，赵刚所部被滞留在洛阳东部一带，他率部接连击破东魏广州刺史李仲侃所部；侯景部将陆太、颍川郡守高冲等人率领八千余人，进攻襄城等五郡，赵刚挑选五百步骑，大破高冲等人。等到李延孙被长史杨伯兰杀害后，赵刚又诛杀了杨伯兰，并攻克了广州，继续向阳翟挺近。侯景与赵刚激战了十三天，赵刚又率部回到了宜阳。当时，洛阳周边郡县有的依附西魏，有的属于东魏，但到了这一年的十二月，西魏是云宝、权景宣、李延孙等人率部偷袭洛阳，将东魏洛州刺史王元轨赶跑，又攻克襄城，俘获了东魏郡守王洪显，俘虏斩杀了五百多人，从襄州、广州以西又成了西魏的领土。西魏东道行台王思政认为玉壁（山西省稷山县）地势险要，请求在那里修筑城池，将大本营从弘农转移到那里，宇文泰同意了，西魏朝廷很快就任命他为都督汾州、晋州、并州诸军事，并州刺史，东道行台如故。

河桥之战，西魏大败，引发了长安赵青雀之乱，实际上，除此之外，在陇西地区也发生了莫折后炽的叛乱。行原州事李贤（李远之兄）与行泾州事史宁一起前去讨伐，莫折后炽严阵以待。李贤对史宁说："叛党聚集很久，党徒很多，好几个州的百姓都纷纷响应。我军如果集中兵力一路打去，敌人必定会齐心协力抵抗，敌人的兵势不分，敌众我寡，我们将难以取胜。现在，如果命令各军分成数路，多设旗帜、战鼓，互为犄角，威胁敌人外围的各个营寨，大人则率领精兵，直取莫折后炽，按兵不动。莫折后炽想上前与大人决战，又忌惮大人所部精锐；各个营寨想出来接应莫折后炽，但又担心我们的疑兵。这样一来，敌人进不敢战，退又逃不掉，等到他们懈怠后，一战必定能够将其击破，只要莫折后炽一败，各个营寨将不攻自破。”但史宁没有听从，屡战屡败。在最后一次交手中，莫折后炽打败了史宁所部，李贤却率领数百轻装骑兵径直掩袭莫折后炽的大营，俘获了他的妻子、奴仆共计五百多人。莫折后炽正要组织追击，突然听说自己的后方失火，顿时大惊失色，遂丢下史宁，返身与李贤厮杀。李贤亲手斩杀十余人，活捉六人，莫折后炽大败，单骑遁逃，陇西叛乱遂被平定。

经过沙苑之战和河桥之战后，东西魏两国都已经无力继续展开大规模的军事冲突了，双方都看到任何一方都无法将对方消灭掉，只能暂时维系着共存的局面，在随后的三年里，两国之间也暂时恢复了平静，双方都将注意力转到了国内。

东魏高欢首先考虑到的就是整顿吏治。元象二年四月，他向全国各地的刺史写信，表扬徐州刺史房谟、广平太守羊敦、广宗太守窦瑗、平原太守许惇勤政清廉，要求各地地方官要以他们为榜样。仅仅是一年前，当杜弼提出先清除内贼，整顿吏治时，高欢还对官吏们尤其是将领们的贪污行为采取放任的态度，经过了两次大战，尤其是当西魏军队到来后，东魏黄河以南甚至距离晋阳咫尺之遥的河东等地百姓纷纷归降，这想必给高欢很大的触动，这也让他似乎已经认识到失去民心的可怕，也明白了纵容权贵贪污腐败可能会危及政权了，他亲自给各地的刺史写信，已经透露出将要改弦更张的风向了。但是，冰冻三尺非一日之寒，早已养成的贪腐之风，岂能因高欢的一纸书信就能刹住？况且，那些敢于违背禁令、公然贪腐的人都是与高欢有着千丝万缕的关系的。比如，尉景，他是高欢的姐夫，高欢生下来母亲就死掉了，从小是尉景夫妇把高欢一手拉扯大，可以说尉景夫妇对高欢是恩重如山，但尉景非常贪财，虽然高欢曾屡屡斥责，但尉景就是不改。尉景担任冀州刺史时，曾大肆贪污受贿，并征发民夫围猎，结果死了三百多人。一次，高欢的妹夫库狄干与尉景在高欢那里闲谈，库狄干请求当御史中尉，高欢问道：“你为何要当一个品级较低的官？”库狄干回答：“我是想收拾尉景。”高欢大笑，命优伶董桶上前戏弄尉景。董桶上前就要剥去尉景的衣服，说：“大人盘剥百姓，董桶我为啥不能剥去大人的衣服呢！”高欢告诫尉景说：“以后不要贪婪了！”尉景却不服，他反驳道：“我给你算算，咱俩谁贪的多？我只从老百姓那里弄，你却连天子的赋税都拿去了。”说得高欢只是笑，却无话可说。自从迁都邺城、高欢世子高澄在邺城辅政之后，东魏就形成了晋阳、邺城两个政治中心，虽然晋阳的高欢掌握着帝国最高的决策权，但由于邺城处理帝国日常政务，也形成了一个以司徒孙腾、侍中高岳、尚书右仆射高隆之、尚书左仆射司马子如四人基干的权力中心，号称“四贵”。这四人都是高欢的心腹，除了高隆之稍好之外，高岳是高欢的堂弟，“性华侈，尤悦酒色，歌姬舞女，陈鼎击钟，诸王皆不及也。”孙腾“志气骄盈，与夺自己。纳贿不知纪极，官赠非财不行。肴藏银器，盗为家物，亲狎小人，专为聚敛”。司马子如也是“性既豪爽，兼恃恩旧，簿领之务，与夺任情，公然受纳……直以高祖故旧，遂当委重，意气甚高，聚敛不息”。

高欢要想整顿吏治，不从自己身边的人下手又怎能取得成效？可是，假如把自己的心腹们都得罪了，他高欢不又成了孤家寡人吗？

三九八 改弦更张（二）

显然，这点事难不倒高欢。

这些心腹旧臣都与高欢关系甚深，但世子高澄年纪很轻，与这些人就没有太多的亲情了，高欢想到了一个一举两得的妙计——让高澄利用辅政的有利条件，站在前台整肃吏治。司州中从事宋游道，素来以正直倔强闻名于世，高欢从晋阳来到邺城朝见，见到宋游道后说："你就是宋游道吗？我经常听人说起你，今天才与你见面。"当即晋升他为司州别驾。过了两天，高欢在司州设宴款待群臣，他举杯给宋游道敬酒说："喝我高欢杯中酒的人才是大丈夫，你的为人可喝下此酒。"等到临别，高欢握着宋游道的双手说："我非常清楚朝廷权贵中有不少人憎恶你，你只管好好工作，不要担心，我将让你的官位与他们相似。"高欢遂推荐宋游道担任御史中尉，高欢拉拢宋游道就是为以后打击朝中权贵、整肃朝纲做准备。对于父亲的用意，高澄当然也是心领神会，但他与宋游道关系一般，更想任命自己的心腹吏部郎崔暹为御史中尉，在高澄的坚持下，高欢最终同意以崔暹为御史中尉，以宋游道为尚书左丞。他对二人说："你们二人一个在南台，一个在北省，应当让天下肃然。"高澄为了提高崔暹的威信，当着群臣的面，让崔暹故意迟到，崔暹大摇大摆，缓步入内，两位仆人分别拉着他的衣袖，高澄站起身来，与之按照平等的身份施礼。崔暹毫不客气，也不推辞，就坐了下来，刚喝两杯酒，就起身告辞。高澄恭敬地说："下官聊备素食，请大人稍稍停留一会儿。"崔暹却说："刚刚接到皇上的命令，让我去衙门办案。"遂没有吃饭就匆匆而去，高澄一直将他送下台阶；十几天后，高澄与群臣一起出外游玩，途中遇到崔暹的仪仗队，根据规定，百官的仪仗遇到御史中尉都要回避，高澄的仪仗队前导官竟被崔暹仪仗队用红色棍棒打得抱头鼠窜，高澄不仅没有发火，相反还掉转马头避让。高欢让高澄站到前台大规模地整顿吏治，一方面树立起高澄的威信；另一方面高欢也有回旋余地，起到打击一个、教育一片的作用。

宋游道和崔暹二人果然不负期望。宋游道一上任就一口气弹劾了太师咸阳王元坦、太保孙腾、司徒高隆之、司空侯景、尚书令司马子如；崔暹上任之初，就大力扩充御史编制，他举荐毕义云、卢潜、宋钦道、李愔、崔瞻、杜蕤、嵇晔、郦伯伟、崔子武、李广等人，全部任命他们为御史，加大了对百官的监督力度。崔暹专门弹劾权贵，无所回避，前后上书弹劾了尚书令司马子如、尚书元羡、雍州刺史慕容献、太师咸阳王元坦、并州刺史可朱浑道元，经核实后，全部免官，其余还有很多小官被免官或者被治罪。司州牧元坦"虽禄厚位尊，贪求滋甚，卖狱鬻官，不知纪极"。其他人也大多因为贪腐而被弹劾。甚至于尉景也因为藏匿逃犯而被下狱，尉景通过崔暹给高澄传话说："你去告诉阿惠小儿（高澄字子惠），你富贵了就想杀我吗！"过去，尉景曾有一匹罕见的果下马，果下马身高仅有三尺，身长三尺七寸，体重也只有一百多斤，却能拉动一千多斤重的重物，且耐力很强。高澄曾问尉景索要，但尉景就是不给，还发牢骚说："泥土相互扶助就变成了土墙，人相互扶助才能称王，你连一匹马都养不成还想问我要！"高欢知道后，当着姐姐常山君和尉景的面，把高澄痛打了一顿，常山君哭着前去解救，可是，尉景说："小孩子都是让你惯成了这样，整天当成心肝宝贝的，何必哭哭啼啼不让打！"可以说高澄对他这个姑父可没有多少好感。高欢听说尉景被下狱后，不禁流下眼泪，他亲自来到皇宫门外，替尉景求情："臣下没有尉景，就没有今日。"请求了三次，孝静帝才最终同意赦免了尉景，贬为骠骑大将军、开府仪同三司。而后，高欢又亲自来到尉景家里探望，尉景当然知道这都是高欢在演戏，根本不领高欢的情，他一肚子怒火，躺在床上一动不动，对着高欢大叫："想杀我，快点杀啊！"高欢的姐姐常山君对高欢说："这老头也到快死的年纪了，何苦把他逼成这样？"又伸出双手让高欢看，并说："你小时候，我替你打水手掌都磨成这样了。"高欢无言以对，他来到尉景身边，抚摸着尉景，不知不觉地弯腰屈膝。显然，高欢、高澄，甚至还有孝静帝，他们都是在演戏，而崔暹和宋游道则是这场大戏中的工具，高欢试图利用他们来达到整顿吏治的目的，当然，这既要从权贵近戚们入手，但又要掌握住火候，不能伤筋动骨了。

果然，很快，高欢就对邺城的权贵们写信，他在信中说道："崔暹过去是我的弟弟高琛的定州长史，后来又当我儿子高澄的开府咨议参军，一直到他升任左丞吏部郎，我也不清楚他的才能。他刚刚担任御史中尉，就进行弹劾，咸阳王元坦和尚书令司马子如可都是我老友，朝廷群臣论尊贵、论亲昵，没有超过他们二位的，他们两人却同时被惩处，我无能为力，你们大家都要小心啊！”在高欢父子的精心安排下，东魏朝廷风气为之一变。《北齐书·文襄高澄》称：“于是风俗更始，私枉路绝。乃榜于街衢，具论经国政术，仍开直言之路，有论事上书苦言切至者，皆优容之。”——由此可见，治理贪腐，只有从身边人抓起，从上层抓起，才能起到效果。等到高欢再次来到邺城时，他对崔暹等人的工作非常满意，他握着崔暹的手说道：“过去朝廷中难道没有法官？只是他们不肯弹劾天下的贪腐行为罢了。中尉你一心为国，不避权贵，于是，远近肃清，群公守法。冲锋陷阵的人，我高欢见得多了，做官能够如此清正，我高欢今天才见到。你的荣华富贵都是你自己换取的，高欢父子没有什么可以报答你的。”遂赏赐给崔暹良马，让他骑上马与自己并肩而行，边走边谈。崔暹下拜，此时，马匹受惊，高欢亲自拦住马，并将马缰绳交到崔暹的手上。孝静帝在华林园设宴，对高欢说：“过去，朝廷群臣、地方大员大多贪婪残暴，侵夺百姓。朝廷中有公平正直、直言弹劾、不避权贵的人，大王可以向他敬酒。”高欢下台阶，跪下回答：“只有御史中尉崔暹一人，谨遵圣旨，请允许我向他敬酒，并请将赏赐给我的一千匹布帛转赐给他。”孝静帝说：“崔中尉执法，令天下规规矩矩的。”崔暹拜谢道：“这都是陛下风化所致，也是大将军高澄鼓励的结果。”高澄退下后对崔暹说：“连我都对你既羡慕又敬畏，更何况他人！”

当然，治理贪腐只是整顿吏治的一个方面，更重要的还是选拔合格的人才。元象元年，高澄兼任吏部尚书后，就开始对朝廷的选官用人制度进行大刀阔斧的改革了。北魏末年崔亮实施停年格之后，选拔官吏不再考核人的才能，仅仅进行论资排辈，高澄废除了这一制度，要求选拔官吏只看才能。他还重新淘汰尚书郎，精心挑选门第高贵又有才能的人充当尚书郎，一些有才能的人士都得到了提拔，即便是没有担任高官显职，也都被他网罗到自己身边，充当门客，大家经常在一起聚会、赋诗、谈论，各尽所能，士大夫们都对高澄一片赞扬。

在整顿吏治的同时，高欢还高度关注法治建设。北魏末年以来，天下大乱，法律标准不一，尤其是在尔朱氏专权时期，轻重随意，地方官员多数以严酷为能。等到迁都邺城之后，民事诉讼案件陡增，京畿治安状况严峻，刑事案件频发，可是，朝廷过去颁布的法令与皇帝后来颁布的诏书很多地方相互矛盾，具体办案的法官无所适从，以致案件堆积如山，在这种情况下，东魏朝廷必须对长期以来的司法解释进行进一步的删定，正如《洛阳伽蓝记·景明寺》说的那样："暨皇居徙邺，民讼殷繁，前格后诏，自相与夺，法吏疑狱，簿领成山。乃敕子才（邢邵）与散骑常侍温子升撰麟趾新制十五篇，省府以之决疑，州郡用为治本。"到东魏兴和三年，即公元541年十月十六日，麟趾格颁布实施。麟趾格具有单行刑事法规的性质，对统一东魏刑事政策具有重要作用，对于以后的《北齐律》具有很大的影响。高欢还注意到各州上缴的丝绸长短不一，百姓利益受到损害，他又上书孝静帝统一以四十尺为一匹，他还下令在各州的沿河以及渡口等地设置粮仓，便于运输，又命幽州、瀛州、沧州、青州四州煮海水制盐，增加政府收入。同时，由于北魏末年以来，大量百姓为了躲避兵役、徭役，出家为僧，致使天下有佛寺三万多个，僧尼二百多万人，极大地影响了国家收入，至此，东魏政府下令，各地郡守、县令擅自兴修寺庙的，根据支出费用，以枉法论罪。几年下来，东魏连年丰收，粮食价格下降到一斛仅卖九钱，人民生活稍稍得到了改善。

三九九 改弦更张（三）

在这几年里，起码从表面上看，东魏宗室与高氏之间的纽带也更加紧密了。

元象二年五月二十二日，东魏孝静帝迎娶高欢的次女为皇后，第二天宣布大赦。九月十四日，东魏又征调京师十万人修筑邺城宫室，四十天后完工，十月四日，新宫落成，大赦，改元兴和，因此，这一年又叫兴和元年。同年十一月，东魏朝廷又命校书郎李业兴校正《正光历》，以甲子日为正月一日，号称《兴光历》，颁布实施。兴和三年（公元541年）孝静帝的妹妹、嫁给高澄为妻的元仲华为时年二十岁的高澄生下了嫡子高孝琬，元仲华大约在公元533年六岁时嫁给时年十二岁的高澄，高澄比孝静帝大两岁多，《北齐书》和《北史》均称元仲华是孝静帝元善见的姐姐，但《资治通鉴》《北史・高澄本纪》称是元善见的妹妹，出土的元仲华的二哥元宝建的墓志铭则称元仲华是元善见的妹妹，具体排行如下：元善见、河南长公主、元宝建、元仲华、元徽义、元徽礼。高澄在生下高孝琬之前，他的妾宋夫人已于公元537年为他生下了庶长子高孝瑜（与他的九叔高湛同岁），宋氏是北魏大臣宋弁的孙女，原为北魏颍川王元斌之的王妃，被高澄纳为夫人；高澄的另一位妾王夫人也为他生下了次子高孝珩，因年龄原因，元仲华在与高澄结婚的七八年里却一直没有生儿育女，如今，妹妹生下了儿子，让孝静帝非常高兴，孩子刚生下三天，孝静帝就驾临高澄府上表示祝贺，赏赐锦彩及布帛一万匹。高澄推辞，只求接受权贵们的馈赠，于是，十间房屋全部装满。

在对外关系上，东魏继续坚持与南梁和好的政策，双方之间每年都要相互派遣使节数次，十年中，双方相互通使二十余次，诚如《魏书・岛夷萧衍传》所说的那样：“十余年间，南境宁息。”在对待柔然上，东魏也有所转机。元象元年，当东西魏双方发生河桥之战前夕，西魏与柔然的关系达到了高潮，这一年的三月，柔然头兵可汗将女儿嫁给了西魏文帝元宝炬，到了五月，他就派兵南下，一直打到东魏的幽州，并深入易水。九月，又劫掠秀容，杀死了东魏派去的使者元整。高欢充分认识到柔然对于东魏的重要性，因此，他在柔然诛杀了元整之后，并没有意气用事也诛杀柔然使者温豆拔等人，而是放归了副使龙无驹，让其向头兵可汗传达温豆拔等人安然无恙的消息。头兵可汗原以为自己诛杀了元整，温豆拔等人肯定也性命不保。谁知，高欢竟然非常大度，这让阿那瓌感到有些羞愧，但双方之间仍然没有恢复外交关系。间隔一年，到了东魏兴和二年、西魏的大统六年，即公元540年，西魏与柔然之间却发生了一件不愉快的事情，让两国关系蒙上了一层阴影。

柔然公主嫁给西魏文帝元宝炬已近两年，在这一年多的时间里，曾与元宝炬患难与共的原配妻子乙弗氏已被迫落发为尼，移居别宫。即便如此，新任皇后郁久闾氏仍十分嫉妒，强迫元宝炬将乙弗氏迁到秦州，让她跟着次子武都王元戊生活。虽然乙弗氏远离长安，但元宝炬旧情难忘，暗中派人让前妻蓄发，有让其还俗之意。不料，此事竟然传到了柔然阿那瓌的耳中，到西魏大统六年春，阿那瓌率领倾国之兵渡过黄河南下，前锋已经过了夏州，侦察骑兵已过了豳州，很多人说此次阿那瓌南下，是为女儿打抱不平的。西魏文帝说："哪有百万之众为一个女子而来的道理？然而，既然有了这种舆论，朕又有什么脸面再见将帅们呢！"遂派遣中常侍曹宠携带手诏前去秦州，逼迫乙弗氏自杀。乙弗氏见到元宝炬的手诏，哭着对曹宠说："愿皇帝能活上千万年，天下平安，我死而无恨！"又将武都王元戊叫到身边，与之诀别，并给皇太子留下遗言，言语凄凉，哭了很久，令身边的侍从们都失声痛哭。乙弗氏将僧人唤来，设下供品，又让数十名侍女们都出家为尼，然后，她才回到内室，蒙被自尽。西魏朝廷在麦积崖凿出墓龛，将她埋葬。在柔然大举南下的同时，阿那瓌又向东魏派去了使者龙无驹等人，显然，此时的阿那瓌似乎真要与西魏翻脸了。高欢立即嗅到了这一点，他命令大行台侯景趁机南下三鸦（河南省鲁山县），企图夺回荆州。宇文泰命令李弼、独孤信率领五千步骑东出武关，侯景这才退去。

四月，西魏丞相宇文泰率领各军驻扎在沙苑，防备柔然。西魏泾州刺史常善率部打击柔然军队，将柔然军队抢掠的财物全部抢回。尚书右仆射周惠达征调各地兵马守卫长安，在城内的各条街道上都构筑防御工事，还征召雍州刺史王罴商议。王罴拒不从命，他对使者说："如果柔然军队胆敢来到渭河北岸，我王罴将亲自率领我家乡子弟将其击破，不会动用国家的军队。为何在天子的城内竟然干出这么大动静，这全是那个姓周的小儿自已胆小所致！”也许是西魏朝廷给阿那瓌带去了乙弗氏已死的消息，阿那瓌的大军来到夏州以后，就撤退了。

此时的郁久闾氏已经怀孕，将要生产，假如郁久闾氏能够为西魏文帝顺利生下一个儿子，以后取代太子元钦，如此一来，西魏与柔然之间的这场矛盾也许能够消弭。然而，郁久闾氏将要生产之时，居住在瑶华殿内，她听见殿上有狗叫声，又见一位衣着华丽的女子来到身边，郁久闾氏询问身边的人说：“这是何人？”可是，大家都没有看到，不少人认为是乙弗氏的魂魄。郁久闾氏产后即去世了，年仅十六岁。

乙弗氏的死，让阿那瓌撤出西魏，但不久，郁久闾氏又死了，这让高欢看到了离间西魏与柔然关系的希望。得知郁久闾氏去世的消息后，高欢立即命令相府功曹参军张纂出使柔然，挑拨离间。张纂对阿那瓌说的元宝炬和宇文泰的坏话主要有：一是元宝炬、宇文泰害死了孝武帝元修；二是他们二人害死了郁久闾氏；三是以宗室疏属元翌之女妄称化政公主之名嫁给阿那瓌的弟弟塔寒；四是阿那瓌渡河南下时，宇文泰烧毁野草，致使柔然马匹无草可吃，无法继续南下，这也说明了宇文泰此人诡计多端。张纂还从理论上阐述了东魏是正统，西魏是冒牌的道理，并说阿那瓌当初投奔魏国，受到保护，理应知恩图报。张纂还编出一个故事猛拍阿那瓌的马屁，他说，前不久，一些山胡在黄河以西被柔然主抓获，他们回来说，柔然主问他们：“你们是听高王的？还是听黑獭的？”有人说听从黑獭的，柔然主就把他给杀了，两个人说听高王的，柔然主就把他们放了。这充分说明大王您的心中尚存对我大魏的感恩之情，您的女儿已经被人家杀害，人家以欺诈对待您，既不仁义，又不讲信用，应当前去讨伐。况且，宇文泰等人盘踞一方，不知归顺，朝廷也当讨伐，柔然如果还念及旧恩，朝廷将以天子的近亲公主与之结为婚姻，并发兵替柔然主报仇。

阿那瓌听了张纂的话，就召集群臣商议，最终决定与东魏结盟，派遣俟利、莫何莫缘游大力等前往东魏，替他的儿子庵罗辰向东魏求婚，孝静帝派遣兼散骑常侍太府卿罗念、兼通直散骑常侍中书舍人穆景相等出使柔然。当年八月，也就在西魏郁久闾氏去世两三个月后，阿那瓌再次派遣莫何去折豆浑十升等人前往东魏，再次提出求婚，高欢上书孝静帝，请求接受柔然的要求，于是，孝静帝下诏同意将常山王元邵的妹妹乐安公主（孝静帝元善见的姑姑，《北史》称常山王骘，错误）嫁给庵罗辰，并改封为兰陵郡长公主。同年十二月，阿那瓌又派遣折豆浑十升前往东魏求婚。

当郁久闾氏去世后，宇文泰就派遣尚书仆射赵善北上柔然，再次向阿那瓌求婚。赵善行至夏州，就听到了东魏使者张纂已捷足先登，并且阿那瓌已决定与东魏和好的消息，柔然过去就曾杀死了东魏使者元整，赵善担心自己被柔然扣押，甚至杀掉，于是，打道回府了。赵善回来后，宇文泰又派遣曾多次出使柔然的杨荐出使，杨荐携带十斤黄金、三百匹色彩华丽的丝绸作为见面礼，到柔然后，杨荐责备阿那瓌食言，并提出再结婚姻之意。阿那瓌虽然没有与西魏翻脸，但从此以后也再无与西魏和亲的意思了。

四〇〇 改弦更张（四）

与西魏逐渐冷淡的同时，柔然与东魏之间的关系却迅速升温起来。

东魏兴和三年（西魏大统七年，公元541年）四月，柔然头兵可汗阿那瓌派遣吐豆登郁久闾譬浑、俟利莫何折豆常侯烦等人送来一千匹马作为聘礼，请求迎接兰陵公主。东魏孝静帝下诏命令兼宗正卿元寿、兼太常卿孟韶等人护送公主从晋阳北行，公主的一切陪嫁物品全部由高欢亲自打点，非常丰厚。阿那瓌派遣吐豆登郁久闾匿伏、俟利阿夷普掘、蒲提弃之伏等人亲自到新城（新平城，山西省朔州市西南）以南迎候公主。六月，高欢担心柔然心怀叵测，又为了显示对此事高度重视，他亲自率领人马将公主送到楼烦（山西省宁武县）以北，并与柔然使者见面，重赏柔然来使。阿那瓌听后，大喜过望，从此以后，柔然与东魏之间恢复了和好，使者往来不断。兴和四年（公元542年），阿那瓌又请求将自己的孙女、庵罗辰的五岁女儿、号称邻和公主的郁久闾叱地连，嫁给高欢的第九子时年六岁的长广公高湛，孝静帝下诏同意；阿那瓌遂派遣吐豆登郁久闾譬掘、俟利莫何游大刀将小小的邻和公主送到了晋阳。郁久闾叱地连到武定八年（公元550年）死去，年仅十三岁。公元1978年，茹茹公主郁久闾叱地连的陵墓在河北省磁县南被发掘，出土了一千多件陶俑，还有两枚堪称国宝的东罗马帝国查士丁尼皇帝新铸造的金币！

西魏建立后，宇文泰派使者潘濬说服吐谷浑王夸吕，夸吕遂派人向西魏供奉会跳舞的马以及牛羊等，但仍然不断骚扰西魏西部边境。吐谷浑与西魏领土接壤，矛盾尖锐，吐谷浑王一直想采取远交近攻的策略，结好东魏，只是由于柔然与西魏结盟，吐谷浑无从与东魏联系，如今，柔然与东魏和好后，夸吕又派遣使者赵吐骨真借道柔然来到东魏，显然，吐谷浑王联络东魏的目的是想利用东魏，以减轻西魏对自己的压力。后来，到武定三年（公元545年），夸吕还向孝静帝送上自己的堂妹，孝静帝纳为容华嫔，并派遣员外散骑常侍傅灵标回访。夸吕又请婚，孝静帝又以济南王元匡的孙女为广乐公主嫁给了他。从此以后，双方往来不断。经过努力，高欢精心编织的一张柔然、吐谷浑、东魏三方包围西魏的大网就这样形成了！

这张大网刚一形成，西魏边境就出现不稳态势了。东魏兴和三年（西魏大统七年，公元541年），西魏东西两线同时发生了叛乱：东北的夏州刺史刘平伏占据上郡（陕西省绥德县）发动叛乱；西南依附于吐谷浑的宕昌王梁仚定（被西魏任命为岷州刺史、赤水藩王）也同时背叛了西魏！显然，夏州和岷州（甘肃省岷县）的叛乱，多少有高欢的影了，真实的情况可能是：高欢在无力正面对西魏发起军事进攻的情况下，鼓动西魏国内发动叛乱，最大程度上削弱西魏实力，起到四两拨千斤的作用。西魏境内的山胡一直叛降不定，上一年，山胡的别种白额稽胡就曾发动叛乱，西魏太保李弼、监军宇文深、窦炽等将就曾将其讨平，今年，山胡夏州刺史刘平伏又发动了叛乱。刘平伏的这次叛乱规模并不小，与之相呼应的尚有西魏其他地区的胡人，如黑水山胡，等等。西魏朝廷以于谨为统帅，发兵前去讨伐，参战的西魏将领主要有：侯莫陈崇、怡峰、卢豆宁、梁椿、梁台、陆通等人，另外，杨忠与李远则奉命讨伐黑水山胡。在西魏军的打击下，山胡的叛乱很快被平定，梁椿生擒了刘平伏的别帅刘持塞。山胡叛乱被平定后，西魏军的卢豆宁、梁椿部又转而西进，协助秦州刺史独孤信讨伐梁仚定。卢豆宁过去就曾与梁仚定在平凉川相遇，二人在百步之外悬挂莎草比赛射箭，卢豆宁七发五中，梁仚定对他很是佩服，此时，宇文泰又任命其担任独孤信的军司，加入平叛行列。在西魏军中还有汉阳郡守宇文虬及侯莫陈崇的弟弟侯莫陈琼的部队。

然而，西魏军尚未完成集结，梁仚定内部就发生了内讧，梁仚定为其部下所杀。梁仚定余众推举他的弟弟梁弥定为主，继续负隅顽抗。西魏朝廷采取镇压与安抚并用的策略，一方面任命梁弥定为河州、梁州二州刺史，宕昌王，承认梁弥定接管宕昌权力的现实；另一方面独孤信率领的大军并没有停止对梁弥定的打击。独孤信率军向万年进发，驻扎在三交口。宕昌军全力固守，独孤信则从小路直插稠松岭。宕昌军没有想到西魏军突然出现在近前，不禁大惊失色，望风而逃。独孤信乘胜前进，一直来到岷州城下，梁弥定只好投降。虽然西魏军迅速平定了山胡和宕昌的叛乱，但由高欢所编织出来的对西魏的包围网还在持续发酵。据《北史·柳虯附桧传》记载，到第二年（大统八年，公元542年），柳虯的弟弟柳桧时任湟河（地在今青海省贵德县一带）郡守，吐谷浑发起了进攻，当时，柳桧兵少，众人都非常恐惧，柳桧激励大家稳住阵脚。而后，他亲自率领数十人突然出击，将吐谷浑军队冲散，其余部众趁势猛击，一举将吐谷浑军队击退。这场战斗只是一场小规模的冲突，虽然吐谷浑“数侵疆场”，但由于吐谷浑与东魏之间相隔遥远，加之柔然态度也不明朗，所以，高欢所编织的大网对宇文泰并没有起到太大的牵制作用。

对于宇文泰而言，虽然郁久闾氏的死让这条西魏与柔然之间仅存的纽带也失去了，但经过杨荐的积极努力，在郁久闾氏去世前柔然大举发兵南下这一幕毕竟没有重演。此时，他比高欢更需要时间让国内休养生息，因此，在河桥之战后不久，他就主动派人向东魏送还了高敖曹、窦泰、莫多娄贷文的首级，表达了实现和解的愿望；而后，他又分别任命较为温和的将领如：宇文测、韦孝宽、王思政等人担任与东魏接壤地区的地方官员，以期缓和与东魏之间的矛盾。比如，宇文测担任大都督、行汾州事，他上任以后，东魏军队时常前来侵扰，对被抓获的东魏俘虏，宇文测总是好酒好菜款待，并赠送口粮，护送他们出境。东魏人都感到惭愧，从此以后就不再侵扰了。在西魏汾州（山西省吉县）和东魏晋州（山西省临汾市）之间，两国百姓家里遇到婚丧嫁娶之事，都相互庆贺或吊唁。有人对宇文泰说宇文测里通外国，宇文泰大怒，说道：“宇文测替我安抚边境，我知道他的心思，你竟敢离间我们骨肉！”遂将那人杀了。

与东魏的高欢一样，宇文泰也在寻求富国强兵之策。

大行台度支尚书兼司农卿苏绰尽心竭力帮助宇文泰改革时政，裁减冗员，只设置了两名长史，并实行屯田，以增加帝国的收入。苏绰还负责起草了六条诏书，大统七年九月，开始在全国施行。诏书内容为：一是要先修心。如今的地方官员都是受到朝廷的任命，到地方任职，就其地位而言，与古代的诸侯没有什么两样，因此，过去的圣主总是说与自己共同治理天下的只有那些称职的地方官而已。这是因为，圣主知道朝廷百官虽然各司其职，但说到治理百姓这一点，他们都没有地方官吏重要。凡是要调理人的身体，必须先调理自己的内心，人心是身体统领，是所有行动的基础。心里不清净，就会生出妄念；生出妄念，就会看不清真理；看不清真理，就会分不清是非；看不清是非，自己的身体就无法调理，岂能治理别人？因此，治理百姓的关键就在于要清心寡欲。所谓的清心寡欲，并不是特指不贪图钱财的意思，而是说要心气清澈平和，心态端庄宁静，这样一来，一些邪念就不会产生了；不产生邪念，那么，自己心中的所思所想没有不中规中矩的。脑海里都装着这些好的想法去治理百姓，百姓们谁能不愿意接受教化？所以说，治理百姓们的基础，是先要调理好自己的心态。其次，还要约束自己的行为。大凡君王都是百姓的榜样，是全国的楷模。榜样做不好，什么都做不成。君王自己都做不好，还想期望去治理好百姓，这是不可能的。因此，身为君王的人，必须做到内心如同清水一样纯洁，行为如同白玉一般无瑕，亲身去实践仁义、孝悌、忠信、礼让、廉洁、公平、节约，还要持之以恒，再加上能够明察秋毫，只有这样，百姓们才会对他既敬畏又爱戴，也逐渐会向他学习。二是要移风易俗。天地之间，人是最尊贵的。这是因为，人有一颗明辨是非的心，能够对人仁爱宽恕，与草木、禽兽不同，所以才尊贵。但是，人的弱点在于品性不定，容易随波逐流，受到淳朴之风影响的，就会变得朴素正直，受到轻浮之风熏陶的，就变得虚伪。虚伪轻浮，社会就逐渐衰落；淳朴正直，社会就变得和谐。衰落之后，大乱就会到来；社会和谐，国家就会安定。古往今来，社会治乱无不源于此。然而，世道沦丧，已经数百年了，天下大乱也已过去了二十多年，百姓们看不到德行，耳濡目染的只有战争和杀戮，上级从未对百姓进行教育和感化，对百姓只用刑罚。我国中兴以来，灾难频仍，加上战争不断、饥荒严重，朝廷的措施很多都是权宜之计，致使国家风气仍然没有改观。近年来，粮食丰收，百姓的徭役减轻，吃饭穿衣逐渐不成问题了，进行教化的时机也成熟了。各地地方官吏要按照朝廷的旨意，着手进行教化。所谓的教化，在于要以淳朴之风感染人，让百姓们慢慢开始向善，那些奸邪虚伪之心、贪得无厌的欲望慢慢消失，而百姓们又不知所以然，这就是所谓的潜移默化。然后，再以孝悌加以教育引导，让百姓们彼此亲爱；再教育他们要仁爱、和顺，让百姓们相互之间和睦起来；再教育他们要懂得礼仪，让他们知道谦让。人与人之间能够相互关爱，就不会遗弃自己的亲人；人们之间和睦了，就不会轻易怨恨他人；人们相互谦让了，就不会为了利益你争我夺了，达到这三条，就达到了王者之道了。过去的圣王之所以能够移风易俗，让社会返璞归真，毫不费力就能让天下大治，无不如此。

四〇一 改弦更张（五）

六条诏书之三是尽地利。

尽地利的内容是：人生天地之间，衣食就是人的命。吃不饱就饿，穿不暖就寒，饥寒在身，想让人去施行礼仪，这是不可能的，因此，古代的圣王都懂得要先让百姓们丰衣足食，然后再进行教化。要想让百姓们丰衣足食，就必须充分利用好土地；要想充分利用好土地资源，关键在于鼓励有方，而劝导百姓进行农业生产的人，就是地方官员。因此，各州各县，每到年初，必须要集合所属百姓，不论年龄大小，只要能拿得动农具全都要让他们下田干活，开垦土地，不要错过了农时。在几个关键的农时，不论男女老幼，都要齐心协力，像挑水救火，又像是盗贼将至那样急迫，这样才不至于错过了农时。对于那些游手好闲、好逸恶劳的人，要由里正、保长将名单上报到郡县，由太守、县令根据情况进行处罚，起到惩一儆百的作用。春耕、夏种、秋收、冬食，春、夏、秋，这三个季节都是农业生产的关键季节，其中一个季节没有做好，粮食就吃不到嘴里。因此，先王曾说过："一夫不耕，天下必有受其饥者；一妇不织，天下必有受其寒者。"如果在这三个季节里，不让人去从事农业生产，这就是想让人去死啊。对于劳动力少的农户以及没有耕牛的人家，要让他们之间互通有无；在三农的间隙以及阴雨连绵的日子，还要鼓励百姓们种植桑树果木、培育蔬菜、饲养家禽，等等。为政忌讳过于琐碎，过于琐碎了，百姓们就会厌烦；同时，鼓励农业生产时又不宜太多泛泛，泛泛而谈，百姓们就会懈怠。因此，善于治理百姓的官员能够做到繁简适中，因此，《诗经》上说："不刚不柔，布政优优，百禄是求。"

四是选拔贤能善良之人。天生万民，不能自己管理自己，所以才立了君主来治理；君主独自一人也不能治理，所以才设置百官辅佐。因此，能够选拔出贤能之臣，国家就会安定，选拔不出国家就会混乱，这非常正常。如今的地方官员身边都有佐吏，刺史、太守都是朝廷任命，州郡的佐吏全是刺史、太守自行任命。很长时间以来，选拔州郡的地方官全看门第，根本不问是否有才能；挑选佐吏，只看能否写出一手文章，从不看此人的品行。门第代表着前辈的爵位，左右不了后代子孙的愚蠢；能否写出文章，不过是小才能，品行照样会轻浮虚伪，因此，现在选拔官吏，要不论门第，只看才能。如果能得到有才能的人，自然可以从奴仆一下子提拔为宰相，伊尹、傅说就是个例子，何况是当个地方官呢？如果没有才能，像丹朱、商均他们虽然是出自帝王之家，也不能守住一百里的封地，何况是公卿之后呢？选拔有才能的人是因为他们能够治理百姓，如果有才能又很正直，就会把他自己的才能用于治理百姓上，如果有才能却奸诈虚伪的话，此人肯定会利用官职为非作歹，岂能达到治理百姓的目的？因此，选拔才能之人的前提是，必须先考察此人的品行，品行好的才加以举荐，品行不好的，要予以摒弃。但是，如今负责选拔人才的人总是说天下没有贤才，不知道举荐谁，这是没有深入思考，并非合适的言论。为什么这样说呢？古人说过："明主聿兴，不降佐于昊天；大人基命，不擢才于后土。"说的是当世的君主只能选拔使用当代的人才，处理当前面临的问题，因此，后代的君主不可能去重用前代的大臣。孔子曾经说过："十室之邑，必有忠信如丘者焉。"哪能说天下没有贤才呢？只是没能积极寻找、认真选拔而已，也有可能是因为没能把选拔出来的人才放到他最能发挥自身才能的位置上去，所以才说找不到人才。古人说过："千人之秀曰英，万人之英曰俊。"如今，才能堪当一官，品行闻名当地的，岂非接近于英俊之士了吗？只要能坚持挖掘，认真选择，必定能去伪存真，找到各地最好的人才。没有经过打磨的美玉，与瓦石无异；没有奔腾的良马，与驽马混杂在一起。等到把美玉打磨，令良马飞奔，美玉与瓦石，良马与驽马，才能分出高下。贤能之士在未被重用之前，混杂在凡人之间，与众人又有什么两样！只有交给他们任务，责成他们取得成效，然后你才能发现他们的确与凡夫俗子们截然不同。当姜太公钓鱼、百里奚贩牛、宁戚击牛角、管仲三次失败的时候，人们谁能看出他们是贤才呢？等到他们登上朝堂，数十年间，立下大功，这时人们才看出他们是奇士，于是，后世的人们到处称赞他们，不绝于口。像他们这四个人都有经天纬地之才，是不世出的人杰，即便如此，在他们没有遇到明主之时，也不能显得与凡夫俗子们有什么不同，何况比他们才能低一点的人才呢？如果君主一定要等找到像姜太公那样的人才去使用的话，那千年也难遇到；一定要等找到像管仲那样的人才用，那一百代也找不到。为什么这样说呢？人才都是从底层一步步上来的，功劳也是一点点积累起来的。哪有尚未委任就已经建立了大功，还未重用就已经发达了呢？如果明白了这个道理，那么就能够找到贤才，天下之事就没有做不成的。然而，善于吏治的人，必须先精兵简政。官员少了，有才能的人就容易充实到官员队伍中去，有才能的人当了官，事情都能办好；如果官员太多，就不可避免地混杂进坏人来，一旦混杂了坏人，政事就会出现问题。因此，常言道："衙门少了，事情就少了；事情少了，百姓们就清净了。衙门多了，事情就多了；事情多了，人心也就混乱了。"清净与混乱的根源就在于官员数量的多少。现在的官吏人数已经不少，过去，百姓人数很多，政务也繁多，那时尚能妥善处理完公务。何况现在户口减少，按照人数来设置官员，有人还认为官员太少，我好像还听说下边的州郡里，还有兼任、暂代的情况，骚扰百姓，非常无理，诸如此类，都应该予以废黜，不能养成习惯。不仅是州郡官员要选拔善良之人，就连里正、保长之类的也都必须予以认真挑选，必须是本乡本土中的佼佼者才能担任，像里正、保长之类，他们是治理百姓的根基，根基牢固，上面必然安定。凡是寻找贤才的途径，当然是多种多样的，但要想得到真正的贤才，就必须试用他们，进行考察。从他们的日常居家，到周围邻里，询问他们处事的根基，观察他们的着眼点，那么他们的处世哲学就一清二楚了，是否真是贤才就区别开来了，按照这种办法去做，大概就少一些过失了。

五是慎用刑罚。人受阴阳之气而生，既有情，又有性。性是善，情是恶，有了善恶，就要有赏罚。赏罚适中，就会止恶向善；赏罚不当，就会心生怨气，因此，过去的圣主都对刑罚非常重视，要求法官要认真断案，探究出每件案件的缘由。但是，法官个人的素质各不相同，不一定每个人都一样有见识，但也要以一颗公平之心去断案，尽最大可能做到公平，这是中等的；至于那些毫无仁爱之心，将别人视同草芥，一味施以刑罚，这是下等的法官。如今的地方官起码要做到中等，以上等为努力的目标，至于下等的则要受到惩处。古代的圣王曾规定："与其杀掉无辜之人，宁可赦免有罪的；与其伤害好人，宁可利于奸邪。"就是说，如果无法查明真相，宁可赦免有罪之人，也不可冤枉了好人。如今从政的人却不是如此，他们总是苛刻地执行法律，想尽千方百计寻找人们的罪过，宁可让无罪的人受到惩处，也不愿放纵有罪的人，只是说为官的宁可落下严酷的名声，也能免除因漏判带来的后患。这都是从自身而并未从最公平的角度考虑，如此执法都是奸吏。人是天地间最宝贵的，死后不能复活，然而，在酷刑之下往往因忍受不了痛楚而自诬有罪，从而被冤杀，这种情形应该是存在的。因此，自古以来，就设计了从五个方面审判案件、三种情况加以宽恕的制度，这都是出于爱人之心。至于那些不忠不孝、巨恶大奸之人，杀一儆百，当然可以从重惩处，明白了宽严相济，就完全理解刑罚的道理了。

六是平均税赋。贵人最重要的是地位，贵人要想保住地位，就必须仁爱；要想团结住人，就需要用钱财，如果国家没有钱财，贵人的地位也就保不住。如今，天下未平定，国家开支很大，虽然朝廷还来不及减轻百姓的赋税，但能做到平均征收，这样也能让百姓们没有怨气。平均征收就是不庇护豪强而只征收穷人的，因此，圣人说过："如果能够做到平均了，天下就没有贫苦了。"然而，财物的生产也不是一朝一夕的事情，这就需要地方官吏要适时劝导，以免等到朝廷征税时百姓拿不出来，奸商从中牟取暴利。另外，对于分派劳役，虽然朝廷有大致的规定，但在具体操作上，都是由里长上报，县令决定。如果考虑周全，那么人人都感到满意，如果总让贫苦之人干重活或远活，而给富有人家派轻活或近活的话，没有一点怜悯百姓的心肠，这也是君王政务的罪人。

宇文泰对苏绰的六条诏书非常重视，把它当作座右铭经常放在身边，他还下令让百官背诵这六条，并且规定全国各地的郡守不会背诵这六条以及不会算账的，一律罢免。

四〇二 死水一潭（一）

早在西魏建立之初，宇文泰就颁布了二十四条新制，六条诏书颁布后不久，宇文泰又将颁布了十二条新制，合为三十六条新制，与六条诏书一样，被奉为“政事之法”“中兴永式”。

从中我们可以看出，西魏宇文泰与东魏高欢采取的措施有异曲同工之处，都强调了任人唯贤、轻徭薄赋、慎用刑罚、惩治腐败等，可以说，这些措施也都适应了社会的发展，是有进步意义的。除了六条诏书之外，西魏宇文泰还在行台创办了学校，让低级官吏入学学习，白天上班，晚上入学。西魏朝廷还在阳武门外放置笔墨纸砚，征求百姓对政府的意见建议。同时，宇文泰还对北魏末年以来浮夸的文风深恶痛绝，他让苏绰按照上古质朴简洁的口吻撰写文章，并作为范文，令全国效仿，一扫过去言之无物的文风。到大统八年，西魏还创设了六军，在中国历史影响深远的府兵制自此建立。《玉海》卷一三八引《后魏书》云：“西魏大统八年，宇文泰仿周典置六军，合为百府。每府一郎将统之，分属二十四军，开府各领一军。大将军凡十二人，每一大将军统二府，一柱国统二大将军，凡柱国六员，复加持节都督以统之。十六年籍民之有才力者，为府兵……”又引《邺侯家传》：“初置府兵于西魏大统中，周文帝与度支尚书苏绰之谋也。自三代之后，无与为比；虽战国之教士卒武技击皆不及……初置府不满百，每府有郎将主之，而分属二十四军，每军以开府一人将焉，每二开府属一大将军，二大将军属一柱国，大将军仍加号持节大都督以统之。”后又“广募关陇豪右”、把地方武装纳入府兵序列，到西魏大统十六年，又设八柱国十二大将军、二十四开府将军，统领二十四军。早期府兵自相督率，自带弓刀，不属地方管理，不上缴赋税，将领无论何族均用鲜卑赐姓，军人也从主帅之姓，带有浓厚的部族兵特色。

假如从公元523年破六韩拔陵起义开始算起，到西魏大统八年即公元542年已过去了整整二十年。在这二十年里，北方持续大乱，让我们几乎抽不出时间去关注一下南方的事情，现在，就趁着东西魏之间相对平静的间隙，让我们看看南方那位在这二十年里从六十岁步入八十岁高龄的梁武帝萧衍吧。

在北魏大乱之初，梁武帝也曾发兵北伐，并于普通七年（北魏孝昌二年）夺取五十二城，占领了寿阳，在随后的两年里，南梁继续北伐，并派遣陈庆之护送元颢进入洛阳，但不久失败，等到东西魏分裂之后，梁武帝在尝试北伐遭到失败后，就采取了与北方政权尤其是东魏政权和平的政策。

在这二十年里，相对于水深火热中的北方军民而言，南方人民似乎就生活在一种虚拟的天堂里面。在他们头上端坐的是一位年迈的菩萨皇帝萧衍，萧衍兴建了大量佛寺，据《南朝寺考》记载：大爱敬寺“经营彤丽，奄若天宫，中院之去大门延袤七里……旁置三十六院……千有余僧，四时供给”；智度寺也是“殿堂宏敞，宝塔七层，房廊周接，华果间发，五百诸尼，四时讲诵”。同泰寺“有浮图(宝塔)九层，大殿六所，小殿及堂十余所。东西般若台各三层，大佛阁七层。璇玑殿外，积石为山，盖天仪激水，随滴而转。所铸十方金像，十方银像，皆极壮丽”。在大肆修建佛寺的同时，梁武帝还为了表示自己不贪恋天下，曾多次舍身佛寺。早在大通元年三月，萧衍就驾临同泰寺“舍身”，即以自己的肉体来供奉佛。两年后，到中大通元年九月，他故技重演，再次到同泰寺“舍身”，公卿大臣只好拿出一亿万钱，才将他们的皇帝从佛寺里赎回。中大通三年十月、十一月，他又两次驾临同泰寺，设立法会，讲经说法七天。中大通五年二月，他再次驾临同泰寺说法。

就在高欢信都举义这一年，即中大通三年四月，梁武帝的皇太子萧统去世了。如前所述，梁武帝共有八个儿子，他们分别是萧统、萧综、萧纲、萧绩、萧续、萧纶、萧绎、萧纪。萧统长相俊美，又非常聪慧，性格仁慈、宽和、孝顺，但就是这样一个贤明太子，后来，因其为母亲丁贵嫔选择墓地，受人诬陷，让萧衍大怒，从此萧统郁郁寡欢死去，终年三十一岁。萧统生前酷爱读书，他收罗古今图书三万卷藏于东宫，选择其中的精华编成我国最早的一部诗文选集《昭明太子文选》三十卷，共选秦至梁诗文七百余篇。其实，萧统的死本身就是一桩疑案，据《北史·梁本纪下》记载，（萧纲）“中大通三年，被征入朝，未至，而昭明太子谓左右曰：‘我梦与晋安王对奕扰道，我以班剑授之，王还，当有此加乎？’四月，昭明太子薨。五月丙申，立晋安王为皇太子”。由此可知，在这一年年初，萧纲被萧衍从雍州征召回京，此时，萧统似乎已经预计到自己去日无多，四月萧统就死掉了，五月，萧纲就被立为太子，从这段记载上，我们似乎感到萧纲回京当太子好像是早已安排好了的。如果真是这样，萧统的死可能就不是正常死亡了。

萧统死后，萧衍犹豫了很长时间，不知道册立谁为皇位的继承人。按照宗法制度，太子死后，应当册立太子的嫡长子为皇太孙。萧统有五个儿子，分别是：萧欢、萧誉、萧詧（同察）、萧譬、萧鉴，按照这一规定，时任东中郎将、南徐州刺史的萧欢理当被册立为皇太孙。萧统死后，萧衍也将萧欢征召入京，曾想立其为嗣，但是，由于萧统生前曾在丁贵嫔的墓地里埋下腊鹅事件，让萧衍一直怀恨在心，从四月上旬一直犹豫到五月二十一日才最终决定，当天，萧衍下令将萧欢遣返回南徐州，五月二十七日，他正式下诏册立萧统的同母弟、三子晋安王萧纲为皇太子，大赦，并晋封萧纲嫡长子萧大器为宣城郡王。

萧衍的做法立即引起舆论哗然，大家一致认为这不合适，但又都不敢公然反对。萧衍也知道自己的做法不妥，遂给萧统的五个儿子都封为大郡：晋封华容公萧欢为豫章郡王、枝江公萧誉为河东郡王、曲江公萧詧为岳阳郡王、萧譬为武昌郡王、萧鉴为义阳郡王，全都食邑两千户。萧衍一口气封了这么多王，让曾过继给他、叛逃北魏后又逃归的萧宏之子萧正德眼红了，他极力巴结萧衍身边的红人朱异，在朱异的斡旋下，萧衍又加封萧正德为临贺郡王。

除了死去的萧统、萧综、萧绩和立为太子的萧纲之外，萧衍还有四个儿子也让他很操心：萧续、萧纶、萧绎、萧纪。老七萧绎的母亲阮修容被萧衍看中，得力于萧统、萧纲的母亲丁贵嫔，因此，萧绎与老三萧纲从小关系就很亲密，与老五萧续小时候打打闹闹，等长大以后却互相瞧不起，矛盾很深。萧衍废嫡立庶，让老五萧续也心怀非分之想，在他看来，萧纲能立为皇太子，那是因为大哥萧统、二哥萧综已死，如今，四哥萧绩也死了，如果萧纲再死掉了，皇太子自然非自己莫属了。萧续素来骁勇，萧衍曾把他比作曹操的儿子任城王曹彰，而萧续也是“多聚马仗，蓄养矫雄，耽色爱财，极意收敛，仓储库藏盈溢”。不过，数年后，萧续就死了。听说萧续的死讯，萧绎大喜过望，蹦蹦跳跳跑回室内，鞋都蹦破了。过去说过，老六邵陵王萧纶性格残暴，让萧衍非常操心，到中大通四年（公元532年），萧纶被任命为扬州刺史，他派人到市场里想采购数百匹布帛，打算用作内室的帐幔，百姓们听说后，全都闭门不敢交易，恰巧当天少府也需要到市场里采购，因整个建康全都罢市，也是空手而还。萧衍询问下来，少府丞何智通只得如实汇报，萧衍把萧纶召来训斥一通，勒令回到王府。萧纶回府后，咽不下这口气，就派遣心腹“马容”（出行时乘马居前以壮行色的军官）戴子高、戴瓜、李撒、赵智英四处寻找，终于在建康白马巷碰到何智通，用长矛将其杀死，矛尖刺穿脊背。何智通临死时，用鲜血在墙壁上写下“邵陵”二字，朝廷这才知道了实情。萧衍下诏以百万钱悬赏捉拿凶手，西州游军军官宋雀子告发，萧衍大怒，命令中书舍人诸昙粲率领五百禁卫军包围了萧纶的王府，在王府中将戴瓜、李撒、赵智英生擒，戴子高骁勇，翻墙突围而去。何智通的儿子何敞之切下三人的肉烤熟吃掉，又将三人及其他们的母亲一起押到新亭，四面架火将他们烤熟，何敞之装了一车钱和佐料，百姓吃这些人身上一块肉的，赏钱一千，不一会儿，这三人及其母亲的肉就被人们吃完了。萧衍下令将萧纶软禁在王府中，免为百姓，三十天后，又恢复了王爵。后来，在欢送衡州刺史元庆和的宴会上，萧纶也奉命赋诗，最末两句“方同广川国，寂寞久无声”。让萧衍大为赞赏，很快又任命其为郢州刺史。昭明太子萧统死后，萧纲被立为皇太子，此举也让萧纶心存觊觎之心，等到庐陵王萧续死后，萧纶更是加快了篡位的步伐，他曾密谋行刺萧衍、萧纲，后又向萧衍献上毒酒，萧衍将酒让宦官喝，喝后即死。萧衍内心不安，加强了宫廷守卫，但一直未能将萧纶废黜。

四〇三 死水一潭（二）

萧衍最喜爱的儿子是幼子萧纪。

中大同三年，当高欢与宇文泰在沙苑鏖战时，梁武帝萧衍却意外地将自己最喜爱的儿子萧纪任命为都督益州、梁州等十三州诸军事，益州刺史，萧纪以路途遥远推辞，萧衍却说出一句令人百思不得其解的话来："天下将要大乱，只有益州安全，所以我才把你安排到那里，你要努力啊！"萧纪叹息抽泣，出去后又回到殿内，时年七十四岁的萧衍又说："你曾说过我老了，我还盼望着再次见到你回到益州呢。"

难道说萧衍已对未来有所预测？

说他有所预测，毋宁说是对未来的恐惧。梁武帝萧衍的几个儿子是良莠不齐，但他自己的个人修养还是很高的，他每天只吃一顿饭，吃的东西也很简单，生活也简朴，一顶帽子能戴三年，一床被子盖两年，不喝酒，不听音乐，举止方正，即便是夏天再热，也从不打赤膊。他在位的四十余年里，他使用的重臣大多也是称职的：天监初年主要是使用过去的旧人范云、沈约、袁昂等人，后来逐渐重用周舍、徐勉，周舍和徐勉都被称为贤相。徐勉死后，梁武帝开始重用何敬容，内侍则依靠朱异。南朝从东晋、刘宋以来，宰相们都不亲自处理政务，整日里只是吟咏啸歌，无所事事，何敬容长期在朝廷任职，对朝廷政务非常熟悉，他担任尚书令后勤于政务，孜孜不倦，引起一帮自诩为名士的士大夫们的讥笑，但何敬容毫不介意，依然故我。朱异出身寒门，精通文史、杂艺、算术、围棋等等，是个多面手，他受人举荐被萧衍赏识，萧衍称之为："朱异朱异，真是异常。"遂留在身边。周舍去世后，朱异即代掌机密，各类文书，堆积桌上，朱异才思敏捷，顷刻之间就能处理完毕。何敬容质木无文，朱异却什么都会，二人都深得萧衍的信任。朱异善于揣测主人的内心，萧衍年老之后，喜欢听阿谀奉承的话，朱异总是拣萧衍喜欢听的说，让萧衍非常舒服。一次，司农卿傅岐对朱异说："如今圣上把政务都交给大人处理，岂能事事都顺从陛下？近期，外面对此有很多不同的看法。"朱异却振振有词地反驳道："你还不是说我没有谏争罢了。当今天子圣明，我岂能以我自己的学识来扰乱圣上的决定？"朱异最大的缺点还不在于此，他最大的缺点是贪婪，人们送来的贿赂，他均一一笑纳，从未拒绝。曾在建康城东修建一座别墅，非常华丽，休息日在那里酣饮，担心天晚城门关闭，命仪仗队从别墅外一直排到城门，让城门守将不得不延长关门时间。在高门世族面前，朱异故意显得非常傲慢，他曾为自己的行为辩解说："我不过是一个出身寒门的人士，遭逢圣主才得到今天的地位，那些贵人们都是靠着坟墓中的枯骨才看轻我，假如我再对他们低三下四，他们会更加轻蔑我，所以，我先看不起他们。"因此，朱异把持朝政三十余年间，高门世族对他非常恼火。

朱异对高门世族们看不起，自有他的道理。据《颜氏家训·涉务篇》记载："梁世士大夫，皆尚褒衣博带，大冠高履，出则车舆，入则扶侍，郊郭之内，无乘马者。周弘正为宣城王所爱，给一果下马，常服御之，举朝以为放达，至乃尚书郎乘马，则纠劾之。及侯景之乱，肤脆骨柔，不堪行步，体羸气弱，不耐寒暑，坐死仓猝者，往往而然。建康令王复性既儒雅，未尝乘骑，见马嘶喷陆梁，莫不震慑，乃谓人曰：'正是虎，何故名为马乎？'其风俗至此。"经过长期安定状态的南梁，豢养了一大批上层的寄生虫，他们平时里都穿着宽大的衣服，系着宽腰带，戴着高高的帽子，脚蹬高高的木屐，出门就坐车，下车又有人搀扶，整个梁帝国城内城外都见不到会骑马的士大夫。周弘正是周舍的侄儿，曾任现任太子萧纲的主簿，萧纲的嫡长子宣城王萧大器很喜欢他，就送给了他一匹果下马，周弘正经常骑着这匹马，整个梁朝朝廷都认为他不拘礼法，行为太放纵了，假如是尚书郎骑马的话，就会受到弹劾！在这种畸形社会风气的影响下，南梁的士大夫们都变成了一个个怪物，他们不会走路，细皮嫩肉，体质极弱，不耐寒暑，很多都莫名其妙地突然死去。建康县令王复从未骑过马，见到马匹跳跃嘶鸣，吓得他魂不附体，逢人便说："这是头老虎，你们为什么称之为马？"一次，梁武帝萧衍询问自己的两个孙子萧大临和萧大连："你们练习过骑马吗？"二人回答："臣等没有接到诏书，不敢擅自练习。"也说明当时贵族子弟练习骑马，是要经过皇帝的批准的，如果没有批准擅自练习，就会有野心勃勃、图谋不轨的嫌疑。

有这样一群人在，难怪梁武帝萧衍无法统一北方了，别说北方二十年大乱，就是二百年大乱，南方也只能望洋兴叹，无能为力，难道萧衍也看出了其中的危险，预感到大乱将要来临吗？大同七年十二月，梁武帝下诏称："古人说过，一人流离失所，就如同是自己把他推入深沟之中，这还不是最确切的话。朕痛心悲伤已很长时间了，经常欲进食又放下筷子，正要睡眠又撤去枕头，独自坐着心怀忧虑，叹息愤慨一直是通宵达旦，我这样不是为一个人，而是为了万民。州牧多数不称职，郡守县令成为恶人的帮凶，古代的杨阜为此忧虑愤恨，贾谊也流下眼泪。至于在民间多方求取，有的供给食品，有的供给马棚库房，有的派遣使命，有的接待宾客，都不是自己开支，全是从民众那里搜刮。地方官员还经常派遣游动军队，称为遏止防范，实际上却奸猾盗贼不止，残暴掠夺的事情更是屡屡发生，有时寻求别人的供奉，有时要求别人服役。又公然劫掠，再加以冤枉逼迫，好人丧命，富户财尽。由此所造成的怨恨残酷之事，已不胜枚举。朕也曾屡屡下诏禁止，却仍然没有彻底根绝。有关部门要公开进行调查，发现一件上报一件。又恢复公私的传舍、屯田、邸店、冶铸，直至僧尼寺院，地方官员只应在其地界内依照规定的限额加以守护；可是，到后来，地方官员竟越过地界去禁止捕鱼、打柴，令百姓无所适从。从现在起，凡是越过地界加以禁止的，对于下禁令的官员要依照军法惩处。如果是公家田地，仅仅禁止他人不得随意屯田，与公家争利，至于百姓到这里砍柴以供烧饭者，都不能禁止；百姓捕鱼的，也不要呵责追问。如果不遵循顺从，都以死罪惩处。"

大同七年和八年，南梁境内发生了前后发生了两次叛乱：一次是安成（江西省安福县）刘敬躬之乱；另一次是交州（治所越南河内市）李贲之乱。刘敬躬以妖术迷惑百姓，当地很多百姓都很相信他，大同八年年初，安成郡内史萧说弃城东逃，刘敬躬遂占领了州城，并趁势进攻庐陵（江西省吉安市），进逼豫章（江西省南昌市），变民人数高达数万。南方之人很长时间都没有经历过战争了，刘敬躬叛乱后，百姓们都大为惊骇，豫章内史张绾招募军队抵御。二月，江州刺史湘东王萧绎派遣司马王僧辩、中兵曹子郢率军讨伐刘敬躬，接受张绾的调遣。三月，官军生擒刘敬躬，送到建康斩首。王僧辩是北魏降将王神念的次子，王神念武艺高强，但王僧辩是一员儒将，他博学多识，尤其精通左氏春秋，言谈敏捷，器宇轩昂。在刘敬躬叛乱前后，交州的李贲也发动了叛乱。李贲也是当地的豪强，一直仕途不顺，交州的并韶很有文采，前往吏部求官，吏部尚书蔡撙认为交州在古代没有出过名人，遂只给了他一个广阳门郎的小官，并韶将这当成奇耻大辱，遂与李贲一起返乡。二人回乡后，就开始密谋作乱，恰巧，交州刺史武林侯萧咨（萧衍十弟萧恢之子）非常残暴，民怨沸腾。当时，李贲担任德州（越南广治县）执行官，就联络数州的豪强一起谋反。萧咨给李贲送上大量财物，才得以从河内脱身，逃回广州。梁武帝命令萧咨与高州（治所广东省阳江市东）刺史孙冏、新州（治所广东省新兴县）刺史卢子雄一起前去讨伐。大同八年春，孙冏、卢子雄以春天流行病频发，请求等到秋天再说，但广州刺史、新渝侯萧映（萧衍八弟萧憺之子）不同意，萧咨也不停地催促。孙冏等人无奈，遂率部南下，行至合浦（广西壮族自治区合浦县），士兵们已死亡十之六七，军队溃散而归。萧咨上书称孙冏与卢子雄与反贼勾结，逗留不进，梁武帝下诏命令在广州将二人处死。

卢子雄的弟弟卢子略、卢子烈、主帅杜天合以及弟弟杜僧明、周文育等人率领卢子雄的部队进攻广州，将诛杀萧咨和萧映二人，为卢子雄报仇。西江督护、高要（广东省高要市）太守陈霸先率领三千精锐部队前去援救，大破卢子略等人，杀掉了杜天合，生擒了杜僧明和周文育。陈霸先因杜僧明和周文育二人非常骁勇，遂将二人释放了，并任命为主帅。梁武帝对陈霸先非常赞赏，下诏任命其为直阁将军，并命画师画下他的头像送到建康。第一次讨伐李贲的行动也就此夭折了。

四〇四 玉台新咏

中大通三年五月被册立为皇太子的萧纲，与他的哥哥萧统几乎是一个模子里刻出来的。

萧纲与萧统一样也是长相俊美，非常喜欢读书，他从七岁开始就特别喜欢写诗，自称有了诗癖，被梁武帝惊呼为“我家之东阿（指东阿王曹植）”。天监五年，年仅四岁的他即被封为晋安王，食邑八千户；天监八年，也就是他七岁时，被封为云麾将军、石头城守备司令，设置幕僚。梁武帝对周舍说：“你替我寻找一个文学与德行兼备之人，我想让他与晋安王相处。”周舍回答：“臣的表弟徐摛外表丑陋矮小，弱不禁风，但才能堪当此任。”梁武帝说：“如果真有王粲一般才学，也不需要考虑他的容貌了。”遂任命徐摛为晋安王侍读。晋安王的幕府中除了徐摛之外，徐摛的儿子徐陵、庾于陵及其弟弟庾肩吾，还有庾肩吾的儿子庾信，张率及其儿子张长公及钟嵘、刘遵、陆罩等人。庾于陵是庾黔娄的弟弟，而庾黔娄就是二十四孝中“尝粪忧心”中的主人翁。这则故事说的是：庾黔娄的父亲庾易生病了，得知父亲生病的消息后，担任孱陵县令的庾黔娄即弃官匆忙赶回家中，医生说：“要想知道病情的轻重，只需尝尝病人粪便的味道即可，味苦就好。”庾易患了痢疾，每次拉屎，庾黔娄总要取来尝尝，不久，庾易的粪便味道转甜，庾黔娄心急如焚，深夜仰望北斗祈祷，但结果也没有留住父亲。庾黔娄到南梁时任昭明太子萧统的侍读。庾于陵原也为太子洗马，根据南朝东晋以来的故事，东宫的官员全都被视为清美之官，尤其是太子洗马主管文书，更是清贵中的清贵之官，过去都是挑选高门望族担任，梁武帝却先后选用了庾于陵和周舍二人，并提出了用人的原则，即：“官以人而清，岂限以甲族。”即官职因担任的人而变得清贵，岂能仅仅限于高门士族的人呢？《梁书·文学·庾肩吾传》称：“初，太宗在藩，雅好文章士，时肩吾与东海徐摛、吴郡陆杲、彭城刘遵、刘孝仪、仪弟孝威，同被赏接。及居东宫，又开文德省，置学士，肩吾子信、摛子陵、吴郡张长公、北地傅弘、东海鲍至等充其选。齐永明中，文士王融、谢朓、沈约文章始用四声，以为新变，至是转拘声韵，弥尚丽靡，复逾于往时。”

正如萧子显在《南齐书·文学传论》中说的那样，当时的文坛大约有三种流派：一是崇尚华丽辞藻的，这一派师承谢灵运；二是喜欢对比，大量引用典故的，这一派源于傅咸、应璩；三是文辞美艳过度的，这一派出自鲍照。因此，萧子显主张写文章要有感而发，自然天成，文辞不要过于雕琢，又不可流于太俗，音韵自然、婉转真切。南梁初年，沈约、任昉有“任笔沈诗”之称，任昉有感于自己诗歌不如沈约，晚年曾致力于作诗。由于任昉博学，在他的诗中经常引用大量的典故，一时间作诗用典成为风气，致使作诗如同抄书、读诗味同嚼蜡。针对这一不良文风，萧纲及其文学集团提出了“寓目写心，因事而作”的文学主张，即反对无病呻吟，提倡有感而发，反对为文造情，萧纲在《答张缵谢示集书》中明确提出自己的文学主张，他说：“至如春庭落景，转蕙承风，秋雨旦晴，檐梧初下。浮云生野，明月入楼。时命亲宾，乍动严驾，车渠屡酌，鹦鹉骤倾。伊昔三边，久留四战。胡雾连天，征旗拂日。时闻坞笛，遥听塞笳。或乡思凄然，或雄心喷薄。是以沉吟短翰，补缀庸音。寓目写心，因事而作。”显然，这一文学主张是进步的，然而，由于他们的生活圈子狭窄，诗歌大多写一些闺怨的题材，语言伤于轻靡，被后世称为宫体诗。宫体诗在后世大多评价不高，如魏徵在《隋书·文学传序》就曾说：“梁自大同之后，雅道沦缺，渐乖典则，争驰新巧。简文、湘东，启其淫放，徐陵、庾信，分道扬镳。其意浅而繁，其文匿而彩，词尚轻险，情多哀思。格以延陵之听，盖亦亡国之音乎！”

梁武帝力排众议册立萧纲为太子，引起了南梁朝廷的震动，萧纲的反对派们即开始以宫体诗来说事。东宫盛行宫体诗的事也让有心人传到了梁武帝的耳中，梁武帝听后大怒，将徐摛召来打算好好训斥一通。等到徐摛到来后，对梁武帝的问话应对敏捷，说得头头是道，梁武帝顿时消了怒气。随后，梁武帝又询问《五经》的主旨，又问及历代历史以及诸子百家的理论，最后又问及佛教典籍，徐摛信手拈来，解答得清清楚楚，梁武帝赞叹不已，徐摛也受到了梁武帝的器重。中领军朱异见状，不高兴了，他对自己的亲信说：“这位徐老头出入于两宫之间，逐渐压得我喘不过气来，必须早早给他安排个处所。”遂趁机对梁武帝说：“徐摘年事已高，又喜爱山泉，他想得到一个太守的职位，颐养天年。”梁武帝认为是徐摛自己的打算，就把他召来，说：“新安（浙江省淳安县）郡好山好水的，任昉等人过去都在那里任过职，你就替我治理此郡吧。”

徐摛从萧纲七岁时就一直在萧纲幕府，萧纲担任太子后，他被任命为太子家令，可以说是他是新任太子萧纲集团的核心人物。朱异对徐摛的排挤，反映了他与新任太子萧纲之间的矛盾，除了对徐摛排挤外，朱异还对萧纲的另外一个心腹韦粲大加打压。韦粲是韦睿的孙子、韦放的儿子，也是晋安王幕府的旧人，一直充当幕府的武将。萧纲担任皇太子后，韦粲自以为深得萧纲的宠爱，逐渐变得非常傲慢，在一次酒宴上，韦粲的做派惹得时任右卫将军的朱异非常不满，他厉声对韦粲呵斥道：“你怎敢摆出一副中领军的面孔来对待大家！”到大同十一年，韦粲也被外调为衡州刺史。萧纲到新亭给韦粲送别，握着他的手说道：“与你不会长久离别的！”可以说，朱异将徐摛和韦粲调出京师，是斩断了萧纲的左膀右臂。萧纲在给调任新安太守的徐摛写信，诉苦说：“山涛有云，东宫养德而已。但今与古殊，时有监抚之务。竟不能黜邪进善，少助国章，献可替不，仰裨圣政，以此惭遑，无忘夕惕。驱驰五岭，在戎十年，险阻艰难，备更之矣。观夫全躯具臣，刀笔小吏，未尝识山川之形势、介胄之勤劳、细民之疾苦、风俗之嗜好，高阁之间可来，高门之地徒重。玉馔罗前，黄金在握，涅訾栗斯，容与自熹，亦复言轩羲以来，一人而已。使人见此，良足长叹。”显然，萧纲信中说的刀笔小吏就是指的朱异。《南史·朱异传》称：“异之方幸，在朝莫不侧目，虽皇太子亦不能平。”这说明了朱异与太子萧纲之间的矛盾很深。

针对朱异咄咄逼人的攻势，萧纲展开了反击。他给弟弟湘东王萧绎写信，全面阐述了自己的文学观点，为宫体诗辩护，他在信中说：“吾辈亦无所游赏，止事披阅，性既好文，时复短咏。虽是庸音，不能阁笔，有惭技痒，更同故态。比见京师文体，懦钝殊常，竞学浮疏，急为阐缓。玄冬修夜，思所不得，既殊比兴，正背《风》《骚》。若夫六典三礼，所施则有地；吉凶嘉宾，用之则有所。未闻吟咏情性，反拟《内则》之篇；操笔写志，更摹《酒诰》之作；迟迟春日，翻学《归藏》；湛湛江水，遂同《大传》。吾既拙于为文，不敢轻有掎摭。但以当世之作，历方古之才人，远则扬、马、曹、王，近则潘、陆、颜、谢，而观其遣词用心，了不相似。若以今文为是，则古文为非；若昔贤可称，则今体宜弃。俱为盍各，则未之敢许。又时有效谢康乐、裴鸿胪文者，亦颇有惑焉。何者？谢客吐言天拔，出于自然，时有不拘，是其糟粕；裴氏乃是良史之才，了无篇什之美。是为学谢则不届其精华，但得其冗长；师裴则蔑绝其所长，唯得其所短。谢故巧不可阶，裴亦质不宜慕。故胸驰臆断之侣，好名忘实之类，方分肉于仁兽，逞郤克于邯郸，入鲍忘臭，效尤致祸。决羽谢生，岂三千之可及；伏膺裴氏，惧两唐之不传。故玉徽金铣，反为拙目所嗤；《巴人下里》，更合郢中之听。《阳春》高而不和，妙声绝而不寻。竟不精讨锱铢，核量文质，有异《巧心》，终愧妍手。是以握瑜怀玉之士，瞻郑邦而知退；章甫翠履之人，望闽乡而叹息。诗既若此，笔又如之。徒以烟墨不言，受其驱染；纸札无情，任其摇襞。甚矣哉，文之横流，一至于此！至如近世谢朓、沈约之诗，任昉、陆倕之笔，斯实文章之冠冕，述作之楷模。张士简之赋，周升逸之辩，亦成佳手，难可复遇。文章未坠，必有英绝；领袖之者，非弟而谁。每欲论之，无可与语，思言子建，一共商榷。辩兹清浊，使如泾、渭；论兹月旦，类彼汝南。朱丹既定，雌黄有别，使夫怀鼠知惭，滥竽自耻。譬斯袁绍，畏见子将；同彼盗牛，遥羞王烈。相思不见，我劳如何。”到中大通六年（公元534年），为了改变当时的文风、诗风，徐陵又编纂出了《玉台新咏》，该书是继《诗经》《楚辞》后中国历史上第三部诗歌总集，共收录自西汉到南梁诗歌769篇，入选的诗歌全部是语言简洁明快、通俗易懂的，很多优秀的诗歌如《孔雀东南飞》等等因此书才得以保存下来。大同元年（公元535年），萧纲在给儿子当阳公萧大心写信中称：“汝年时尚幼，所拥者学。可久可大，其唯学欤？所以孔丘言：‘吾尝终日不食，终夜不寝，以思，无益。不如学也。’若使墙面而立，沐猴而冠，吾所不取。立身之道与文章异，立身先须谨重，文章且须放荡。”提出了“文章且须放荡”的说法，这里的放荡是指要明快、活泼、清新、灵动，而不能呆板。

四〇五 邙山之战（一）

南梁大同八年（公元542年）距离东西魏河桥之战已过去四年，当南梁的陈霸先崭露头角的时候，经过四年休养生息后的东魏丞相高欢又将发起对西魏的进攻了。

高欢决定自己率军将西魏势力赶出河东，而让侯景负责黄河以南地区的讨伐事宜。于是，在这一年的八月十六日，他就任命开府仪同三司、吏部尚书侯景为兼尚书仆射、河南道大行台，分派给他十万人马，将黄河以南地区交给了侯景。同月，高欢亲自率领大军从汾州（治所山西省汾阳市）、绛州（治所山西省新绛县）南下，连营四十余里，西魏丞相宇文泰命令东道行台王思政坚守玉壁（山西省稷山县），切断东魏大军前进的道路。高欢给王思政写信劝降，说："你如果投降了，就任命你为并州刺史。"王思政回信说："可朱浑道元也投降了，怎么未被任命为并州刺史呢？"十月六日，高欢率军包围了玉壁，第一次玉壁之战就此打响。东魏军包围玉壁之后，天气突变，大雪纷飞，不少东魏士兵冻饿而死，包围玉壁九天之后，高欢只好撤围退去。此时，西魏太子元钦镇守蒲坂，宇文泰率军从蒲坂北上，行至皂荚（今地不详），听说高欢已经撤退，遂渡过汾河追击，但没有追上。十一月，东魏朝廷任命可朱浑道元为并州刺史。

第二年一月，东魏大赦，改元为武定。刚刚进入这一年，一件突发事件又让两国关系陡然紧张了起来——东魏北豫州刺史、虎牢关镇将高仲密投降西魏了！

高仲密即高乾的二弟、高敖曹的二哥高慎。高慎的前妻是高澄的亲信崔暹的妹妹，被高慎抛弃，当时，崔暹受到高澄的重用，高澄亲自主持，大张旗鼓地把他妹妹又重新改嫁他人。元象初年，高慎被任命为御史中尉，选拔的御史都是自己的亲戚乡党，引起朝野的非议，高澄命其改选，高慎因此怀疑崔暹在高澄面前说了自己的坏话。高慎的后妻是李徽伯的女儿，既艳丽又聪慧，工书又善骑马，能文能武。高澄听说李氏甚美，曾挑逗她，李氏不从，高澄试图强奸，把李氏的衣服都撕破了，但遭到李氏的强烈反抗没有得手。事后，李氏将此事告诉了高慎，高慎非常恼火，从此以后，很少弹劾他人。高欢不知其中的曲折，曾就此训斥了高慎一通，高慎内心更为不安，不久，他被任命为北豫州刺史，即阴谋叛逃西魏。高欢也风闻高慎可能外逃，就任命城防司令奚寿兴负责军事，高慎只管民政。高慎提前埋伏壮士，设宴款待奚寿兴，席间，将奚寿兴抓获，二月十二日，高慎即献出虎牢关投降西魏，西魏朝廷任命他为侍中、司徒。高慎的四弟高季式驻守在永安戍（山西省霍州市），高慎向其通风报信，高季式大惊，跑到晋阳向高欢报告，高欢遂没有追究高季式。

高欢得知高慎叛逃源于崔暹，不禁大怒，将要诛杀了他。高澄将崔暹藏匿起来，苦苦为其求情，最后，高欢说："我可以饶他一命，但必须让他吃顿苦头！"高澄这才交出崔暹，但对大行台都官郎陈元康说："你要是让崔暹被打一棍子的话，以后你我就不要再见了！"陈元康只好前去高欢那里替崔暹求情，他说："大王正打算将天下交给大将军（指高澄），大将军身边就一个亲信崔暹却保不住，你们父子之间关系都弄成这样，何况别人呢？"高欢这才放了崔暹。

得知高慎投降的消息后，高欢命令斛律金率领刘丰、步大汗萨等人率领数万步骑固守在黄河北岸的河阳城，而后，他亲率十万大军南下，并命令库狄干为大都督先锋率军先行。库狄干接到命令后家也不回，即立即出发了，见到侯景也顾不上吃饭，侯景命令骑兵将准备的饭菜带上，送给他。当时，西魏丞相宇文泰认为虎牢关路途遥远，难以接应，西魏众将也都不愿此行，李远说："北豫州远在东魏境内，高欢又驻扎在河阳，按常理说，确实很难救援。但是，兵贵神速，事情贵乎利用机会。古人说过：'不入虎穴，焉得虎子。'如果率领奇兵出其不意，也许能够成功。即便是有些什么闪失，也不过是兵家常事，如果一直犹豫观望，那就永远也没有扫平东魏之日了。"宇文泰高兴地说道："李万岁（李远的字）说的多少还像回事。"遂命令他为先锋，直指洛阳，宇文泰率领大军随后进发。进抵洛阳后，李远命令开府仪同三司于谨攻下了东魏手中的柏谷（河南省偃师市东南），他自己则率领军队暗中火速朝虎牢关而来，三月二日，西魏军又包围了黄河河桥的南城。

东魏库狄干来到黄河北岸时，西魏军也已进抵洛阳周边地区，军容甚盛。众将都不愿南渡，库狄干决定渡过黄河，不久，高欢率领十万大军也来到黄河北岸，宇文泰撤退到瀍水，从瀍水上放下火船试图烧毁黄河大桥。东魏将斛律金命令行台郎中张亮率领一百多条小船，小船上满载铁索，等到西魏的火船靠近时，就用钉子钉住，用铁索拉到岸边，黄河大桥遂得以保全，高欢大军也来到了黄河南岸。

渡过黄河的高欢依托邙山，构筑阵地，数日都没有前进一步。三月十七日深夜，宇文泰将辎重留在瀍水拐弯处，率军攀登邙山朝东面而来，准备偷袭东魏军。当晚，东魏军的侦察骑兵即得知了西魏军的动向，向高欢禀报说："敌人距离我们四十里，他们已吃过早饭，带着干粮出发了！"高欢说："他们自会渴死，不用我杀了！"遂下令全军坚守阵地，严阵以待。

三月十八日清晨，东西魏军终于遭遇了！

东魏猛将彭乐率领数千精锐骑兵为右翼，两军刚一交手，彭乐即率领所部横扫西魏军，西魏军队所向崩溃，彭乐遂驰入宇文泰的中军大营。有人向高欢报告彭乐叛逃了，高欢大怒，说道："彭乐过去背叛韩楼，投降尔朱荣；后来又背叛尔朱荣，投靠我，现在又叛逃到西魏。我的大事成败岂在乎一个彭乐？只是这个小人反复无常，实在是让人痛恨！"

高欢正在暴跳如雷，不一会儿，但见西北方向烟尘大起，彭乐派来使者前来告捷称，俘虏了西魏侍中、开府仪同三司、临洮王元柬、蜀郡王元荣宗、江夏王元升、巨鹿王元阐、谯郡王元亮、詹事赵善以及督将共计四十八人。各路东魏军也乘胜进击，大破西魏军，斩杀三万余人。西魏军溃退后，高欢命令彭乐率军追击宇文泰。宇文泰走投无路，眼见就被彭乐追上，他对彭乐说："你难道不是彭乐吗？你真是个傻瓜啊！今天没有了我，明天怎么还会有你？还不快快掉头回去，去搜罗你的财宝！"彭乐听从了宇文泰的话，抢了宇文泰一袋金带，回来后，他给高欢复命："宇文泰刀下逃生，已经吓破胆了！"高欢详细询问他战斗细节，彭乐只好把宇文泰的话如实说出，还补充道："我并不是因为他说了这话故意放了他的。"高欢听了这话，气得哭笑不得，他命彭乐趴在地上，亲自揪住他的头发，连连把他的头朝地上撞。恼怒之中，高欢还想起沙苑之战中彭乐极力主张开战，可临阵却又喝醉了酒，高欢又把那次惨败归咎到他的身上，说到激动处，他抽出佩刀一连三次都要砍下，咬牙切齿了很久。彭乐说："请求大王给我五千骑兵，我替大王再去抓住宇文泰。"高欢说："你把宇文泰放了，究竟是啥意思？现在还说再抓他的话？"遂命人拿出三千匹绢压在彭乐的背上，而后，将这三千匹绢全部赏赐给了这位头脑简单的莽汉。

第一天的惨败并没有吓退宇文泰。

第二天，宇文泰卷土重来了，双方再次较量。宇文泰为中军，赵贵等为左翼，若干惠等为右翼。高欢的东魏军集中兵力对西魏的左翼发起了猛攻，西魏左翼赵贵等五将失利，开始向后溃退，东魏骑兵在前，步兵在后，全军朝西魏军左翼压上。东魏军压上西魏军的左翼，但这样一来，东魏全军的侧翼就暴露在西魏中军和右翼面前了。宇文泰抓住战机，率领中军与若干惠的右翼就从侧翼朝东魏军杀来，大破东魏军，俘虏了东魏进攻中的步兵。在慌乱中，高欢跌下马来，坐骑丢下他狂奔而去，赫连阳顺跳下马来，将自己的战马交给高欢。高欢上马就跑，身边仅有七人或骑马或步行紧紧跟随，西魏追兵眼看就要追上了，亲信都督尉兴庆说："大王你赶快逃跑，兴庆我腰间尚有一百支箭，足可以杀死一百人。"高欢说："事后，我任命你为怀州（治所河南省沁阳市）刺史；如果你死了，就让你儿子当。"尉兴庆回答："我儿子年幼，请任命我哥哥。"高欢答应了。尉兴庆断后，与西魏追兵死战，最终箭射完后被杀。有投降西魏的东魏士兵告诉了高欢的藏身之地，宇文泰挑选了三千名壮士，全都带上短兵器，由大都督贺拔胜统领朝高欢所在发起突袭。贺拔胜的哥哥贺拔允原在东魏，东西魏分裂之初，由于贺拔胜依附西魏，引起高欢的猜忌将其害死，并且，这一年，贺拔胜在东魏的儿子们全都为高欢所杀，因此，对贺拔胜而言，高欢不仅仅是敌国的丞相，而且还是杀兄杀子的仇人。在混乱中，贺拔胜一眼就认出了高欢，他手持长矛与十三名骑兵飞马狂追，追了数里，长矛尖几乎触及高欢的后背，贺拔胜大声断喝："贺六浑，今日，贺拔破胡一定要杀了你！"高欢吓得心胆俱裂，差点断气。就在这千钧一发之时，东魏河州刺史刘洪徽从一旁弯弓搭箭，一箭射中贺拔胜身边的两名骑兵；东魏武卫将军段韶一箭射死了贺拔胜的战马，等到别人给贺拔胜牵来备用马，高欢已经跑远了。贺拔胜懊悔不已，他叹息道："今天竟然没有带上弓箭，这是天意啊！"西魏南郢州刺史耿令贵对下属们说："大丈夫临阵杀敌，应当右手拔刀，左手拿矛，刀矛齐下，直刺直砍，千万不能紧皱眉头，贪生怕死。"说完，他单枪匹马大喊着杀入东魏军中，挥舞大刀，四处乱砍，人人都认为他肯定死了，但不久，只见他又挥动大刀杀出重围，如此反复三四次，杀死了很多东魏士兵。他对身边的人说："我难道喜欢杀人？壮士消灭贼寇，不得不如此啊。如果杀不死敌人，又会被敌人杀伤，那与驱逐座上之人又有什么区别呢？"西魏另一猛将王胡仁也率领三百多名敢死队员，杀入敌阵之中，所向披靡，无人敢挡。此战西魏军只有王胡仁、王文达和耿令贵死战，立下大功。

四〇六 邙山之战（二）

西魏中军和右翼对高欢的突击虽然消灭了紧随骑兵之后进攻的步兵，但企图活捉高欢的图谋泡汤了。与此同时，一直猛攻西魏左翼的东魏骑兵却大获全胜，将西魏左翼的赵贵等五将全部击败。彻底击败西魏左翼后，东魏军队重新集结起来，回过头来对宇文泰的中军和右翼发起了进攻，宇文泰被击败。

此时，天色已晚，西魏军队开始后撤，李远殿后，高欢率军乘胜追击。于谨率部诈降，站在路边。高欢的东魏军一路猛追，看到于谨的降众不以为意，等到东魏骑兵全部跑到前面之后，于谨突然从背后对东魏追兵发起了攻击，独孤信也集结残兵败将在背后袭击东魏军，东魏追兵顿时大乱，西魏败军才得以撤离战场。到了当天晚上，心有不甘的高欢又组织东魏军队继续追击，他们追上了西魏若干惠部。若干惠慢慢下马，命令随军厨师做饭，吃完饭，他对身边的人说："回到长安死，在这里死，有区别吗？"遂竖起大旗，吹响号角，搜集散兵游勇，缓缓西撤。东魏追兵担心有埋伏，一直不敢发起攻击。若干惠来到弘农后才见到宇文泰，痛陈此战功亏一篑，叹息不止。宇文泰遂进入潼关，驻扎在渭河两岸。

高欢率军追至陕城，宇文泰命令开府仪同三司达奚武等率军抵御。东魏行台郎中封子绘（封隆之之子）对高欢说："贼帅的才能并非人杰，盗用位号，胆敢驱赶叛贼，到洛阳之地送死，天道让贼人受祸，一朝瓦解。虽然宇文泰侥幸脱逃，但已经魂飞魄散。统一天下，就在今日，上天给予的不接受，自己反而会受到灾祸，过去魏武帝曹操平定汉中之后，没有乘胜夺取巴蜀，就是因为迟疑才丧失了良机，后悔不及，请大王不要怀疑。"高欢表示同意，遂召集众将商议进退，谁知大家都说田野上没有青草，人马疲惫，不可远追，高欢令愿意西追的站在西边，不愿意的站在东边，武将中只有潘乐和刘丰站在西边。陈元康说："两雄相争，已经多年，今日万幸我们取得了大胜，这是上天将对手交给我们，机不可失，应该乘胜追击。”高欢反问：“如果遇到伏兵该如何是好？”陈元康回答：“上次大王沙苑之战失败后，敌人尚没有伏兵，如今，他们遭此大败，岂能还有什么深谋远虑？如果现在不趁机追击，肯定会给我们带来无穷无尽的后患的。”但高欢考虑到众将的意见，再加上天气炎热，他最终没有听从，只是命令愿意继续追击的刘丰率领数千骑兵向西追去，他自己则率领大军开始东归。

邙山之战临战前，宇文泰命令驻守玉璧的王思政率军赶往虎牢，王思政所部尚未赶到虎牢，宇文泰就战败了，宇文泰遂命令王思政驻守在弘农。王思政入城之后，下令大开城门，解衣休息，安抚士兵，显示对东魏军毫不畏惧。数日之后，刘丰率领的东魏军来到弘农城下，不敢继续西进，遂撤军东归。东魏军东撤后，王思政这才下令整修城池，囤聚军粮，弘农才有了防御工事。入关后，宇文泰请求自贬，西魏文帝不许。宇文泰将雍州、岐州、北雍州三州赏赐给此战中立功的王胡仁、耿令贵、王文达三将，并给王胡仁赐名为王勇，耿令贵赐名为耿豪，王文达赐名为王信。

邙山之战后，虎牢关尚在西魏守将魏光之手。宇文泰秘密派人深入东魏境内，给魏光带去书信，要求他坚守此地，但东魏大行台侯景截获了这封书信。侯景将内容改为：“应当迅速撤离。”而后，将使者又放入城内。魏光得到书信后，信以为真，趁夜就率部撤离了虎牢关。侯景抓获了高慎的妻子，送往邺城，北豫州、洛州又回到东魏手中。五月，东魏军占领虎牢关，赦免死罪以下的囚犯，只有高慎一家不赦。高欢考虑到高慎的大哥高乾、三弟高敖曹都曾立下大功，高慎的四弟高季式又主动自首，遂仅仅追究高慎一门，高氏直系亲戚都不再从坐。高澄一直对高慎的妻子李氏念念不忘，他刻意穿上华丽的衣服，在死囚中找出了李氏，说道：“今日怎么样？”李氏无言以对，遂被高澄纳为小妾。高慎逃往西魏，后被升为太尉。

邙山之战后，清水（甘肃省清水县）氐族头领李鼠仁趁机作乱，西魏陇右大都督独孤信屡次派军前去镇压，都无法取胜。宇文泰决定亲自率军征讨，打算先派人前去察看形势，典签官赵昶说：“这些不过都是些小人而已，以大人的威名，前去招降，没有不从命的道理。”宇文泰遂命其前去。李鼠仁召集各位头领商议，有的愿意投降，有的不愿，不愿投降的人拔出佩刀，架到赵昶的脖子上，但赵昶毫无惧色，最终说服李鼠仁归降。另一名氐族头领梁道显也发动叛乱，宇文泰又派赵昶招降了他们，宇文泰遂任命赵昶为都督，统率这些降众。

邙山之战后，东西魏之间又恢复了两年的平静。两国按照既定的方针，分别继续推进各自的革新政策，两国继续整顿吏治，倡导廉洁，惩治腐败。西魏各地地方官前来拜见宇文泰，宇文泰让河北太守裴侠单独站在一旁，对大家说："裴侠廉洁奉公，为天下第一。你们自以为与裴侠一样的，可以与他站在一起。"众人都沉默不语，于是，宇文泰就重重赏赐裴侠，朝廷上下也都心服口服，称之为"独立君"。与此同时，东魏也加大了惩治腐败的力度，不过，东魏的情况要复杂得多：由于东魏大将军高澄年龄已二十四五岁，且已辅政多年，他为了提高自己的权势，开始利用惩治腐败这面旗帜，来达到培植自己的亲信集团，清除异己势力的目的。东魏武定二年（公元544年）三月，东魏朝廷任命高澄为大将军、领中书监，以元弼为录尚书事，尚书左仆射司马子如为尚书令，以侍中高洋为尚书左仆射。孙腾拜见高澄，态度不够恭敬，高澄大怒，当即命人将其拉到床下，用刀柄痛打了孙腾一顿，让他立在门外。高洋当着高澄的面拜见高隆之，称叔父，高澄又将高洋痛骂了一通。库狄干从定州来见，站在高澄门外，三天后才被高澄接见。高欢对朝廷群臣说："我这个儿子年龄大了，你们最好对他避让三分。"于是，朝廷群臣见到高澄，无不胆战心惊。尚书令司马子如自以为是高欢的心腹，贪得无厌，高澄将司马子如逮捕下狱，一夜之间，司马子如头发全白，他在供词上写道："司马子如从夏州提着一根拐棍前来投靠相王，相王赏赐给我一辆敞篷车子，母牛、小牛各一头，小牛途中死亡，母牛尚在，其余财物全是从别人那里拿的。"高欢给高澄写信说："司马子如是我的老朋友，你要从宽处理。"高澄骑着大马，站在大街之上，让人从狱中带出司马子如，脱去他身上的枷锁，司马子如害怕极了，脱口而出："要在此行刑吗？"八月，免去司马子如的官爵。很久以后，高欢再次见到司马子如，见到他非常憔悴，他将司马子如的头放在自己的膝盖上，亲自替他捉虱子，又赏赐给他一百瓶酒、五百口羊、五百石米。高欢父子一唱一和，恩威并用，把功臣们治得服服帖帖。

在对外关系上，两国也都有了些新气象。西魏大统十一年年初，西魏丞相宇文泰派遣酒泉的胡人安诺盘陀出使突厥。据《周书·宇文测传》记载，（西魏大统）"八年……转行绥州事。每岁河冰合后，突厥即来寇掠，先是常预遣居民入城堡以避之。测至，皆令安堵如旧。乃于要路数百处并多积柴，仍远斥候，知其动静是年十二月，突厥从连谷入寇，去界数十里。测命积柴之处，一时纵火。突厥谓有大军至，惧而遁走，自相蹂践，委弃杂畜及辎重不可胜数。测徐率所部收之，分给百姓。自是突厥不敢复至。测因请置戍兵以备之。”这是突厥出现在中国史书中的最早记录。根据《周书》《北史》和《隋书》，突厥的起源大致有以下几种：一是匈奴别种。《周书》称，突厥姓阿史那氏，是匈奴的一个旁支部落，后被灭国，全族的人都被杀死，只剩下一个十岁小孩，士兵们不忍心杀他，遂将其砍去双脚弃之荒野。有一母狼以肉喂养这个孩子，等孩子长大后，人狼结合，母狼怀孕。邻国国王听说这个小孩还活着，就又派人前来将小孩杀死，见母狼在身边，又要杀死母狼，母狼遂逃到高昌国的北山。这里有洞穴，洞穴里平地，生长着茂密的草木，方圆数百里，四面环山，仿佛世外桃源。母狼在这里生下十个孩子，阿史那是其中之一，经过数代繁衍，逐渐达到数百家，走出洞穴，臣服于柔然，被迁移到金山（阿尔泰山）南麓，为柔然打铁，由于金山形状类似头盔，而俗称头盔为突厥，遂称之为突厥。二是出自索国。索国在匈奴以北，部落头领叫阿谤步，有十七个兄弟，其中一个名叫伊质泥师都，是母狼生的。阿谤步等人都非常愚蠢鲁莽，部落遂被他人灭亡，而伊质泥师都却比较聪明，能呼风唤雨，他娶了两个妻子，一个是夏神的女儿；另一个是冬神的女儿。她们为伊质泥师生下了四个儿子，长子讷都六居住在践斯处折施山，号称突厥。讷都六有十个妻子，所生的儿子都随母姓，等到讷都六死后，兄弟们相约谁跳得最高，即推举谁为头领，阿史那年龄最小，却跳得最高，遂被兄弟们推举为主。三是平凉杂胡。《隋书》称，突厥祖先是平凉的杂胡，姓阿史那，公元439年北魏太武帝拓跋焘消灭北凉沮渠氏后，阿史那率领五百家投奔柔然，居住在金山。

四〇七 委曲求全

撇开神话因素不提，综合突厥起源的三种说法，大致可以疏理出如下脉络：突厥祖先为匈奴帝国统治下的一个部落，后曾被灭族；后逃往高昌北山避难，国中有十姓，北魏灭亡北凉后，突厥依附柔然，被安置在金山南麓，成为柔然的锻奴。

有不少学者说《周书·宇文测传》中对突厥的记载可能有误，理由是：突厥的核心区域在遥远的金山，在大统八年的时候，他们的力量还强大到能够深入西魏境内。要想探究这段史料是否是真实的，就要结合其他史料进行综合的判断。《隋书·突厥传》记载：（突厥）“至大叶护，种类渐强。当后魏之末，有伊利可汗，以兵击铁勒，大败之，降五万余家，遂求婚于茹茹。茹茹主阿那瓌大怒，遣使骂之。伊利斩其使，率众袭茹茹，破之。卒，弟逸可汗立，又破茹茹。病且卒，舍其子摄图，立其弟俟斗，称为木杆可汗。木杆勇而多智，遂击茹茹，灭之，西破挹怛，东走契丹，北方戎狄悉归之，抗衡中夏。后与西魏师入侵东魏，至于太原”。这段记载可以证明，在大统八年的时候，突厥已经逐渐强盛。《魏书·高车传》记载：（高车王）“伊匐后与蠕蠕战，败归，其弟越居杀伊匐自立。天平中，越居复为蠕蠕所破，伊匐子比适复杀越居而自立。兴和中，比适又为蠕蠕所破。越居子去宾自蠕蠕来奔，齐献武王欲招纳远人，上言封去宾为高车王，拜安北将军、肆州刺史。”东魏兴和年间是西魏的大统五年到大统八年，在大统八年之前，一直与东魏高欢联系密切的高车国（前面经常提到的阿至罗部）被柔然消灭，突厥军队作为柔然的仆从，肯定参与了消灭高车国的战斗。值得注意的是，大统六年西魏文帝的皇后郁久闾氏难产而死，从该年的下半年开始，柔然与西魏的关系陡然紧张起来，与东魏逐渐接近，不仅在大统七年为儿子庵罗辰迎娶了东魏兰陵公主，而且阿那瓌在大统八年还将自己的孙女嫁给了高欢的九子高湛。在这种情况下，一方面突厥部众受柔然之命向东搜罗高车的残余部众；另一方面骚扰西魏边境，这种可能性也是存在的。

柔然与东魏结好，并一直拒绝与西魏结亲，这本身已经表明了他们的立场，这让宇文泰非常不安。此时，突厥已经与西魏发生了联系，突厥可汗土门还曾派人到西魏边境请求交换西魏的布帛。在这种情况下，宇文泰派遣安诺盘陀前去突厥，一则打探西方的消息；二则又有利用突厥牵制柔然的意思。安诺盘陀来到突厥以后，突厥举国庆贺："如今，大国的使者来到我国，看来，我国将要兴盛起来了！"其实，此时的突厥在随柔然征战的过程已经逐渐强大了起来。第二年，突厥可汗土门向西魏派遣使者贡献当地的特产。这一年，东西魏之间爆发了著名的第二次玉璧之战，也就是在这一年，铁勒（高车）将要进攻柔然，土门率领突厥军队截击，大破铁勒军队，收降了五万余落。土门自恃强盛，又自以为与柔然有恩，遂向柔然主阿那瓌求婚。谁知阿那瓌听后大怒，让人将土门痛骂了一顿，说道："你不过是我的打铁奴才，怎敢说出这话！"土门也勃然大怒，杀死了柔然来使，与柔然绝交，并派人前往西魏求婚。宇文泰当即就答应了土门的要求。按：《资治通鉴》将此事系于大统十七年，是为了叙述方便，不过，土门与柔然决裂也有可能发生在大统八年之后。

就在邙山之战结束四个月后，到了这一年（东魏武定元年）八月，高欢征召五万民工在肆州（山西省忻州市）北山修筑防御工事，西从马陵戍，东至土隥。据学者考证，北山，当指今汾河与桑干河的分水岭，在山西省宁武县南部。该分水岭是恒山、管涔山、芦芽山和吕梁山的交会之地，地理位置非常重要。马陵戍在今山西省五寨县东部山上，土隥戍在今山西省原平市西北的土隥镇。这段长城西起山西省五寨县东部，横穿山西省宁武县南部，东达原平市北的恒山山脉，全长约七十公里。

显然，高欢构筑长城的目的是防御柔然对晋阳的威胁，也说明他对柔然还是不放心的，这是因为，虽然两国和亲了，但双方有着各自的利益，势必就存在着矛盾。一、高欢为了对付宇文泰，与柔然的仇敌高车国一直关系密切，高车国被柔然灭亡后，高欢还收留了高车的残余部众，这不能不引起柔然的不满；二、柔然对东西魏政策采取平衡政策，对柔然而言最为有利，在这种政策导向下，柔然就有必要防止东西魏中间一家独大，而东魏一直实力较强，尤其是在邙山之战后，西魏遭受了重大打击，柔然与西魏之间和好的可能性增大。邙山之战后，西魏与柔然就开始商议联合起来，入侵东魏了，这让高欢非常头痛。为了挽回两国之间的关系，东魏武定三年（公元545年），高欢派遣行台郎中杜弼出使柔然，为世子高澄求婚。阿那瓌却说："高王自己迎娶才行。"此年高欢已经五十岁，其妻娄昭君也已四十五岁，二人已生下六男二女，阿那瓌竟然让自己迎娶不足二十岁的年轻的柔然公主，高欢一时间犹豫不决。娄昭君说："这是国家大事，请你不要迟疑了。"尉景和高澄也都劝说高欢答应，高欢这才同意了。同年，高欢派慕容俨前去迎亲，号称茹茹公主。八月，高欢亲自来到下馆（山西省代县北）迎接，高欢最心爱的夫人、原为北魏孝庄帝的皇后大尔朱氏也从行来到木井北（今地不详），与茹茹公主没有见面，各走各的。途中，茹茹公主弯弓搭箭，一箭射中高飞的鸥鹰；大尔朱氏也不甘示弱，她也一箭射下了一只乌鸦，高欢高兴地说："我这两个老婆都能杀贼。"茹茹公主来到晋阳后，娄昭君即避开正室，高欢非常感动，他一脸羞愧，到娄昭君房中跪下拜谢，娄昭君连忙制止说："她会发现的，以后千万别再来了。"阿那瓌将自己的女儿嫁给高欢，与他将长女嫁给西魏文帝元宝炬如出一辙，其目的就是想让自己的女儿生下孩子后，成为嫡子，让自己的外孙接管东西魏的天下。显然，阿那瓌的如意算盘对于高欢来说，就是一场噩梦，假如事态真的如阿那瓌设计的那样进展的话，高澄势必被废黜，这样不仅对于高欢家族乃至东魏帝国都将是一场灾难，届时天下将一片大乱——但此时的他也只能头疼医头，顾不了那么多了。阿那瓌的目的非常明确，他让自己的亲弟弟秃突佳前来送亲，并告诫说："你要等见到我的外孙以后再回来。"高欢当然对阿那瓌的心思看得一清二楚，在与茹茹公主结婚后，他总是寻找借口不愿与公主同房，一次，他又称病不与公主同房，秃突佳非常恼火，口出怨言，高欢听了赶紧让人用轿子将自己从射堂抬到了公主房中。高欢说自己生病了，他却在射堂！射堂是什么地方？就是射箭场。在射箭场里要么是亲自射箭，要么是看人射箭，不论怎样都说明他并没有生病，这大约也是秃突佳恼怒的原因，也暗示了高欢是在故意减少与公主在一起的时间。高欢生前与茹茹公主共同生活了一年半的时间，他最终成功地没有让公主怀孕。作为这桩政治婚姻牺牲品的茹茹公主的心情可想而知，她性格严厉坚毅，一生从来不说一句汉话，等到高欢死后，高澄按照柔然国的风俗，又将茹茹公主纳为已有，并生下一女。

高欢迎娶茹茹公主后，并没有放松对北方边境的警惕。就在迎娶公主一个多月之后，他就上书孝静帝要求在幽州（治所北京市）、安州（治所北京市密云县东北）、定州（治所河北省定州市）险要之处修筑城池。期间，高欢亲自到当地查看地形。这次修筑的防御堡垒大致与武定元年修筑的长城相连，利用了一百年前北魏太武帝时在平城以南修筑的“塞围”长城，并一直连绵到东北的古北口附近。按：北魏中前期，为了加强首都平城的防御，北魏曾在平城以南以北都修筑了长城，北长城主要为防备柔然南下，南长城主要抵御山胡侵扰，北长城西段起自赤城（河北省赤城县独石口），中经长川（内蒙古自治区兴和县西北），西到五原（内蒙古自治区包头市西），大体上利用了赵国长城旧址。北长城的东段修建于北魏孝文帝时期，当时被称为长堑，由赤城向东一直延伸至古辽水入海口。南长城被称为“畿上塞围”，该段长城东段应在北京市延庆八达岭，向西南进入山西境内，过灵丘县西天门关、代县雁门关、宁武县楼烦关等一直到偏关西边的黄河东岸。

四〇八 拒谏饰非

邙山之战后高欢除了树立世子高澄的权威、继续打击腐败、迎娶茹茹公主、构筑北方防御体系之外，他还做了几件大事：一是核查户口；二是讨伐山胡；三是下令修史；四是平定叛乱。

邙山大战造成东西魏两国大量战斗减员，西魏宇文泰依靠大规模招募关陇集团豪强来增加军队数量，东魏的高欢则于武定二年十一月任命太保孙腾、大司徒高隆之为括户大使，分别到全国各地进行人口普查，查出没有上户籍的有六十多万户，勒令流寓他乡的一律返回故里。同月，高欢又率军讨伐山胡，他兵分两路，以斛律金为南道军司，由黄栌岭（山西省吕梁市离石区与汾阳市之间）北进，他则亲自率军从北路，翻越赤洪岭（在离石区城西），两军在乌突戍（即乌突城，山西省临县白文镇境内）会师，一举将山胡击破，俘虏一万多户，全都分配到各州。武定二年，东魏朝廷还以散骑常侍兼中书侍郎魏收撰写魏史。魏收在北魏末年与温子升、邢邵齐名，并称为三才，但他才高行薄。东西魏分裂后，东魏与南梁和好，双方互派使者，魏收也曾出使梁国，在建康期间，他购买南方的婢女，部下买来的婢女，他也唤来奸淫，为此，梁朝负责接待的人员还受到了追究。孙搴死后，司马子如向高欢举荐了魏收，可是，高欢非常讨厌魏收，经常因为写文做事不合高欢的心意，被高欢责骂，甚至鞭打，后来，司马子如来到晋阳，魏收请司马子如在高欢面前替自己美言几句，司马子如遂在宴会上找个机会对高欢说："魏收是天子的中书郎，乃是一国的大才，请大王对人家态度好些。"但仍然不受重用。魏收过去在洛阳时非常轻薄，人称"魏收惊蛱蝶"，他还恃才傲物，与堂叔魏季景同在高欢府上，李庶曾对魏收说："霸朝便有二魏。"魏收素来瞧不起自己的这位堂叔，当即说道："你把我和我的堂叔相比，就好像是把李耶输与你相提并论。"李耶输是尚书令李继伯的儿子，以愚蠢闻名。十三年前，当时北魏节闵帝元恭在位，二十六岁的魏收时任散骑侍郎兼任中书侍郎，就曾负责编修过国史，他本指望着凭借着自己的才能能够脱颖而出，登上大位，可是，由于高欢看不上他，仕途就此止步，因此，郁郁不得志的魏收就请求编纂国史。崔暹对高澄建议说："修史事大，大人父子功业都要载之于书中，传至后世，这件事非魏收不可。"武定四年八月，高欢来到邺城，于西门豹祠设宴，他对司马子如说："魏收当史官，书写我等的善恶，我听说北伐时朝中贵人都曾给史官馈赠衣食，司马仆射也曾送过没？"遂哈哈大笑。又对魏收说："你不要看到陈元康等人在我眼皮底下奔走，就认为我会说他们勤劳，我后世的名声全在你的手上，别当我不知道呢。"但此时魏收似并未受命系统地编纂《魏书》，而是负责起居注及搜集整理北魏末年以来史料的工作，等到七年后的北齐天保二年（公元551年），北齐第一任皇帝文宣帝高洋正式下令魏收撰写《魏书》，到天保五年三月写成上奏。

武定三年年初，高欢还挫败了一场企图谋杀自己的阴谋。原徐州刺史任祥之子任胄聪慧豪爽，从小就跟在高欢的身边，天平中被任命为东郡太守。任胄家里很富，但他很贪婪，因贪污受到有关部门的弹劾，高欢赦免了他，任命其为都督。第一次玉璧之战后，高欢因晋州紧邻西魏，地理位置非常重要，遂以堂弟清河公高岳为行台，镇守在那里，以任胄担任高岳的下属，任胄却不以为意，经常纵酒游荡，高欢知道后严厉地训斥了他一通。任胄心里害怕，遂暗中派人与西魏联络，有人向高欢告发，追查下来却没有确凿的证据。高欢又赦免了他，但对他说："我以诚待人，自认为你肯定不会这么做，况且，从黑獭那边归降的人络绎不绝，假如你真有此事，不愁以后我不会知道。"任胄内心不安，时刻担心哪天高欢知道了实情，自己会身首异处。当时，仪同三司尔朱文畅以及参军房子远、郑仲礼等人都阴险无赖，时年十八岁的尔朱文畅是尔朱荣的第四子，高欢出于尔朱荣门下，又娶了尔朱文畅的姐姐大尔朱氏，因此，对尔朱文畅一直不错，任命其为肆州刺史。尔朱文畅则想恢复其父昔日的荣耀，尔朱氏过去就很富裕，尔朱文畅大肆招徕宾客，图谋不轨。任胄遂结交了尔朱文畅以及丞相主簿李世林、都督郑仲礼（郑大车的弟弟）、房子远等人，他们平时整天聚在一起，吃吃喝喝，表面上看似酒肉朋友，其实是想寻找时机除掉高欢，推举尔朱文畅为主。北魏以来正月十五日就流行一种打竹簇的游戏，能打中的，立即就赏赐给布帛。他们计划当夜动手，令郑仲礼身怀利刃，趁高欢观看之时杀死高欢，立尔朱文畅为主。

结果，任胄的家客薛季孝向高欢告发，审讯之下，全都认罪，被杀。因朱文畅的姐姐尔朱英娥和郑仲礼的姐姐郑大车都是高欢的爱妾，因此，两家其余亲戚都没有受到牵连。

这些年来，年迈的梁武帝萧衍却越来越刚愎自用，散骑常侍贺琛就梁国面临的危机总结出四条劝谏梁武帝：一是户口减少，原因在于苛政；二是官吏贪婪残暴，原因在于风气奢侈浪费；三是陛下身边的人刻薄；四是应当减少工程，让百姓休养生息。本来贺琛提出的问题也不算什么，谁知听惯了好听话的萧衍读完奏疏，当即勃然大怒，他将秘书召到跟前，亲自口授诏书斥责贺琛，他说："朕拥有天下四十余年，从宫门上奏来的正直之言，我每天都能听到，他们所说的事情与你说的差不多，每每因为公务繁忙无暇一一作答，反而令人更增添一层困惑。你不应该与他们这些无知之人一样，仅仅是为了博取名声而对路人们到处宣扬：'我能上书言事，只可惜朝廷没有采纳。'你为什么不指名道姓说出：某个刺史骄横残暴，某个太守贪婪苛刻，尚书省里、御史台里某人奸猾，朝廷派到地方的使者横征暴敛，又是何人？被他巧取豪夺的人又姓甚名谁？明明白白地说出来，我也好查明以后予以追究，该杀的杀，该罢免的罢免，再选择贤良之人。另外，你说人们的饮食过于浪费，如果严加禁止，深宅大院，政府如何得知？假如家家搜查，恐怕更增添混乱。如果你说的问题是指朝廷，那么，我本人绝无此事。从前的皇帝在祭祀的时要宰杀牲畜，很久以前我就下令不再宰杀了，朝廷宴会，也只有蔬菜而已，假如把蔬菜也减去的话，肯定招致《诗经·蟋蟀》那样的嘲讽了。如果你说的浪费，是指我所做的法事，但是，在法事上使用的都取自御花园中的蔬菜，一个瓜果变出数十种制作方法，把一道菜烹调出数十味，只是变换些花样，又怎么说得上是浪费呢？除了公家的宴会外，我从来不吃国家的粮食，这已保持很多年了，包括宫中的宫女也是如此。所有的建筑工程，都没有花国家一分钱，全都是出自我个人的腰包。朝廷官员有的勇敢，有的胆怯，有的贪婪，有的廉洁，各有各的用处，并非朝廷要给他们撑腰，让他们去作恶。你认为朝廷荒谬，你却享受到这种荒谬，你说要提倡节俭，朕已经断绝房事三十多年了，我的房间里只能放下一张床，精雕细刻的物品从来不允许入宫，生下来就不喜欢饮酒，不好音乐，所以，朝中举行的宴会从来不演奏音乐，这都是有目共睹的。不论事多事少，朕三更以后就爬起来批阅文书，事少了在中午之前能处理完毕，事多了，要一直忙到太阳偏西才能吃上饭。我一天只吃一顿饭，不论白天黑夜，过去，我的腰围超过五尺，现在已经消瘦得只剩二尺多了，我过去的腰带还在，这不是瞎话。我这是何苦呢？还不是为了拯救苍生！你还说：‘文武百官纷纷上书，竞相施展阴谋贪图富贵、进取。’如今，不让外人上书言事，那谁能担任？专门委任一人，怎能找到合适人选？古人说过：‘只听从一人，就会生出奸邪；只委任一人，就会引发大乱。’秦二世任用赵高，汉元后委任王莽，指鹿为马，岂可效法？你说：‘吹毛求疵’，又是指何人？还说‘陷害很深’，又是指何事？哪个衙门、机构应当裁撤？哪里的建筑工程是不必要的？哪种征调应当减缓？都一一指出，再行上奏！富国强兵之法与民休息之策，都一并列出！如果不一一说出，那就是欺骗朝廷。我等着你再写出奏疏，我一定会认真阅读，并交付尚书，颁布天下。”贺琛见梁武帝动怒，吓得再不敢多言了，只是连连谢罪而已。

梁武帝个人当然非常勤政，但他对士大夫、亲属过于宽容，梁朝地方官吏大多鱼肉百姓，使者骚扰地方；他还亲近奸佞小人，又喜欢挑别人的小毛病；他建造了大量佛寺，浪费了大量钱财；江南长期安定，风气奢侈浪费，这也都是事实。另外，梁武帝崇尚文雅，刑法非常简单，身处高位的官员也不把审案当回事，致使下级官吏招权纳贿，贪赃枉法，梁武帝年老以后，专心佛事，每当判决一桩重罪，总要一整天都不高兴，即使遇到谋反大案，也往往哭过一阵，就下令赦免了。在这种情况下，贵族子弟更为骄横，在大白天公然杀人，夜里大胆抢掠，罪犯躲到王侯家里，执法部门也不敢上门搜捕，这就是梁武帝治理下的真实情况，而贺琛正是说到了这些，所以才让他大怒。

四〇九 崭露头角

南梁在表面上还比较安定，但实际上，已暗流涌动，危机四伏。

一是上层内部矛盾重重。新任太子萧纲与觊觎皇位的诸弟以及与昭明太子之子之间的矛盾；权倾一时的朱异与其他朝臣之间的矛盾。萧纶为丹阳尹，湘东王萧绎为江州刺史，武陵王萧纪为益州刺史，他们的权力都非常大，让太子萧纲如芒刺在背，很不舒服，挑选了精锐部队保卫东宫；梁武帝又对萧统诸子心存愧疚，因会稽富饶，遂让萧统诸子轮流当东扬州刺史，萧统诸子也是心怀不满。后萧衍又任命萧统三子萧詧为雍州刺史。萧詧看到萧衍年老，朝政衰败，遂聚敛钱财，礼贤下士，招募豪杰，侍从多达数千。萧詧又认为，雍州乃爷爷萧衍的发迹之地，地理位置又非常重要，一旦天下大乱，可以凭借此地立下大功，遂安抚百姓，实施惠政，雍州政治清明。

二是法律废弛，政府控制力下降。一文一武谓之道，梁武帝偃武修文，令贵族无法无天，让百姓不知禁忌，政府对社会的控制力已非常脆弱。

三是世风日下，整个国家走上自大、虚夸、奢侈的畸形发展道路。士大夫不会走路，不会骑马，完全是一群寄生虫；各级官吏盘剥百姓，贪赃枉法；社会风气奢侈浪费，社会治安混乱。

梁武帝萧衍真的不知道这些？也许真的不知，也许是真的不想知，也许是知而不想有所作为，真的是做一天和尚撞一天钟！但他还没有糊涂到将叛乱的交州置之不理的程度。

大同七年（公元541年）交州李贲叛乱后，第二年南梁朝廷发兵征讨，却引发了卢子略等人的叛乱，包围了广州，幸赖高要太守陈霸先才平定了叛乱。大同九年四月，林邑（越南南部）王出兵进攻李贲，李贲部将范修在九德（越南宜安县）击破林邑国的军队。林邑国原本是东汉的日南郡象林县，汉末大乱，县功曹区达杀县令自立为王，后传位给外甥范雄。范雄死，子范逸继位。期间，日南郡的豪强范稚经常派遣家奴范文前往林邑国贸易，范文遂教会了林邑国建造城池、兵器，林邑国王范逸对其非常宠信，范文遂向国王进谗言，将国王的儿子们都赶到国外，等范逸死后，范文自立为王。东晋时期，由于东晋日南太守都非常贪婪残暴，范文一直想吞并日南，遂利用民怨出兵占领了日南。范文死后，儿子范佛继位，桓温派兵将林邑军队赶出了日南，范佛请降。从东晋中期以来，林邑国一直侵扰日南等地，交州遂变得虚弱。晋宋之交，林邑国内出现内乱，大臣范诸农平定内乱后自立为王，其子范阳迈嗣位后于宋武帝刘裕永初二年前来进贡，范阳迈死后，其子范咄继位，因崇拜自己的父亲，他也改名为范阳迈。后来，林邑国每年都要向刘宋朝廷进贡，但每年又都要侵扰日南，宋文帝元嘉二十三年间，刘宋朝廷命令交州刺史檀和之、振武将军宗悫发兵讨伐，攻克林邑国，缴获黄金十万斤，各种财物无数。齐梁时期，林邑国一直向南朝进贡。

大同十年一月，李贲自立为越帝，设置百官，改元天德。大同十一年，梁武帝派遣交州刺史杨瞟率军前去讨伐李贲，并任命陈霸先为司马；命令定州（治所广西壮族自治区贵县）刺史萧勃在西江与杨瞟会师。萧勃是萧昺的儿子，他知道士兵们都不愿远征，遂花言巧语说动杨瞟不再继续前进。杨瞟召集众将商议，司马陈霸先说："交州发生叛乱，完全是宗室引起的，致使数州都陷于混乱，持续了数年。萧勃不过是为了苟且偷生，完全不为国家着想。大人奉命讨伐叛贼，自当奋不顾身，岂可逗留不进，助长敌人的气焰，灭了自家的威风呢？"于是，陈霸先率领本部人马先行出发了。陈霸先，字兴国，小名法生，是吴兴人，梁天监二年（公元503年）生，本年已四十三岁了。新渝侯萧映担任吴兴太守时，对陈霸先非常看重，等到他担任广州刺史，即任命陈霸先为中直兵参军。陈霸先平定卢子略之乱的当年冬天，萧映就去世了。第二年（大同九年），陈霸先与众人一起护送萧映的灵柩回京，行至大庾岭时，朝廷下诏任命他为交州司马，与刺史杨瞟一起南讨。经过一年多的准备，大军才从广州出发。十一年六月，梁军达到了交州。

李贲率领三万人马在苏历江口设置城栅抵御，杨瞟以陈霸先为先锋，连战连胜，李贲逃奔嘉宁城，梁军将城池团团围住。

到大同十二年（公元546年）一月，梁军攻克嘉宁城，李贲逃奔新昌獠人村寨，梁军驻扎在江口。九月，李贲又率领两万人从獠人村寨杀出，进屯典澈湖

（今地不详），修造了大量舰船，布满湖面。梁军心怀畏惧，停留在湖口不敢前进。陈霸先对大家说："我军出征已久，将士疲劳，士气低落，况且，孤军深入，没有援军，现在，我们已经进入人家的心脏，如果不能胜利，哪能活着回去！如今，我们只有趁着敌人屡败，人心不稳，刚刚组织起来的乌合之众，容易被消灭。此时，我们正应该同生共死，集中全力决一死战，假如再在此停留，则大事去矣！"众将听了，都默不作声。当晚，江水暴涨，水位增高了七丈有余，注入湖中。陈霸先命令本部乘着激流朝敌人发起了进攻，其余各军也随后鼓噪而进，李贲大败，蹿入屈獠洞中。又经过了一年的战斗，直到太清二年（公元548年）三月，屈獠洞的山蛮斩杀了李贲，交给梁军。李贲的哥哥李天宝逃亡九真（越南清化县），与盗匪头领李绍隆纠合残兵败将共计两万人杀死了德州刺史陈文戒，遂进攻爱州（治所即在九真），陈霸先领兵将其消灭。南梁朝廷晋升陈霸先为振远将军、西江督护、高要太守、督七郡诸军事。

南梁大同十一年，当南梁陈霸先等人全力南下讨伐李贲之时，西魏西部边陲也发生了叛乱。西魏瓜州（甘肃省敦煌市）刺史东阳王元荣死后，瓜州当地的豪强就推举元荣的儿子元康为刺史，但元荣的女婿邓彦杀死了元康，自立为刺史。天高皇帝远，西魏政府对邓彦也无可奈何，只好顺水推舟任命他为刺史。邓彦当上瓜州刺史后，拒不听从西魏朝廷的命令，而且还与吐谷浑勾结在一起。由于敦煌路途遥远，难以发兵远征，宇文泰遂决定以计捉拿邓彦，他任命给事黄门侍郎申徽为河西大使，暗中命令申徽拿下邓彦。申徽随身仅带了五十名骑兵，他来到敦煌后，即下榻在馆驿之中。邓彦见申徽身边随从不多，遂不以为意。申徽让人奉劝邓彦回朝，但邓彦不从；申徽遂公开表示支持邓彦留在敦煌，邓彦觉得申徽说的是真心话，就来到宾馆来见申徽。申徽提前已经与敦煌县令令狐整等人密谋好了，当场将邓彦抓获，斥责他所犯的罪行，将其捆绑了起来，然后，向城内居民宣称大军即将到来，因此，城内军民无人敢动，遂顺利将邓彦押送到了长安。宇文泰晋升申徽为都官尚书。

一波未平一波又起。

第二年二月，西魏任命义州（治所河南省卫辉市）刺史史宁为凉州（治所甘肃省武威市）刺史，前任刺史宇文仲和盘踞城池，拒绝移交。瓜州百姓张保又杀死了新任瓜州刺史成庆响应宇文仲和；晋昌（甘肃省安西县）百姓吕兴杀死了太守郭肆，响应张保。宇文泰命令太子太保独孤信、开府仪同三司怡峰与史宁一起西进讨伐。

张保想杀到州主簿令狐整，但因令狐整在当地的威信很高，张保担心失去人心，遂没有动手，但内心对他非常猜忌。令狐整表面上假装依附张保，并让人向张保建议："大人与宇文仲和结为唇齿，如今，中央军已经逼近凉州，凉州形势危急，恐怕难以抵挡，如果凉州失陷，本州也将大祸临头，应当分出一部分精锐部队前去支援，两州合力，就能够抵挡中央军。然后，保境安民，这是上策。"张保认为有理，但不知委任何人。那人又对张保说："事情的成败全在于将领，委任的人能力不够，很快就会失败。令狐延保（令狐整的字）文武双全，让其带兵前去，将战无不胜。"张保同意了，令狐整全家都在城内，因此，张保也没有怀疑。

令狐整率军来到玉门（甘肃省玉门市）后，召集军中豪杰，宣布张保的罪状，然后迅速回师，袭击张保。军队先进入晋昌城内，斩杀了吕兴，而后进军敦煌。敦煌百姓素来佩服令狐整，都离城前来归附。张保见状，只好弃城逃往吐谷浑。众人商议推举令狐整为刺史，令狐整推辞道："我们大家因张保作乱，担心全州的百姓都陷于不忠不义之地，这才齐心协力讨伐他，现在你们又推举我，不是在效法他吗？"于是推举朝廷派往波斯国的使者张道义代行刺史之职，将情况如实向朝廷禀报。西魏朝廷任命申徽为瓜州刺史，征召令狐整为寿昌（陕西省石泉县）太守。令狐整则表示愿意随从宇文泰征伐，遂率领宗族子弟三千余人来到长安，后逐渐升为骠骑大将军、开府仪同三司，加侍中，宇文泰给其赐姓宇文。

史宁率军先到姑臧城下，向城内百姓说明祸福，城内很多军民都出城投降了，但宇文仲和拒不投降。不久，独孤信率领大军就到了，他命令部队趁夜架设云梯进攻城东北，他则亲率壮士偷袭城的西南角。双方激战到天明，中央军顺利攻克了城池，活捉了宇文仲和，将姑臧城内的六千多户居民都迁到了长安。

四一〇 玉璧之战

西魏朝廷任命并州刺史王思政为荆州刺史，让他举荐继任者，王思政举荐了晋州刺史韦孝宽，宇文泰同意了。

韦孝宽接任并州刺史不久，东魏丞相高欢就发起了对玉璧的进攻。南梁中大同元年，也就是东魏的武定四年、西魏的大统十二年（公元546年），在这一年，南方的陈霸先在典澈湖之战中大败李贲，西魏的独孤信刚刚平定了宇文仲和，高欢在邙山之战三年后卷土重来了！

八月二十三日，东魏军队在邺城集结后全部开到了晋阳。高欢要想西入关中，就无法绕开玉璧这座堡垒，九月，东魏大军包围了玉璧，高欢此举的目的是一方面拔掉玉璧这颗钉子；另一方面最好能引诱西魏军主力前来，在河东地区进行决战，然而，西魏主力压根就没有出现。

东魏军的军营连绵数十里，一直延伸到玉璧城下。高欢下令东魏军不分昼夜对玉璧城发起猛攻，韦孝宽在城内随机应变进行抵抗。玉璧城内没有水源，城内将士从汾河上取水吃，高欢下令将汾河改道，仅用一个晚上就完工了。高欢命令部队在城南堆砌土山，等到土山堆到比玉璧城墙还高时，居高临下，越过城墙。玉璧城内原有两座城楼，韦孝宽命人在城楼之上再捆绑圆木加高，一直保持比土山高，来抵御来自土山上东魏军的攻击。高欢派人对韦孝宽说："你将城楼建到天上，我就挖地道取你。"遂命令部队在城南开挖了十条地道。又采用术士李业兴的《孤虚法》，在城北又构筑一座土山，集中了大量攻城器械，持续发起进攻。韦孝宽命令部队开挖深沟，切断东魏军挖往城内的地道，选拔军士驻扎在深沟内，一旦城外的地道挖到深沟处，西魏将士即将东魏士兵擒获、斩杀。西魏军还在深沟外面囤积了大量干柴，并准备有火种，发现地道中埋伏有东魏军，就将干柴塞入地道，投下火种，用皮风箱鼓动，霎时间地道内就浓烟滚滚，只扇一次，地道内的东魏士兵全都被烧成焦土了。

从地道进攻无法得手，高欢又命令部队制造冲车撞击城墙，冲车到处，城墙全被摧毁，无法抵挡。韦孝宽命人将布连接起来，制成巨大的帐幔，城上看到冲车即将朝哪里冲来，就将帐幔垂到哪里，帐幔悬挂在空中，冲车无法将其弄坏。东魏军又将松枝捆绑在长杆上，灌上油试图将帐幔烧毁，并想把城楼烧掉。韦孝宽让人制成长钩，等火杆到来时，用长钩将其割断。东魏军又在城的四周挖了二十多条地道，用木柱支撑，然后纵火焚烧木柱，木柱被烧毁后，地道塌陷，上面的城墙也随之倒塌。韦孝宽在城墙崩塌之处竖起木栅栏，堵住缺口，东魏军无法攻入城内。高欢用尽了进攻之策，韦孝宽均一一破解，不仅如此，西魏军还乘虚夺下了东魏军进攻用的土山。

高欢无可奈何，就让仓曹参军祖珽（祖莹之子）前去劝降："你一人守在这座孤城之内，西魏未发一兵一卒前来救援，恐怕最后将无法保全，为何不早早投降？"韦孝宽回答："我城池固若金汤，军队、粮食都非常充裕，进攻方总是十分疲劳，防守方却非常安逸，哪有十天半月之间就需要援军的？我反而担心你们将面临回不去的危险，我韦孝宽乃关西大丈夫，肯定不会当一名投降将军的！"祖珽又对城内将士们说："韦城主受了人家的俸禄，为人家坚守也可以理解，其余军士们，你们何苦要与他一起进入滚汤、烈火中呢？"于是将悬赏文告射入城中，文告中称："能斩杀城主投降的，拜为太尉，封开国公，食邑一万户，赏一万匹布。"韦孝宽得到文告后，在文告背后亲笔题写"有斩杀高欢的，也按照这一标准封赏"，然后，射到城外。韦孝宽的侄儿韦迁在东魏，被东魏军押送到城下，东魏军威胁韦孝宽，如果不投降，就将韦迁杀害。韦孝宽慷慨陈词，西魏将士无不深受感动，个个决心死战到底。

东魏军连续进攻了整整六十天，将近一半士兵被杀伤，或者生病而死，共计死亡约七万人。高欢无计可施，又急又气，旧病复发，突然一颗流星陨落在高欢的大营之内，东魏将士一片恐慌，十一月一日，高欢遂下令将死难的七万余人埋葬在一座大墓里，而后，撤围而去。十一月十一日，回到晋阳的高欢命令段韶护送时年十八岁的太原公高洋前往邺城，代替高澄镇守邺城；十二日，征召高澄回到晋阳。西魏朝廷令殿中尚书长孙绍远、左丞王悦来到玉壁慰问将士，并晋升韦孝宽为骠骑大将军、开府仪同三司，进爵为建忠郡公。

高欢从玉壁回师后，军中就传言韦孝宽用机械发射的定功弩射杀了自己的丞相，西魏人听说后，就在文告中宣称："强弩一射，恶徒就死了。"高欢究竟是生病了，还是被射伤了，已无从考究。不过，为了辟谣，高欢还是强忍病痛，接见了东魏朝廷的重臣们，在席间，他请斛律金唱那首著名的《敕勒歌》，高欢亲自跟着唱："敕勒川，阴山下，天似穹庐，笼盖四野，天苍苍，野茫茫，风吹草低见牛羊……"高欢想起了那熟悉的草原，还有那同样熟悉的歌声，他还想到了自己未竟的事业，外患未除，内忧尚多，一世英雄，转头成空，唱着唱着，他百感交集，不禁泪如雨下。

高欢有忧虑，时年二十六岁的高澄同样也有忧虑。

高欢问高澄："我虽然有病，可是，你的脸上的忧愁远远超出对我病情的担心，这是为何？"高澄还没有回答，高欢就说："莫非是担心侯景会叛乱？"此时的侯景贵为司徒、河南大将军、大行台。他右腿短，是个跛子，骑马射箭一般（《梁书》却说他："及长，骁勇有膂力，善骑射"），但擅长谋略。《北史》称他在尔朱荣集团里，曾向慕容绍宗学习兵法，不久，慕容绍宗反而向他求教。东魏猛将高敖曹、彭乐等人都是一代猛将，侯景却对他们非常轻视，常常说："这些人不过都像野猪一般四处乱撞，他们能走多远？"侯景曾对高欢说："只恨我抓不住宇文泰，请求给我三万部队，我将横行天下，一定能渡过长江把萧衍那老头给你抓来，让他去当邺城太平寺的住持！"听了侯景的豪言壮语，高欢给了他十万兵，让他经营河南，把他看作自己的一半身体，此时，侯景已专制河南十余年之久。高澄辅政之时，为了树立自己的权威，曾大肆打压高欢的旧臣，时任吏部尚书的侯景也在高澄的打压之列，因此，二人结下了仇隙。侯景素来瞧不起高澄，他曾对司马子如说："高王活着，我不敢有异心；高王死后，我不能与这个鲜卑小儿共事！"司马子如赶忙捂住他的嘴巴。等到高欢病重后，高澄伪造了一封高欢的书信征召侯景。侯景镇守河南以后，曾请求高欢说："如今，我手握大兵驻防在外地，奸诈之人可能生出奸计陷害，大王以后给我的书信，请在书信的某处加上小点。"高欢同意了，后来，高欢每次送给侯景的书信，都另外加上小点，即使高欢的儿子们也不知道二人的这个约定。

侯景接到高澄伪造的书信，一看上面没有小点，就知道事情有变，遂拒绝赴命。他又风闻高欢病情加重，就采纳了行台郎王伟的计策，拥兵自重。此时，高澄左等右等侯景不来，又听说侯景有叛乱的迹象，这让他是如坐针毡。见老父一口说中了自己的心思，高澄只好回答："是。"高欢说道："侯景专制河南已经十四年了，经常有飞扬跋扈之志，只有我才能蓄养他，你驾驭不了他的。如今天下未定，不要立即发丧。库狄干是个鲜卑老公，斛律金是个敕勒老公，二人性格刚直，都不会背叛你；可朱浑道元、刘丰（即刘丰生），从远处投奔于我，也一定没有异心；潘相乐（潘乐）是有道之人，心底宽厚，你们兄弟终会得到他的帮助；韩轨稍微鲁莽些，你要多少予以容忍；彭乐真心难测，要提防他；能够与侯景匹敌的，只有慕容绍宗一人，我一直故意压制他，没有提拔，就是留给你以后提拔重用的。”又说：“段韶忠诚仁厚，智勇兼备，亲戚中只有这个孩子是个人才，军中之事，要与他一起商量。”又说：“邙山之战，我没能采纳陈元康的建议，致使把西魏这个祸患留给了你，我死不瞑目啊！”

东魏武定五年（西魏大统十三年，南梁中大同二年，公元547年）一月八日，也就是玉壁之战结束两个月零八天，东魏渤海王高欢去世，终年五十二岁。

史书对高欢的评价是：他的性格缜密，沉默寡言，举止庄重，外人无法看出他的内心，但又能随机应变，变化如神。统率军队，法令严肃，处理事务，明察秋毫。他知人善任，提拔人才不论出身，全看真才实学，只有虚名而没有实际能力的，一概不用。他一向简朴，刀剑马鞍之类从不用金玉装饰。年少时酒量很大，等到身居高位后，每次喝酒只喝三杯。对士大夫以及功臣们多有呵护，卢景裕、韩毅一个深通经书，一个书法很好，二人都曾参与谋反，高欢也都没有追究，将他们安置在身边，让他们当自己孩子们的老师。

四一一 侯景之叛（一）

以高欢的聪明自然不会忽略了侯景，但他没能在死前把侯景召回晋阳，其间的原因大概就在于高澄自作主张给侯景写了那封伪造的书信，已打草惊蛇，等到高欢再去召唤侯景时，侯景已经警觉，拒不从命了。

高欢虽然死于一月八日，但高澄秘不发丧，唯有行台左丞陈元康知道。即便不知高欢的死讯，但敏感的侯景已经非常不安了，一月十三日，他决定背叛东魏，以河南六州向敌国西魏投降。颍州刺史司马世云献出城池响应，侯景入居颍州；侯景用计生擒了豫州刺史高元成、襄州刺史李密、广州刺史暴显等人；他还派遣二百名士兵满载武器，黄昏时分进入西兖州（治所河南省滑县），打算趁夜偷袭城池，西兖州刺史邢子才发现后，将这些士兵全部抓获，并向东方的各个州郡发布紧急公文，让他们加强戒备，因此，侯景未能夺取东方各郡。一月十七日，南梁武帝萧衍梦见中原各地的地方官纷纷来降，南梁群臣都表示祝贺。第二天清晨，梁武帝对中书舍人朱异说："我素来很少做梦，如果做梦了，梦境往往会实现。"朱异说："这是天下将要统一的好兆头。"

高欢父子利用崔暹等人整顿朝纲，得罪了不少功臣宿将，这次侯景背叛东魏之后，东魏众将借机把过错都推到了崔暹身上，大家一致认为是崔暹的苛察导致了侯景的背叛，要求高澄杀掉崔暹向侯景谢罪，说得高澄有些心动。当时，崔暹为度支尚书，兼任尚书仆射，他忧国忧民，以天下为己任，一直以来为东魏朝廷勤勤恳恳。陈元康劝道："虽然如今天下并没有统一，但是国家的法律已经确定，如果仅仅因为几个大将领兵在外，为了讨好他们，就滥杀无辜，这将败坏国家的法律，这不仅仅会辜负了上苍，更无颜以对万民！汉景帝诛杀晁错之事，已是前车之鉴，请大人三思。"听了陈元康的话，高澄这才作罢，部署派遣司空韩轨都督可朱浑道元、刘丰、库狄干等各军前去讨伐侯景，另外命令斛律金率领潘相乐、薛孤延等将固守河阳，牵制西魏军东去救援。侯景深知狡兔三窟的道理，他在向西魏表示投降后不久，又于二月十三日派遣行台郎中丁和南下，向梁武帝上书称："臣昔日与魏丞相高王齐心协力，匡扶社稷，攻无不克，战无不胜。高王对我是言听计从，我对高王也是赤胆忠心，可是等到高王患病之后，政权全部掌握在其子高澄之手。高澄天性阴险，嫉贤妒能，一旦其父死去，肯定会加害忠良。因此，我这才与豫州刺史高成、广州刺史郎椿、襄州刺史李密、兖州刺史邢子才、南兖州刺史石长宣、齐州刺史许季良、东豫州刺史丘元征、洛州刺史尔朱浑愿、扬州刺史乐恂、北荆州刺史梅季昌、北扬州刺史元神和等，暗中联结，秣马厉兵，等待时机，一齐发动。愿意将瑕丘以西、函谷关以东，包括豫州（治所河南省汝南县）、广州（东魏失去鲁山后，治所移至河南省襄城县）、颍州（治所河南省许昌市）、荆州（治所原在河南省邓州市，但此时东魏已失去荆州，治所移至何处不详）、襄州（治所河南省叶县）、兖州（治所河南省汝南县）、南兖州（治所安徽省蒙城县）、济州（治所山东省茌平县）、东豫州（治所河南省息县）、洛州（治所河南省洛阳市）、阳州（治所河南省宜阳县）、北荆州（治所河南省嵩县）、北扬州（河南省项城市）之地全部归附，只有青州（山东省青州市）、徐州（江苏省徐州市）等州只需一纸书信，即可招抚。况且，臣已经与高氏结下仇隙，高王病重期间曾给我写信征召我回晋阳，我没有前往，以后即使他康复了，我们两人之间也绝不会再和好了。这几个州都在黄河以南，属于臣管理，取得这几州也易如反掌。等到黄河以南之地全部平定，就可以计划收复黄河以北了。"

梁武帝召集群臣商议，尚书仆射谢举等大多数大臣都认为："这些年来，我们与东魏和好，边境无事，如今接受东魏的叛臣，这不合适。"梁武帝却说："你们说得也都在理，但是，接纳了侯景，就可以平定塞北之地；机会难得，岂能胶柱鼓瑟，不懂变通！"

丁和还说侯景最终决定投降南梁是一月十七日，也就是梁武帝做梦的那天，梁武帝听了，更觉得此事非常神奇。不过，即便如此，做出这一关乎国运的重大决策仍然让梁武帝感到非常痛苦，他曾喃喃自语说："我国家如同一个金盆，没有一个缺口，今日突然接受了侯景的土地，真的就合适吗？一旦出现动荡，后悔怎么来得及？"朱异揣测出梁武帝的心思，他对梁武帝说："自从陛下登基以来，天下百姓不论南北都愿意受到您的领导，只是没有机会实现他们的愿望。

今天，侯景将东魏的一半领土都拿来归顺，假如不是上天让他如此、众人赞同，又怎能出现这种情况呢！如果拒绝接纳，恐怕会断绝了后来人的希望，这显而易见，望陛下不要迟疑。”梁武帝听了朱异的话，这才下定了接纳侯景的决心。

二月十五日，梁武帝下令任命侯景为大将军，封河南王，都督河南北诸军事、大行台，可以代行皇帝职权。平西将军咨议参军周弘正深通占卜，过去他就才曾对人说过：“几年以后，我国将发生大乱。”等到梁武帝决定接纳侯景后，周弘正说道：“动乱就要开始了！”三月三日，梁武帝第四次舍身同泰寺，三月七日，他派遣司州刺史羊鸦仁都督兖州刺史桓和、仁州刺史湛海珍等人率领三万梁军向悬瓠进发，向侯景的部队送去粮食。

当梁武帝萧衍还在同泰寺内执意做他的和尚梦时，东魏的高澄却一直心神不宁，时至今日，他仍然严密封锁着其父高欢去世的消息，侯景拒不听从他的命令，反叛已成定局，但他尚未公开与朝廷决裂，这也给了高澄以喘息的机会。他马不停蹄地亲自到各地巡视，以免引起连锁反应，留下段韶镇守晋阳，以丞相功曹赵彦深为大行台都官郎中。高澄提前让陈元康模仿高欢的笔迹，写下数十条命令交给段韶和赵彦深，等高澄离开后依次执行。临别时，高澄紧握赵彦深的双手哭着说：“我将母亲和弟弟们都托付给你了，希望你能理解我的这片心意。”赵彦深，原名赵隐，南阳人，曾为尚书令司马子如的抄录员，后高欢需要两名秘书，司马子如推荐了他，被任命为丞相功曹参军，专门掌握军国机密。赵彦深谨慎小心，思维敏捷，高欢曾对孙腾称赞说：“赵彦深小心谨慎，旷古绝伦。”

四月六日，高澄来到邺城，朝见孝静帝。孝静帝设宴款待高澄，此时，整个东魏帝国都对高欢的生死存在着种种猜测，孝静帝设宴的目的未必不是想从高澄的举止中窥探出一点蛛丝马迹来，为了不让外人看出异样，席间，高澄故意显出漫不经心的模样，起身欢快地舞蹈……《资治通鉴》认为高澄这样做不符合儒家道德规范，殊不知这正是高澄的策略！显然，如果此时孝静帝知道了高欢已死的消息，那不知道还将生出什么样的波澜呢？高澄把晋阳交给赵彦深和段韶后，他一方面要组织对侯景的进攻，更重要的则是要把邺城牢牢地控制在自己的手上。五月八日，他晋升太傅库狄干为太师，太保、录尚书事孙腾晋升为太傅，晋升汾州刺史贺拔仁为太保，晋升青州刺史尉景为大司马（五月二十二日即在青州去世），以元徽的弟弟、襄城王、尚书右仆射元旭为太尉，免去了难以驾驭的元晖业的太尉一职；晋升司空韩轨为司徒，以领军将军可朱浑道元为司空，以尚书令高隆之为录尚书事，以尚书仆射高洋为尚书令、领中书监，以徐州刺史慕容绍宗为尚书左仆射，以容貌俊美、性格宽和、深为高澄喜爱的高阳王元斌为尚书右仆射。当然，元斌能够受到高澄的重用，还因为他的庶生妹妹元玉仪。元玉仪因是庶生女，并不被元斌家认可，开始曾为孙腾的姬妾，又被孙腾抛弃。一次，高澄在路上偶遇到元玉仪，情人眼里出西施，好色的高澄一见之下就喜欢得不得了，当即将元玉仪就纳为妾，又请求孝静帝将其封为琅邪公主。事后，他还对心腹崔季舒（崔暹的同族叔父）说：“你一直在给我访求美女，还不如我自己遇到了一个绝色美人呢，崔暹知道了肯定要劝谏，我已经做好了应付他的准备。”等到崔暹再到高澄面前汇报工作时，高澄一改过去的态度，一副公事公办的模样，三天之后，崔暹感觉不对劲，他怀揣着自己的名片来见高澄，并把名片故意掉到地上。高澄问：“你拿这干什么用？”崔暹正儿八经地说：“我还没拜见过公主。”高澄听了大喜，拉着崔暹的胳膊，进屋引见。崔季舒对别人说：“崔暹经常埋怨我献媚，在大将军面前总是说我这个叔父该杀，等到他自己献媚的时候，比我更厉害。”元玉仪的同母姐姐元静仪已嫁给了黄门郎崔括，高澄也与之私通，元静仪因而也被封为公主。崔括卖妻求荣，不仅妻子被封为公主，崔括父子也被高澄破格提拔，并赏赐给他们很多财物。

四一二 侯景之叛（二）

就在高澄紧锣密鼓地进行人事安排的同时，他还派遣武卫将军元柱等人率领数万人马，对侯景发起了第一轮的突袭。而在此前后，梁武帝则从三月三日一直到四月十日都在同泰寺内，在这长达一个多月时间里，他将国事放到一边，要求群臣同意他抛弃皇位、去当一名和尚，直到最后，群臣们像以往那样拿出了一亿万钱，将他们的皇帝从佛祖那里赎出后，梁武帝这才从寺内回宫，宣布大赦，并改元为太清元年。

五月二日，元柱等人昼夜兼行，在颍川以北与侯景所部遭遇，经过一场激战，东魏军队大败。侯景考虑到南梁援军羊鸦仁等部尚未到来，遂率军南下，退守颍川。

紧接着，韩轨等人率领的大军就到了，将侯景包围在颍川城内。此时，梁军尚未到来，侯景担心不敌，遂答应割让东荆州（治所湖北省枣阳市）、北兖州（治所河南省嵩县）、鲁阳（河南省鲁山县）、长社（河南省许昌市）四座城池给西魏，向西魏求救。西魏尚书左仆射于谨说："侯景从小就熟悉军旅，奸诈无比，不如授予其尊崇的爵位，暂时按兵不动，观察下一步的变化，不可发兵。"显然，于谨的意见代表了西魏朝廷的主流观点，那就是：对侯景归降的诚意心里没底。侯景身为东魏司徒，位居三公，与高欢私交甚深，可以说是高欢的左膀右臂，他能归降？这莫非又是高欢上演的一出诈降之计？侯景大本营在河南腹地，西魏关中主力要想援救侯景，就必须越过崤函险要、洛阳盆地等，经过长途跋涉，才能抵达，而沿途补给线很长，并且，东魏斛律金的军队就驻扎在黄河北岸的河阳，虎视眈眈地威胁着洛阳，如果全力援救侯景的话，一旦侯景有诈，东魏就有可能从洛阳这里扎紧口袋，将西魏军队全歼。这一点应当是宇文泰等人最为担心的，因此，西魏朝廷一开始并没有组织力量对侯景援救，这大约也是侯景在投降西魏不久，又转而投降南梁的另外一个因素。

但是，西魏荆州刺史王思政认为："如果不趁机进取，将后悔都来不及了！"他在接到侯景求援信后，当即率领一万多荆州军队从鲁阳关向阳翟（河南省禹州市）杀来。听说王思政已经行动，西魏丞相宇文泰这才派遣太尉李弼、仪同三司赵贵率领一万军队赶赴颍川，又加封侯景为大将军兼任尚书令。

侯景又恐怕梁武帝听到怪罪，得了芝麻丢了西瓜，他又派遣中兵参军柳昕给梁武帝送上书信解释，他在信中说："王师（指梁军）尚未来到，局势非常危急，迫于形势，我又向西魏求援，为的是救急。臣既然在高欢那里已感到不安全，他宇文泰岂能容我！但是，壮士断腕，出于不得已，我真心实意要归顺帝国，希望陛下不要因此而责怪。臣接受了他们的帮助，就不能马上背弃人家，如今，我已经将四州的土地割让给了他们，作为引诱他们的诱饵，已让宇文泰派人前去接收。从豫州（河南省汝南县）以东，到大海以西，还在臣的控制之中，这些土地全部属于陛下，悬瓠（河南省汝南县）、项城（河南省项城市）、徐州（江苏省徐州市）、南兖州（安徽省蒙城县），需要陛下派军接管。请求陛下速速命令边境军队，与臣密切联系，不要出了差错。"梁武帝安慰侯景说："高级官员出国，遇到重大事务，尚且能独断专行，何况你最先提出这一奇策，将建立大功，自然应该见机行事。爱卿忠诚之心，我自然知道，不必多说！"

六月三日，南梁朝廷任命雍州刺史、鄱阳王萧范（萧衍十弟萧恢之子）为使持节、征北大将军、总督汉北征讨诸军事，向西魏穰城（河南省邓州市东南）发起了进攻。与此同时，东魏韩轨等人听说西魏李弼、赵贵等将率军将到，遂于六月四日率军从颍川撤离，回到了邺城。东魏军队退去后，侯景阴谋趁宴会之际逮捕李弼、赵贵，控制西魏军队，赵贵心中生疑，拒绝前往。赵贵也打算引诱侯景来到自己的营中，将侯景捉住，李弼制止了他，二人遂率军回到了长安。梁将羊鸦仁派遣长史邓鸿率军进抵汝水（汝河），王思政率部进入颍川城内，侯景谎称将夺取土地，遂率军南下，进驻悬瓠。

侯景又向西魏请求援军，宇文泰派遣同轨（河南省洛宁县）防主韦法保及都督贺兰愿德等人率军增援。大行台左丞王悦对宇文泰说："侯景与高欢之间既是同乡，又是君臣，位高权重，出则上将，入则宰相，如今高欢刚刚去世，侯景就匆忙外逃，这是因为，他的欲望更大，最终不会甘愿当别人的下属。况且，侯景他会背叛高氏，岂能向我们尽忠？现在派军援助他，增添他的声势，恐怕将来出现不测，会引起天下的耻笑。”宇文泰遂下令征召侯景入关。

侯景在河南经营多年，他背叛东魏就是因为高澄要征召他入朝，现在宇文泰又要征召他入朝，他岂能就范？况且，侯景当初投降西魏，是因为东魏与南梁是友好邻邦，贸然投降，南梁未必会接受，而西魏与东魏之间则是敌国，因此，侯景在最初选择了投降西魏，但是，西魏在经过考量之后并未立即发兵，侯景又派人向南梁投降。南梁接受侯景投降后，发兵北上，但由于梁军进展迟缓，侯景在东魏韩轨兵临城下时，不得不以四州之地交给了西魏，这才引得西魏王思政、李弼、赵贵等将的入援。韩轨退去后，西魏却留下部分军队占领了侯景的地盘，此时宇文泰又要征召他入朝，这让侯景无法接受，侯景此时想保住河南地盘，但自己又没有这个实力。他既要西魏、南梁支援，又不想放弃既得利益，这种好事当然是不会有的。在侯景看来，宇文泰征召自己入朝，就等于宣布了自己的死刑，如今，梁武帝萧衍并没有这个念头，权衡利弊，侯景遂决定背叛西魏，一心投靠南梁。

虽然有了这个念头，但由于准备不足，在表面上，侯景对西魏将领韦法保等人非常厚待，期望能将他们拉拢到自己阵营，他在西魏军营之间穿梭，身边仅带数名随从，西魏军中稍微有点名气的将领，侯景都要亲自前去拜访，对韦法保尤为亲密，显示出双方亲密无间。同轨防主长史裴宽对韦法保说：“侯景狡猾，肯定不会入关，虽然他对您很亲热，但恐怕难以信赖。假如设下埋伏将其斩首，将是难得的功劳，如果做不到，就该严加戒备，不要相信他的花言巧语，到头来落得自己后悔。”韦法保深以为然，但他不敢图谋侯景，只是加强了警备而已，不久，他又向侯景告辞，率军回到了本镇。韦法保离去后，王思政也秘密将贺兰愿德等人召回，将西魏军队分别派到侯景献出的七个州、十二个军镇里。侯景果然推辞不肯入朝，他给宇文泰写信道：“我既然以与高澄并列为耻，岂能与老弟平起平坐？”宇文泰命令行台郎中赵士宪将增援侯景的军队全部召回，侯景遂全心全意投降南梁，西魏将领约率领所部一千多人投靠了侯景。宇文泰将授予侯景的使持节、太傅、大将军、兼尚书令、河南大行台、都督河南诸军事又授予王思政，王思政推辞不受，宇文泰派人再三劝说，最终，王思政仅仅接受了都督河南诸军事。王思政不是宇文泰的嫡系，宇文泰此举也是为了拉拢他。

在稳定了内部之后，东魏大将军高澄以弟弟高洋为京畿大都督，留守邺城，命黄门侍郎高德政（高佑重孙、高颢之子）辅佐，六月十二日，高澄回到晋阳，正式宣布了高欢的死讯。七月二日，东魏孝静帝主持高欢的丧礼，他身穿缌麻丧服（最轻的一种丧服），追赠高欢为相国、齐王，规格按照九锡之礼。三日，东魏朝廷任命高澄为使持节、大丞相、都督中外诸军、录尚书事、大行台、渤海王，高澄推辞。七日，孝静帝下诏以太原公高洋暂时接管军国大事，命宦官前去晋阳敦促高澄接受。

七月二十五日，南梁将领羊鸦仁率部进驻悬瓠城，二十九日，梁武帝下诏以悬瓠城为豫州治所，以寿春为南豫州治所，改南豫州原治所合肥（安徽省合肥市）为合州治所，北广陵（河南省正阳县）为淮州治所，项城为殷州治所，合州（广东省雷州市）为南合州。以西阳（河南省光山县西）太守羊思建为殷州刺史，镇守项城。

四一三 侯景之叛（三）

在侯景和东魏之间，梁武帝选择了侯景。

在萧衍看来，东魏内乱、侯景叛梁是南梁收复黄河以南之地、瓦解东魏的一个天赐良机。有侯景在河南，梁军即便再不济，至少可以蚕食东魏黄河以南部分地区吧？然而，他过高地估计了梁军的实力。

世风日下的梁国已经像萧衍一样成了一个垂暮的老人，外表看起来没有什么两样，但实际上已经千疮百孔，就差轻轻一推，大厦就会轰然倒塌，但此时的萧衍对此似乎毫无察觉，他正安排一场对东魏的大规模战争。

萧衍原打算以鄱阳王萧范为元帅，但萧范早已心存不轨。还是荆州刺史萧续生前，萧范就与萧续不和，萧续曾上书称萧范谋反，萧范也上书辩白，梁武帝没再深究。梁武帝年事已高，太子萧纲与邵陵王萧纶关系非常紧张，当时，有童谣称："莫匆匆，且宽公，谁当作天子，草覆车边已。"萧范自认为等萧衍死后，萧衍的儿子们肯定会内讧，而自己的名字又出现在谶语中，自己肯定会趁机平定天下，因此，内心窃喜，一直在等待时机作乱。等到萧衍意欲让萧范当元帅时，正巧朱异在家休假，他匆匆忙忙从家里赶到宫中，对萧衍说："鄱阳王雄才大略，等令下属死心塌地地替他卖命，然而，他的军队所到之处非常残暴，他也不是解救百姓灾难的合适人选。昔日陛下曾登临北固亭，称江南有反叛之气，骨肉兄弟之间将成为凶手，今天的决定还请陛下三思。"萧衍沉默了很久，说："会理怎么样？"萧会理是萧衍四子萧绩的儿子，他自幼聪慧，萧衍非常喜爱。朱异回答："陛下得到合适的人选了。"

八月一日，萧衍下诏进行全国动员，大举讨伐东魏，并以萧会理为统帅。

其实，萧会理既懦弱又无能，他将自己乘坐的小轿用木板加厚，外面又蒙上牛皮——外面的轿夫死了，这么坚固的轿子又有什么用呢？萧衍听说后，心中非常不快。正巧豫州刺史、贞阳侯萧渊明当时镇守在寿阳，屡屡上书请求北伐，萧衍遂同意了。萧会理自认为是皇孙，又是大军统帅，自萧渊明以下的将领们他全然不予接见。萧渊明与众将暗中向朱异打小报告，当时，萧会理已经进抵宿豫，萧衍将萧会理追还，而任命萧渊明为都督。萧渊明是萧衍长兄萧懿的第五子。萧会理无能，萧渊明也好不到哪去。这位萧渊明在担任豫州刺史期间，百姓们要立碑给他歌功颂德，从远处采集石头，萧渊明亲自率领大家将石头拉到州城，有人就讥笑他说："这是大王你自己给自己立碑，并非是百姓们要给你立碑啊！"

八月二十四日，南梁武州刺史萧弄璋攻克了徐州近郊的啧泉、吕梁两座堡垒。萧衍给萧渊明的指令是："侯景的目的是要扫清邺城、洛阳，报仇雪耻，他先期率领部队前去安抚平定。你率领的梁军只用停留在寒山（江苏省徐州市铜山区东南），在那里修筑水坝，引来清河河水倒灌彭城。大水一到，孤城自然沦陷，千万不可轻举妄动。"萧衍自从用水倒灌寿阳成功后，此次他要故技重演，于是，进抵彭城城下的梁军将士们又当了一次工程兵。

当梁军大举北伐时，东魏新任大丞相高澄又从晋阳回到了邺城，八月七日，他来到邺城后，坚决推辞大丞相一职，东魏孝静帝下诏令其继续担任大将军，其余职务，即使持节、都督中外诸军、录尚书事、大行台、渤海王照旧。二十日，东魏朝廷将高欢虚葬在漳河西岸（北齐时该陵墓被尊称为义平陵），而在成安（河北省成安县）鼓山石窟佛像顶端的旁边，秘密开凿一处洞穴，将高欢的灵柩安放在洞穴内，并将工匠们全部杀死。等到北齐灭亡后，一个工匠的儿子知道此事，偷偷挖开洞穴，盗取随葬的金子而去。

东魏孝静帝元善见长相俊美，又力大无穷，能挟着石狮子翻越宫墙，他能文能武，既喜爱文学，又擅长射箭，百发百中，当时的人们都将认为他有孝文帝的风范。虽然高澄是孝静帝的姐夫，而孝静帝又是高澄的妹夫，但二人之间谁都知道那只是政治婚姻，全然不可当真，而雄武的孝静帝却让高澄真真切切地感到压抑。高欢在世时，他一直以为曾将孝武帝逼得出奔关中是自己一生的污点，因此，对孝静帝非常恭顺，朝中事务不论大小全都要向孝静帝禀报，由孝静帝最后裁决。每次高欢来到邺城侍奉孝静帝饮宴，也总是低头拜伏在地，恭恭敬敬地向孝静帝敬酒。孝静帝举办佛法大会时，乘坐人拉的车子出外烧香，高欢手持香炉徒步跟随，弯腰静息，看着孝静帝的眼色行事，因此，在高欢生前，东魏群臣对孝静帝都不敢不恭顺，但是，高澄掌权后，顿时傲慢异常。他任命大将军中兵参军崔季舒为中书黄门侍郎，监视孝静帝的一举一动，他在给崔季舒的书信中称：“那个傻瓜近来咋样了？与过去相比是不是傻得轻点了？要用心看管着他！”孝静帝曾在邺城东郊打猎，他骑马奔驰，行走如飞，监卫都督乌那罗受工伐从孝静帝的身后大喊道：“天子别飞马，大将军会怪罪！”一次，高澄参加孝静帝的宴会，他拿起一个大杯子在孝静帝面前一晃，说道：“臣高澄敬陛下一杯！”高澄只是举杯，并没有叩拜，这当然不是君臣之礼，因此，孝静帝怒火中烧，说道：“自古没有不灭亡的国家，朕活着又有什么意思！”高澄也恼了，说道：“朕，朕，朕，你这个狗脚朕！”当即命令崔季舒打了孝静帝三拳，然后，站起身来，扬长而去。第二天，他又让崔季舒入宫向孝静帝道歉，孝静帝也表示歉意，还赏赐给崔季舒一百匹绸缎。孝静帝不堪侮辱，曾吟咏谢灵运的诗：“韩亡子房奋，秦帝鲁连耻。本自江海人，忠义动君子。”常侍、侍讲荀济，原为江东人，还曾是梁武帝的老友。荀济一直对梁武帝不服气，他还曾劝谏梁武帝不要佞佛，梁武帝大怒，将要杀死他，幸赖朱异告密，荀济才逃奔东魏。高欢生前，高澄建议让荀济当孝静帝的侍讲，高欢说：“我爱惜荀济，想保全他的性命，所以才一直不用他，他一旦入宫，肯定会出事。”荀济知道孝静帝的心思，就与祠部郎中元谨、长秋卿刘思逸、华山王元大器（元鸷之子）、淮南王元宣洪、济北王元徽等人密谋，诛杀高澄。孝静帝假装给荀济写信说：“你打算哪天开讲？”装作在宫内修筑土山，实际上向城北开挖地道。当挖到千秋门的时候，守城卫士听到地下的声响，遂向高澄报告。高澄率领军队进入皇宫，见到孝静帝后，也不行礼就坐了下来，说：“陛下你为啥要反？臣父子对社稷立下大功，有哪点对不起陛下？这肯定是你身边的嫔妃们干的！”说毕，就要杀死胡夫人和李嫔。孝静帝严肃地说道：“自古以来，只听说臣下造君主的反，还没听说过君主造臣下反的。大王自己要造反，为何反来责备我呢！我杀了大王你，江山社稷就平安了；我不杀你，则很快就要灭亡，我自己的性命尚且毫不怜惜，何况是我的嫔妃们！你一定要弑君篡位，是早是晚，全由你自己决定！”高澄听了，遂从座位上下来，号啕痛哭，表示谢罪，然后喝得大醉，直到深夜才出宫。三天之后，高澄将孝静帝软禁在含章堂，八月二十八日，高澄下令将荀济、元谨等人全部用滚水煮死。临刑前，侍中杨愔对荀济说：“岁数这么大了，何苦如此呢？”荀济回答：“豪情壮志还在！”高澄想赦免了他，亲自询问他说：“荀大人为何要谋反？”荀济回答："奉诏诛杀高澄，怎么说是谋反？"遂被杀。高澄还怀疑咨议参军温子升知道元谨等人的阴谋，不过，此时温子升正奉命撰写《献武王（高欢）碑》。等到温子升写完后，高澄下令将他投入晋阳监狱，断绝饮食，温子升啃吃棉絮，最终饿死。温子升死后，尸体被抛弃到路边，家人充作奴婢。太尉长史宋游道收拾温子升的尸体，予以安葬。高澄对宋游道说："我近来给京师的大员们写信谈到你，曾认为你喜欢交结朋党，这将是你的缺点。如今我才看清楚你是一个重视旧情、崇尚节义的人，天下替你担忧的人都是不了解我的内心啊！"

九月三日，高澄回到了晋阳。

四一四 寒山之战

九月九日，萧渊明率领的十万梁军进抵彭城东南的寒山，距离徐州仅十八里，此时，侯景的军队也从悬瓠向东北而来，进驻涡阳，与梁军互为犄角。

在此，梁军开始修筑围堰，切断泗水河道。侍中羊侃负责修筑工作，经过二十天的施工，梁军即将水坝筑成。东魏徐州刺史王则闭城固守，大水几乎淹没了彭城，水位距离城墙顶端仅仅三块木板那么高，羊侃劝说萧渊明利用不断上涨的水势，发起进攻，但萧渊明不从。

东魏大将军高澄以大都督高岳率军解救彭城，打算任命潘乐为副将。陈元康说："潘乐反应迟缓，不如慕容绍宗；况且，重用慕容绍宗，这是先王的遗命。大人对此人只用推心置腹，就不用担心侯景。"当时慕容绍宗在外地任职，高澄打算召见他，又担心他惊恐不安，激成变乱。陈元康又说："慕容绍宗知道我受到您的厚爱，曾派人给我送来厚礼，表明他的忠心。我为了安抚他，接受了他的贿赂，并给他回复了一封措辞诚恳的书信，我敢担保他不会有异心。"

十一月二日，东魏朝廷任命慕容绍宗为东南道行台，节度三徐州、两兖州诸军事，与大都督高岳、潘乐一起出征。起初，侯景听说韩轨前来，说道："啃猪肠子的小子又能拿我怎样？"听到高岳前来，说道："部队精锐，统帅平庸。"对高岳率领的众将，侯景没有一个看得起的。等听说慕容绍宗也来了，侯景不禁敲打着马鞍，面露畏惧之色，说道："是哪位让鲜卑小儿懂得将慕容绍宗派来的？真是这样的话，难道说高王并没有死？"高澄另以廷尉卿杜弼为军司，代理行台左丞。杜弼临行前，高澄询问做好后方政务的要点以及可以引以为戒的事情，写出几条来。杜弼回答："治理天下最重要的事，莫过于赏罚二字了。赏赐一个人，能够让全天下的人们都喜悦；惩处一个人，也能让全天下的人们都畏惧。假如这两件事情做好了，什么事情都完美了。"高澄听了大喜，说道："杜弼的话，可谓是言简意赅啊！”

慕容绍宗率领十万东魏军进驻寒山附近的橐驼岘。羊侃劝说萧渊明趁东魏军远来疲惫，发起进攻，但萧渊明不从；第二天清晨，羊侃再次劝说出战，萧渊明仍然不听。羊侃遂率领本部人马驻扎在水坝之上。众将与萧渊明商量军务，萧渊明无言以对，总是发怒说：“我自会随机应变，你们不要多言！”萧渊明既想不出奇思妙想，又控制不住下属众将，梁军各部遂到处抢掠当地百姓，萧渊明唯一能做的只是禁止本部人马不得抢掠而已。

十一月十三日，慕容绍宗率领的东魏大军来到了彭城城下，他亲率一万多步骑直扑潼州（治所安徽省泗县）刺史郭凤的大营，企图掘开水坝放水。萧渊明昏醉不能起身，下令众将率军救援，众人无人敢出战。东魏军逐渐逼近梁军大营，梁军上下顿时惊恐不安起来。梁北兖州（治所江苏省淮安市东南）刺史胡贵孙对谯州（治所安徽省蒙城县）刺史赵伯超说：“我们率领军队来到这里，目的是干什么呢！如今遇到敌人却不敢出战吗？”赵伯超畏惧不敢回答。胡贵孙遂单独率领本部人马杀入东魏阵中苦战，斩首二百级。赵伯超手握数千军队，眼睁睁地看着自己的同伴拼杀，却不敢解救，他对下属们说：“敌人如此强大，出去交战肯定要败，不如保全军队早早撤回，也可以免去罪过。”下属们都表示同意。赵伯超命令属下准备良马，带上爱妾，这时，他的儿子赵威方将要出战，赵伯超赶忙派人制止，遂一起向南而逃。胡贵孙所部全部战死或被俘。

当初侯景曾告诫梁军：“乘胜追击时不要超过两里。”战前，慕容绍宗担心梁军强悍，自己的军队抵挡不住，将手下将领一一唤至跟前交代：“我将假装败退，引诱梁军追击，你们趁机抄他们的后路。”两军交战中，东魏军确实败退了，梁军却没有听从侯景的告诫，乘胜追击，而东魏士兵们见状，以为慕容绍宗的计划实现了，遂争先恐后地进行反击，结果，梁军大败。昏醉中的萧渊明以及胡贵孙、赵伯超等二百多名将领都被东魏军队俘虏，损失了数万梁军。羊侃得以安全返回国内。郭凤退守潼州，东魏军趁势将其包围，十二月一日，郭凤弃城南逃。萧渊明被俘后，因其能约束自己的部队不骚扰百姓，被东魏人称之为义王。他被送到邺城，孝静帝亲自接见了他以及被俘的梁将，又把他们送到了晋阳。高澄对萧渊明非常看重，对他说：“先王（指高欢）与梁主和好了十多年，听说梁主的礼佛文，也经常说为魏主以及先王祈福，这都是梁主的深情厚谊。只是没有想到突然失信，导致这番纷扰。”

败报传到建康的时候，梁武帝正在午睡。宦官张僧胤把他唤醒，说朱异有紧急军情要禀报。梁武帝大吃一惊，猛地站起身来，乘坐轿子来到文德前殿。朱异说："寒山大败。"梁武帝听了，脑子一片空白，摇晃了一下，将要栽倒下来。张僧胤赶忙上前，将他扶稳、坐好。萧衍长叹一声，说道："难道我将步晋朝的后尘吗？"

寒山大捷后，东魏命令军司杜弼写下檄文，送给梁朝，檄文的大意是说："我们的君主和宰相都爱好和平，所以才与你们和好，虽然这个提议是我们提出的，但你们获利最大。侯景不过是一个无赖，他自己疑神疑鬼，投靠了西魏，西魏已与他结下君臣、兄弟之亲，难道说对他没有恩情吗？但仍然难以把他留住，顷刻之间，就干戈相向。侯景已恶贯满盈，走投无路，因为你们那里是罪犯聚集之地，遂甜言蜜语，希望将他收留。谁知你们那里竟然幸灾乐祸，忘恩负义，君主荒唐，群臣蒙蔽，收容了大奸大恶，断绝了睦邻关系，动员军队，声称要保卫边疆，实际上是要侵扰我国领土。

"世事无常，有时候看似有利，其实却有害，有时候虽然得到了一点利益，但失去的更多。春秋时，吴国入侵越国，却引来了越国勾践卧薪尝胆之后的反击；战国时，赵国接受了韩国的上党之地，却招致了秦国对其毁灭性的长平之战。何况你们驱赶疲惫之民，入侵我徐州，舍弃你们擅长的战舰，企图与我们在陆地上争锋，因此，双方刀枪刚一交接，你们就已经土崩瓦解。是非曲直如此明显，强弱又如此悬殊，得到一个侯景，竟然与一个国家绝交，看见黄雀却忘了陷阱，这都是智慧的人所不做的事，仁爱的人也绝不会效法的。

"侯景遭遇风云际会，位高权重，早该知足了，然而，他仍然冒进不已，由此也可以看出他的野心了。你们却授予他锋利的武器，让他的奸谋能够得逞。如今，南方显然已经衰亡，侯景这个老贼将要施展他的图谋了。虽然他并非孙子、吴起之类的名将，也没有燕赵的精兵，但他毕竟长期在军队里摸爬滚打，与我们为敌当然不行，打你们则绰绰有余。将来，恐怕要成尾大不掉之势，征召他入朝，他会很快谋反，但造成的危害会小些；不征召他的话，他叛变的日子会拖后一些，但对你们的危害会更大。

"人们并未听说过你们的君主有多少美好的德行，却一直以来轻浮阴险，他年事已高，昏庸无道，政治腐败，百姓流离失所。加上他用人失当，废立无序，装腔作势，愚弄百姓，一肚子恶念，却还说什么戒律；满脑子浮躁，还妄称清净。上天降下了灾祸，民间充斥着怨恨，人人困苦，家家思乱，寒霜已久，坚冰将成。散播浮躁的风气，委任轻薄的子孙，朝中有朋党，兵权又旁落，骨肉之间将要发生争斗，干戈将直指皇宫，结果将外部瓦解，内部崩溃。”

杜弼的话就像是一个精准的预言，仅仅几年后，梁朝覆灭的过程，几乎与杜弼说的一模一样。

四一五 侯景南归（一）

寒山之战后，慕容绍宗即将兵锋指向了侯景。

在此前后，东魏朝中都说侯景有北返的打算，恰巧侯景的部将蔡道遵叛归东魏，称侯景颇有悔过之心。高澄信以为真，认为可以说服侯景，遂给侯景写信，称："先王与司徒你同甘共苦，肝胆相照，我也常想将儿孙托付给你，怎料想你却没有像忠臣那样行事，走上了背叛之路。你率领乌合之众，力量不足以自保，向西求救于宇文泰，又向南求救于萧衍，首鼠两端，满腹狐疑，降秦则秦人不容，归吴而吴人不信。这肯定是喜乱乐祸之人对你的误导，我这个丧父的人无端招祸，但为了国家的利益，我暂时忘掉私情，派遣偏师前去讨伐，南兖州（治所安徽省亳州市）和扬州（疑为北扬州之误，治所河南省沈丘县）立刻就被收复了。当时曾想趁势攻下悬瓠，只因天气炎热，故此暂时撤军，等以后再说。如今，秋高气爽，士马精强，正是讨伐之时。聪明的人会离开危险之地，智慧之人能转祸为福，我抱着'宁可让人对不起我、我决不对不起别人'的态度，广开迷途知返之路，如果你能卷起铠甲入朝、放下箭袋回国，我将立即授予你终身豫州刺史之职，所属文武均不予追究，保全他们的职位。现在，西魏的王思政等将远来深入，他们的性命都在你的掌握之中，你要是刺杀他们，想必是有余力的。假如你能做到，我将加封你的官位，你家人也都可以安然无恙，妻子儿女全部奉还，两家结为秦晋之好。如今，你不能封锁住函谷关，南面称王，却受制于人，威名尽失。得到土地却不想守住，聚集部众无法自强，白白背负着背叛的恶名，遭受断子绝孙的灾祸，生于天地之间，难道不觉得羞愧吗！我虽然不该给你送去这封书信，只因蔡道遵（《北齐书》称蔡遵道）称：'司徒本来没有投降西魏的意思，内心已非常后悔。'我不知道这话是真是假，所以才写了这封信。何去何从，想必你自己会作出明智的选择。"

侯景让王伟回信道：

我是个乡下老百姓，本来就没有什么才能，挺身为国，已经过去二十多年了，出生入死，虽得到了当时的荣华富贵。可是，我突然高举战旗，拿起战鼓，与北方的朝廷相抗的原因是什么呢？无非是担心自己灭亡而已。去年年底，您尊敬的父王患病，不治身亡，其后，奸佞之人就掌握了大权，致使亲信都离心离德，我的妻子儿女在家中无端被包围，等到我回到长社后，打算亲自上书说明情况，但书信还没有发出，大兵就已经来临。两军对垒后，我更是希望能表达出我的真情，但你们的将帅们自恃强大，全然不予理睬，构筑水坝水淹我的城池，仅有三个木板那么厚就淹没了城墙，举目四顾，命悬一线。不想去死，遂出城作战，又给西魏献上土地投降，难道这是我愿意做的吗！野兽怕死，人人想活，我又有什么罪过？况且，你尊敬的父王与我虽然权势稍有不同，但丞相与司徒是相差无几的。福禄虽然是上天赐予的，但也是自己努力的结果，要想让我像豫让那样漆身吞炭去报恩，这是多么荒谬啊！如今魏国皇室虽然衰弱，但天命未改，你竟然让我对你家报恩，这种想法还能说出口？你嘲笑我受制于人，还说我部众不强，商纣王虽然拥有很多部众，百战百胜，最终却灭亡了，因此，如果能够忠诚信义，虽然开始弱小，最终会变得强大。况且，如今南梁国运鼎盛，以礼相招，正欲涤荡四海，说这是弱小，什么才是强大？还说我被梁国和西魏猜忌，这也太离谱了！昔日，陈平离开楚国投靠汉王，汉国强大；百里奚离开虞国来到秦国，秦国遂建立了霸业，这都是因为君主是昏庸、贤明的不同啊。你在信中还说士马精强之类的，无非是在虚夸，目的是要消灭我，你只知道以力相争，却不明白西魏已与南梁结好，只想着前进，却不知道陷阱就在你的身边。我现在已经是离开了危险之地，转祸为福，你嘲笑我过于痴迷，但我还耻笑你太过糊涂。如今，我引导南梁和西魏两个国家向北讨伐，将收复中原，荆州、襄州、广州、颍州已经归西魏所有，项城、悬瓠也属于南梁，我替你打算：不如割地求和，三分鼎立，燕、卫、赵、晋之地，足够你生活之用，齐、曹、宋、鲁，都归南梁。我甘愿充当促使南北和好的使者，我立下当世之功，你保住你父亲的基业，我们各自保境安民，百姓也可以安居乐业，这总比你把农夫从田野里驱赶到战场上，与三方的敌人交手，即使吕太公为统帅，也无能为力。你在来信中还说，我的妻子老幼都在司法部门里，想以此来要挟，指望我会因此北归。你的这种想法可能是想偏了，不懂得大道理。过去王陵投奔刘邦，母亲在楚国，他也义无反顾；项羽抓获刘邦之父太公，威胁着要烹杀太公，刘邦毫无惧色，还请求分一杯肉汁吃，何况妻子儿女，难道我会放在心上？假如你认为杀死他们，对你有好处，我是无法制止的；杀了他们，对我没有损失，你再加以斩杀，我的家眷在你的手上，与我无干。蔡遵道所说也不全是假的，因此，我才啰里啰唆地说了这么多。昔日，我与盟主与琴瑟一样关系和谐，奸佞之人进了谗言，以致成为今日的仇敌。我抚摸着琴弦，拿着弓箭，不觉伤感，撕裂布帛，写下回信，还能说些什么好呢？

高澄接到侯景的回信后，问这封信出自何人之手。有人回答："他的行台郎王伟。"高澄说："王伟有如此大才，怎么不让我知道？"高澄打算离间侯景与南梁的关系，在书信上又故意说，本来是让侯景假装投降西魏，想一起引诱西魏，结果西魏发觉了，所以，才与侯景密谋图谋南梁。东魏将这封书信泄露给了南梁，但南梁人根本不信。

侯景率部进攻谯城（安徽省亳州市），却没有攻下，转而攻下了城父（亳州市东南），与东魏军刘丰生所部相持。十二月九日，他派遣行台左丞王伟、左户郎中王则来到建康，劝说梁武帝："邺城文武密谋，召臣侯景一起讨伐高澄，事情败露，高澄将孝静帝元善见囚禁在金墉城内，屠杀了元氏六十余人。河北民心都怀念旧主，请求册立一位在江南的元氏贵族为主，以顺应民意。这样一来，陛下有兴亡继绝的美名，臣侯景也能以此建立功勋，黄河南北就成了帝国的附属国，全境也都是帝国的臣子。"梁武帝觉得有理，十二日，他下诏以太子舍人元贞为咸阳王，分拨给他一部分军队，让其回到北方，等到他渡过长江以后，梁武帝承诺拥立他为皇帝，并将备用的御用仪仗队交给了他。元贞是元树的儿子。

慕容绍宗率军进攻侯景，侯景辎重数千辆，战马数千匹，士卒四万人，退守涡阳（安徽省蒙城县）。慕容绍宗则率领十万得胜之军，战旗招展，铁甲耀眼，长驱南下，直逼涡阳。侯景心生怯意，他对部下说："高岳所部精锐，慕容绍宗是一位老将，大家不要掉以轻心。"他派人对慕容绍宗说："你是想送客呢？还是要与我决一雌雄呢？"慕容绍宗回答："将与你决一胜负。"遂顺风立下阵势。侯景见状，紧闭大营，拒不出战，等到风停下来后，他才率军出营。

战前，慕容绍宗对大家说："侯景诡计多端，喜欢进攻对手的侧背。"遂命令后卫严加戒备。果然，侯景命令一支部队进攻东魏的后卫。在激战中，侯景命令战士们全部改穿轻便铠甲，手持短刀，冲入东魏军中，低头向前，猛砍东魏骑兵的双脚和马蹄。东魏军遂大败，慕容绍宗从马上摔下，仪同三司刘丰生负伤，显州刺史张遵业被擒。慕容绍宗和刘丰生逃到谯城，裨将斛律光（斛律金之子）、张恃显埋怨他们竟然会失败。慕容绍宗说："我经历了太多的战斗，从未见过像侯景这样难以对付的对手，你们不信的话，去打个试试！"斛律光披上铠甲，将要冲出军门，慕容绍宗警告他说："千万不要渡过涡水！"斛律光、张恃显二人遂在涡水北岸列阵。

斛律光跨马来到河边，向南岸射箭挑战。斛律光自己就是一名神射手，他曾跟随高澄打猎，看见一只大鸟在云中飞翔，斛律光一箭射去，正中大鸟的脖颈。那鸟像车轮一般旋转着落下，落到地上一看，才知道是只大雕，当时被人称为"落雕都督"。

侯景对他说："你是为了立功而来，我是害怕被杀而逃。我是你父亲的朋友，为何要射我？你怎么懂得不渡过涡水？肯定是慕容绍宗教会你的。"斛律光无话可说。侯景命令部下田迁一箭射中了斛律光的战马，斛律光赶忙换了一匹马，藏在一棵大树的后面，田迁再射一箭，又射中了斛律光的马，斛律光吓得赶紧退到军中。斛律光、张恃显二将遂大败，斛律光逃归，张恃显被俘后，又被侯景释放。斛律光逃入谯城后，慕容绍宗对他说："这回咋样？还埋怨我呢？"开府仪同三司段韶暗中在涡水上游放火，侯景率领骑兵进入涡水中，然后又上岸，将草地弄湿，大火遂被熄灭。

四一六 侯景南归（二）

侯景与东魏军队相持了一个多月，最终，侯景军粮吃完了。

太清二年（公元548年）一月七日，慕容绍宗率领五千精锐骑兵夹击侯景。当初，侯景哄骗手下说："你们的家属都已经被高澄杀了。"大家都听信了他的话，一直追随着侯景，不愿投降，但慕容绍宗得知后，他远远地对侯景的部众说："你们的家属全都安然无恙，如果你们归降，你们的官爵照旧。"当即，他下得马来，披头散发，对着北斗星发誓，绝不食言。军粮吃尽后，侯景遂决定南撤，但是，他的部众大多是北方人，打心眼里不愿南渡，这时，听说家属都还好好的，遂纷纷投降，司马世云首先率部投降了东魏，暴显等人随后也率领本部人马投降了。

慕容绍宗趁势杀来，侯景所部顿时崩溃，损失甲士四万人，马四千匹，辎重一万多辆，士兵们争先恐后地跃入涡水，河水为之不流。侯景与数名心腹昼夜兼行，仓皇南逃，他们从硖石（安徽省凤台县西南）渡过了淮河，一路上收集残兵败将，得到了八百名步骑。一行人经过一座小城，有人登上城墙朝着侯景谩骂道："你这个跛子！想要干什么！"侯景大怒，指挥部队攻陷了小城，斩杀了谩骂他的那人，然后离去。东魏军远远追赶，一直不敢紧逼，侯景给慕容绍宗传话："我侯景如果被擒，你哪里还有用武之地？"听后，慕容绍宗遂放了侯景一条生路。

此时的侯景虽然被慕容绍宗放了一条生路，却失去河南所有的据点，真可谓是上天无路，入地无门，天下之大，竟无立锥之地。

渡过淮河后，他们已进入梁国国境，这里对于侯景来说，是一个完全陌生的地方，这区区八百步骑究竟能有什么作为！

然而，奇迹竟然真的就发生了！

雍州刺史、鄱阳王萧范刚被转调为南豫州（治所安徽省寿县）刺史，接替被俘的萧渊明，还未到任，寿春州务暂时由监州事韦黯（韦睿之子）代理。马头（安徽省怀远县东南）戍主刘神茂素来受到韦黯的歧视，听说侯景前来，他特意前去迎接。

侯景问道："寿阳城池险固，距离这里不远，我打算投奔那里，韦黯会接纳我吗？"刘神茂回答："韦黯虽然住在寿阳，但只是一个监州而已。大王如果抵达城外，他肯定会出城迎接，趁机将他逮捕，可以成就大事。占领寿阳之后，再向朝廷禀报，朝廷肯定会庆幸大王能够南归，绝不会怪罪大王的。"

刘神茂的话对于侯景而言，真的是雪中送炭。他紧紧握住刘神茂的双手，激动地说道："这是上天派你来的啊！"刘神茂请求率领一百名步骑作为先导。

一月二十日深夜，侯景来到寿阳城下。

韦黯还以为有盗贼攻城，率军登上城墙戒备。侯景派人对韦黯说："河南王兵败来到此地，请速速开门。"

韦黯回答："我没有接到皇帝的命令，不敢从命。"

侯景对刘神茂说："看来是不行了。"

刘神茂回答："韦黯懦弱而又头脑简单，可以派人说服他。"侯景遂派遣寿阳人徐思玉入城来见韦黯。徐思玉对韦黯说："河南王是朝廷的贵宾，这您都知道。如今，他失利来此，为何不接纳呢？"

韦黯回答："我受命守卫此城，河南王自己战败，与我有什么关系？"

徐思玉说："朝廷将边疆交给大人，如今，您却不开门，假如魏军追来，河南王为魏军所杀，大人岂能单独活着？纵使不死，还有什么脸面再见皇上？"韦黯听了，觉得徐思玉说的对。

徐思玉出城向侯景禀报，侯景大喜道："救我性命的，就是你啊！"

二十一日，韦黯开门，将侯景迎入城内。入城后，侯景当即派遣部将把手住了寿阳四门，并把韦黯抓住，对其痛斥一番，将要杀掉他；在戏弄韦黯一番后，侯景又突然拍着巴掌，哈哈大笑，又把韦黯放了，并下令大摆筵席，饮酒作乐，尽欢而散。

南梁朝廷听说侯景兵败的消息，却并没有得到确切的报告，有人说："侯景及其将士已经全军覆没。"南梁朝野都非常担忧。侍中、太子詹事何敬容前往东宫，太子萧纲说："淮北刚刚传来消息，侯景已经脱身，并非如先前传闻的那样。”何敬容却说：“如果侯景真的死了，那才是朝廷的洪福啊！”萧纲听了大惊失色，询问缘故。何敬容说：“侯景是一个反复无常的叛臣，最终将会把我国搞乱。”太子萧纲在玄圃园向侍从们讲解老庄，何敬容对学士吴孜说：“过去西晋崇尚清谈，结果致使中原落入胡人之手，如今东宫也是如此，江南也将沦为异族之地吗！”

一月二十二日，刚刚强占了寿阳的侯景派遣仪同三司于子悦快马入京，向南梁朝廷报告自己的下落，并请求梁武帝给自己贬官削爵，武帝以温和的语气下诏对其进行安抚。侯景还请求朝廷运来物资，梁武帝考虑到侯景刚刚失败，不忍心将其迁往其他地方，遂正式任命他为豫州牧，改任鄱阳王萧范为合州刺史，镇守合肥。

就这样，侯景在寿阳安顿了下来。

在侯景战败后，一月十二日，南梁豫州刺史羊鸦仁也是闻风丧胆，以粮运不通为由，弃守悬瓠，返回了义阳。殷州刺史羊思达也丢下项城南逃。东魏军队轻松收复了这两座城池。梁武帝得知后，大怒，将羊鸦仁训斥了一通。羊鸦仁害怕了，上书请求限期收复失地，不敢驻守义阳，北上驻扎在淮河南岸。二月，东魏诛杀了侯景的同党、南兖州刺史石长宣，其余胁从人等，全部予以赦免。至此，东魏已经收复了除侯景划归西魏之外的原有河南之地。

东魏在击败梁军、赶跑侯景之后，已扭转了不利态势，如今，摆在高澄面前的两件事：一是夺回被西魏占领的原属东魏的领土；二是挑拨侯景与南梁朝廷的关系，消除侯景这个隐患。

三月二十日，东魏大将军高澄亲自率领大军从晋阳南下，来到黎阳（河南省浚县），而后，他从虎牢（河南省巩义市东）渡过黄河，西进到洛阳。西魏同轨长史裴宽与东魏大将彭乐等交战，被彭乐生擒。高澄对裴宽非常优厚，裴宽寻找个机会，逃回了西魏。高澄则从洛阳又返回了晋阳。四月十三日，东魏朝廷派遣太尉高岳、行台慕容绍宗、大都督刘丰生等人率领十万步骑进攻西魏荆州刺史王思政驻守的颍川。王思政原驻守在襄城（河南省襄城县），想把治所迁到长社（河南省许昌市），派遣使者魏仲向太师宇文泰报告，并给淅州（治所河南省南阳市西峡县北）刺史崔猷（崔孝芬之子）写信。崔猷回信说：“襄城控制着洛阳一带，的确是战略要地，有个风吹草动，容易相互支援。颍川既挨着敌人，又一马平川，敌人一旦前来，一下子就突至城下了。不如驻扎在襄城，作为治所，而将颍川作为另一个据点，派遣良将驻守，这样，相互支援，人心容易安定，纵使出现意外，也造不成损害。”魏仲又面见宇文泰，将两种意见都向他做了汇报，宇文泰命令按崔猷说的做，王思政却反复请求，并且约定：“敌人从水路进攻的话，我能坚持一年，从陆路来攻的话，我能坚持三年，在这个期限里，不用朝廷派兵援救。”

高岳势在必得，王思政踌躇满志。当王思政看到高岳率领东魏大军来到颍川城下时，他下令偃旗息鼓，仿佛城内无人一般。高岳自恃人多势众，立即下令从四面攻城，正当东魏军一心朝城上攀爬时，突然，颍川城门竟然大开，王思政率领精锐士兵从城内杀出，顿时东魏军大败。不久，东魏军卷土重来，高岳下令在城外堆积土山，不分昼夜对颍川发起猛攻，王思政又趁机夺取了土山，还在上面修筑堡垒固守。

四一七 心怀叵测

东魏收复旧境后，即多次向南梁派出使者希望能恢复友好关系，但南梁朝廷并没有同意。

萧思话之孙萧介上书警告梁武帝说："我听说侯景在涡阳战败，单人匹马来到我国，陛下不追究他以前造成的灾难，反而又加以接纳。臣听说恶人的本性难移，天下的罪恶是一样的。昔日吕布杀害丁原，改投董卓，最终又诛杀了董卓，流落当了盗匪；刘牢之背叛了王恭归顺晋廷，后来，又背叛晋廷，促使桓玄做出忤逆之事。这里的原因何在呢？狼子野心，永远都不会被驯服；豢养老虎，必定会因老虎饥饿而被吞噬。侯景狡猾凶恶，蒙高欢知遇之恩，在朝地位高至宰相，出外担任一方诸侯，然而，高欢坟墓上的土还没有干，侯景就立刻翻脸，反咬一口。力量不足，就投奔西魏；西魏不容，又转投于我。前不久，陛下之所以捐弃细流、接纳侯景，就是期望他能够作为我们的附属国，像西汉接纳归顺的胡人那样以之来讨伐匈奴，目的是想利用他的力量与东魏一战。如今，他既然已经丧师失地，成了边境上的一介匹夫，陛下却看重一介匹夫而丢弃一个盟国（指东魏），臣以为这是不妥当的！如果陛下还寄希望于侯景能够咸鱼翻身，重整旗鼓，报效国家，臣认为他不是在乱世中能够尽忠的忠臣：他抛弃祖国和家乡，如同扔掉一双破草鞋一样，背叛君主亲人就像抛弃一粒芥菜籽一般，这种人怎会仰慕陛下的盛德、甘心当我国纯粹的臣下呢！这是再也明白不过的事了，不用疑惑。臣已经老朽了，不应该干预朝政，但是，作为宗室遗老，我不能不进尽忠言啊！"梁武帝萧衍对萧介的忠心叹息、感动，最终却没有采纳他的建议。

高澄在寒山大捷之后，就派人请求与南梁恢复友好关系，这当然是为了摆脱受到西魏、南梁两面夹击的窘境，也为全力与西魏争夺失地创造条件，同时又起到离间侯景与南梁关系的作用，可谓是一石三鸟。高澄对萧渊明承诺说："如果梁主不忘旧好，我也不敢违背先王的意愿，被俘诸人全部放还，即便是侯景的家属也一并送去。”萧渊明派遣省事夏侯僧辩南下，把奏章送给梁武帝，萧渊明在奏章中写道：“渤海王是一位敦厚长者，如果两国恢复友好关系，将让臣回国。”梁武帝拿到萧渊明的奏章后，流下了眼泪，他召集重臣商议该如何处理。右卫将军朱异、御史中丞张绾等人都说：“息境安民，和为上策。”唯有司农卿傅岐一针见血，提出反对：“高澄遇到什么困境，急迫地需要与我国和解？这肯定是他设下了反间计，因此让贞阳侯派来使者，其目的是让侯景心存不安，一旦侯景心生疑虑，肯定要谋反。假如我们同意了他们的请求，正好堕入他的奸计之中了。”朱异等人坚决请求与东魏和好，而梁武帝也厌倦了继续进行战争，遂同意了朱异等人的意见，给萧渊明复信说：“知道了高大将军对你不薄，看了你的奏章，我心里非常宽慰。朕将专门派去使者，重建两国睦邻友好关系。”

夏侯僧辩路过寿阳时，侯景已听到了风声，他命人逮捕了夏侯僧辩，严刑拷打之下，夏侯僧辩和盘托出了实情。侯景遂让人以萧衍的口吻另外写了一封回信，而后，又上书梁武帝说：“高氏内心奸诈狠毒，北方人民怨声载道，天从人愿，高欢死去。其子高澄继续他父亲的罪恶，不久就要灭亡，上天之所以要让他打赢这一仗，不过是让他沉溺于胜利的喜悦，让他恶贯满盈而已。高澄的行径假如真的符合天意，国内没有心腹大患，为何他要匆匆忙忙地来求和呢？难道不是因为西魏军队已经扼住了他的咽喉，蛮族骑兵威胁他的侧背，所以，他才甜言蜜语前来乞求和平？臣听说‘一日纵敌，数世之患’。为何仅仅因为高澄一人，而让全天下的百姓失望？我认为，北魏强盛之时，莫过于我朝天监初年了，即便是当时，钟离大战，令北魏匹马不还。在他们最强大的时候，陛下尚且能够战胜他们，等到他们如今弱小后，反而心怀忧虑，要与他们和解！丢掉已经成就的功业，释放垂死挣扎的敌人，让他们在世间偷生，给后世留下灾难，这不仅仅让臣无奈，也让有志之士痛心。昔日，伍子胥逃到吴国，最终灭掉了楚国；陈平离开项羽，刘邦随之兴盛；臣的才能虽然比古人要低劣，但我的一片赤诚之心与古人相同。我深知高澄对叛逃而来的我心存忌惮，他请求与我们结盟，就是为了铲除他的后患。如果臣死了对帝国有益的话，臣万死不辞；但只怕千载以后，历史上会留下最丑恶的这一页！”侯景又给朱异写信，并送给他三百两黄金，可是，朱异收下黄金，把这份奏章搁置下来，没有送到梁武帝手中。

二月十七日，梁武帝向东魏派遣使者，对高澄表示哀悼之情。可以想见侯景听说后，是什么样的一种心情。他又上书梁武帝："臣与高氏结怨已深，我一直希望依靠您有朝一日能够报仇雪耻。如今陛下又与高氏和好，将把臣置于何地！请求对东魏宣战，弘扬国威！"梁武帝给侯景回信说："朕与大人你君臣之义已定，岂能在你成功时接纳，失败时背弃呢！如今高氏派人求和，朕也想偃武修文。是进是退，政府都有一定的规矩，你只用安享清福，不用多虑。"侯景又给梁武帝写信说："臣如今秣马厉兵，囤聚粮食，整顿军队，计算时日，收复赵魏，不愿师出无名，所以才请陛下做主。如今，陛下将臣抛弃到荒郊野外，一旦南北和好，恐怕我的性命最终难逃高氏的毒手啊！"梁武帝复信说："朕为一国最高统帅，岂能为小事失信于人？我猜想你一定能够体会到我的真心，不用再来信纠缠此事了。"

话虽如此说，但侯景毕竟是在人家的地盘上，而主人又要与自己的仇人和好，怎么说都让侯景忐忑不安。为了探明梁武帝的真实态度，他伪造了一封东魏写给梁武帝的书信，信中请求以侯景交换贞阳侯萧渊明。接到这封书信后，一向将仁义道德挂在嘴边的梁武帝竟然打算答应。舍人傅岐劝阻道："侯景走投无路，归顺我们，现在将其抛弃，这不吉祥，况且他身经百战，岂能束手就擒！"谢举、朱异却说："侯景不过是一个败将，派去一介之使就可以将其抓住！"梁武帝遂听从了，回信道："早上贞阳侯归国，晚上侯景就送去。"梁武帝的这封回信又被侯景截获，他对手下说："我早就知道这个老家伙是个刻薄狠毒之人！"王伟对侯景说："如今坐在这里等死也是死，聚众造反大不了也是死，请大王三思。"于是，侯景这才决心谋反，把豫州所属各郡的百姓全部征召为兵，停止征收商店的捐税和田赋，百姓的男孩子全部分配给将士们当奴仆，女孩当妻妾。

在侯景紧锣密鼓地整顿军队、准备谋反之际，交州司马陈霸先也最终平定了李贲的叛乱，而东魏则刚刚拉开了颍川包围战的序幕，到了这一年的五月，梁武帝又派遣建康县令谢挺、散骑常侍徐陵等出使东魏，与东魏言归于好。然而，八月二日，当东魏大将军高澄从邺城回到晋阳后，又派遣尚书辛术率军南下，夺取南梁长江、淮河以北地区，共计夺取了二十三个州。可以说梁武帝试图讨好东魏不仅没有起到预期的效果，相反还得罪了侯景，为南梁灭亡埋下了伏笔，在这一连串的外交、军事较量中，年轻的高澄显然要比梁武帝萧衍高明很多，他似乎一直在准确地把握着梁武帝、侯景等人的脉搏，招招领先，牢牢地掌控着事态的发展。

侯景自从来到寿阳之后，就一直不断向南梁朝廷提出这样那样的要求，而南梁朝廷方面样样满足，从未拒绝过。侯景请求迎娶王氏、谢氏子女为妻，梁武帝却回复道："王、谢是一等一的高门，和你不般配，不妨在朱、张等二等高门里选择。"见到梁武帝的回复，一向自视甚高的侯景是恼羞成怒，说道："总有一天，我会把王、谢家的女人配给家奴！"又请求朝廷运来一万匹绸缎给将士们制作战袍，朱异说朝廷的绸缎都是赏赐之用，从未用于给边城将士缝制军服，建议改用青布。侯景接到青布后，全部给将士们制作成青色的战袍，因此，侯景的部队可以称为青袍军。侯景又说朝廷发给的武器不够精良，请求把东冶厂的工人调到寿阳，由其自行制造武器，梁武帝也答应了。侯景以安北将军夏侯夔的儿子夏侯谱为长史，徐思玉为司马，夏侯谱把夏字去掉，改称侯谱，假托是侯景的同族侄儿。

梁武帝没有听从侯景的建议，坚持与东魏和好，从此以后，侯景所上的奏章态度逐渐傲慢起来，当他听说徐陵、谢挺等人出使东魏的消息后，更是加紧了反叛的步伐。咸阳王元贞感到侯景心存不轨，屡屡上书请求还朝。侯景对他说："北伐之事虽然无果而终，但南方之事还未可知，何不稍稍忍耐一下！"听了侯景的弦外之音，元贞更是十分恐惧，他偷偷逃回建康，向梁武帝一一禀报，可是，梁武帝只是改任元贞为始兴（广东省韶关市曲江区）太守，并没有追究侯景的责任，也没有提前做好应对准备。

四一八 侯景谋反（一）

如前所述，萧宏第三子、临贺王萧正德过去一直对萧衍册立萧统为太子、并让自己回归本宗耿耿于怀，曾投奔北魏，后又从北魏逃归。萧衍不仅没有追究他的叛国之罪，相反还任命他为侍中、抚军将军，封临贺王，后又加左卫将军。这个萧正德既没有痛改前非，又不知感恩图报，反而一天比一天更残暴，召集了一大批亡命之徒，囤聚粮草，盼望着有一天天下大乱，自己好从中取事。

过去，萧正德投奔北魏时，与徐思玉相识。侯景知道萧正德心存觊觎，就派遣徐思玉给萧正德送去书信，信中他写道："如今，天子年事已高，奸臣搞乱了国家，法令错误百出，政令颠三倒四，以我看来，灾难指日可待。大王本来应当作为帝国的储君，中途遭遇被废黜的耻辱，天下的义士无不暗地痛心，像侯景这种愚忠之人能不愤慨？现在，全天下的人都心向大王，大王岂能再眷恋私情、不顾及万千百姓的期盼！侯景我虽然没有多少能耐，但一直期望在您的鞍前效劳，希望大王能够念及苍生，明察在下这一片赤诚之心！"

接到侯景的来信，萧正德大喜，说道："侯景竟然与我不谋而合，这真是上天给我的恩赐啊！"遂复信说道："朝廷之事，正如大人所言。我怀有此心，为日已久。如今，我在朝廷内部，你在外边发动，哪有不成功的道理！机不可失，兵贵神速，现在就是最合适的时机！"

合州刺史、鄱阳王萧范向梁武帝密报侯景谋反的消息。当时，梁武帝把边境之事全部交由朱异一手处理，而朱异则认为绝无此事，因此，梁武帝给萧范回信道："侯景孤孤单单南投我国，就像是婴儿需要仰仗人来喂养一般，以此推断，侯景岂能谋反？"萧范再次上奏说："假如不早早将其消灭，将祸及百姓。"梁武帝回复道："朝廷自有安排，不用你多操心了。"萧范请求率领合州之兵前去讨伐，梁武帝又不同意。朱异对萧范的使者说："鄱阳王连朝廷有一个宾客都不允许？”此后，萧范再有奏章，朱异也不再转呈了。

侯景又邀请司州、豫州二州刺史羊鸦仁一起叛变，羊鸦仁扣押了他的使者，向朝廷报告。朱异说：“侯景仅有数百残兵败将，他又能掀起多大的波澜？”梁武帝下令将侯景的使者交付建康监狱，不久，又将那人释放了。侯景更是肆无忌惮，他上书称：“如果臣谋反属实的话，请求依照法律惩处我；如果不实，请诛杀羊鸦仁！”他又上书说：“高澄狡猾多端，岂能全信！陛下相信他的胡言乱语，与之和好，臣也暗自发笑。臣岂能粉身碎骨，把性命交给仇人？请求将江西之地交给我管辖。如果陛下不同意，臣将率领甲士南下，这不仅会令朝廷蒙羞，而且也会让朝廷重臣们乱成一团！”梁武帝让朱异对侯景的使者传话说：“就算是一个贫苦人家，养五个十个客人的话，也都能令客人们满意；朕只有你一个客人，竟然让你口出怨言，这也是朕的过失啊！”不仅没有引起警觉，相反，还给侯景送去了大量丝绸，使者连绵不绝，但是，此时的侯景已经决心造反了，这点赏赐岂能阻止他的计划？

七月十日，侯景在投奔南梁半年后，即公开在寿阳起兵造反，打出了诛杀中领军朱异、少府卿徐驎、太子右卫率陆验、制局监周石珍的旗号。徐驎、陆验都是吴郡（江苏省苏州市）人，二人都是朱异的同乡，受到朱异的青睐，遂轮流当上了少府丞、太市令，二人负责宫廷采购，以刻薄闻名，商人们对他们都是恨之入骨，而朱异却与二人非常亲近，因此，世人将他们三人并称为“三条蠹虫”。司农卿傅岐非常正直，曾当着朱异的面对他说：“你掌握着朝廷大权，深受陛下的宠信，可是，近期我所听说你的行径非常卑劣，假如圣上一旦醒悟，你能免祸吗？”朱异回答：“外面的舆论我早就听说了，只有心中无愧，我岂能在乎别人的闲话！”傅岐对别人说：“朱异离死不远了，依靠献媚拍马来获得宠幸，凭借口齿伶俐拒谏饰非，见到灾难将要临头却一点都不觉得畏惧，知道罪恶又不去改正。上天已经夺去了他的判断能力，这样的人还能活得长久吗！”周石珍以贩卖丝绸为业，他娴于辞令，后逐渐升为制局监。这几个人都是骄傲贪婪、蒙蔽君主的奸佞之人，建康百姓对他们无不非常痛恨，所以，侯景才以讨伐这几个人为名，以期获得百姓们的拥护。

侯景率军先进攻寿阳西边的马头戍（此马头戍在寿阳西北二十里，非刘神茂驻守的寿阳东边的马头戍），又派遣部将宋子仙向东进攻木栅（安徽省怀远县境内）。梁武帝听说后，竟然笑道：“这能有什么作为？我将折下一条树枝，好好打打他的屁股！”遂下诏悬赏能够斩杀侯景的，封三千户公，任命为刺史。八月十六日，他又下诏命令合州刺史萧范为南道都督，以北徐州（治所安徽省凤阳县）刺史封山侯萧正表为北道都督，司州刺史柳仲礼为西道都督，通直散骑常侍裴之高为东道都督，以侍中、开府仪同三司、邵陵王萧纶持节统率各路大军，前往讨伐侯景。萧正表是萧正德的六弟，柳仲礼是柳庆远的孙子，裴之高是裴邃的侄儿。

得知朝廷发兵讨伐，侯景向王伟询问对策。王伟回答：“邵陵王的大军如果来到，敌众我寡，我军必定要被其困住。倒不如孤注一掷，索性丢掉淮南，下定决心东进，率领轻装骑兵直扑建康；临贺王在内部接应，大王在外面进攻，则大事可定。兵贵神速，应当立即率军出发！”侯景深表赞同，留下他的表弟、中军大都督王显贵留守寿阳。

九月二十五日，侯景对外宣称打猎，率军离开寿阳，城内无人察觉。

十月三日，侯景扬言进攻合州，实际上却突然袭击谯州（安徽省全椒县），城防副司令董绍先开城投降，侯景遂活捉了刺史丰城侯萧泰（萧范之弟）。

十月十三日，梁武帝萧衍下诏派遣宁远将军王质率领三千人马在长江江面巡逻，防止侯景军队渡江。

侯景率部进攻历阳（安徽省和县）太守庄铁，庄铁命令弟弟庄均率领数百人趁夜偷袭侯景大营，战败被俘，十月二十日，庄铁率部投降。投降后，庄铁给侯景献计：“国家和平的时间太长了，人们都不会作战了，听说大王起兵的消息，无不震惊恐惧。应当趁此良机直扑建康，可以兵不血刃，立下大功。如果等到朝廷在慌乱之后平静下来，派遣一千羸弱之兵占据采石矶（安徽省当涂县长江南岸），大王即便拥有百万精兵，也是插翅难以渡过长江的啊！”于是，侯景留下仪同三司田英、郭骆驻守历阳，以庄铁为向导，率军一直来到长江北岸。

沿江守军相继告急。

梁武帝征询都官尚书羊侃的意见，羊侃回答：“请求立即派遣两千人驻守采石矶，命令邵陵王率军迅速奔袭寿阳，这样，侯景将进不得前，退又无路可走，乌合之众，将自然瓦解。”朱异却反对：“侯景肯定没有渡江之心！”此时的梁武帝已经失去了大脑，朱异说什么，他就听什么，遂不听羊侃的建议。羊侃退下后，叹息道：“这下全完了！”

十月二十一日，南梁朝廷任命临贺王萧正德为平北将军、都督京师诸军事，率军驻扎在丹杨郡（江苏省南京市江宁区）。萧正德派遣数十艘大船西上，谎称运送荻草，秘密接应侯景渡江。侯景将要渡江，担心王质会率军阻截，就派人侦察。事有凑巧。事前，陈庆之之子、临川（江西省抚州市临川区）太守陈昕上奏称："采石必须要派遣重兵驻守，王质的水军兵力薄弱，不足以完成任务。"陈昕也看出了采石的重要性，然而，他的这篇奏章不仅没有起到好的作用，相反给侯景帮了大忙。梁武帝接到陈昕的奏章后，即任命其为云旗将军，代替王质镇守采石，而将王质征召回京，担任知丹杨郡事。巧就巧在：王质率部离开采石的时候，陈昕的部队尚未接防！恰恰就在这个空当，侯景将要渡江了！侯景派往江南的间谍回报说："王质已经退去。"老谋深算的侯景感到非常意外，他担心间谍懒省事，并没有渡过长江，又命令他再去江南，折下江南的一条树枝回来。间谍果然做到，侯景喜出望外，说道："我的大事就要成功了！"

十月二十二日，侯景率领八千军队，战马数百匹，从横江（安徽省和县东南）顺利渡过了长江，在采石矶登上了长江南岸！

当晚，南梁朝廷才开始下令戒严。

四一九 侯景谋反（二）

渡过长江之后，侯景即派遣一支部队袭击姑孰（安徽省当涂县），活捉了淮南太守文成侯萧宁。

南津校尉江子一是西晋写了《徙戎论》的江统的七世孙。朱异是他的姑父，虽然朱异权倾当世，但江子一秉性高洁，从不登门拜访。此时，江子一率领一千余名水军计划在下游拦击侯景，但是，副将董桃生家在江北，与手下先行溃散。江子一只好收拾残余部众，从陆路徒步回到建康。

太子萧纲见事情紧急，身着戎装来见梁武帝，询问御敌之策。谁知，此时的梁武帝却当了甩手掌柜，说道："这本来就是你自己的事，何必要来问我！内外军政全都交给你处理。"有了皇帝的授权，萧纲就入住中书省，部署防御事务，招募军队，但是，当时建康城内兵力空虚，人人自危，早已风声鹤唳，竟然无人应募。此时，朝廷仍然不知萧正德已经叛变，还命令他率部驻扎在朱雀门，宁国公萧大临（萧纲第四子）驻守新亭，太府卿韦黯屯兵建康六门，修缮宫城，准备迎敌。

在侯景渡过长江的当天，即挺进到了慈湖（安徽省当涂县北四十里，现消失），建康城内一片混乱，御街之上人们公然互相抢夺，道路阻绝。建康周边的百姓听说侯景军队到了，也都惊慌失措，纷纷逃进城内，一时间，建康城内一片混乱，军人们蜂拥来到军械库，自行抢夺武器，主管官员无力禁止。南梁朝廷下诏赦免东西冶炼厂、皇家造币厂的苦工以及建康监狱内的囚犯，又任命扬州刺史宣城王萧大器为都督城内诸军事，以羊侃担任他的副手；令南浦侯萧推驻守东府；西丰公萧大春驻守石头城；轻车长史谢禧、始兴太守元贞驻守白下；韦黯与右卫将军柳津等人分别率军守卫宫城各门以及朝堂。萧推是萧衍弟弟萧秀的儿子；萧大春是萧纲的第六子；柳津是柳仲礼的父亲。南梁朝廷还下令将中央各部的公款全部集中到德阳堂，以备军需之用。羊侃下令诛杀了几个抢夺军械库的士兵后，秩序才恢复下来。当时，梁朝已建国四十七年，国内一直没有发生过大乱，官员和平民都很少见过兵器，侯景叛军突然来到首都，不啻晴天霹雳，人人是失魂落魄，慌作一团。梁初的老将均已谢世，年轻将领都随萧纶出征在外，建康城内只有羊侃智勇兼备，太子萧纲对他十分器重，一切军事部署都由其全权处理。

十月二十三日，侯景军进抵板桥（江苏省南京市西南）。

为了探明城内虚实，侯景派遣徐思玉入城求见。梁武帝亲自召见了他，徐思玉谎称自己背叛了侯景，请求单独向梁武帝禀报机密事宜。梁武帝将要让众人离开，舍人高善宝大声说道："徐思玉从敌人那里前来，真假难辨，岂能让他一个人站在大殿之上！"朱异坐在梁武帝身边，说道："徐思玉岂能是个刺客！瞧你说出这话！"高善宝说："徐思玉已经将临贺王拉拢到了侯景一边，岂能轻信他？"徐思玉无法与梁武帝单独在一起，遂从身上拿出侯景的奏章，原来奏章上写道："朱异等人弄权，请求率领甲士入朝，诛杀君主身边的恶人！"朱异既惭愧又惶恐。侯景又请梁武帝派出明白事理的侍从出城，当面听取自己的陈述，梁武帝遂派遣中书舍人贺季、主书郭宝亮跟随徐思玉来到板桥，安抚侯景。侯景面向北方，接受诏书，贺季问："此次起兵的目的是什么？"侯景脱口而出："想当皇帝罢了！"王伟赶紧为他遮掩，说道："朱异等人败坏朝纲，目的是诛杀奸臣罢了。"但侯景既然已经口吐恶言，就留下了贺季，只将郭宝亮放了回去。

十月二十四日，侯景军来到了朱雀浮桥的南岸。

太子萧纲命令临贺王萧正德驻守宣阳门，东宫学士庾信率领宫中文武三千余人把守朱雀门，驻扎在朱雀浮桥的北岸。萧纲命令庾信拆除朱雀浮桥，以阻止侯景进军，萧正德却说："百姓们看见拆除浮桥，必定会大为惊恐，现在亟须的是要安定民心。"萧纲同意了。

不一会儿，侯景军队就来到朱雀浮桥的对岸，庾信命令部下刚拆掉一条船，就见侯景的部队将士们头戴铁面头盔，面目狰狞，顿时吓得退回朱雀门后。庾信正在门后吃甘蔗，突然一支流箭正中门柱，庾信大吃一惊，手中的甘蔗应声掉到了地上，遂丢下部队，掉头就跑。南塘（秦淮河南）的游击部队首领沈子睦是萧正德一党，又修复了浮桥，让侯景部队顺利渡过了秦淮河。萧纲命令王质率领三千精兵增援庾信，当到领军将军府，就与渡过秦淮河的侯景军队遭遇，未战而逃。

萧正德率领本部人马在张侯桥（疑在今南京市长干桥附近）迎接侯景，两人在马上相互作揖。进入宣阳门后，萧正德面对宫城门楼叩拜，叹息流泪，而后，又随着侯景回到秦淮河南岸。侯景军队都身穿青色战袍，萧正德军身穿红色战袍，但是青色里子，两军会合后，萧正德军全部反穿战袍，遂与侯景军队完全一致。普通年间，童谣称："青丝白马寿阳来。"如今果然应验了。

侯景乘胜来到宫城城下，城内大为惊恐，羊侃谎称得到从城外射来的书信，称："邵陵王萧纶、西昌侯萧渊藻的援军已经进抵近郊。"听后，大家才稍稍安定了下来。驻守石头城的西丰公萧大春弃城逃往京口，津主（要塞司令）彭文粲等人以石头城投降了侯景，侯景派遣仪同三司于子悦驻守在那里；驻守白下的轻车长史谢禧、始兴太守元贞也弃城而逃。

十月二十五日，侯景将宫城团团包围，战旗全是黑色，向城内射去箭书，称："朱异等人蔑视朝廷，作威作福，臣被其陷害，将要把我害死。陛下如果诛杀了朱异等人，臣就会掉转马头北归。"梁武帝问太子萧纲："是这样吗？"萧纲回答："是。"梁武帝将要诛杀朱异。萧纲劝阻道："叛贼只是以讨伐朱异为名罢了，今日杀了朱异等人，不仅于事无补，反而会取笑后世，等到平定叛乱以后，杀之不迟。"梁武帝同意了。

见梁武帝没有诛杀朱异等人，侯景遂下令对宫城发起了进攻。霎时间，战鼓齐鸣，杀声四起，惊天动地，叛军纵火焚烧大司马门以及东华门、西华门等宫城各门。羊侃命人在城门上凿洞，从洞中往外浇水扑火；萧纲亲自手捧银鞍，前去犒赏将士；直阁将军朱思率领数名壮士翻出墙外浇水，很久才将大火扑灭。叛军又用长柄大斧猛砍东掖门，眼看城门快被砍开，羊侃在门上凿了一个洞，以长矛刺杀了两个砍门的敌人，其余的人们才离去。

侯景住在公车府，萧正德驻扎在左卫将军府，侯景部将宋子仙住在东府，范桃棒住在同泰寺。东宫距离台城很近，叛军们站在东宫楼台上朝台城内射箭。侯景将东魏数百妓女都分配给叛军将士，当夜，他在东宫设宴，饮酒作乐，萧纲派人纵火，将东宫楼台以及图书全部焚毁。侯景又烧毁了乘黄厩、士林馆、太府寺。

十月二十六日，侯景制造了数百头木驴朝台城发起了猛攻。木驴，其实是一个巨大的盾牌，肚子下面可以掩护数人。城上抛下大石，将木驴砸碎。侯景又制造了一种尖背的木驴，石头无法打碎。羊侃命人制造火炬，灌上膏油，集中朝木驴上投掷，一会儿就把所有的木驴烧毁了。侯景又制造了登城高楼，高十余丈，打算登上高楼朝台城内射箭。羊侃说："登城楼太高，而刚被填平的护城河土质松软，高楼推到这里，肯定要倾倒，我们只用躺着看戏！"等登城楼推到城墙附近时，果然轰然倒塌了。侯景强攻宫城没有成功，死伤惨重，只好构筑包围圈切断了宫城与外界的联系。硬的不行，侯景故技重演，来软的。他下令向城内射去书信，再次请求诛杀朱异等人，但城内也向城外射出文告，悬赏称："能诛杀侯景的，即授予侯景之位，并赏赐一亿万钱，布帛、丝绸各一万匹，女乐两部。"

朱异、张绾等人商议从城内出兵，主动攻击叛军。梁武帝征求羊侃的意见，羊侃反对道："不行。如今，出动的兵力太少的话，不足以击败敌人，反而会挫伤自己的锐气；如果出动的兵力过多，一旦失利，宫门太狭窄了，败军退回不及，必然会损失惨重。"但朱异等人不从，梁武帝遂命令一千余人出城挑战。双方尚未交手，官军就望风而退，被挤下吊桥落水而死了一多半。羊侃的儿子羊鷟也在此战中被俘，被侯景绑至城下，要挟羊侃。羊侃说道："就是我全家为皇上而死，我还觉得少，更何况一个儿子！你最好是趁早杀了！"数日后，叛军又将羊鷟带来，羊侃对羊鷟说："我还以为你早就死了，竟然现在还活着！"遂弯弓搭箭，就要射杀自己的儿子。侯景因羊侃父子忠义，也没有杀死羊鷟。

原历阳太守庄铁担心侯景不会成功，谎称迎接母亲，带着数十名亲信脱离侯景军队，朝历阳而来。他先给替侯景镇守历阳的田英、郭骆写信，称："侯景已为朝廷军队所杀，朝廷命令我回到本镇。"田英等人接到书信后，不禁惊慌失措，弃城逃奔寿阳。庄铁入城后，也不敢久留，遂带着母亲西逃到了浔阳（江西省九江市）。

四二〇 侯景谋反（三）

太清二年十一月一日，萧衍在太极殿前杀死白马祭祀蚩尤。

同日，宫城外的临贺王萧正德在仪贤堂登基即皇帝位，下诏称："普通年间以来，奸臣乱政，皇上疾病缠身，一直没有痊愈，社稷危如累卵。河南王侯景，离开封国入朝，有幸拥立我为皇帝，现在，改元正平，大赦天下。"立世子萧见理为太子，以侯景为丞相，将女儿嫁给侯景为妻，并拿出家财作为军资。

侯景在台城正门前建立大营，另外分出两千人去进攻东府。驻守东府的南浦侯萧推固守，仗打了三天，叛军仍然没有攻克东府。侯景亲自率军前来，流箭如同倾盆大雨朝东府城倾泻下来。宣城王萧大器的防阁徐伯众暗中投靠叛军，引导叛军趁夜摸上了城墙。

十一月四日，叛军攻克了东府。侯景命令仪同三司卢晖略率领数千人手持长刀站在城门两边，将城内的将士们驱赶出来，乱刀砍死，南浦侯萧推以及城内三千余名将士全部遇难。叛军又将尸体堆积在东掖门旁边的杜姥宅，对宫城内的人威胁说："如果不早早投降，这就是你们的下场！"侯景命令萧正德的儿子萧见理以及卢晖略守卫在东府城。

叛军还扬言梁武帝已经驾崩，顿时谣言四起，就连台城内的军民也都信以为真。十一月五日，太子萧纲劝梁武帝登上台城城墙巡视，于是，梁武帝登上了大司马门，城内军民听到皇帝出行时净街的声音，顿时欢呼雀跃，泪流满面，人心也随之安定了下来。

南津校尉江子一从长江败还后，梁武帝当面将其斥责了一顿。当时，江子一谢罪道："臣以身许国，经常担心没有为国而死的机会，如今，我率领的人马弃我而去，臣一个人怎能打败敌人？如果敌人真的能来到京师，臣发誓将粉身碎骨，戴罪立功，不是死在宫门之前，就是死在宫门之后！"

十一月六日，江子一请求太子萧纲允许自己带着弟弟、尚书左丞江子四、东宫主帅江子五，率领本部一百余人打开承明门与敌人厮杀。江子一率众一直冲到侯景的大营之前，叛军按兵不动。江子一高喊道："尔等何不早早出战！"过了很久，叛军大营中突然冲出两股骑兵，左右夹击江子一的军队。江子一早已将生命置之度外，他手持长矛，奋勇直前，可惜的是，身边侍从没有跟上，敌人一刀砍下他的肩膀，江子一阵亡。江子四和江子五互相说道："与哥哥一起出战，哪里还有脸面独自回去！"遂甩下头盔铠甲，杀入敌人阵中。江子四身中长矛，胸膛被刺穿而死；江子五被砍伤脖子，本能地往回逃去，艰难挪至壕沟边，大叫一声，断气而死。

侯景刚到建康时，预计可以很快攻克建康，因此，当时军纪严明，部队不敢劫掠百姓。十余天过去了，台城依然没有攻下，军心慢慢不稳起来。侯景担心这一状况持续下去，一旦南梁援军从四面八方来到，部队极有可能会溃散而去，另外，军队一直食用石头城内常平仓的粮食，如今，那里的粮食已经吃尽，部队面临断粮的威胁，于是，为了安抚军心，侯景遂允许部队公然抢夺百姓的粮食、布帛、子女。此后，建康城内米价升到一升米值七八万钱，人与人相互残杀、吞食，建康百姓饿死了十之五六。

十月八日，侯景下令在宫城东、西两面堆积土山，他将建康城内所有的居民都驱赶出来，不分贵贱，棍棒交加，一些身体瘦小虚弱的，就地斩杀，填入土山之中，哭声震天动地。百姓不敢隐匿，全都从家里出来，任其驱使，十余日就集结了数万人。宫城之内也堆积土山，与城外的土山抗衡，太子萧纲、宣城王萧大器以下的官员都亲自背土，手持簸箕铁锹，又在土山上建起了一座数层高楼，高四丈，用地毯裹在外面，招募两千余名敢死队员，身穿厚厚的铠甲，分配到东西两山上，称之为"僧腾客"，不分昼夜与城外的叛军作战。不幸的是，正遇上天降大雨，城内的土山崩塌了，叛军趁机发起猛攻，几乎就要攻进城内，守军死战仍无法击退叛军的攻势。羊侃下令朝敌人身后投掷了大量火把，形成一道火墙，切断了叛军的增援之路，而后在城中又筑起了第二道墙，叛军被挡在墙外。

侯景将投降的人中原本是奴仆的，全部赦免为平民身份，其中一位是朱异的奴仆，特意擢升为仪同三司，把朱异家的家财全部赏赐给了此人。侯景让此人骑上高头大马，身穿锦袍，在城下大声诟骂朱异说："你干了五十年，才当上个中领军，我刚一侍奉侯王爷，就得到了仪同三司啦！"侯景这一计立即显现出了效果，三天之内，城内数以千计的奴仆都逃出城外，侯景对他们非常优待，全部将他们编入军队，人人感恩戴德，愿意替侯景卖命。

朱异给侯景写信，给他分析祸福利害，侯景回信，并告诫城内军民，说："近年来，朝廷权臣专权，剥削百姓，穷奢极欲，如果你们认为我说的不对，那么，你们请看：如今朝廷的亭台楼阁，王公们的深宅大院，僧尼们的寺院佛塔，包括在任的诸多官吏们，个个拥有上百姬妾，数千仆从，不耕田，不纺织，却是锦衣玉食，他们不从百姓们那里掠夺，又是从哪里得到的呢？我之所以要挥师入京，就是为了诛杀奸臣，并不是要倾覆社稷。如今，城内军民一心指望各地会派来援军，以我观察，各地的王侯、诸将，都只顾自己保全性命，哪个能舍生忘死，与我拼命？长江天险，曹操和曹丕都是曾临江浩叹，我却驾驶一根苇草而过，过江之时，天朗气清，风平浪静，假如没有上天的庇护、万民的拥戴，岂能做到这一步！希望你们三思，自求多福吧！"

侯景又给东魏主孝静帝写信说："臣来到寿春，本来只想暂时在那里休息一下，谁知萧衍自知国运将要终结，自己辞去皇帝宝座，臣的军队尚未进入梁国国境，他萧衍就到同泰寺出家当和尚。上个月二十九日，我来到了建康。虽然苦难还未完全结束，但已暂时平息了干戈，思念家乡，人与马都是如此。不久，我就当整顿马鞍，继续侍奉陛下。我原以为臣的母亲、弟弟早已被诛杀，不久前接到陛下的诏书，才知道他们尚健在。这都是因为陛下的宽厚仁爱、大将军的恩德关怀，臣卑劣无能，不知该如何报答！如今，我派人送上奏章，请求将我的母亲、弟弟、妻子、儿女都接过来，请求陛下予以释放！"

侯景抓获了陈昕，他宴请陈昕，席间，要求陈昕召集余部，替他卖命。陈昕不从，侯景遂将其关押起来，让仪同三司范桃棒看管。陈昕趁机劝说范桃棒率领本部袭杀王伟、宋子仙二人，然后归降朝廷。范桃棒同意了，偷偷将陈昕放归台城。陈昕向梁武帝汇报后，梁武帝大喜，赏赐给范桃棒免死银牌，并承诺道："大乱平定后，将封你为河南王，接管侯景的部众，并赏赐给你金帛女乐。"太子萧纲怀疑范桃棒有诈，犹豫不决。梁武帝发怒说："接受敌人投降，这非常正常，为何突然迟疑起来？"萧纲召集群臣商议，朱异、傅岐说："范桃棒投降一事肯定是没错的。范桃棒投降后，侯景必然惊恐，趁机出兵进击，必然大获全胜！"萧纲却说："我坚守台城等待外援，援军来到以后，叛军岂不是马上就被平定了？这是最稳妥的办法。如今开门接纳范桃棒，范桃棒的内心哪能那么容易知道！万一出现意外，后悔都来不及了！社稷大事，需要再认真考虑。”朱异说：“殿下如果急于挽救国家，就请你接受范桃棒；假如再犹疑不定，臣就不知如何是好了。”但是，萧纲始终没有决定下来。

范桃棒又让陈昕上奏说：“如今我只率领本部五百人马，我们抵达城门时，将自行脱去铠甲，届时，请求朝廷开门接纳。事成之后，我保证能够生擒侯景。”萧纲却更加怀疑。朱异拍打着胸脯说道：“失去这个机会，大事去矣！”不久，范桃棒的部下鲁伯和向侯景告密，侯景遂将范桃棒、鲁伯和一起煮死，但是，陈昕不知，仍然如期从城中出来，也被侯景活捉。侯景逼迫他向城内射去书信，内容写着：“范桃棒将率领数十名轻装骑兵先进入城内。”侯景打算穿上重甲随之一起入城，但陈昕誓死不从，侯景遂将其诛杀。

四二一 侯景谋反（四）

当听到侯景进入建康的消息后，南梁各路诸侯也都纷纷加入了勤王的队伍。

十一月九日，荆州刺史、湘东王萧绎宣布戒严，传令所都督的湘州刺史河东王萧誉、雍州刺史岳阳王萧詧、江州刺史当阳公萧大心、郢州刺史南平王萧恪等人，发兵增援京师。萧誉和萧詧分别是昭明太子萧统的次子和三子；萧大心是萧纲的儿子；萧恪是萧衍弟弟萧伟的儿子。十二日，萧绎派遣司马吴晔、天门太守樊文皎等人率领荆州部队从江陵（湖北省荆州市）东下。到了十二月十四日，萧绎又派遣世子萧方等率领一万步骑从公安（湖北省公安县）出发入援，同时，他还派遣竟陵太守王僧辩等人率领一万水军，满载军粮，从汉水东下。萧方等文武双全，曾为范晔的《后汉书》作注，又擅长骑马射箭，他的生母徐昭佩是南齐尚书令徐孝嗣的孙女。徐昭佩长相丑陋，既嗜酒，又荒淫，还非常嫉妒，萧绎对她很不喜欢，两三年才见她一次。萧绎从小就瞎了一只眼，每次徐昭佩得知萧绎要来，总是只把一半脸化化妆，惹得萧绎大怒而去。李商隐的《南朝》诗“地险悠悠天险长，金陵王气应瑶光。休夸此地分天下，只得徐妃半面妆”就是借用的这个典故。徐昭佩暗中与江陵瑶光寺智远和尚私通，又与萧绎的侍从暨季江私通，暨季江说：“柏直狗虽老犹能猎，萧溧阳马虽老犹骏，徐娘虽老犹尚多情。”这就是徐娘半老的来历。一个叫贺徽的美男子，徐昭佩与他在普贤尼寺幽会，两人在白角枕头上写诗酬答。由于徐昭佩失宠，萧绎对萧方等也不喜欢。萧衍想见见诸王的长子，萧绎就派萧方等东进，正巧侯景作乱，萧绎又要召回萧方等，萧方等却不从，萧绎只好给他一万军队，让其东进。随后，萧绎又率领三万精兵，从江陵出发东进，命令其子绥宁侯萧方诸留守，咨议参军刘之迡等人再三劝阻，但萧绎不从。

萧绎毕竟远在江陵，鞭长莫及，最先到达建康近郊的则是奉命讨伐侯景的萧绎的六哥——邵陵王萧纶。

萧纶率众出征之前，梁武帝专门告诫他说："侯景这厮熟悉军事，不要寄希望于一战就能将其消灭，要做好长期战争的准备。"萧纶率军从白下出发时，江心翻卷起大浪，几乎将战舰掀翻。等到他进抵钟离时，听说侯景已经从采石渡过了长江，于是，他立即下令全军昼夜兼程原路返回。等到他们再次渡江时，江中风浪大作，将士们因战舰倾覆而被水淹死了十之一二。萧纶来到长江南岸的京口之后，即带上西丰公萧大春（萧纲六子，刚从石头城逃奔至此）、新淦公萧大成（萧纲八子）、永安侯萧确（萧纶次子）、安南侯萧骏（萧衍长兄萧懿之孙、萧猷之子）、前谯州刺史赵伯超、武州（治所湖南省常德市）刺史萧弄璋等人，率领三万步骑从京口朝建康杀来。萧确与萧骏极为相似，二人均文武双全，既擅长书法，又喜爱武事，臂力过人，十分骁勇。

侯景派军到江乘（江苏省仪征市南岸）阻挡萧纶军队。赵伯超建议："如果从黄城（江苏省镇江市西）大路西进，必定会与敌人遭遇，不如直插钟山，突至广莫门，这样出其不意，必能解除建康之围。"萧纶听从了他的建议，遂率部从小路朝西南方向前进。但由于夜晚行军，道路不熟，部队在进军途中迷路，多绕了二十多里路，十一月二十三日清晨，萧纶部来到了蒋山（钟山）。侯景见到后大惊失色，慌忙将掳掠的妇女、财宝都转移到石头城内，准备船只，随时准备逃走。任约说："我们离开家乡有万里之遥，逃走将去哪里安身？战败的话，君臣一起去死，在荒野里求活，我任约决不会干！"于是，侯景留下宋子仙守卫大营，他亲自率领精锐部队迎战。叛军兵分三路朝萧纶所部发起进攻，萧纶率军迎战，大破叛军。当时天降大雪，蒋山山顶非常寒冷，萧纶遂将部队带到山下，驻扎在爱敬寺内。

侯景将叛军部署在覆舟山以北，十一月二十八日，萧纶挺进到玄武湖边，与侯景遥遥相对，双方没有交战。傍晚，侯景派人来下战书，约定第二天会战，萧纶同意了。

侯景即率军稍稍后撤，安南侯萧骏见侯景部队后撤，以为侯景将要逃走，遂与数十名骑兵追赶，侯景回师反击，萧骏战败，掉头朝萧纶军中逃来。当时，赵伯超所部在玄武湖以北，他看见萧骏后撤，以为军败，遂率领本部后撤。侯景趁机命令叛军发起追击，萧纶各军引发连锁反应，全部溃逃。萧纶搜集近千名败兵，退守天保寺。侯景追来后，纵火焚烧寺庙，萧纶又逃往朱方（京口东南）。天气酷寒，士兵们在冰天雪地里逃亡，很多人被冻掉双脚。侯景缴获了萧纶的全部辎重，生擒西丰公萧大春、安前司马庄丘慧、主帅霍俊等人。

二十九日，侯景将缴获的战利品以及被俘的萧大春等人都带到宫城城下，命霍俊对城内说："邵陵王已经为乱兵所杀。"霍俊却对城上说："邵陵王受了点小小的挫败，已经率领全军回到了京口。城中守军安心坚守，不久援军就又会到来！"话音未落，叛军用刀柄猛击他的后背、嘴巴，但霍俊全然不顾，声音更加高亢、激昂。侯景敬佩他的忠义，将其释放，可临贺王萧正德却下令把他杀了。

当天晚上，合州刺史鄱阳王萧范派遣他的世子萧嗣与西豫州（治所安徽省潜山县）刺史裴之高、建安（治所湖北省京山县）太守赵凤举各自领兵勤王，驻扎在蔡洲（南京市西南长江江心岛），等待上游诸军的到来。萧范任命裴之高为都督江右诸军事。侯景击退东面萧纶之军后，为了应对西面上游各军，遂下令将秦淮河以南的居民全部迁到北岸，焚毁南岸民房，主要街道以西，全部化为焦土。

北徐州刺史封山侯萧正表驻扎在钟离，梁武帝下诏命其率军入援，萧正表借口军粮不足，迟迟不来。他的哥哥临贺王萧正德登基后，即任命其为南兖州刺史，封南郡王，萧正表即率军在欧阳（江苏省仪征市北）构筑堡垒，切断东方援军的道路，他率领一万军队声言勤王，实际上却伺机夺取广陵。他暗中给广陵令刘询写信，要求他里应外合，刘询向南兖州刺史南康王萧会理（萧纲四弟萧绩之子）报告了这一情况。十二月，萧会理派刘询率领一千步骑夜袭萧正表，大破萧正表军，萧正表逃归钟离。刘询缴获了萧正表的辎重，与萧会理一起增援京师。

击退下游萧纶援军之后，侯景加强了对台城的攻势，以期在上游援军到来之前能够攻下台城，扭转战局。而就在这时，侍中、都官尚书羊侃却去世了，城内守军更加恐惧。

十二月十一日，侯景将制造出的大量攻城机器陈列在宫门前面，大车高数丈，一车二十个轮子，以蛤蟆车运土填埋护城河。

十二月十六日，侯景以火车焚烧了台城东南角的角楼。材官将军吴景心灵手巧，在城内挖土修建新的城楼，大火刚刚熄灭，新建的城楼就又矗立起来，叛军都认为不可思议。侯景趁城楼燃烧时，暗中派人在城楼下面挖洞，企图让城墙崩塌。当城墙快要崩塌时，城内守军才发现，吴景又在城内另行修筑了一道像残月形状的弯曲城墙，又向敌人扔去火把，将敌人的攻城器械烧毁，敌人这才退去。萧纲派遣太子洗马元孟恭率领一千人从大司马门出城扫荡，元孟恭一出宫门，就与亲信向侯景投降了。

二十三日，侯景的城外修筑的土山已逼近了城楼。右卫将军柳津命令在城内挖掘地道，掏空城外土山下面的泥土，土山顿时崩塌，压死了很多叛军。城内守军又在东西两个土山之间架设了一座飞桥，便于两山之上的守军相互支援，守军朝叛军东面的土山上投掷火把，敌人土山之上修筑的高楼全部被焚毁，死伤惨重，遂将土山废弃。材官将军宋嶷投降了叛军，他向侯景建议引来玄武湖的湖水，倒灌宫城，宫城门前大水横流。

就在宫城守军与侯景叛军僵持之际，各路援军逐渐进抵建康附近。在这些援军中，有散骑常侍韦粲部、西豫州刺史裴之高部、前司州刺史羊鸦仁部、司州刺史柳仲礼部、南陵太守陈文彻部、宣猛将军李孝钦部、宣城内史杨白华部等。衡州（广东省英德市）刺史韦粲是太子萧纲的心腹，被朱异排挤出京后，不久前又被梁武帝征召为散骑常侍，以都督欧阳頠暂时掌管州政府。韦粲行至庐陵（江西省吉安市）时，就听到了侯景叛乱的消息，遂整顿部署，挑选了五千精锐倍道兼行，奔赴京师。当他们行至豫章（江西省南昌市）时，就听到了侯景已经渡过长江的消息。豫章内史刘孝仪设宴款待韦粲，席间，韦粲与他论及此事，刘孝仪说："如果真的如此，朝廷肯定会颁布命令，岂能轻易相信道听途说之言，轻举妄动？也许真实的情况并非如此。"韦粲闻言大怒，将酒杯摔到地上，说："叛贼已经渡过长江，逼近皇宫，水陆交通均已断绝，朝廷哪里会有命令！假设没有朝廷的命令，我们就可以心安理得地坐在这里喝酒了吗！韦粲我今日哪有闲心喝酒！"当即跨马出城部署军队去了。临出发时，江州刺史当阳公萧大心邀请与韦粲见面，韦粲对萧大心说："在上游的各个藩镇中，只有江州距离建康最近，以常情推断，殿下的军队应当最先到达。但是，浔阳位于承上启下的枢纽地位，需要接应各路勤王大军，需要您一直镇守在这里。如今，可以将总部设在溢城，扩大声势，派遣一名偏将随我东进即可。"萧大心同意，派遣中兵参军柳昕率领两千人马跟随韦粲。韦粲所部七千人行至南洲（安徽省和县长江江心岛），他的表弟司州刺史柳仲礼也率领一万步骑来到横江（安徽省和县东南），韦粲给柳仲礼所部送去军粮，并拿出自己的家财赏赐给司州的将士们。

四二二　建康会战（一）

西豫州刺史裴之高从张公洲（蔡州）派遣二百艘船将柳仲礼的部队接到长江南岸。

十二月三十日，韦粲、柳仲礼、李孝钦、羊鸦仁、陈文彻等军合兵一处，推进至新林王游苑。韦粲打算推举柳仲礼为大都督，同时，将这一决定通知驻扎在下游（张公洲）之处的各军。裴之高自认为年龄和官位都高于柳仲礼，不愿屈居柳仲礼之下，所以，讨论了数天，一直没有结果。韦粲激愤地对大家说道："如今，大家共赴国难，目的是要消灭叛贼。之所以推举柳仲礼，是他长期驻守边疆，一直为侯景所忌惮，况且，没有谁的部队比他的更精锐了。如果说到官位，柳仲礼的位置还在我的下面，也比我年轻，只是为了社稷，这些都不足挂齿了。今天的形势，最重要的就是将帅要和睦，如果不同心同德，则大事去矣。裴大人是朝廷元老，在这种情况下，岂能还为一点私心而阻挠大计！我替大家向他去解释去！"韦粲乘坐一叶扁舟，亲自来到裴之高的军营，严厉地责备他说："如今，皇上和太子被围困在京师之内，叛贼声势浩大，我们做臣子的正应齐心协力，岂能内讧？裴大人如果执意要标新立异，那么，大家将首先来讨伐你！"裴之高听了，流泪道歉，遂推举柳仲礼为大都督。不久，宣城内史杨白华也派遣其子杨雄率领郡兵赶来，其他州郡的援军也陆续加入，勤王军人数达到了十余万，在秦淮河南岸构筑工事，侯景也在北岸构筑工事。

裴之高与弟弟裴之横率领一万水军驻扎在张公洲。侯景把建康城内裴之高的弟弟、侄儿、儿子、孙子全部抓来，隔着江面，在长江岸上用铁链锁着，一字排开，把大锅、刀锯放在后面，说道："裴大人如果不降，今天就把他们煮死！"裴之高命令神射手试图射杀自己的儿子，射了两箭，却都没有射中。侯景率领一万步骑在中兴寺后面的后渚列阵，柳仲礼将要出战，韦粲劝阻道："天色已晚，我军疲劳，不可出战。”柳仲礼遂固守不战，侯景也向后退去。

当天夜里，柳仲礼来到韦粲的军营，下令全军戒备，准备明天会战，给各位将领都安排了任务，其中，柳仲礼驻扎在朱雀桥南，裴之高在南苑扎营，韦粲率部驻守在青塘（玄武湖水注入秦淮河处），陈文彻、李孝钦驻扎在丹阳郡，鄱阳世子萧嗣营小航南，均沿着秦淮河修筑营栅。由于青塘是建康南下的交通要道，叛军肯定会全力争夺，韦粲深感难以抵挡。柳仲礼说：“青塘位置重要，非老兄不可，如果担心部队人少，我将另外派军相助。”遂另派直阁将军刘叔胤领兵帮助。

太清三年（公元549年）正月初一，柳仲礼率领勤王军从新亭前移至朱雀桥南。当天大雾，韦粲军在途中迷路，等到他们抵达青塘，已经快天亮了。韦粲所部尚未建好防御工事，就被登上禅灵寺门楼的侯景发现，他立即率领精锐部队对韦粲部发起了猛攻。韦粲命令军主郑逸率军迎战，又命刘叔胤率领水军迂回到叛军背后截击，但刘叔胤胆怯，不敢进击，孤立无援的郑逸遂被侯景叛军击败。侯景乘胜攻入韦粲大营，侍从拉起韦粲逃走，但韦粲一动不动，喝令韦家子弟与敌人做殊死搏斗，最终，韦粲及其儿子韦尼，三个弟弟韦助、韦警、韦构，堂弟韦昂均力战而死，韦家亲戚在战斗中被杀的有数百人。侯景对韦粲部发起进攻时，勤王军主帅柳仲礼正在吃早饭，得报后，他立即扔下筷子，来不及穿上铠甲，即率领身边数十骑兵飞奔救援。刚刚得胜的侯景军猝不及防，结果大败，被斩首数百人，跳入秦淮河被淹死了上千人。柳仲礼手持长矛，猛追侯景，长矛几乎刺中侯景，正在这时，侯景部将支伯仁突然从后面追上，砍中柳仲礼的肩膀，柳仲礼的战马陷于泥沼之中，无法动弹。叛军从四面八方冲了上来，用长矛朝柳仲礼身上猛刺。在这千钧一发之际，骑将郭山石冒死冲过来，将遍体鳞伤的柳仲礼从死神中解救出来。柳仲礼身负重伤，慧琫用嘴将他伤口的脓吸出，直到流出鲜血，柳仲礼才得以保住一命。

此战后，侯景再也不敢率军渡过朱雀桥、来到秦淮河南岸，而柳仲礼同样也不再提打仗了。邵陵王萧纶收拾败兵，与东扬州刺史临城公萧大连、新淦公萧大成等人从建康东面也来到建康近郊，一月四日，在朱雀桥南安下大营，也推举柳仲礼为大都督。一月八日，湘东王世子萧方等及王僧辩的两万多荆州军队也来到了建康城下。

就在青塘战斗之前，合州刺史萧范派遣部将梅伯龙进攻侯景的老巢寿阳，叛将王显贵不敌，寿阳外城被合州军队攻克；梅伯龙乘胜进攻内城，进攻受挫，只好撤离。萧范又派兵增援，命令梅伯龙继续进攻。在寿春不远的钟离，逃回来的封山侯萧正表担心难逃覆灭的命运，遂派人向东魏投降，一月十二日，东魏徐州刺史高归彦（高欢族弟）率领东魏军南下，接管了钟离。北朝为了能占领钟离这一要地，与南朝多次交手，损失惨重却依然未能如愿，如今，南梁宗室之间的矛盾让东魏不费一兵一卒就唾手而得，实在是令人痛惜！在钟离落入东魏之手数日后，侯景的寿春守将王显贵也向东魏投降了。东魏不费吹灰之力即瓦解了南梁的淮河防线。

我们再来看台城内的情况。

侯景包围台城后，朱异成了千夫所指的罪人。萧纲一直对朱异不满，他写下《愍乱诗》："愍彼阪田，嗟斯氛雾。谋之不臧，褰我王度。"又写了《围城赋》："彼高冠及厚履，并鼎食而乘肥。升紫霄之丹地，排玉殿之金扉。陈谋谟之启沃，宣政刑之福威。四郊以之多垒，万邦以之未绥。问豺狼其何者？访虺蜴之为谁？"都将侯景之乱归咎于朱异，梁武帝登上南楼查看叛军，回头问朱异："建康四周竟然成了战场，这都是谁的罪过？"一向口齿伶俐的朱异此时吓得汗流浃背，不能回答。太清三年一月四日，又羞又愧的朱异旧病复发而死，梁武帝非常痛惜，按照规矩，尚书省的官职一般是不作为赠官的，朱异的心腹对梁武帝说："朱异生平一直希望能当上政府官员。"梁武帝遂破格追赠其为尚书右仆射。

一月十三日，太子萧纲居住到永福省。

由于台城与外面的援军消息断绝了很久，城内有一名叫羊车儿的人建议，用纸制成飞鸟的样子，将诏书写在上面，用长绳系住，希望能让援军接到，用大字标注："有将这纸鸟送给援军的，赏赐一百两银子。"太子萧纲亲自在太极殿前利用西北风放飞，叛军见到很奇怪，以为城内是在做巫术，遂用箭把纸鸟射了下来。这是中国历史上关于风筝最早的确切记载。城外的援军同样也想与城内联络。援军招募能冒死入城的人，鄱阳王世子萧嗣的侍从李朗请求用苦肉计，假装犯法，先被鞭打，而后叛逃到叛军中。就这样，李朗又从叛军那里辗转入城，城内这才知道援军已四面云集，顿时全城欢呼雀跃。梁武帝加封李朗为直阁将军，给他赏赐了黄金，又命其回去报信。李朗沿着钟山后麓，昼伏夜行，过了数日才安全回到勤王军中。

一月二十七日，鄱阳王世子萧嗣、永安侯萧确、庄铁、羊鸦仁、柳敬礼、李迁仕、樊文皎率军渡过秦淮河，焚毁了东府前的叛军营栅，侯景后撤。勤王军在清溪东面扎营，叛军宋子仙驻扎在南平王府，沿着清溪西岸构筑工事抗拒。勤王军李迁仕和樊文皎率领五千精锐独自深入，所向披靡，二人一直推进到菰首桥（清溪桥）东，遭遇叛军宋子仙的伏击，樊文皎战死，李迁仕逃回。李迁仕为高州（广东省阳江市西）刺史、樊文皎为天门（湖南省石门县）太守，他们二人刚刚率领一万军队到来。柳敬礼是柳仲礼的弟弟，为扶风太守，率领三千人入援，在清溪桥头多次与叛军交战，柳敬礼总是冲杀在最前面。勤王军声势浩大，但可惜的是，各路人马之间矛盾重重。柳仲礼原本地位和威望并不高，虽然临时被推举为大都督，但其他各路诸侯对他并不服气，而他本人又神情骄傲凶狠，色厉内荏，故意做出一副瞧不起众将的样子，邵陵王萧纶每天都手持马鞭前去大营参拜，柳仲礼总要让他在营外等候很久才予以接见，因此，柳仲礼与萧纶以及临城公萧大连结下了仇怨。萧大连又与永安侯萧确有矛盾，各军之间相互猜忌，无心作战。勤王军刚刚来到建康时，建康百姓扶老携幼前来迎接，但勤王军刚一渡过秦淮河，就大肆劫掠，百姓们大失所望，叛军中有人密谋响应勤王军的，听到这种情况，也都打消了念头。

四二三 建康会战（二）

到太清三年二月，台城已经被围四个多月了。

台城被围前，朝廷上下都担心粮食问题，命令建康百姓一起往城内运送大米，共屯集大米四十万斛，各部门上缴的布帛、钱财也有五十万亿，都堆积在德阳堂里，但大家都忽视了准备柴草、鱼肉、食盐。等到被围之后，大家只好拆除尚书省的门窗当作木柴烧水煮饭，把床上的草席割下喂马，草席被马吃完后，又给马喂饭。士兵们吃不到肉，有的开始把铠甲上的皮革煮熟吃掉，有的用烟熏出洞中的老鼠，或者捕捉树上的鸟雀解馋。皇家厨房里有晒干的海带，又苦又咸，有关部门拿出来分给战士们。士兵们在宫殿之上杀死马匹，掺杂人肉，吃的人都生病了。叛军又在通往台城的水渠里投放毒药，城内军民不少得上了浮肿病，死了一多半。

与此同时，侯景的部队也到了支撑不下去的境地，“人相食者十五六”。东府城内有很多存粮，够吃一年，却被勤王军切断了通路，叛军四处抢掠，却抢不来粮食，也在挨饿。侯景又听说荆州的军队即将来到，非常担心。彭城刘邈劝说侯景道：“大将军出兵已久，攻城不拔，今援众云集，难以击破；我听说军粮不够一月之用，粮道被切断，野外无处可抢，不如求和，全师而返，这是上策。”侯景征求王伟的意见，王伟说：“台城难以在短时间内攻下，勤王军越聚越多，我军已经断粮，如果假装求和，稍稍缓和一下，则东府城的大米就够我们吃上一年了，趁着求和之时，我们把东府城内的大米运到石头城内，勤王军必定不敢采取行动，然后，我们休养将士，趁着他们懈怠之时，予以打击，一举即可成功！”侯景同意了，即派遣部将任约、于子悦来到台城城下，送上奏表求和，请求允许自己仍然回到寿阳。

其实，侯景在年初就曾经向朝廷释放求和的烟幕，梁武帝一直没有答应，他说："我宁可去死，哪能答应这个？况且，叛贼凶残狡猾，岂能相信？"此时，城内也到了山穷水尽的境地，萧纲请求梁武帝答应下来，他说："侯景围城时间很久了，外面的援军迟迟不战，应该暂时答应下来，等以后再思良策。"梁武帝大怒道："与他侯景和解，还不如去死！"萧纲说："城下之盟，自然是奇耻大辱；但眼前大刀砍来，也就顾不了流箭了。"梁武帝犹豫了很久，最后才说："你自己做主吧，只是不要让千年以后的后人取笑你就行。"萧纲遂答应了侯景的请求。对此，元代史学家胡三省叹息道："太子纲疑范桃棒之来降而信侯景之请和，何其昧也！"

侯景又请求割让西豫州（安徽省潜山县）、南豫州（河南省汝南县）、光州（河南省潢川县）、合州（安徽省合肥市）四州之地给他，并请求宣城王萧大器出城相送，而后，他才同意解除包围，北渡长江。中领军傅岐坚决反对说："哪里有叛贼包围了皇宫、竟然与之和解的道理！这不过是侯景想让勤王军撤退罢了！异族人面兽心，绝对不能相信。况且，宣城王贵为嫡皇孙，是帝国的命脉，岂能充当人质！"梁武帝遂以萧大器的弟弟、石城公萧大款为侍中，送给侯景做人质，同意侯景的仪同三司于子悦、左丞王伟入城当人质，下令各路勤王军不得继续前进，并下诏任命侯景为大丞相，都督江西四州诸军事，豫州牧，河南王如故。

二月十三日，梁武帝命令在西华门外设置祭坛，派遣尚书仆射王克、上甲侯萧韶、吏部郎萧瑳与于子悦、任约、王伟登坛盟誓。太子詹事柳津从西华门出城，侯景从营门出来，两人遥遥相对，再次宰杀牲畜盟誓。但是，盟誓之后，侯景的部队并没有退去，一直在修理铠甲兵器，借口没有船只，无法立即出发，又称害怕被勤王军追击，把石城公送回台城，仍然请求宣城王相送。侯景又提出了种种条件，根本没有离去的意思，萧纲也知道侯景是在说谎，但仍然没有与他翻脸。

二月十四日，前南兖州刺史南康王萧会理、前青冀二州刺史湘潭侯萧退（萧衍九弟萧恢之子）、西昌侯世子萧彧率领三万人马进抵马印洲（江苏省仪征市附近江心岛），侯景担心他们从白下西上，遂请求说："请让江北的军队到秦淮河南岸集合，不然的话，将妨碍臣渡江。"萧纲命令萧会理率军转移到江潭苑。

二月十五日，南梁朝廷任命邵陵王萧纶为司空，鄱阳王萧范为征北将军，柳仲礼为侍中、尚书右仆射；侯景则任命于子悦、任约、傅士哲为仪同三司，夏侯播为豫州刺史，董绍先为东徐州刺史，徐思雨为北徐州刺史，王伟为散骑常侍。梁武帝任命王伟为侍中。

二月十六日，侯景又上书称："刚刚得到情报说，高澄已经得到了寿阳和钟离，臣无处可去，请求暂借广陵（江苏省扬州市）和谯州（安徽省全椒县），等到我夺回寿阳以后，就奉还朝廷。"又要求："既然勤王军都在秦淮河南岸，我必须在京口渡江。"萧纲全部答应。

二月十七日，南梁朝廷宣布大赦。

二月二十四日，侯景又上书称："永安侯萧确、直阁将军赵威方隔着栅栏对我辱骂，说：'天子与你盟誓，我终究会杀了你！'请求征召萧确、赵威方入城，二人入城后，我立刻上路。"

二月二十五日，梁武帝派遣吏部尚书张绾征召萧确，任命其为广州刺史，又任命赵威方为盱眙太守。萧确知道这次和解终究会破裂，这样下去，台城肯定会沦陷，因此，再三推辞，不愿入城，但梁武帝不同意。萧确无奈，就先派赵威方入城，自己则打算逃亡荆江二州。其父邵陵王萧纶听说后，逼迫萧确入城，但萧确依然不肯。萧纶哭着说："台城被围已久，圣上处境危险，做臣子的心如刀绞，因此，才暂时答应与之结盟，目的是赶快将他打发走。已经决定了的事，岂能违抗！"又说："你是想造反吗！"当时，朝廷的使者周石珍、东宫主书左法生就在萧纶这里，萧确对二人说："侯景虽然宣称将要离去，却迟迟不解除包围，他的用意非常明显。如今把我召入城中，又有什么用处！"周石珍回答："圣旨是这么说的，你岂能违背。"萧确仍然拒绝领旨，萧纶大怒，对身边的谯州刺史赵伯超说："你替我把他杀了！拿着他的人头前去！"赵伯超手持佩刀，斜着眼瞅着萧确说道："我认识侯爷你，我的刀岂认识你？"萧确无奈，哭着进入了台城。萧纶还让使者给梁武帝带去数百枚鸡蛋。梁武帝过去一直只吃蔬菜，台城被围久了，皇宫内已没有了蔬菜，梁武帝就改吃鸡蛋。他见到儿子送来的鸡蛋，亲自清点、放好，不禁悲从中来，唏嘘流泪。

湘东王萧绎驻军郢州的武城（湖北省武汉市黄陂区），湘州刺史河东王萧誉驻扎在青草湖（洞庭湖旁的小湖），信州（重庆市奉节县）刺史桂阳王萧慥（萧衍长兄萧懿第九子萧象之子）驻军在西峡口（西陵峡口），这些人都推说要等与四方勤王军会师，逗留不进。中记室参军萧贲对萧绎迟迟不下非常不满，他曾与萧绎赌博，萧绎吃子之后却一直不下注，萧贲说："殿下根本都不想下！”萧绎怀恨在心。等到得到梁武帝下令各军不再入京的命令后，萧绎当即就想回到江陵，萧贲说：“侯景身为臣子却兵向京师，如今如果放弃军权，不等他渡过长江，就会身首异处，他肯定不会束手就擒的。大王身率十万之众，还没有见到叛贼就退回，这太让人无奈了！”萧绎更是不悦，不久，他就找个借口把萧贲杀了。

侯景将东府城的大米运到石头城之后，王伟听说荆州的军队已经撤去，勤王军人数虽多，但相互之间矛盾重重，没有协同，遂对侯景说：“大王身为人臣却对皇帝大动干戈，包围皇宫，侮辱公主王妃，玷辱皇家宗庙，把大王的头发拔光也数不清大王的罪过。大王身犯这么多大罪，天地之大哪里还能容下您？过去，违背盟誓而成就一番功业的例子也太多了，请大王暂时留下，静观其变。”临贺王萧正德也对侯景说：“大功将成，为何要扔掉！”侯景原本觉得处境艰难，无法攻下台城，这才答应求和，如今，经过一段时间的和解，他起码做到了以下两点：一是解决了自己的军粮问题；二是麻痹了勤王军和台城内的守军。如今的他已经咸鱼翻身，而台城内的情况却丝毫没有改观，如果继续进攻台城，城内兴许还会出现内应呢！

终于，在和解十余天之后，侯景翻脸了！

四二四 台城陷落（一）

到二月月底，侯景突然给梁武帝上书，把矛头直指梁武帝本人。

他在奏表中说："臣听说：'文字无法完全表达语言，语言也难以全面表达内心的想法。'但是，人心的想法如果不通过语言就无法宣泄，而语言如果不通过文字也无法说透彻，这也是臣之一腔怒火不得不吐出的原因。其一，陛下与高氏和好，已经十余年了，双方交往密切，想必应当患难与共，岂能因为接纳臣一个人，贪图臣汝州、颍州之地，就与人家绝交，和好的使节尚未回国，就发兵入侵人家的彭城、宋国。即便是敌国之间相互攻伐，听到对方国内有丧事也要停止军事行动，就连平民百姓之间交往，也要抚恤遗孤，哪有万乘之君竟然如此见利忘义的呢？其二，臣与高澄之间已经有了仇怨，陛下授予我上将之职，臣也打算报效陛下，扫平天下，陛下可以到东岳封禅，臣也建立起伊尹、吕望一样的大功，扬名后世，这的确是臣生平的志愿。可是陛下想分割臣的功劳，让臣去夺取河北，打算自己拿下徐州，于是派遣平庸软弱的贞阳侯萧渊明，任用骄傲贪婪的胡贵孙和赵伯超，刚看见东魏军的战旗就一哄而散，致使慕容绍宗乘胜南下，涡阳各个军镇全部陷落，让臣进退无据，妻子儿子为东魏所杀，这是陛下最对不起臣的地方。其三，韦黯驻守寿阳，兵微将寡，慕容绍宗穷凶极恶，将要饮马长江，如果不是臣退守到这里，后果不堪设想。不久，边境安宁下来，陛下任命我担任这里的刺史，我正要搜集残部，厉兵秣马，以雪涡阳之耻，可是，陛下失魂落魄，听信贞阳侯的胡言乱语，又同意与东魏和好，臣反复劝说，陛下就是不听。陛下如此反复无常，就算是一个无知儿童尚且感到羞耻，何况你身为君主？其四，胆怯逗留，根据军法都是要严惩的，贞阳侯率领数万大军，而遇到慕容绍宗那么一点军队，却不能抵抗，竟做了俘虏，正应当把他从皇家户籍中剔出，但是，陛下不仅不予惩处，相反还打算把臣交给东魏以交换他。身为君主，为人处世就是这样的吗？其五，悬瓠是一个大城，古称汝州、颍州，臣将这里全部交给帝国，可羊鸦仁却迟迟不敢进入，进入以后，却又无故丢掉。陛下既不惩处，仍然让他担任北司州刺史。羊鸦仁丢掉，陛下不惩处，而臣献上，陛下也不记功，这是第五个过失。其六，臣涡阳大败，并非臣作战的原因，完全是陛下君臣误导的结果，我来到寿阳之后，从未有半点埋怨或者后悔，可是，羊鸦仁自知丢掉悬瓠，心中惭愧恐惧，遂诬陷臣要谋反。谋反是要有行迹的，他的证据何在？如此诬陷，陛下却不予查验，完全听信。哪里有诬陷人家天大的罪过，却还能同朝为官的道理？其七，赵伯超从一个无名小卒被提拔为一方大员，只知道盘剥百姓，扩充实力，根本不是为了国家，全是为了自己的荣华富贵，他向权贵们行贿，博得好的名声。朱异等人收受了这些人大量的财物，他们都在陛下面前称赞胡贵孙、赵伯超之流，把他们比作关羽张飞再世。寒山之战，他们带着妓女，刚一听到战鼓声，不等待贞阳侯，拔腿就跑。这种罪过，理当诛灭九族，可是，他们向权贵行贿，不仅没有受到惩处，反而继续留任刺史之职。假如赵伯超没有罪，臣的功劳又何从谈起？赏罚不明，怎么能治理好国家？其八，臣统率下属素来严厉，士兵们都不敢骚扰市井，我到寿阳之后，关闭了征税的关卡，寿阳百姓也都非常感激。但裴之悌等人忌惮臣的管理，遂逃回建康，声称臣将要造反。陛下没有惩处他们擅离职守，却听信了他们的谗言，这样对待我，我如何能够心安？其九，虽然臣的才能比不上古人，但我确实有实践经验，懂得如何才能更好地统领军民，自从归顺之后，一直想进尽忠言，但每次上奏，提出的建议总不被采纳。朱异全权负责军事，周石珍管理武器装备，陆验等人负责粮食布帛，这些人都是公开索贿，臣没有给他们行贿，因此，总是受到他们的排挤。其十，鄱阳王镇守合肥，与臣的州境相邻，臣因其是皇族而对他非常尊敬，可是，他非常平庸胆怯，对我是严加防备，还时不时地上书或称臣谋反，或称臣的一些小错。理当以礼招徕四方豪杰，如此态度对于忠烈之人哪能忍受得了！其余还有很多，难以细述。因我处境艰难，所以才屡屡上书，言语直接，遂惹得陛下恼火，发兵讨伐。我又有什么罪过，来等着被陛下诛灭？韩信一世英雄，离开项羽投靠刘邦，最终却为吕后所杀，到那个时候他才后悔没有听从蒯通的话，臣每当读到此处时，内心总是耻笑他，岂能再让我重蹈韩信的覆辙，让我死于陛下身边的佞臣之手？因此，我才发兵南下，目的是清除陛下身边的奸臣，清理国家的荒政，然后再回到防地，以保臣节。”他还说：“陛下喜欢听虚无荒诞之言，不愿意听到实话，把妖物当作祥瑞，认为与上天的谴责毫无关系。诠释六经，却排斥儒家，这是王莽所为；用铁铸造钱币，轻重无常，这是公孙述曾做过的。地痞流氓都登上了高位，这是更始帝、司马伦时的做派；萧综认为他亲爹与自己有血海深仇，萧纶在父亲活着时却身穿孝服，这如同石虎家族那样。大兴佛寺，奢侈浪费，百姓饥馑，这是笮融、姚兴时的荒政。”又说：“建康宫室华丽，陛下只与主书决断政务，政以贿成，宦官们个个富贵，和尚们人人殷实。皇太子只喜欢珠玉、酒色，言谈轻薄，吟咏淫荡；邵陵王萧纶所到之处，百姓家破人亡；湘东王萧绎手下贪污成风；南康王萧会理、定襄侯萧祇也都是沐猴而冠罢了。论亲属是你的儿孙，论官职则是一方大员，但是，臣来到建康已经一百多天了，又有几个前来勤王！这种国家能够长久存在下来，从古至今都是没有的。过去，鬻拳兵谏，楚王最终改过自新，臣今日之举又有什么过错！我请求陛下从这次小小的惩罚中得到警示，放逐进谗言的人，接纳忠臣们，这样让臣不用第二次再来，陛下也不会再受到被围困的耻辱，这将是万民最大的幸福了！”

可以想见一向自视甚高的梁武帝在看到侯景的奏表时该是如何的愤怒。

侯景的句句话都像匕首一样刺中梁武帝的要害，将他剥得体无完肤，他恼羞成怒，当即决定与侯景势不两立。三月一日，他在太极殿前设立祭坛，让兼太宰、尚书仆射王克等人向天地报告侯景违背盟誓的消息，并下令台城燃起烽火、敲鼓呐喊。当初侯景包围台城时，城内有十余万人，甲士也有两万余人；被围时间长了，病死了十之八九，能登上城墙战斗的人不足四千人，而且都身体虚弱，动辄气喘吁吁。城内到处都是横七竖八的尸体，无人也无处掩埋，脓汁从尸体中流满了沟渠，臭气熏数里之遥，但大家仍坚信勤王军会来援救，可是，近在咫尺的勤王军迟迟不进！

名为主帅的柳仲礼自从受到惊吓之后，再无战心，每天以喝酒、看戏为务，欺压百姓，侮辱公主王妃。他的父亲在城墙上对他说：“你的君王、父亲身在危难之中，你却不能尽心竭力，百代之后，后人将把你比作什么！”柳仲礼听了，不仅毫无愧色，反而谈笑自若。侯景曾登上朱雀楼与他交谈，赠给他一个金环，从此之后，柳仲礼就不再提打仗的事了，诸将每天都去请战，但他就是不听。南安侯萧骏对他说：“城内如此危急，都督却毫无行动，一旦台城失陷，你有什么脸面见天下义士？”柳仲礼无言以对。萧骏又对邵陵王萧纶说：“如今应当兵分三路，出敌不意，对其发起进攻，则可以得手。”但邵陵王萧纶亦不听从。梁武帝向柳津询问破敌之策，柳津回答："陛下有邵陵王这个儿子，我有柳仲礼这个儿子，他们俩都是不忠不孝之人，叛贼如何能被消灭！"

三月三日，南康王萧会理与羊鸦仁、赵伯超、柳仲礼、鄱阳王世子萧嗣等人率军推进到东府城以北，约定趁夜渡过清溪。但是，羊鸦仁等部等到清晨还未到来，此时，萧会理等部尚未修好营寨，侯景发现后，即命令宋子仙率军进击，赵伯超望风而逃，萧会理等部大败，战死以及淹死了五千人。侯景下令将首级堆积到台城宫门前。

侯景又派于子悦入城求和，梁武帝派御史中丞沈浚来到侯景的大营。侯景原本并无离去的意思，他对沈浚说："如今天气炎热，大军不可轻易调动，请求暂时留在京师效力。"沈浚顿时火冒三丈，厉声斥责侯景，侯景也不答话，只是将佩刀抽出，放在膝上，喝令他住口。沈浚说："你忘恩负义，背弃盟誓，为天地所不容！我沈浚已活了五十余年，经常担心不能死得其所，你何苦要以死来吓唬我呢！"遂掉头而去。侯景也因其忠诚正直而饶了他。于是，侯景下令掘开宫门前的蓄水灌城，不分昼夜从各个方向对台城发起了猛攻。

四二五 台城陷落（二）

果然不出侯景的预料，台城之内真的就出了问题。

问题就出在邵陵王萧纶的世子萧坚身上。萧坚资质平庸，过去，他曾与亲人写信，自称嗣王。其父尚在，这样称呼是非常犯忌的，吓得接到书信的人连连劝谏，萧坚却不以为意。等到侯景包围台城以后，萧坚负责守卫太阳门，整日饮酒赌博，对军务不管不问。对有功将士从不申报，对患病的也不抚恤，弄得人人怨恨。萧坚的书佐董勋华、白昙朗等人看到萧坚在内室里准备酒肉，却只顾自己享用，都非常恼火，遂决定投降侯景。

三月十二日深夜，等到天快亮的时候，董勋华、白昙朗等人在台城的西北楼上引导叛军登上了城墙，永安侯萧确苦战，却无法退敌，只好闯到后宫，来见梁武帝萧衍。当时，梁武帝还在休息，萧确说："城池已经陷落了！"梁武帝看着这个孙子，问了一句："还能一战吗？"萧确回答："人心已经不能再战。刚才，臣格斗却无法击退敌人，从城墙上縋下才跑到这里。"梁武帝叹息一声，说道："这家业从我手里得到，又从我手里失去，我还有什么遗憾的呢？万幸没有拖累子孙。"梁武帝让萧确写慰劳文书慰问勤王各军，并对萧确说："你速速前去告诉你的父亲，不要对我和太子挂念。"

不一会儿，侯景就派王伟来到文德殿要求觐见，梁武帝命令打开殿门，引导王伟入内。王伟叩拜后呈上侯景的奏表，称："我被奸臣陷害，不得不率众入朝，以致惊动了圣驾，现在，我正在宫门之外等候处罚。"梁武帝问："侯景现在哪里？可召来！"又过了一会儿，侯景率领五百名甲士进入，梁武帝在太极殿东堂接见了他。侯景在太极殿下叩拜后，带着宝剑登上了大殿，司仪官将他引导到三公的座位那里，让其坐了下来。

梁武帝的神情像往常一样平静，他问道："你在军中有些日子了，是不是很劳累？”侯景没有出声。

梁武帝又问：“你家乡是哪个州的？却来到这里。你的妻子还在北方吗？”侯景又没说话。跟着他一起上殿的任约替他回答道：“臣侯景的妻子都为高澄所杀，只身一人投奔陛下。”

梁武帝又问：“你刚渡江时有多少人？”

侯景回答：“一千。”

“包围台城时多少人？”

“十万。”

“现在多少？”

“全国之内，都属于我。”

梁武帝听后，低头不语。

侯景退出后，对他的厢公（侯景对自己的亲信加封的官职）王僧贵说：“我在马上面对敌人，弓矢齐下，我也毫不害怕。今日，见到萧老头却让人心生畏惧，这难道不是所谓的天威难犯吗？我不愿意再见他了。”他又在永福省拜见太子萧纲，萧纲也没有惧色。当时，萧纲身边的侍卫都逃散了，只有中庶子徐摛、通事舍人殷不害站在萧纲身边。徐摛对侯景说：“侯王爷应当以礼相见，岂能如此！”侯景遂跪下叩头。萧纲与他说话，侯景也回答不出。

侯景下令将东西宫的禁卫军全部撤去，纵兵抢掠御用车马、服饰、宫女，把群臣、王侯全部押送到永福省内看管，令王伟率军驻守在武德殿，于子悦驻扎在太极殿东厢，而后，他假传圣旨，自命为大都督中外诸军、录尚书事。台城内堆积的尸体无暇掩埋，还有已经死去来不及入殓的，或者将死未死的，侯景进入台城之后，下令全部焚烧，十几里之外都能闻到焚烧的臭气。尚书外兵郎鲍正重病在身，也被军人们拖出，投入大火之中，鲍正在火里痛苦地挣扎了很久，才被烧死。

三月十四日，侯景派遣石城公萧大款带着诏书要求解散勤王军。柳仲礼召集众将商议，邵陵王萧纶说道：“今日之事全交给将军决断。”柳仲礼眼睛紧紧地盯着萧纶，却一言不发。裴之高和王僧辩说道：“将军坐拥百万之众，却让宫阙陷落，如今，理当奋力决战，还有什么好说的！”然而，自始至终柳仲礼竟然一句话都不说，会后，各军只得各自散去。南兖州刺史临成公萧大连、湘东王世子萧方等、鄱阳王世子萧嗣、北兖州刺史湘潭侯萧退、吴郡太守袁君正、晋陵太守陆经等人各自回到本镇；邵陵王萧纶逃奔会稽；柳仲礼及其弟弟柳敬礼、羊鸦仁、王僧辩、赵伯超均开营投降，将士们无不怨恨叹息。另据《南史·王僧辩传》称："台城陷没，侯景悉收其军实而厚加绥抚，遣归竟陵。"由此可知，侯景是兼并了上述军队的。柳仲礼入城后，先去拜见侯景，而后才去觐见梁武帝。梁武帝见到他后，对他没说一句话。柳仲礼随后又去拜见父亲柳津，柳津痛哭道："你不是我的儿子，不必相见！"湘东王萧绎派遣全威将军王琳送来二十万石大米，犒劳勤王军，行至姑孰，听说台城陷落，将大米倒入江中，匆匆折返。

三月十五日，侯景假传梁武帝的诏书，称："前不久，奸臣当朝，几乎要颠覆社稷，幸赖丞相果断发兵，入朝辅政，各地前来勤王的大员们各自回到本镇。"侯景将柳敬礼、羊鸦仁扣留下来，把柳仲礼放归司州，王僧辩放归竟陵。城破之前，临贺王萧正德曾与侯景相约，待到城破之日，不留萧衍、萧纲的性命。可是，等到城门被打开时，萧正德率领自己的部众挥刀就要闯入宫中，但侯景已经提前派军把守住了宫门，萧正德无法进入。次日，侯景又下令任命萧正德为侍中、大司马，其余百官官复原职。萧正德入宫拜见梁武帝，边拜边哭。梁武帝随口引用《诗经·中谷有蓷》里的句子，说道："啜其泣矣，何嗟及矣！"意思是：现在哭来哭去，后悔又有什么用呢！（按：《诗经·中谷有蓷》，是一位被人抛弃的妇女自伤自悼的怨诗，全文为："中谷有蓷，暵其乾矣。有女仳离，嘅其叹矣。嘅其叹矣，遇人之艰难矣！中谷有蓷，暵其修矣。有女仳离，条其啸矣。条其啸矣，遇人之不淑矣！中谷有蓷，暵其湿矣。有女仳离，啜其泣矣。啜其泣矣，何嗟及矣！"）

侯景一点都不傻。萧正德不过是他的一枚棋子，如今已经失去了利用价值了，当然会义无反顾地扔掉。显然，与其控制萧正德，倒不如直接控制梁武帝和太子萧纲，利用他们残存的影响力继续瓦解勤王军，培植自己的势力。侯景攻克台城后，秦郡（江苏省南京市六合区）、阳平（江苏省淮安市）、盱眙（江苏省淮安市盱眙县）均投降了侯景，侯景将阳平改名为北沧州，将秦郡改为西兖州。同时，萧正表以钟离、王显贵以寿阳投降东魏之后，淮北属于梁朝的土地就被东魏切断了与江南的联系，成为孤悬于外的飞地，在东魏军队的压力下，东徐州（江苏省邳州市）刺史湛海珍、北青州（江苏省赣榆县）刺史王奉伯、淮阳（江苏省淮安市淮阴区西南）太守王瑜均投降了东魏；青州（江苏省连云港市）刺史明少遐、山阳（江苏省淮安市）太守萧邻均弃城而逃，东魏随即就占领了这些地区。湘潭侯萧退与北兖州刺史定襄侯萧祇一起投奔东魏，侯景任命萧弄璋为北兖州刺史，当地百姓自发武装起来，拒绝萧弄璋入城。侯景派遣直阁将军羊海率兵帮助萧弄璋，羊海却投降了东魏，东魏军队遂占领了北兖州治所淮阴（江苏省淮安市淮阴区）。

侯景攻陷台城以后，就把目光投向了下游的京口、广陵以及三吴地区。他以仪同三司萧邕为南徐州刺史，代替西昌侯萧渊藻镇守京口。萧渊藻忧愤成疾，有人劝他投靠东魏，萧渊藻回答："我身为朝廷重臣，地位尊崇，既然不能剪灭奸贼，就应该与朝廷同生共死，岂能托身异族，苟且偷生！"遂绝食而死，终年六十七岁。侯景又派遣他的部将徐相进攻晋陵（江苏省常州市），晋陵太守陆经投降。在占领京口、晋陵之后，侯景又任命前临江太守董绍先为江北行台，派他携带着梁武帝的亲笔手令征召南兖州刺史南康王萧会理。三月二十七日，董绍先来到广陵，身边仅率领二百疲弱之兵。萧会理兵马甚盛，部下纷纷劝说道："侯景已经攻陷京师，其目的就是要先剪除强藩，然后篡位，如果各地都起兵反抗，侯景将顷刻土崩瓦解，为何要将一州之地拱手让人？不如先杀掉董绍先，起兵固守城池，与东魏联络，坐观其变。"萧会理素来懦弱，即以城交给了董绍先。（按：《梁书·高祖三王萧会理传》称，萧会理当时对大家说："你们大家的心事与我的想法不同，天子年事已高，受制于叛贼，如今亲自给我写下书信，召我入京，岂能违背？况且，长江以北难以成事，不如入京，在其身边搞定他。"）显然，《梁书》是在替萧会理说好话，萧会理单身匹马入京不过是一介匹夫，又能耐侯景何？因此，《资治通鉴》并未采信。董绍先入城以后，大家谁都不敢再动了。在董绍先来之前，萧会理曾派弟弟萧乂理前往东魏请求援军，北行两日后，董绍先来到广陵，萧会理决定投降后，又把萧乂理追回。萧乂理性格刚烈，董绍先对他防范甚严，不得与家人相见，他请求先回到建康，才得以拜别母亲，对姐姐安固公主说："事情既然到了这步田地，全家人岂能在此坐以待毙？等哥哥到京以后，我将与他好好说说，请不要挂念我们。国家如此危急，虽死无憾，以后还将报效国家，只是不知道天命如何啊！"董绍先入城后，将萧会理的部队、兵器、金银财宝全部留下，只让萧会理单人匹马回到了京师。萧会理入京后，被侯景任命为侍中、司空、兼中书令。

四二六 荆湘交争（一）

三月二十八日，侯景派遣于子悦等人率领数百羸弱之兵从晋陵继续东下，企图夺取吴郡（江苏省苏州市）。

新城（浙江省富阳市西南新登镇）戍主戴僧逷有五千精锐部队，他对太守袁君正说："敌人缺乏粮食，从台城里分得的粮食，不够他们吃十天，如果紧闭城门，敌人很快就会饿死。"当地的豪强陆映公等人担心一旦失利，自家的财物会被叛军掠夺，遂劝说袁君正投降。袁君正素来胆怯，就派人带着大米、牛肉、美酒到郊外迎接于子悦，谁知，于子悦入城后，即纵兵大掠，袁君正气愤而死。东部各郡百姓纷纷兴修城堡，抵御侯景的部队。

梁武帝虽然受制于侯景，但内心非常恼火，侯景很多上奏，梁武帝都予以驳回。侯景曾请求任命宋子仙为司空，梁武帝说道："调和阴阳，岂能用得上这东西？"侯景又请求任命自己的两位亲信担任便殿主帅，梁武帝又不同意，侯景也不敢勉强。太子萧纲哭着从外面进入，意欲劝说父亲不要如此强硬，梁武帝说："是谁让你来的！如果社稷有灵，自然能够重见天日；如果无力回天，哭又有什么用处！"侯景派遣部队到后宫上岗，这些士兵们有的驱赶着驴马，携带着弓箭刀枪，在后宫穿行，梁武帝见状非常奇怪，问制局监周石珍说："这都是谁的人？"周石珍回答："丞相。"梁武帝故作不知，又问："是何方丞相？"回答："是侯丞相。"梁武帝顿时发火道："他名字叫景，怎么叫丞相！"从此以后，梁武帝再索要什么东西，大多不被满足，至于饭菜也相应被减少。他又忧愁又气愤，遂旧病复发。太子萧纲每天要问安两次，总是涕泪交流，令侯景安排在梁武帝身边的侍从们也都掩面而泣。太子萧纲还把自己最小的儿子萧大圜托付给湘东王萧绎，并剪下头发、指甲，寄给萧绎。五月二日，梁武帝萧衍躺在净居殿内，口苦，想吃点蜂蜜，却无人理睬，一会儿，他口中发出"呵呵"两声，就驾崩了，终年八十六岁。梁武帝驾崩后，侯景秘不发丧，把灵柩抬到昭阳殿，到永福省迎接太子，命其像往常那样入朝。王伟、陈庆都跟随在萧纲的身边，当萧纲得知父亲去世的消息后，强忍悲愤，不敢哭出声来，因此，殿外的群臣都不知道梁武帝已经去世。直到五月二十七日，侯景见内外无事后，才下令公布梁武帝驾崩的消息，将梁武帝的灵柩移到太极殿。当天，太子萧纲被拥立为帝，大赦，他就是梁简文帝。侯景率军驻扎在太极殿，分兵护卫。

为了争取民心，二十八日，侯景还以萧纲的名义下诏，凡是流落到南方的北方人沦为奴仆的，全部免为平民，一下子免了一万多人；侯景又对不少人破格提拔，以期获得他们的效忠。

二十九日，侯景派遣仪同三司来亮率军进入宛陵（安徽省宣州市），宣城太守杨白华将其诱杀；三十日，侯景又派遣部将李贤明进攻，被杨白华击败。东线，侯景派遣中军将军侯子鉴进入吴郡，任命厢公苏单于为吴郡太守；又派遣宋子仙等人率军进驻钱塘（浙江省杭州市），新城戍主戴僧逷率军抵御。御史中丞沈浚避难东归，来到吴兴（浙江省湖州市），吴兴太守张嵊（张稷之子）与之合谋，准备发兵讨伐侯景。邵陵王萧纶在钟山战败后，逃归京口，不久又与东扬州刺史萧大连等人率部入援，进抵骠骑洲（今地不详）；台城陷落后，他逃奔钱塘（《梁书》本传称禹穴，同为浙江省绍兴市），授予张嵊为征东将军。东扬州（治所浙江省绍兴市）刺史临城公萧大连也拒不接受侯景的命令，听命于侯景的地区仅仅限于长江以南、吴郡（江苏省苏州市）以西、南陵（安徽省繁昌县）以北以东这些建康周边地区。而此时的建康情况却非常糟糕。梁武帝末年，由于建康百姓奢侈浪费成风，家家户户没有半年的粮食储备，全靠各地的供应。自从侯景之乱后，建康断绝了与外界的联系，被围数月之内，人人之间相互残杀吞食，即使这样，仍有人被活活饿死，侥幸活下来的不及百分之一二。皇亲国戚、高门士族都亲自出城采摘野菜充饥，因饥饿倒毙山谷、路边的，不可胜数。

按理说，即便是攻下了台城，侯景的处境仍然不妙，可是，令人疑惑的是，拥有重兵的湘东王萧绎在此期间又在做些什么呢？难道他真的就甘心看到自己的父亲落于贼人之手吗？这还得从一个人说起——原湘州刺史张缵。

张缵是梁武帝萧衍堂舅张弘策的第三子，张缅的弟弟，娶梁武帝的第四女富阳公主为妻。张缵在湘州担任刺史四年，到太清二年侯景叛乱前被梁武帝征召为领军将军，不久，又改任雍州刺史，接替岳阳王萧詧，而任命萧詧的二哥河东王萧誉为湘州刺史。张缵原来听说郢州刺史、邵陵王萧纶接替自己的职务，结果却是比自己低了两辈的萧誉。昭明太子萧统去世后，虽然萧统的儿子萧欢、萧誉、萧詧、萧譬、萧鉴都被梁武帝封为郡王，但毕竟昭明太子一系已经从皇位的继承人变为普通的王爷，势必受到未来的皇位继承人的猜忌，昭明太子一系的衰落已成必然。张缵素来轻视年少的王爷，这当然也源于对昭明太子一系诸王的轻视。因此，当萧誉即将到来时，张缵派去迎接的官员级别很低，礼数很不周到，这令萧誉内心非常不满。等到萧誉来到湘州之后，就借口生病拒不与张缵相见，迟迟不与他办理交接手续，将他滞留了下来。不久，就爆发了侯景之乱，张缵担心萧誉会趁乱杀了自己，遂乘坐轻舟趁夜逃出了长沙，将要去雍州上任，又担心萧誉的三弟萧詧拒绝交接。张缵与湘东王萧绎有些交情，他想借萧绎之手杀掉萧誉、萧詧兄弟，于是就投奔江陵而来。

萧绎虽然是萧誉等人的叔叔，但在萧誉兄弟看来，如果其父昭明太子萧统不死，哪轮的上你萧绎担任荆州刺史？还是自己的顶头上司？如今萧欢已死，萧誉作为次子，按照法统是最应当担任皇帝的，这当然也引起了同样想当皇帝的萧绎的猜忌，萧绎对萧詧等人的心思也不会不知，在萧绎征兵东下时要求萧詧亲自率军东进，可能就是担心萧詧留在后方会偷袭自己的江陵老巢，这大约也是萧绎驻军武城迟迟没有东进的原因之一吧。等到台城陷落后，侯景以梁武帝之命勒令各地勤王军都回到原来的驻地，萧誉从湖口（湖南省岳阳市）率军回到了湘州。桂阳王萧慥是梁武帝长兄萧懿第九子萧象的儿子，时任信州（治所重庆市奉节县）刺史，他率领的勤王军刚刚行至江陵附近，等接到返回驻地的命令后，却并没有立即离开江陵西去，萧慥的理由是想等萧绎回来，自己拜见以后再走。但是，萧绎当时的官职是使持节、都督荆雍湘司郢宁梁南北秦九州诸军事、镇西将军、荆州刺史，并没有加督信州，因此，萧慥并非萧绎的部下，萧慥一直滞留江陵附近，确实居心叵测。张缵给萧绎写去密信，称："河东王萧誉的战舰扬帆西上，将要偷袭江陵，岳阳王萧詧屯聚军粮，二人共谋不轨。"江陵游击部队军主朱荣也派人向萧绎报告说："桂阳王萧慥留在此地，打算与岳阳王萧詧、河东王萧誉一起进攻江陵。"萧绎大惊失色，将战舰凿沉，大米投入江中，砍断缆绳，徒步穿越山蛮聚居区，匆匆忙忙赶回江陵。萧绎回到江陵时，萧慥还驻扎在江陵近郊的江津，毫无防备。萧绎召见萧慥，当面好言好语安抚了萧慥一番，却将他软禁起来。萧慥心知难逃一死，遂破口大骂，萧绎大怒，将其诛杀。

四月，湘东王世子萧方等等人率军从建康回到了江陵，至此，萧绎才知道台城已经陷落，遂命令在江陵四周七里之内开挖了三道壕沟，设置了层层的木栅，以加强江陵的防卫。在此之前，萧詧的司马刘方贵暗中联络萧绎，密谋偷袭襄阳。刘方贵尚未发动，正巧萧詧因为其他事情召见他，刘方贵以为事情败露，遂占据樊城抗命，萧詧命令魏益德、杜岸等率军进攻刘方贵。刘方贵无力抵挡，派遣儿子刘迁超请求萧绎发兵相救。萧绎遂赏赐给张缵大量财物，让其北上前去襄阳上任，暗中嘱咐他援救刘方贵。当张缵行至大堤（湖北省宜城市）时，萧詧已经攻克了樊城，斩杀了刘方贵。张缵来到襄阳后，萧詧却推三阻四，只将张缵安排在城西的白马寺住下。萧詧依然把持着襄阳的军政大权，等听说台城陷落的消息后，遂拒绝离任。此时，萧詧也知道了是张缵在萧绎面前说了自己和哥哥萧誉的坏话，将找个借口杀死他，张缵害怕，赶紧派人请求萧绎将自己召回江陵，萧詧却扣留张缵不放。助防杜岸欺骗张缵说："我看岳阳王肯定容不下你，不如逃到西山避祸，大人既然顺应民心，在那里举义，没有不成功的道理。"杜岸兄弟九人，分别为杜嵩、杜岑、杜巄、杜岌、杜巘、杜岸、杜崱、杜岄、杜幼安，均十分骁勇，为襄阳当地的豪强。听杜岸这么一说，张缵信以为真，与杜岸结下盟约，邀请襄阳人席引等人在西山聚众，张缵则身着妇女的衣服，乘坐青色麻布小轿，率领十余名亲信逃入西山，投靠席引等人。杜岸飞马向萧詧报告，萧詧即命令杜岸及中兵参军尹正等率兵追讨。望见杜岸等人前来，张缵还以为是他率众响应呢，不禁大喜，谁知等杜岸等人近前后，即将张缵等人抓获。张缵恳求让自己落发为僧，改名法缵，萧詧同意了。

四二七 荆湘交争（二）

梁武帝还没有死，荆州、湘州、信州、雍州都乱成了一团麻。

荆州长史王冲等人上书萧绎，请求萧绎以太尉、都督中外诸军事的身份，代行皇帝职权，主持讨伐侯景的盟约，但萧绎没有同意。到五月二日，王冲等人又请求以司空的身份主持盟约，但萧绎仍然没有同意。

此时，对于萧绎来说，可谓是乱蜂蜇头：建康的老父、长兄落入侯景之手，雍州、湘州给自己添堵，而老婆徐昭佩也让他十分不满。原本萧绎对世子萧方等并不看好，但经过这次建康之行后，萧绎发现萧方等治军严整，大为赞叹。萧绎告诉了徐氏，本来指望着徐氏会高兴起来，谁知，徐氏竟然一句话都不说，只是流泪退去。萧绎最宠爱的妃子王氏生下萧方诸不久，就去世了，萧绎原本就怀疑是徐氏所为，至此，更是勃然大怒，亲自写下一篇《金楼子》，将徐氏前后与他人通奸之事一条条写了出来，张贴在大厅之上，萧方等看了以后，更加恐惧。

梁武帝死后，萧绎打算讨伐侯景，派遣咨议参军周弘直前去湘州刺史萧誉那里调派军队、粮食，萧誉却说："我们各自都是刺史，啥时候起我开始隶属于你了！"萧绎加督湘州，当然是萧誉的上司了，萧誉此言根本就是强词夺理。萧绎的使者来回跑了三趟，都是空手而归。萧绎大怒。萧方等请求率军讨伐萧誉，萧绎遂任命幼子安南侯萧方矩为湘州刺史，命令萧方等率领两万精兵把他护送到湘州。临行前，早已不想活下去的萧方等对亲信们说："这次出征，我肯定会死，死得其所，也没有什么可遗憾的了！"

萧方等的部队行至麻溪（湖南省长沙市北，现已消失），河东王萧誉率领七千人迎头痛击，将萧方等击败，萧方等本人落水淹死。萧方矩收拾残兵败将回到江陵，萧绎得知萧方等的死讯，毫无一丝悲哀之色。萧方等死后，萧绎逼迫徐昭佩自杀，徐昭佩投井而死，萧绎将尸体还给徐家，称之为出妻，以百姓之礼埋葬在江陵的瓦官寺内。

不久，上甲侯萧韶从建康逃到江陵，自称受到梁武帝的密诏，以湘东王萧绎为侍中、假黄钺、大都督中外诸军事、司徒、承制，其余各地藩镇大员也都一一加官晋爵。

一伐湘州失利后，萧绎又下令竟陵太守王僧辩、信州刺史鲍泉率军再次南讨。我们知道，王僧辩是北魏降将王神念的儿子，此时，由萧绎以之取代柳仲礼，任命为竟陵太守。鲍泉，其父鲍机曾任萧绎的咨议参军，从小鲍泉就担任萧绎的湘东国常侍，以文采闻名，萧绎曾说过："除了我的文章之外，没人能超过你的。"接到萧绎克日起兵的命令后，王僧辩问鲍泉："这该如何是好？"鲍泉回答："这次出征，如同以汤沃雪，不必多虑。"王僧辩说："你的话不过是文士们的老生常谈而已。河东王萧誉从小就有军事才能，没有凑够一万精兵是不能去的。竟陵郡的精锐部队不久就能到了，等来了以后，再出征方可。"遂与鲍泉一起拜见萧绎，请求延期。等王僧辩说完后，鲍泉却默不作声。萧绎怀疑王僧辩是故意拖延时间，想坐观成败，他手握宝剑，高声断喝道："你胆敢违抗军令，拒不出征？想与萧誉勾结不成！那你今天唯有一死了！"王僧辩回答："今日被杀也心甘情愿，只恨再也见不到老母亲了。"萧绎当即抽出宝剑，就朝王僧辩砍来，一剑砍中王僧辩的左大腿，鲜血流了一地。王僧辩当场昏倒在地，不省人事，过了很久，才苏醒过来，被投入大牢。王僧辩的母亲光着双脚来到王府，哭着替儿子谢罪，责备自己没有管好儿子，很久，萧绎的怒气才慢慢平息下来，赏赐给她治伤的特效药，王僧辩这才得以保全了性命。

七月十四日，鲍泉遂单独率军南下讨伐萧誉。

八月十六日，鲍泉所部进抵长沙附近的石椁寺，萧誉迎战，战败；八月十八日，萧誉再次在橘洲迎战，再次战败，战死及淹死者一万余人。萧誉退守长沙，鲍泉率军将长沙团团围住。

萧誉向三弟萧詧告急。

得到萧誉的告急文书后，萧詧留下咨议参军蔡大宝守卫襄阳，他采取围魏救赵之法，亲自率领两万步兵、两千骑兵进攻江陵。萧绎大为恐惧，派遣亲信前往狱中向王僧辩询问对策，王僧辩一一陈述应对方略，萧绎这才释放了他，任命其为城中都督。

九月三日，萧詧来到江陵城下。当时，萧绎下令在江陵城外设置木栅，只有北面没有完工，萧詧扎下了十三座大营，就从北面对江陵发起了猛攻。萧绎派遣参军庾奂斥责道："萧正德淆乱天下，你也步其后尘，你想怎样？我蒙先帝眷顾，让我照顾你们兄弟，如今，你们竟然身为侄儿前来讨伐叔父，这是什么道理？"萧詧回答："我的哥哥没有什么罪过，却屡屡被你攻击，我们手足之情，岂能坐视不顾？七叔你如果能念及过去的恩情，岂能这样？如果你从长沙退兵，我就撤回襄阳。"

然而，不巧的是，天降大雨，平地积水有四尺那么深，在这种天气下，不要说打仗了，就是生火做饭都成问题，雍州军队士气更是一落千丈。萧绎与杜岸的弟弟、新兴太守杜崱过去有交情，遂派人秘密邀请他倒戈。

九月十三日，杜崱与四哥杜岌、六哥杜岸、九弟杜幼安以及侄儿杜龛各自率部投降了萧绎。杜岸请求率军奔袭襄阳，萧绎同意了。杜岸遂率领五百骑兵昼夜兼程北上，距离襄阳三十里时，城内才发现，蔡大宝保护着萧詧的母亲龚保林登上城墙抵抗。萧詧听说后，丢弃粮食、金银、布帛、铠甲、武器，趁夜仓皇北撤。萧詧也把张缵带在军中，负责看守张缵的士兵担心被追兵赶上，遂将其杀死。萧詧回到襄阳后，杜岸逃往广平（河南省南阳市邓州市东南），依附于他的五哥、南阳太守杜巘。

受到萧詧这一惊吓，萧绎迁怒于迟迟未能攻下长沙的鲍泉。他给鲍泉写了一封书信，历数鲍泉有二十条大罪，斥责道："面如冠玉，还疑木偶，须似猬毛，徒劳绕喙。"鲍泉容貌魁伟，因此，萧绎这般嘲讽他，并以王僧辩代替鲍泉为都督，命舍人罗重欢率领三百名贴身卫士一起来到鲍泉的军中。将至军中，派人给鲍泉传话："罗舍人受命送王竟陵前来。"鲍泉听说王僧辩竟然来了，不觉愕然，对身边的人说："王竟陵能来帮助我，不愁敌人不能平定了。"拂拭座席等待。王僧辩入内后，背对着鲍泉坐了下来，说道："鲍郎，你有罪，上级命令我来逮捕你，你不要指望我会念及我们两人的旧情。"遂命令罗重欢用铁锁把鲍泉锁在坐床边。鲍泉毫无惧色，说道："进军迟缓，我甘愿受罚，恐怕后人会追思我鲍泉的昏聩。"鲍泉又给萧绎写信解释自己进军迟缓的原因，萧绎的怒气才慢慢消除了，释放了他。

回到襄阳的萧詧命令将军尹正、薛晖北上进攻广平，生擒了杜巘、杜岸及其母亲、妻子、儿女，将其送到襄阳，全部在襄阳北门外处死。萧詧的母亲龚保林在众人之中数落杜岸，杜岸反唇相讥："你这个老婢女指使你的儿子去杀你的小叔子，还枉害忠良。”萧詧大怒，命人拔掉杜岸的舌头，鞭打他的脸，将其千刀万剐，又用沸水煮死。萧詧还下令将杜家宗族亲戚全部杀害，年幼的孩子被阉割，又扒掉杜家的祖坟，焚烧尸骨，将骨灰随风扔掉，并把杜岸的头骨漆成饭碗。萧詧与萧绎为敌，担心难以抵敌，遂向西魏求援，答应作为西魏的附属国。

侯景这次乱梁，让东魏不费吹灰之力就得到了淮北大片土地，并占领了淮河中下游重镇寿阳、钟离、淮阴等地，可谓是收获极大。相对于东魏而言，一直到萧詧请降之前，西魏并没有得到多少好处，这是因为：一是西魏的国力有限；二是西魏与南梁交界地带在此之前相对平静，侯景之乱在最初主要波及淮河中下游地区；三是东魏一直在集中兵力进攻西魏王思政占领的颍川，西魏关注点还不在江南。

可是，萧詧的求救让西魏宇文泰敏锐地感到这是一个夺取雍州这一战略要地的良机，他先派遣东阁祭酒荣权出使襄阳，打探情况。就在荣权出使襄阳之时，萧绎已经命令司州刺史柳仲礼镇守竟陵，准备对襄阳发起新一轮的攻势。柳仲礼投靠侯景之后，侯景又将他与王僧辩一起放还，临行时，侯景握着他的手说：“天下之事全靠将军你了，郢州、巴西都交给你了。”等到柳仲礼回到江陵，正碰上萧詧南下，萧绎遂任命他为雍州刺史，让他偷袭襄阳。可是，柳仲礼意欲坐观成败，一直没有行动。很快萧詧兵败，回到襄阳，又包围了南阳，杜岸求救，柳仲礼这才任命部将夏侯强为司州刺史，镇守义阳，他自己率部来到安陆（湖北省安陆市），命令司马康昭向西进攻竟陵太守孙暠。孙暠刚投降了西魏，西魏派遣大都督符贵协防，等到柳仲礼的部队来到后，孙暠又逮捕了符贵投降，柳仲礼遂任命部将王叔孙为竟陵太守，与符贵一起驻守，又任命副将马岫为安陆太守，将家眷安置在安陆，率领一万轻装部队驻扎在溠头（湖北省安陆市西北二十里），将要奔袭襄阳。情急之下，萧詧将自己的妻子王氏和儿子萧嶚让荣权带回，充当人质。看到萧詧是真心实意，宇文泰遂任命开府仪同三司杨忠为都督三荆等十五州诸军事，镇守穰城，不久，宇文泰就得知柳仲礼夺回了竟陵的消息，不禁大怒，遂命令杨忠与行台仆射长孙俭一起率部进攻柳仲礼。

十一月，杨忠率部直扑义阳，太守马伯符（马岫之子）以下溠城（湖北省随州市西北）投降，杨忠遂以马伯符为向导，到十二月底，杨忠又相继攻陷了南梁的齐兴郡（湖北省钟祥市北）、昌州（湖北省枣阳市东）、随郡（湖北省随州市），并包围了安陆。

四二八 高澄之死（一）

截至梁武帝去世的太清三年（公元549年）年底，大荆州地区已经四分五裂：雍州萧詧已经投靠了西魏；西魏发兵南下已进入雍州、司州南部的安陆，行将对柳仲礼打击；荆州萧绎的主力部队还在王僧辩的率领下将湘州的萧誉团团包围于长沙城内；与此同时，东魏也不甘示弱，在西魏军队南下的同时，已经夺取了淮河中下游重镇后的东魏军队，由金门公潘乐率领奔袭司州，南梁司州刺史夏侯强以义阳投降，东魏又夺取了义阳这一淮河上游的重镇，从此，东魏全取了淮南之地。

东魏之所以能够顺势南下夺取义阳，还有赖于这一年它取得了长社之战的胜利。

从太清二年四月开始，东魏太尉高岳、行台慕容绍宗、大都督刘丰生等率领东魏主力军团就展开了对西魏颍川（河南省许昌市）王思政的进攻。当侯景九月发动叛乱一直到第二年三月攻克台城，这里的战斗依然在持续着，东魏大将军高澄不断增派军队，可是，东魏军队一直无法拿下颍川。刘丰生建议采用水淹之策，在洧水（源出河南省登封市阳城山，东南流至新郑市与溱水合，至西华县入颍水）上修筑水坝，倒灌颍川城。城墙多处崩塌，高岳将部队编组，轮番上阵，发起进攻。王思政亲自指挥战斗，与士卒同甘共苦，城内地面到处冒水，只能把炉灶悬挂起来才能烧火做饭。西魏宇文泰派遣大将军赵贵都督东南各州军队前去救援，从长社（河南省许昌市）以北全部变成了沼泽，赵贵的援军行至襄城（河南省襄城县）就无法前进一步。

东魏军队挑选神射手们乘坐大型战舰俯瞰城内，朝城内射箭，眼看城池即将陷落。一直以来，东魏大将慕容绍宗总是做噩梦，他私下对身边的人说："我二十岁以后，每年头上总要生出'蒜发'（壮年人的花白头发），可是，近期没有了蒜发，思来想去，蒜就是算的意思，我的算要完结了吗？”不久，慕容绍宗就与刘丰生及部将慕容永珍一起亲自来到水坝之上观望敌情，指挥部队朝长社城内射箭。突然，东北方向尘土飞扬，二人赶忙躲入战舰。霎时间，狂风大作，直刮得天昏地暗，日月无光，战舰的缆绳也被刮断，战舰随风竟然漂向城墙！西魏城上将士们用长钩钩住船舷，拉向城边，同时，万箭齐发，朝战舰射来。慕容绍宗跳入水中，淹死；刘丰生朝攻城用的土山游去，还未游到，就被西魏人射死在水中；生擒慕容永珍。王思政对慕容永珍说：“我的败亡在于顷刻之间，我也知道杀了你毫无用处，然而，你我身为人臣，当以死守节。”遂流泪斩杀了他，而后连同慕容绍宗等人的尸体一起以礼埋葬。

长社城下，东魏戏剧性地失去了两员大将，高岳心灰意冷，不敢再强攻城池了。陈元康对高澄说：“大王自从辅政以来，一直没有立下大功，虽然击败了侯景，但侯景本来就是自己人。如今，颍川即将陷落，希望大王亲自前去，把功劳据为己有，就足以立下威名，好建立大业。”此时的高澄已经被孝静帝刚刚晋封为相国，封为齐王，高澄身边的人已经开始秘密讨论改朝换代的事情了，唯独陈元康认为时机尚不成熟；陈元康还对魏收说：“我看众人的话，全是误导大王，我已经向大王做了汇报。接受朝命，设置百官，我也许能当上黄门郎，只是现在时机不成熟。”高澄听说后，很不高兴。崔暹趁机推荐陆元规担任大行台郎，以分割陈元康的权力。陈元康估计也觉察到高澄对自己的不满，遂提出这一建议。高澄采纳了他的建议，命其先去长社察看，陈元康看后回复道：“一定能攻克。”五月二十四日，即在南梁武帝去世二十二天之后，东魏高澄率领十一万大军来到长社城下，亲自重修水坝。水坝决口了三次，高澄大怒，将运土的民夫和沙袋一起推入缺口堵塞。

经过一年多包围的长社城内早已断盐，城内西魏军民得上痉挛、水肿病，死亡了十之八九。这一次，还是大风，不过，这次大风是从西北方向而来，狂风将大水卷向城墙，城墙被水冲垮，东魏军队蜂拥进入城内。高澄下令：“能活捉王大将军的，封侯；如果大将军身上有什么损伤，他的亲近侍从将一律被处死！”王思政率领部队占据土山，他对大家说：“我力量和智谋均已用尽，只有以死报国了！”遂仰天大哭，向西叩拜，就要自杀。都督骆训说：“大人经常对我说：‘你拿上我的头颅去投降，不但能得到富贵，而且还能保全一城的军民。’如今，高丞相既然已经下达了此令，大人就不怜悯您身边的将士们吗！”于是，众人一起抓住王思政的双臂，不让他自杀。高澄命令通直散骑常侍赵彦深前往土山，赠送给王思政一把白羽扇子，握住王思政的双手，传达了高澄的意思，将其牵下土山。高澄对王思政非常敬重，没有让他下拜。王思政进入颍川时有士卒八千人，等城池陷落后，只剩下了三千人，其余全部战死，但无人投降。高澄将这三千士兵全部发配到远方，改颍川为郑州，对王思政非常优厚。西阁祭酒卢潜说："王思政不能为国尽节，有什么可尊敬的！"高澄听到后，对身边的人说道："我有个卢潜，等于又得到了一个王思政。"

王思政究竟是如何被俘的？当时的高澄是否曾下达过那个匪夷所思的命令？我们只能听信史书的记载。不过，据《新唐书·王皇后传》则说："高宗（唐高宗李治）废后王氏（与武则天斗法的王皇后），并州祁人，魏尚书左仆射思政之孙。从祖母同安长公主（唐高祖李渊的妹妹、唐太宗李世民的姑姑）以后贤淑，曰太宗以为晋王妃。"《旧唐书·王方翼传》记载："王方翼，并州祁人也，高宗王庶人从祖兄也。祖裕，武德初隋州刺史。裕妻即高祖妹同安大长公主也。"也就是说，王思政的孙女后来成为唐高宗李治的皇后，而王思政的堂弟王裕之妻又是时年三十六岁的李昞（其父李虎与王思政地位差不多，李昞即李渊之父）之女，王家与李唐皇室有着极深的渊源。因此，成书于唐代的《周书》《北史》也不排除对王思政兵败投降北齐进行一定的美化。

东魏军队于南梁太清三年六月攻克颍川，西魏宇文泰遂下令驻守在中原各城的西魏军队放弃城池，回到国内。

占领颍川之后，高澄在这一年里似乎一直是顺风顺水：在淮河中下游一直不停地接纳前来投降的南梁宗室，并占领了淮北的大量土地，如今又攻克了颍川，此后，他来到邺城，推辞孝静帝前不久授予他的相国、齐王之位，并请求孝静帝册立太子。从表面上看，高澄似乎在巩固东魏的帝位，而实际上，他不过是在向人们释放烟幕，在让孝静帝册立太子之后，高澄就可以伺机将孝静帝杀害，而后，拥立太子继位，等到年幼的太子继位后，又可以以太子年少为由，取而代之。明眼人对此都能看出来，高澄问济阴王元晖业："你近来看些什么书？"元晖业回答："找了多次伊尹、霍光的传记，不去看曹操、司马懿的书。"然而，就在高澄一步步接近皇位的时候，乐极生悲，一场若隐若现的阴谋正朝他逼来……

高澄来到邺城之后，就住在北城的东柏堂，由于他迷恋琅邪公主元玉仪，为了能让她随意出入，遂经常将侍卫打发到外面。在此之前，高澄得到了南梁猛将、徐州刺史兰钦的儿子兰京，让他充当厨师。兰钦多次请求赎回儿子，但高澄不许。兰京身为贵族子弟，流落北方之后竟然成为奴隶，也是心有不甘，屡屡向高澄请求，高澄大怒，命厨房总管薛丰洛将兰京痛打了一顿，并传去话说："你再敢啰唆，就杀了你！"兰京遂与其他六名同党开始密谋杀死高澄。就在事发的前几天，散骑常侍崔季舒突然在北宫城门外当着群臣的面高声吟咏鲍照《代东武吟》里的诗句："将军既下世，部曲亦罕存。"声音非常凄惨，眼泪不由自主地夺眶而出，令所有的人都非常奇怪。当时，有童谣称："百尺高竿摧折，水底燃灯灯灭。"有人就认为这是高澄将死的征兆。太史令报告说宰相之星暗淡无光，不出一个月将出现大乱，高澄说："刚刚打了小人，这是故意在吓唬我。"

八月八日，孝静帝立自己与高皇后的儿子（也就是高澄的外甥）元长仁为皇太子。就在当天，典礼结束之后，高洋从东止车门出外，去城东的双堂办其他事，高澄则回到住处，与散骑常侍陈元康、吏部尚书侍中杨愔、黄门侍郎崔季舒三人支开身边的人，秘密商议禅代之事，拟定新朝百官的人选，而就在这时，一件意想不到的事情就发生了……

四二九 高澄之死（二）

就在四人商议之时，突然，兰京从外面说前来送餐。

高澄让他退下，并对陈元康等人说："昨晚我梦见这个奴才拿刀砍我，应该赶紧把他杀了。"兰京听到后，将刀放到托盘的下面，再次声称要送饭。高澄大怒，呵斥道："我没有让你送饭，你为啥又来了！"兰京猛然扔掉托盘，抽出短刀，挥舞着高声说道："我来杀你！"惊恐之间，高澄从床上摔下，摔伤了双脚，爬到床下，兰京等人掀开床板，遂将高澄杀死。高澄死时二十八岁。

杨愔狼狈逃离现场，跑掉了一只靴子；崔季舒藏匿在茅厕之中；陈元康用身体遮挡高澄，并与兰京等人争夺短刀，被刺中肚子，肠子流了出来；库房值班员王纮挺身与乱党搏斗，纥奚舍乐在搏斗中被杀。

由于事发突然，内外震恐。太原公高洋在城东的双堂，听说后，神色淡定，指挥手下，前去讨伐，将兰京等人一一搜出，全部斩首，剁成肉酱。然后，高洋慢慢从东柏堂里出来，对大家说："奴才造反，大将军受伤，没有大碍。"高洋秘不发丧。陈元康亲笔写下书信，与母亲诀别，并口述若干建议，令祖珽记录，当天夜里，陈元康就死了。高洋在东柏堂将陈元康入殓，对外谎称派其出使，任命他为中书令。另赏赐王纮布帛七百段、绫锦五十匹、钱三万，任命为晋阳令。

高澄的死历来引起人们的种种猜测，而几乎所有的猜测都指向了同一个人，那就是高澄的二弟、太原公高洋。

高洋时年二十三岁。高洋不像哥哥高澄那样是个美男子，他相貌丑陋，不仅是个黑胖子，而且性格也不讨人喜爱，就连他的母亲娄氏对他也不太喜欢，不仅如此，作为高澄次弟的他还时常受到高澄的猜忌。其实，高洋内心明白着呢，却深谙韬光养晦之术，经常装作一副口不能言的样子，给大家造成一种"雌懦"的印象，没人看出他有什么过人之处。高欢生前，曾让儿子们将一团乱麻整理好，唯独高洋抽出一把刀，将乱麻斩断，并说："治乱需要斩杀。"高欢点头赞成，这也是快刀斩乱麻的出处，也只有这一次，高洋显示出一点能耐，其余时候一直在装傻。高澄对高洋十分严厉，有时候高洋拜见高澄，甚至吓得鼻涕一把泪一把的，对高澄的话是全部服从，从来不敢有半点违抗。高洋的三弟高浚因巴结高澄深得高澄的喜爱，遂在高洋面前也是趾高气扬，他见到高洋那副熊样，总是斥责高洋身边的侍从为何不替二哥擦拭鼻涕，弄得高洋非常难堪。高澄对高洋非常轻视，曾嘲笑高洋说："此人如果能取得富贵，那相书上面的话又该如何解释？"高澄说出这番话的背景不详，但这里的富贵二字应该不是指高洋的现状，而应当指做皇帝，显然这是有人在高澄面前说高洋的坏话之后，高澄做出的反应。高洋的妻子是赵郡李希宗的女儿，名字叫李祖娥，容貌品德均为一流，这让高澄垂涎三尺。每次高洋给李祖娥置办的衣服、首饰稍微好一点，高澄见到后总是夺走，有时候，李祖娥气得发疯，不肯交出，高洋总是笑着解劝说："这东西咱还能弄来，哥哥既然需要，我们岂能吝惜呢？"高洋拿去后，有时候高澄也感到惭愧，不肯接受，高洋也就不再刻意虚让，顺势带回。据《北齐书》《北史》中《后妃传文襄元后传》的记载，高洋后来即位六年后，"渐致昏狂，乃移居于高阳之宅而取其府库，曰：'吾兄昔奸我妇，我今须报。'乃淫于后。"高洋亲口说出高澄生前曾奸污过自己的妻子李祖娥，高洋要报复，也提出要奸污自己的寡嫂、高澄的妻子元氏。高洋每次退朝以后，总是紧闭屋门，在屋内静坐，即使对着妻子也是终日无言。有时却突然在屋内光着膀子、赤脚来回奔跑跳跃，李祖娥询问原因，高洋只是淡淡地说："给你要着玩。"实际上，他是在暗中练习体力。

由此，我们起码可以得知以下几点：一是，高澄与高洋之间的关系并不亲密。高澄首先是对高洋充满了猜忌，高洋开始极力伪装自己，事事顺从高澄，但即便如此，高澄对其仍然并不亲昵，而是极度地蔑视。二是，高澄与高洋之间有侮辱妻子之恨。对此，高洋一直耿耿于怀，在很多年以后还提出要在元氏身上进行报复。三是，高洋一直没有放弃进行反击。如果他一直甘心在哥哥手下终其一生的话，也不用练习体力了，在高洋懦弱的外表下，其实隐藏着雄心勃勃的大志。

关于高澄被杀事件的记载，主要出自《北齐书·文襄纪》《陈元康传》中，《高涣传》也有零星的记载，书中均记载参与阴谋的是七个人，但除了兰京之外，其余六人的情况不详，《陈元康传》的记载与《文襄纪》相比，还透露出一句话：（兰京）“与其同事阿改谋害世宗。阿改时事显祖，常执刀随从，云若闻东斋叫声，即以加刃于显祖”。由此可见，其余六人中有一个叫阿改，《北史》称此人是兰京的弟弟，他并没有在刺杀现场，阿改是高洋的贴身侍卫，他的任务是等到那边刺杀高澄得手后，即当场斩杀高洋。

当我们再度回顾整个事件的时候，还是发现了诸多疑问无法作出合理的解释：一是事发之前指向如此明显的童谣，是否为知情人所作？崔季舒为何要在大庭广众之下吟咏鲍照的诗句？且泪如雨下？难道是他已经得知了这个阴谋？《北齐书·高涣传》还记载：高澄的七弟高涣年龄尚小，“在西学，闻宫中哗，惊曰：‘大兄必遭难矣！’弯弓而出。”高涣竟然脱口而出说自己的大哥遇难了，提前他是否已经得到些许的风声？二是在高澄讨论未来人事安排这一重大事宜时，高洋竟然借口有事，没有参与讨论，这一方面说明，虽然高洋位居尚书令高位，但其兄高澄对他并不信任，另一方面，高洋此举是在躲避什么？三是高澄被杀事发突然，可是，从高洋的应变措施上来看，显得胸有成竹，他不仅预知到政变人数并不多，因而率领人数并不多的部队前去扑灭，更重要的是，他还在事后顺利地封锁了消息，直到第二年一月才对外公布了高澄的死讯，整整隐瞒了四五个月，这都显得非常奇怪。四是高澄被杀后，高洋在提前没有得知任何消息的情况下，带人闯入东柏堂，匆匆将兰京等人诛杀，这又是为什么？难道高洋真的不愿意留下活口吗？一直在高洋身边的阿改也被指参与了叛乱，这又是谁的指认？阿改为何没有砍高洋？兰京等人只对高澄有仇，为何又要杀死高洋呢？五是，兰京等人在刺杀高澄之后，为什么没有逃走？高洋何以来得如此迅速？高澄仅仅得罪了兰京一人，其余六人又是如何参与其中呢？如果是私怨的话，兰京岂能不知单独刺杀也许更容易成功，人多了反而容易走漏风声？

如果猜测不错的话，高澄被杀一事应当是高洋一手策划的阴谋。高澄虽然对高洋心存猜忌，但在其父去世时，高氏政权面临空前的危机：鲜卑勋贵集团对高澄并不感冒；侯景叛乱；西魏虎视眈眈；南梁又发起进攻。高澄当时几乎面临绝境，他奔波于晋阳和邺城之间，武定五年五月，他在大规模地给东魏贵族加官晋爵的同时，任命高洋为尚书令、领中书监，此时其父刚刚去世五个月，高澄授予高洋这一职务主要是因为在非常时期，并不代表他对高洋亲密多少。高澄在其父死后两年多一点的时间里成功地扭转了不利局面，地位日渐稳固，而高洋也在此期间逐渐在邺城培植起自己的势力，一直在寻找机会一击将高澄置于死地。如果高澄顺利实现了改朝换代、登上了皇帝宝座的话，高洋再刺杀他将变得难上加难，而将来高澄替自己的儿孙着想，自然会对高洋等人更加猜忌，因此，此时刺杀高澄是最佳时机。

真实的情况可能是：在此之前，高洋已经在暗地布局了，他先通过十分隐蔽的办法将兰京的同事阿改调到了自己的身边。在笼络住阿改之后，开始探听出高澄身边有什么可乘之机，他很快就发现了兰京对高澄心存不满，即以重赏为诱饵指使兰京等人伺机刺杀高澄，而阿改基于原来曾在高澄手下任职的便利条件则充当了两地联络员，负责传达高洋的指令，并向高洋汇报东柏堂以及高澄的活动情况。在提前侦知八月八日高澄参加典礼以后将与陈元康等人密谋这一情况后，高洋即密令兰京等人在当天下手，他自己则佯装若无其事，借口有要紧事务处理，暂时躲避在城东的双堂静候兰京等人消息。消息很快传来，高洋即率领贴身侍卫进入东柏堂。在刺杀高澄之后一直等着高洋到来、静待封赏的兰京等人，等来的却是高洋的屠刀！在将兰京等人诛杀之后，高洋身边唯一的知情人阿改顿时面如土色，高洋当即翻脸，污蔑阿改与兰京等人合谋，企图在诛杀高澄之后，再杀死自己，立即下令将阿改杀死，从而达到了杀人灭口的目的。显然，从刺杀高澄，再到杀死兰京等人，这完全符合高洋快刀斩乱麻的行事风格。

四三〇 高洋上位

高澄死后，鲜卑勋贵称，重兵都在并州，建议高洋前去晋阳。高洋犹豫不决，深夜召集杨愔、杜弼、崔季舒及高德政等人商量，这才决定了下来，由杨愔留守邺城，高洋西去晋阳。

当天晚上，高洋召见大将军都护唐邕，命其整顿将士，加强京师周边地区的防卫，唐邕很快就安排完毕，高洋从此对他很是看重。

八月十日，高洋暗示孝静帝册立太子，大赦天下，内外百官全部晋升两级。此时，孝静帝也风闻高澄已死的消息，他私下对身边的近臣们说："如今大将军已死，这似乎是天意，权力将重回帝室了！"高洋留下太尉高岳、太保高隆之、开府仪同三司司马子如、侍中杨愔镇守邺城，其余朝中权贵全部带在自己身边。八月十一日，高洋率领八千名甲士入宫，在昭阳殿与孝静帝道别，为了展示武力，与高洋一起登上大殿的还有二百名全副武装的猛士，个个卷起衣袖，手握刀柄，如临大敌。上殿后，高洋让传令官给孝静帝传话说："臣家里有事，需要回到晋阳。"拜了两拜，就径自出宫而去。孝静帝面如土色，一直目送着高洋出宫，喃喃说道："此人的表现好像不见得会包容我，我不知将死于什么时候了！"晋阳的旧臣素来轻视高洋，等到高洋来到晋阳以后，召集全体官员谈话，在会上，他神采飞扬，言辞干脆，思路敏捷，令大家大吃一惊。高澄过去颁布的一些不适当的政策，高洋全部予以废止。崔季舒与崔暹叔侄二人替高澄整顿吏治，得罪了不少鲜卑勋贵，高洋前往晋阳时，黄门郎阳休之曾劝崔季舒一起去，并说："一天不在主上的身边，其间的空隙足以放一把刀。"崔季舒却纵情声色，不愿远行，遂没有请求随行。果然，司马子如、尚食典御陈山提等人就说崔暹、崔季舒罪过深重，应予处罚；高隆之则以高洋刚刚接管政权，建议应当放逐严厉的法官，实行宽和的政策，这样才能争取到人心，高洋同意了，遂下令将崔季舒、崔暹各打二百鞭子，流放到边地。

十月一日，东魏朝廷任命咸阳王元坦为太傅，潘乐为司空。十一月，南梁齐州刺史茅灵斌、德州刺史刘领队、南豫州刺史皇甫慎等人投降东魏。十二月，又任命并州刺史彭乐为司徒，太保贺拔仁为并州刺史。到第二年（东魏武定八年，南梁简文帝大宝元年，公元550年）一月十一日，东魏朝廷公布了高澄的死讯，同日，南梁定州刺史田聪能、洪州刺史张显等人投降东魏。十八日，东魏晋封高洋为使持节、丞相、都督中外诸军事、录尚书事、大行台、齐郡王，食邑一万户。三月十一日，又晋封其为齐王，食邑为冀州的渤海（河北省东光县东）、长乐（河北省冀州市）、安德（在山东省乐陵县、临邑县一带）、武邑（河北省武强县）、瀛州的河间（河北省河间市）五郡，十万户。封王后，高洋梦见有人用笔在自己的额头点点，清晨，他告诉门客王昙哲说："这是让我引退吗？"王昙哲叩拜道贺说："王上加点，便成主字，这是让大王更进一步啊。"

高德政也是渤海人，从高洋开府时就是他的幕僚，深得高洋的信任，二人是无话不谈。金紫光禄大夫徐之才与北魏末年的名医徐謇均是丹阳徐家，徐之才也是一位名医，曾任南梁豫章王萧综的主簿，后随萧综一起入魏，因医术高超而受到北魏贵族和高欢的礼遇。武定四年，被任命为秘书监，高洋担任尚书令后，杨愔认为徐之才是南方人，不宜掌握军国机密，遂以魏收取代了他，徐之才一直怏怏不乐。徐之才与北平太守宋景业都擅长图谶之术，二人认为，本年是庚午年，太岁在午，政治上应当出现革命，另外，陈山提的门客杨子术也是这样认为的。三人遂通过高德政劝说高洋篡夺东魏帝位。宋景业说："《易稽览图》上说：'鼎，五月，圣人君，天与延年齿，东北水中，庶人王，高得之。'东北水是指渤海，高得之，明确说明是高氏得天下。"高洋将此事禀报自己的母亲娄昭君。娄昭君素来看不起自己的这个儿子，她说："你的父亲如同一条神龙，你的哥哥就像是一头猛虎，他们尚且不敢妄自尊大，夺取帝位，终生甘做臣子。你又是什么样的人，还想行舜帝和大禹所做的禅代之事？"见母亲反对，高洋无奈，又去问徐之才。徐之才说："正是因为不如父亲兄长，所以才要早早登基呢。"高洋铸铜像进行占卜，结果铜像铸成了，于是，他开始征询重臣们的意见，首先他让开府仪同三司段韶询问肆州刺史斛律金的意见，斛律金亲自拜见高洋，坚决反对，并称宋景业误导大王，应该斩杀以谢天下。高洋回答："宋景业可以成为帝王的老师，岂能杀掉？”高洋又与诸位大臣在娄昭君的面前讨论，娄昭君说：“我这个孩子懦弱、直爽，不会自己产生这种想法，高德政总是惹祸，是他教的。”鲜卑贵族们也大多反对禅代。

晋阳的群臣都不同意，高洋亲自给在邺城的杨愔写信，说众人都劝说自己登基。高德政担心杨愔犹豫不决，遂谎称要去邺城办事，请求回邺城一趟，见到杨愔后，在他的反复说服下，杨愔也表示同意。高德政还未从邺城回来，高洋已经带着众人离开了晋阳，回邺城了。途中，行至平都城（山西省和顺县），高洋再次召集从外地而来的勋贵武将们商议，大家听了都大惊失色，虽然不敢再提出反对意见，但都默不作声。长史杜弼暗中对高洋说：“关西是我国的劲敌，如果现在接受了魏帝的禅让，恐怕西魏会以此为口实，挟天子发兵东伐，大王将如何应对？”高洋进入内室，把杜弼和徐之才二人召入，徐之才说：“如今，宇文泰与大王争夺天下，他的目的也想自己称帝，这就好比是在集市上追逐兔子，一个人抓住后，众人也就不想了。如今如果先接受了魏帝的禅让，关西自然也就放弃这个念头了。即使他们不同意，也只当是逼我们称帝，必须见机行事，绝不能落在后面去学别人。”杜弼无言以对。此时，高洋已经给邺城的其他重臣太尉高岳、尚书令高隆之、领军娄睿、侍中张亮、黄门赵彦深等人也都写了信，大家异口同声都表示反对，司马子如亲自来到辽阳（山西省左权县）面见高洋，坚决反对。高岳等人飞马来到高阳驿，高洋见重臣们都反对，派人制止高岳等人，说：“知道诸位大人的心思了，不必再来了。”只让杨愔来见，其余等人只好返回邺城。此事给高洋的打击太大了，不仅母亲不看好自己，几乎所有的权贵也都如此，搞得高洋是心灰意冷，另外，也有人说周武王也是两次来到孟津，然后才革命成功的，于是，他只好折返。仓丞李集不识时务说：“大王来到这里是想干啥？为何要回去？”高洋正懊恼着，他假装派他去东门办事，然后派人把他杀了泄愤，又赏赐给他十四绢，然后，打道回到了晋阳。

回到晋阳后，高洋一直是百无聊赖，闷闷不乐。徐之才、宋景业等人反复劝说，应当在五月份进行禅让，高德政也是劝个不停。高洋令宋景业占卜，得到了乾之鼎卦。宋景业说：“乾为君，代表天子，《易经》上说：‘时乘六龙以御天。’鼎，是五月的卦象。应当在仲夏良辰接受禅让。”有人说：“《阴阳书》上说：‘五月不可入官，犯之卒于其位。’”宋景业说：“这说明大吉，王成为天子以后，就一直不会下台，这难道不是终于其位？”高洋又让术士李密占卜，得到了大横卦，回答："这是汉文帝曾得到的卦象。"高洋大喜，遂再次从晋阳出发，朝邺城而来。

高德政将邺城方面的事情一一标明呈报高洋，高洋命令亲随陈山提携带这份备忘录，连同自己的密信交给杨愔，同月，陈山提来到邺城后，杨愔即召集太常卿邢邵等人安排禅让仪式，令秘书监魏收撰写九锡、禅让、劝进等各类文书，又将东魏宗室诸王带至北宫，软禁起来。

五月六日，东魏朝廷加封高洋为相国、总百揆、备九锡之礼。高洋行至前亭（晋阳以东），坐骑突然摔倒，高洋顿时心生不快。等到行至平都城后，他又开始犹豫起来，下令停止前进。高德政和徐之才二人苦苦请求说："陈山提已经到邺城了，恐怕已走漏了风声。"高洋遂下令司马子如、杜弼等人先去邺城，观察城内的舆论。司马子如等人来到邺城后，邺城群臣误认为此事已板上钉钉，再无挽回的余地了，也都不敢表示异议了。高洋遂继续前行，来到了邺城，召集民夫携带土木工具到城南集合。高隆之问："这是要干什么？"高洋拉下脸来说："我自有用处。"高隆之遂不敢再言，谢罪而去。于是，开始在城南修筑圆形高台，准备典礼仪式所用的各种物品。

五月八日，襄城王元旭、司空潘乐、侍中张亮、黄门郎赵彦深等人请求入宫汇报，孝静帝在昭阳殿接见了他们。元旭说："五行循环，有始就有终，齐王美德，四方敬仰，臣等冒死请求陛下效法尧帝禅让舜帝进行禅让。"孝静帝严肃地说："这事已经拖了很久了，我自当避位。"又说："如果这样的话，还需要写个诏书。"侍郎崔劼、裴让之说："诏书已经写好了。"当即交给杨愔，由其转交给孝静帝，孝静帝一看，诏书上共有十条内容。孝静帝签字后，说："把我安排到哪里？又怎么个离开法？"杨愔回答："在北城已经安排了府邸，还准备了仪仗队，还是像往常那样有仪仗队护卫而去。"孝静帝遂走下御座，徒步走到大殿东面的回廊，吟咏范晔《后汉书赞》："献生不辰，身播国屯。终我四百，永作虞宾。"官员们请求孝静帝现在就出发。孝静帝说："古人尚且怀念丢失的簪子和破旧的鞋子，我想与后宫们话别，可以吗？"高隆之说："如今的天下还是陛下的天下，何况是后宫呢。"于是，孝静帝就入内与夫人妃嫔以下的宫人道别，宫人们无不叹息流泪。李嫔吟诵曹植的诗："王其爱玉体，俱享黄发期。"皇后以下都失声痛哭。直长赵德将一个孝静帝曾乘坐过的牛车停在东上阁，孝静帝上车后，赵德也跳上车来，挟持住孝静帝。孝静帝用胳臂肘撞他，说："我敬畏上天，顺应民心，将帝位授予相国，哪里来的恶奴，竟敢如此逼迫我！”但赵德一直不下来。走出云龙门，百官身穿朝服拜辞。孝静帝说：“今日我的待遇不比常道乡公、汉献帝差。”众人心情都非常难受，高隆之竟然流下眼泪。孝静帝就这样住在北城司马子如的家，派遣太尉彭城王元韶等人将皇帝玉玺送给了高洋。

五月十日，时年二十三岁的高洋在邺城南郊登基即位，大赦，改元天保，高洋被称为北齐文宣帝。从北魏孝庄帝以来，官员们都不拿俸禄，从此以后，才开始有俸禄。五月十一日，高洋封孝静帝为中山王，可以不称臣。追尊高欢为献武皇帝，庙号太祖，后改为高祖；高澄为文襄皇帝，庙号世宗。十三日，尊娄昭君为皇太后。十七日，对于东魏宗室爵位予以贬降，但属于高氏功臣以及从西魏和南梁归降的，不在此例。

四三一 大乱天下（一）

南梁太清三年，不论是南梁或是东魏都发生了很多事情：上半年，台城陷落、梁武帝去世、简文帝继位、侯景开始发兵夺取三吴地区、萧绎与萧誉萧詧等人矛盾激化、东魏攻克颍川；到了下半年，萧绎与萧誉、萧詧兵戎相见，西魏趁机南下，高澄被刺身亡，而侯景夺占三吴的行动也有了新的进展。

简文帝登基以后，六月三日，册立皇子、宣城王萧大器为皇太子；八日，加封第二子萧大心为浔阳王，第三子萧大款为江陵王（《北史》称江夏王），第四子萧大临为南海王，第五子萧大连为南郡王，第六子萧大春为安陆王，第八子萧大成为山阳王，第九子萧大封为宜都王。（按：简文帝共有二十个儿子，除了上述八个儿子之外，还有第十二子萧大雅、第十三子萧大庄、第十四子萧大钧、第十五子萧大威、第十六子萧大训、第十七子萧大球、第十八子萧大昕、第十九子萧大挚、第二十子萧大圜。第七子、第十子、第十一子不详，可能早死。在上述儿子中，萧大雅在台城陷落时已死，萧大训在此之前也病死了，也就是说，此时简文帝萧纲还有十五个儿子。）

同月，侯景派来的宋子仙一直无法攻破戴僧逷固守的新城。二十二日，吴郡强盗陆缉等人起兵袭占了吴郡，斩杀了侯景任命的太守苏单于，推举前淮南太守文成侯萧宁为盟主。后方失守，宋子仙只好率军北撤，去夺回吴郡。占领吴郡的陆缉等人却凶残暴虐，失去了民心。七月九日，陆缉等人放弃吴郡，逃往海盐。七月十五日，侯景将吴郡改为吴州，任命简文帝第六子、安陆王萧大春为刺史。

六月，临贺王萧正德怨恨侯景出卖了自己，暗中给驻守合肥的鄱阳王萧范写信，让萧范发兵南下，自己里应外合。侯景截获了萧正德的这封书信，六月二十九日，侯景绞死了萧正德。他任命仪同三司郭元建为尚书仆射、北道行台、总江北诸军事，镇守新泰（江苏省南京市六合区）；又加封元罗等投奔南梁的十余名北魏宗室子弟为王。侯景喜爱永安侯萧确骁勇，经常将他带在身边，邵陵王萧纶暗中派人让他逃离建康，但萧确说："侯景轻率，一个人就足以把他制服，我打算亲手杀了他，只是遗憾还没有找到合适的机会，你回去禀报父王，不要挂念我。"侯景与萧确等人到钟山游玩，弯弓射鸟，萧确打算趁机射杀侯景，谁知弓弦突然断了，箭没有射出，侯景发觉后，就把萧确杀了。

在向三吴地区发展的同时，侯景还试图逐渐向长江上游发展。他任命赵威方为豫章太守，但江州刺史浔阳王萧大心派出部队抵抗，生擒赵威方，将他关押在监狱里，赵威方伺机逃回了建康。

鄱阳王萧范听说台城陷落后，当时就宣布戒严，打算率军南下。部下们劝谏说："如今东魏军队已经占领了寿阳，大王一旦离开合肥，东魏骑兵肯定会来进攻。前面的叛贼侯景尚未讨平，后方根据地又失守了，届时，我们将投奔何方？不如等到各地的军队到来之后，再派遣精兵良将一起勤王，既达到了勤王的目的，又可以兼顾根据地。"萧范听从了。当时东魏在占领寿阳之后，果然，高澄派遣西兖州刺史李伯穆进逼合肥，又命魏收给萧范写信晓谕祸福。萧范正打算讨伐侯景，希望能得到东魏军队的帮助，遂答应让出合肥，并派咨议参军刘灵议将两个儿子萧勤、萧广送到东魏作为人质，他率领两万军队离开合肥，驻扎在东关（安徽省含山县）。萧范轻率地相信了高澄，等到萧勤、萧广送到邺城之后，高澄被兰京刺杀，东魏发兵帮助萧范一事也就不了了之了。萧范在濡须（东关）等待上游军队，派遣世子萧嗣率领一千余人驻守在安乐栅，可是，上游的萧绎、萧誉、萧詧三人正在内斗，哪有心思东进。萧范左等右等不见上游军队到来，东魏军也杳无音信，失去根据地的他军中已经断粮，士兵们只能采摘菱角、莲藕、茭白、稗米为生。走投无路之下，萧范只好率军逆流而上，驻扎在枞阳（安徽省枞阳县）。侯景派人驻扎在姑熟（安徽省当涂县），萧范部将裴之悌（裴之高之弟）率部投降了侯景。

萧范在枞阳给江州刺史萧大心写信，萧大心复信邀请他来到江州，萧范遂率军西上，萧大心把他安置在湓城（江西省九江市西北）住下。历阳太守庄铁原是萧范的部下，先投靠侯景，后又从建康逃离，转投了萧大心，萧大心任命他为豫章内史。可是，庄铁来到豫章之后，就再次背叛了萧大心，推举萧范的弟弟观宁侯萧永为主。十月十五日，庄铁率军偷袭浔阳（江西省九江市），萧大心派部将徐嗣徽迎战，将其击破，庄铁狼狈逃回。行至建昌（江西省奉新县），又遭到光远将军韦构的截击，庄铁损失惨重，母亲、弟弟、妻子全被俘虏，他单人匹马回到了南昌，萧大心派遣韦构率军包围了南昌。

当上游、中游萧氏宗室内斗不已时，侯景并没有余力西上，他依然采取了集中兵力先解决三吴的策略，目的就是要首先夺得富庶的三吴地区，巩固建康的后院，而后再与上游的萧绎争夺天下。因此，在赶跑了陆辑之后，侯景又在八月一日增派中军都督侯子鉴等人进击吴兴（浙江省湖州市）。吴兴太守张嵊是位书生，不懂打仗，并且，吴兴的兵力也不足。有人劝说他效法吴郡的袁君正投降侯子鉴，张嵊叹息道："袁家世代忠贞，谁料想一旦被袁君正辱没了家门，我岂能不知吴郡陷落以后，吴兴势难独存，但是，我已经决定以身许国，虽死也绝无二心！"九月一日，侯子鉴的军队来到吴兴城下，张嵊战败，回到府中端坐，被叛军生擒送往建康。侯景赞叹他的忠节，打算赦免了他，但张嵊说："我位居太守，朝廷倾覆，却不能匡复，时至今日，以速速被杀为幸事。"侯景想为他留下一个儿子，张嵊说道："我全家已经记载在死鬼的登记簿上了，绝不会向你这个胡虏求情的！"侯景大怒，遂斩杀了张嵊全家，并杀了沈浚。

十月，叛军宋子仙部从吴郡向钱塘（浙江省杭州市）进发，刘神茂部从吴兴迂回到钱塘侧背后，直扑富阳（浙江省富阳市），前武州刺史孙国恩投降。十一月十一日，宋子仙率部猛攻钱塘，守将戴僧逷投降。然后，宋子仙乘胜渡过了浙江，进抵会稽（浙江省绍兴市）城下。逃难至此的邵陵王萧纶听说钱塘失守后，即率部西逃到鄱阳（江西省鄱阳县），鄱阳内史开建侯萧蕃拒绝他入城，萧纶率军将萧蕃击败。而后，萧纶来到浔阳，浔阳王萧大心将江州让给萧纶，萧纶没有接受，率部继续西进。

南郡王萧大连为东扬州刺史，镇守会稽，当时的会稽土地肥沃，粮食武器都非常充足，拥有数万军队，并且，东土百姓眼看叛军在吴郡等地非常残暴，都同仇敌忾，愿意为国出力，可是，萧大连嗜酒如命，日夜喝得烂醉，不关心军事，他手下的司马留异又非常残暴，弄得人人离心离德，可萧大连却把军事全部交给留异处理。十二月九日，宋子仙进攻会稽，萧大连弃城而逃，留异逃归乡下，不久，又率部投降。萧大连打算逃奔鄱阳，留异担任宋子仙的向导，在信安（浙江省衢州市）追上了萧大连，生擒萧大连，送到建康，可萧大连却仍然大醉不醒，浑然不知。简文帝听说后，想到自己这个不争气的儿子，不禁是又羞又怒，用帷帐蒙上了自己的脸，用衣袖遮挡着暗中落泪。从此，三吴地区全部落入侯景之手，在会稽的贵族们都越过南岭，向南方逃难。侯景任命留异为东阳太守，留下他的妻子儿女作为人质。

侯景之乱也波及了遥远的岭南地区。岭南各地相互吞并，西江督护陈霸先打算起兵讨伐侯景，而侯景却派人引诱广州刺史元景仲，答应推举他当皇帝，因此，元景仲立刻倒向侯景一边，暗中想收拾陈霸先。元景仲是北魏宗室元法僧的儿子。

陈霸先提前得知了元景仲的阴谋，遂与成州（治所广西壮族自治区苍梧县）刺史王怀明、行台选郎殷外臣等人在南海（广东省广州市）集结兵力，张贴文告称："元景仲与叛贼联络，朝廷派遣曲阳侯萧勃担任刺史，大军已经抵达朝亭（广州市东北三十里）了。"元景仲的部下听说后，纷纷逃走。七月一日，元景仲在内室自杀。陈霸先将定州（治所广西壮族自治区贵县）刺史萧勃迎入广州，担任刺史。前高州刺史兰裕是兰钦的弟弟，在东魏杀死高澄的兰京的叔父，他与诸位弟弟们一起煽动始兴等十几个郡县，进攻监衡州事欧阳頠。萧勃命令陈霸先率军援救，杜僧明亲自斩杀了兰裕，解救了欧阳頠，萧勃遂任命陈霸先为监始兴郡事，陈霸先则任命王怀明担任衡州刺史，以欧阳頠为始兴太守。到任后，陈霸先即结交郡中豪杰，将要讨伐侯景，郡中侯安都、张偲等人各自率领一千余人前来投靠。陈霸先派遣主帅杜僧明率领两千人驻守在大庾岭上，广州刺史萧勃派人制止道："侯景骁勇，天下无敌，前不久有十万援军，人多势众，尚不能成功，你率领这一点人马又能有什么作为？我听说岭北的诸侯相互火并，大动干戈，你以一个疏远低微的身份率领一旅之众想去勤王，岂不是明珠暗投？不如暂时留在始兴，虚张声势，可以像泰山一般安稳。"陈霸先回答："我受国厚恩，听说侯景渡过长江，即打算率军救援。不巧遇到元景仲和兰裕之变，一直拖延至今。如今，京师沦陷，君主蒙受屈辱，正是臣子尽忠而死之时，谁还敢爱惜自己的性命！大人出身皇室，为一方大员，派遣我这一支军队勤王，总比不派为好，为何又要阻拦呢！"陈霸先遂向江陵派去使者，接受萧绎的指挥。当时南康（江西省赣州市）当地豪强蔡路养起兵占领了全郡，萧勃任命心腹谭世远为曲江（广东省韶关市曲江区）县令，暗中与蔡路养联络，一起阻止陈霸先。

四三二 大乱天下（二）

到太清三年年底，侯景夺得了三吴地区，第二年一月一日，简文帝宣布大赦，改元为大宝元年。

进入新年，南梁纷乱的局面仍然没有停息的迹象。

长江上游地区：

一月二十日，邵陵王萧纶来到江夏，郢州刺史南平王萧恪（萧衍八弟萧伟之子）出城迎接，并要让出州城，但萧纶没有同意，于是，萧恪推举萧纶为假黄钺、都督中外诸军事、承制设置百官，萧纶的到来，也令江陵的湘东王萧绎顿生疑忌。

此时，西魏杨忠已经包围了安陆（湖北省安陆市），柳仲礼率部回救。西魏众将担心柳仲礼回来后，安陆更难攻克，建议加强攻势。杨忠却说："进攻与防守，情势相反，难以在短时间里攻克。如果旷日持久，我军腹背受敌，这可不行。南方人习惯于水战，而不善于野战，柳仲礼的部队已经上路，如果我们出其不意，派出奇兵偷袭他们，敌人疲惫，我们振奋，一举即可战胜。打败了柳仲礼，则安陆城可不战自溃；攻下安陆，其余各城也都会望风投降了。"于是，他挑选两千精锐骑兵，口噙小木棍，趁夜秘密朝柳仲礼所部扑来。在漴头（湖北省安陆市西北十公里），西魏军大破毫无防备的柳仲礼所部，生擒柳仲礼及其弟弟柳子礼，所部全部投降。柳子礼全军覆没后，安陆的马岫、竟陵的王叔孙等人全部投降。西魏遂占领了汉水以东的土地。

二月，杨忠乘胜挥师西进，来到石城（湖北省钟祥市），打算渡过汉水直捣江陵。湘东王萧绎派遣舍人庾恪对杨忠说："萧詧讨伐自己的叔父而你们却帮助他，这如何能让天下人心服？"杨忠遂驻军在湕水北岸。萧绎派遣舍人王孝祀等人将儿子萧方略送给西魏当人质，请求和解，西魏同意了。萧绎与杨忠盟誓说：

“西魏以石城为南界，梁国以安陆为北界，并愿意做西魏的附属国，送上人质，建立正常的商贸关系，互通有无，永做好邻居。”杨忠这才率部北返。《南史》卷八称：（大宝元年）“正月，（萧绎）使少子方譻（应为萧方略）质于魏，魏不受质而结为兄弟。”萧方略是萧绎的宠姬王氏所生的第二个儿子，年方数岁，萧绎视如珍宝，临别时，他亲自送到郊区，并赋诗一首：“如何吾幼子，胜衣已别离，十日无由宴，千里送远垂。”萧绎在诸王中势力最强，西魏并不想过深地介入南梁的内争，与萧詧和萧绎同时保持良好的关系，对南梁事态的发展采取观望的态度，符合西魏眼前的利益。因此，当萧方略被送到长安后，宇文泰宽大为怀，并没有接受这个人质，而是奉送了大量财物又将其送还。

邵陵王萧纶想救援河东王萧誉，但苦于兵粮不足，他给七弟萧绎写信说：“天时地利，也不如人和，何况手足情深，岂能自相残杀？如今社稷危若累卵，创痛如此深重，只应披肝沥胆，枕戈待旦，一些小小的怨愤自应相互包容。如果外患不除，内乱先起，由古至今，没有不灭亡的。征战的目的就是要取胜，至于骨肉之间相互残杀，胜利越大，也就越残酷，战胜了也不算什么功劳，战败了也是白白牺牲，劳师动众，且丧失仁义，损失太大了。侯景之所以没有敢征讨上游，就是藩镇有磐石之固。弟弟如果攻克长沙，那么，雍州的萧詧一定更加不安，肯定要引来魏军。万一你那里受到威胁，则大事去矣。我真心希望你能够撤去长沙之围，考虑保全帝国的方略。”但萧绎拒不同意，复信说萧誉罪在不赦，并说：“萧詧引诱杨忠前来进攻，我谈笑之间就退了魏军，是非曲直，昭然若揭，我不再多说。长沙早上平定，勤王军晚上就出发。”萧纶看了书信后，扔到桌子上，万分感慨，流下眼泪，说道：“天下之事竟然到了这步田地，湘州萧誉如果失败了，我也随时都会灭亡啊！”身边的随从无不流下了眼泪。

邵陵王萧纶住在郢州，以州大堂为正阳殿，内外楼阁都题写成皇宫殿堂的名字。萧纶也是以皇帝的身份任命百官，萧绎同样是这样，国无二君，在这小小的上游俨然出现两个准皇帝，难怪萧绎心存猜忌呢？萧纶的部下喧宾夺主，对郢州军府的将士们指手画脚，横行霸道，让郢州上下是怨声载道。咨议参军江仲举是南平王萧恪的智囊，他劝说萧恪杀死萧纶，萧恪听了大吃一惊，说道：“我如果杀了萧纶，固然可以令本镇安定，荆州的萧绎、益州的萧纪也会暗地里高兴，但等到天下平定以后，他们两位就会以大义来责备于我。况且，侯景尚未消灭，骨肉却开始相残，这是在自取灭亡。你最好是打消这个念头吧。”但江仲举不听从。依然部署部将，定下行动的日子，不久，江仲举的阴谋败露，萧纶将其用土袋压死。萧恪匆忙赶来谢罪，萧纶说："一帮无知小人所为，与哥哥无关，奸党已经清除，哥哥不用多虑！"

王僧辩猛攻长沙，终于在大宝元年四月二日，攻克了长沙，生擒河东王萧誉，将其斩首，头颅送到江陵，萧绎看后，又命人将头颅送回长沙，与尸体一起安葬。萧誉的部将周铁虎在击败萧方等之战中功劳最大，也最受萧誉的器重，王僧辩得到周铁虎之后，命人将其用滚水煮死，周铁虎大呼说："侯景尚未灭掉，为何要杀壮士！"王僧辩欣赏他的话，遂将其释放，他的原有部众又交还给了他。萧绎晋升王僧辩为左卫将军，加侍中、镇西将军长史。自从梁武帝去年去世后，由于萧绎忙着打长沙，所以一直没有发布这一消息。四月二十三日，他才公布消息，用檀木刻一个梁武帝的肖像，供奉在百福殿里，祭祀非常严谨，遇事都要禀报。萧绎认为简文帝萧纲受制于侯景，因此，拒绝使用大宝年号，仍称太清四年。二十七日，萧绎下令大举东下，讨伐侯景，发布文告，告知全国——距离梁武帝去世已近一年了。

岭南地区：

大宝元年一月，陈霸先正式从始兴出发讨伐侯景。部队行至大庾岭，蔡路养率领两万军队驻扎在南野（江西省赣州市南康区），挡在了陈霸先的面前。蔡路养妻子的侄儿萧摩诃年仅十三岁，武艺绝伦，单骑出战，无人能敌。周文育四面被敌人包围，箭如雨下，所乘战马被射死，周文育右手搏斗，左手解下马鞍，突围而出；杜僧明战马受伤，陈霸先跨马上前，将他救下，并将自己的马交给了他。杜僧明上马继续厮杀，众军随之而上，蔡路养大败而逃。陈霸先挺进到南康，湘东王萧绎任命其为明威将军、交州刺史。陈霸先在击败蔡路养之后，整修崎头古城（江西省大余县东），作为根据地。而此时，挡在陈霸先进军途中的，是高州刺史李迁仕的人马。

一百一十多年前（刘宋元嘉十三年，公元436年），北燕最后一任皇帝冯弘受到北魏太武帝拓跋焘的打击而投奔高句丽时，另让他的族人冯业带了三百人渡海来到了刘宋帝国，被安置在新会（广东省新会县）。从冯业一直到他的孙子冯融，世代担任罗州（治所广东省化州市）刺史，冯融的儿子冯宝担任高凉（治所广东省恩平市北）太守。高凉的冼氏，世代是部落首领，拥有十万余户人家，冼氏有个女儿，非常聪慧，多谋略，善用兵，各个山洞的蛮夷都对她很佩服，冯融聘她做了自己儿子冯宝的妻子。冯融虽然世代是当地的高官，但除了能约束本族成员，当地土著不服从他的号令；冼氏要求娘家人要遵守规矩，服从领导，经常与冯宝一起处理日常诉讼，山蛮头领犯法，即便是亲戚也毫不宽待。自从娶了冼氏以后，冯家这才开始推行政令。高州（治所广东省阳江市西）刺史李迁仕从建康前线撤回后，驻扎在大皋口（确址不详，但疑为在今江西省吉安县南二十里），他派人征召冯宝（此时冯宝所部似也已奉命来到江西境内）。冯宝将要前往，冼夫人阻止道："刺史不应无缘无故征召太守，这肯定有诈，是想扣留你一起谋反。"冯宝说："你怎么知道？"冼夫人说："刺史受命援救朝廷，可是，他自称生病，铸造兵器，征集部众，然后又来召唤你，这肯定是想扣留你为人质，征调你的军队啊。希望你暂时不要去，观察观察再说。"数日后，李迁仕果然造反了，派遣主帅杜平虏率军进入灨石（在江西省赣县与万安县之间赣江的险滩），修筑鱼梁城（江西省万安县南五里）以威胁陈霸先的南康（江西省赣州市），陈霸先命令周文育北上迎击。冼夫人对冯宝说："杜平虏是一员猛将，如今进入灨石与官军相持，无法脱身，李迁仕在后方一定是无所作为。你如果率军前去的话，双方肯定会发生战斗，应当派人前去言辞谦恭，并带上厚礼，对他说：'本人不敢出面，特派我的妻子前去参拜。'这样一来，他肯定会高兴之余不设戒备。我率领一千余人，挑着担子，宣称送去钱物，可以进抵他的营寨之下，出其不意，一定能将其击败。"冯宝听从了。李迁仕果然大喜，看到冼夫人带的人都是挑着担子，遂毫不戒备。冼夫人偷袭得手，大破李迁仕军，李迁仕狼狈逃往宁都。与此同时，周文育也打败了杜平虏，占领了鱼梁。冼夫人与陈霸先在灨石会师，回去后，她对冯宝说："陈都督不是寻常之人，很得人心，一定能平定叛贼，你应该多多资助他！"湘东王萧绎任命陈霸先为豫州刺史，领豫章内史。

四三三 大乱天下（三）

江州及其周边地区：

陈霸先已经进抵江州南部地区，但此时的江州地区的情况异常复杂：南部有陈霸先的势力，宁都一带是李迁仕的势力，再往北到豫章（江西省南昌市）是与浔阳王、江州刺史萧大心结怨的庄铁，再往北则是驻扎在湓城的萧范和浔阳萧大心。

原本萧大心请萧范前来是一片好心，可是，谁料想，庄铁这一掺和，弄得萧范与萧大心之间突然就生出了一丝隔阂——毕竟庄铁推举的是萧范的弟弟萧永。对于萧大心而言，庄铁就是个反复小人，而如今看来，让萧范率众进驻湓城，也有点引狼入室的嫌疑了。鄱阳王萧范进驻湓城之后，将晋熙郡（安徽省潜山县）改为晋州，任命其世子萧嗣为刺史，并对江州下属的很多郡县长官都进行替换，很快就把江州刺史萧大心的权力掏空了。萧大心的政令只在浔阳一个郡里畅通，其他各地都不听他的话了，这让他大为恼火。显然，萧范的到来已经喧宾夺主，这与来到郢州的萧纶几乎是一模一样，但由于郢州的萧恪甘愿担任下属，所以，二者尚未发生大的冲突，可是，萧范和萧大心之间就不一样了，一是萧范的地位与萧纶无法相比；二是萧恪与萧大心的地位也不可同日而语，萧大心是当今皇上简文帝的儿子，自然不会像萧恪那样自甘屈居人下了；三是萧范不仅挖空萧大心的权力，而且还帮助自己的仇人庄铁，这让萧大心无法忍受。

大宝元年三月，临川内史、始兴王萧毅等人发兵进攻庄铁，鄱阳王萧范派遣部将侯瑱解救，萧毅战败被杀；四月，萧大心又派遣中兵参军韦约率部进攻庄铁，庄铁战败请降。鄱阳王萧范的世子萧嗣与庄铁私交甚好，他对萧范说："我过去曾与庄铁交往，深知此人才略很高，如果投降了江州，必定性命不保，请求发兵援救。"萧范同意了，遂命令侯瑱率领五千精兵协助庄铁，趁夜击败了韦约等人，自此，萧范与萧大心二人公开翻脸，互为仇敌，再也无心讨伐侯景了。萧大心命令徐嗣徽率领两千人马在稽亭（九江市东）修筑堡垒，防备萧范，切断粮食交易，萧范数万之众开始断粮，很多人都饿死了。萧范又急又气，竟得了背疮，五月七日，病死。部下秘不发丧，推举萧范的弟弟安南侯萧恬为主，手下尚存数千部众。萧范死后，侯瑱率众依附豫章的庄铁，但庄铁猜忌侯瑱，六月八日，侯瑱设下圈套，谎称商议事务，遂将庄铁杀死，占据了豫章。与此同时，萧范余部与萧大心之间仍然在不停地相斗，萧大心派遣徐嗣徽趁夜偷袭湓城，却被萧恬、裴之横击退；裴之横又率军进攻稽亭，也被徐嗣徽赶跑。

就在江州各地内斗不已之时，平定了三吴的侯景已经开始部署西征了。在这一年的二月，他派遣部将任约、于庆等人率领两万人马开始西进。在叛军与诸侯军队交战初期，并没有取得明显的优势：宣城内史杨白华率部推进到安吴（安徽省泾县西南），侯景部将于子悦等人进攻，但没有得手；同时，鄱阳王世子萧嗣与任约在三章（今地不详），也将任约击败，萧嗣遂移驻三章，取名为安乐栅。但由于两镇内斗不已，已无法形成合力，加上萧范一死，萧范余部一分为三：萧嗣部、萧恬部和侯瑱部，更是便于侯景军队各个击破。无奈，萧嗣又向东魏求救，东魏派遣仪同三司牒云洛等人迎接萧嗣，让其移驻皖城（安徽省潜山县北），但萧嗣尚未行动，任约就已卷土重来了。牒云洛等见状匆匆撤离，萧嗣的部下见任约部队强盛，都劝他不要出战。萧嗣手持宝剑呵斥道：“今日之战就是我萧嗣效命死节之时！”遂出战，被流箭射中脖子，他不让人拔去箭。带着箭又亲手杀死了数名敌人，等到敌人退下后，才命人拔下，当时就死掉了。他的妻子儿女均被任约抓获。

任约乘胜继续西进，来到浔阳城下。萧大心命令司马韦质出战，韦质战败，此时，萧大心的手下尚有一千余名将士，大家都劝说他逃往建州（治所疑为广东省郁南县连滩镇，但结合上下文，此处的建州疑为建昌之误），都说：“现在已经断粮，无法坚守，如果率领轻装骑兵逃往建州，以图后举，这是上策。”但萧大心的母亲陈淑容捶胸大哭，就是不从，萧大心无奈，七月二十日，只好率部投降。在此之前，萧大心命令太子洗马韦臧（韦粲之子、名将韦睿重孙）镇守建昌（江西省奉新县），手下有五千人马，听说浔阳陷落后，韦臧打算率部西进，投靠湘东王萧绎，但尚未出发，就为部下所杀。占领浔阳之后，任约继续西进。邵陵王萧纶听说任约将至，命令司马蒋思安率领五千精兵偷袭任约，将任约击败；战胜之后，蒋思安疏于防备，任约收拾残部，卷土重来，又把蒋思安打败。

于庆则率部逼近豫章，侯瑱无力抵抗，带着萧范十六个儿子投降了于庆，侯景下令将萧范的这十六个儿子全部在石头城活埋。因侯瑱与自己同姓，侯景对他很好，留下他的妻子和弟弟当人质，任命他为湘州刺史，派他随着于庆占领鄱阳湖以南的土地。当初，巴山郡（江西省崇仁县）人黄法氍骁勇善战，侯景之乱后，就聚众保卫乡里。太守贺诩前往江州办事，就命黄法氍负责州务。黄法氍率军驻守新淦（江西省樟树市），于庆从豫章发兵南下，偷袭新淦，却被黄法氍击败。此时，陈霸先已经击败了李迁仕，打通了北上的通道，他命令周文育率部进攻于庆，黄法氍率军与周文育会合。

建康周边及三吴地区：

在长江上中游都乱作一团时，长江下游也发生了一系列变化。年初，广陵人来嶷对前广陵太守祖皓说："董绍先轻率，毫无智谋，人心不服，可以袭杀了他，如今，我想纠集义从，拥戴大人。如果成功，可以立下齐桓公、晋文公一样的功业；如果失败了，也可以成为梁朝的忠臣。"祖皓，是祖冲之的孙子，他说："这正是我的心愿！"于是，纠集了一百多名勇士，一月二十三日，祖皓、来嶷率众起义，偷袭广陵得手，斩杀了南兖州刺史董绍先。他们占领广陵之后，向全国发出檄文，推举前太子舍人萧缅为刺史，并向东魏求救。萧缅，是梁武帝萧衍的堂弟萧景的儿子、萧勃的哥哥，与南齐安陆王同名同姓，但不是同一人。《北史·梁宗室上吴平侯景传》对此事并没有记载，此时，萧缅也许并不在广陵城内，祖皓等人可能只是遥推。二十五日，侯景派遣部将郭元建率军突然来到广陵城下，祖皓等人登城固守。二月，侯景又派遣侯子鉴率领八千水军，他亲自率领一万步兵，朝广陵杀来。连续进攻三日，侯景即攻克了广陵城，活捉祖皓。攻克广陵之后，侯景大开杀戒，他下令将祖皓捆绑在那里，乱箭射死，然后又五马分尸，并将祖氏一家十六口全部斩杀。侯景还下令将广陵城内不分男女老幼，全部埋在地上，只露出上半身，然后纵马奔驰，全部踩死或者射杀。他任命侯子鉴为南兖州刺史，镇守广陵，这才撤回建康。

二月六日，侯景任命安陆王萧大春为东扬州刺史，撤销吴州建制。侯景娶了萧纲的女儿溧阳公主，溧阳公主长得非常美丽，侯景十分喜爱。三月三日，侯景请简文帝萧纲在乐游苑参加春季宴会，痛饮三天。简文帝回宫后，侯景与溧阳公主一同登上御榻，像君主一般面南而坐，群臣列坐两旁侍宴。四月二十七日，侯景又请简文帝与溧阳公主的母亲范淑妃一起到西州游玩，萧纲乘坐素色辇车，四百多名侍卫，侯景率领数千铁甲武士，在两翼保护。席间，演奏梁朝过去经常演奏的乐曲，简文帝听了，百感交集，潸然泪下。侯景站起身来问："陛下为何不高兴？"简文帝强颜欢笑说道："丞相，你说仪同三司索超世能听懂这乐曲吗？"侯景回答："臣尚且不懂，何况超世呢？"简文帝遂请侯景起舞，侯景也请简文帝起舞。等到宴席结束，人们都散去之后，简文帝把侯景抱上御床，说道："我想丞相。"侯景回答："陛下如果不想我，我怎么能到此呢？"简文帝让人给他拿过来筌蹄（一种类似腰鼓的坐具，坐在上面讲经），说："我给你讲经。"命侯景离开座席，让他唱经。侯景问索超世什么经最小，索超世说："只有《观世音》小。"侯景就唱："尔时无尽意菩萨。"简文帝大笑，两人一直交谈到深夜才罢。

侯景本性残忍，嗜杀成性，他杀起人来，总是先把手脚砍去，眼睛鼻子挖掉，被杀的人要经过一整天痛苦的折磨才死去；他还下令在石头城制造了一个巨大的石碓，犯法之人就用石碓捣死。他还经常对众将说："攻克城池、堡垒，应当斩尽杀绝，好让天下知道我的威名。"因此，侯景手下的将领攻破城池，往往以杀人抢掠为能事，视人命为草芥，以杀人为乐，这样也造成了侯景虽然杀了很多人，但人们对他一直不服。他还下令禁止人们交谈，违反的要株连亲族。侯景手下的将领全部称作行台；归降的全部被称作开府；他最亲近的被称作左右厢公；骁勇过人的称作库直都督。

当时，江南连年发生旱灾、蝗灾，江州、扬州受灾尤其严重，百姓四处流浪，相携逃窜到山谷、湖泊里，采摘草根、树叶、菱角果腹。饥民所到之处，草根、树叶全部被吃光，尸体遍布原野。很多有钱人家也没有粮食，都饿得面黄肌瘦，身穿绫罗绸缎，怀揣金银宝贝，躺在床上，奄奄一息，等待死亡。整个大地，千里不见炊烟，很少能看到人迹，到处是白骨累累，如同丘陵一般！

五月二十一日，文成侯萧宁（萧范弟弟）在吴郡起兵，进攻吴郡州城，侯景的行吴郡事侯子荣率军迎战，斩杀了萧宁，侯子荣趁机纵兵大肆洗劫郡境。侯景之乱后，原本非常富庶的三吴地区也遭到了空前的浩劫，这里的财宝被抢劫一空，人吃人的惨剧连连发生，或者把劫持来的人卖到北齐，当地百姓也所剩无几了。当时，只有荆州和益州没有受到波及，太尉、益州刺史武陵王萧纪响应湘东王萧绎的号召，命令世子萧圆照率领三万军队东进，接受萧绎的指挥。萧圆照的大军行至巴水，却接到了萧绎任命其为信州刺史的委任，令其停留在白帝，不准东进。

四三四 大乱天下（四）

大宝元年上半年，西魏夺占南梁汉水以东部分土地，东魏被高洋建立的北齐取代，湘东王萧绎发布讨伐侯景的檄文，陈霸先的部队推进到江州中部地区，鄱阳王萧范病死，浔阳王萧大心投降，侯景西征军占领了江州北部地区，并继续向西朝郢州扑来。到了下半年，局势又发生了新的变化。

侯景之乱，尤其是梁武帝的死，令一些人蠢蠢欲动，想趁机问鼎最高权力，这些人前有萧正德，后有萧绎、萧纪，他们都是想借机扩充自己的实力，在击败侯景之后，能够登上皇帝宝座。萧绎与萧誉之间的争斗，归根结底还在于萧绎利用都督的权力，向萧誉要军队，要粮食，想吃掉萧誉；如今，他总算是如愿以偿了，但环顾四周，仍然让他忧心忡忡：益州的弟弟萧纪意欲顺流而下；前方的哥哥萧纶大肆招兵买马；北面的萧詧投靠了西魏，与自己势不两立。针对这三方势力，萧绎分别采取了以下应对措施：对于益州萧纪，双方尚未撕破脸皮，暂时进行安抚，不让他的军队东出三峡；对于雍州的萧詧，实力不强，在成功化解了西魏军的南下企图后，萧绎认为萧詧暂时不会有什么动作；对于郢州的萧纶，萧绎就非常猜忌，决心尽快将其消灭。

萧绎这个独眼龙，性格确实与常人不太相同。梁武帝曾经梦见一个瞎眼和尚手持香炉，称托生于王室，不久，萧绎的母亲阮氏到梁武帝身边侍奉，她刚揭开门帘，一阵风吹动她的裙裾，梁武帝心旌摇荡，遂与她欢合，怀上了萧绎。萧绎从小都很聪慧，博览群书，出口成章，他年幼时得了眼病，梁武帝亲自治疗，竟将一只眼睛治瞎了。梁武帝猛然记起了那个梦，遂对他非常溺爱，也寄予厚望。梁武帝曾问他："孙策在江东建功立业时几岁？"回答："十七岁。"梁武帝说："那正是你这个年纪。"萧绎长大后，不喜欢音乐、女色，总是装腔作势，博取虚名，工书善画，他自视甚高，常常自比为诸葛亮、桓温。他还非常猜忌，别人哪怕有一丁点超过他的特长，他总要千方百计加以迫害。他的姑姑义兴昭长公主的儿子王铨兄弟八九人都非常有名，搞得萧绎满心妒忌，竟然把自己最宠爱的妃子王氏的哥哥王珩改为王铨父亲王琳的名字，这种下三烂的伎俩实在是令人不齿。刘之遴曾任他的下属，侯景之乱中从建康逃回江陵，萧绎嫉妒刘之遴的才学，竟然秘密派人将人家毒死，可以说，萧绎把他父亲萧衍虚伪做作、嫉贤妒能的做派发扬到了极致。萧绎最大的爱好莫过于读书了，由于患有眼病，总让侍从给他读书，不分昼夜，几乎没有休息的时候。他命五个人各自负责读一更，即使萧绎睡熟，侍从读得颠三倒四，或者跳过数行数页的话，萧绎也总会突然惊醒，让他重读。

邵陵王萧纶在郢州（湖北省武汉市）加紧制造铠甲兵器，准备讨伐侯景，假如萧纶成功，萧绎的皇帝梦肯定就会泡汤，因此，野心勃勃的萧绎决定先消灭了六哥萧纶。八月十七日，他派遣左卫将军王僧辩、信州刺史鲍泉等人率领一万水军东进，对外宣称是抵御任约，又声称将萧纶迎接回江陵，授予他为湘州刺史。

九月，王僧辩的军队抵达鹦鹉洲（湖北省武汉市长江中小岛）。郢州司马刘龙虎等人暗中向王僧辩送上人质，准备投降。萧纶听说后，派遣儿子威正侯萧踬率兵进攻刘龙虎，刘龙虎战败，逃入王僧辩军中。萧纶给王僧辩写信斥责道："将军去年杀害了人家的侄儿，今年又要讨伐人家的哥哥，以此想换取富贵，恐怕全天下的人也都不会同意的！"王僧辩将萧纶的书信转送萧绎，萧绎命令王僧辩对萧纶发起进攻。九月十四日，萧纶在西园（湖北省武汉市西）召集部下开会，会上，他哭着说："我原本并无其他目的，一心一意要消灭叛贼，可是，湘东王总以为我将与他争夺帝位，遂发兵来伐。今日，想要防守却没有粮食，想要迎战则会令后人耻笑，又不能无缘无故被他逮住，只好暂时向下游躲避。"麾下猛士争相请战，但萧纶不同意，遂与萧踬一起与十余人从仓门（江夏城的北门）登上船只向北逃去。王僧辩进入江夏城。萧绎任命南平王萧恪为尚书令、开府仪同三司，以世子萧方诸为郢州刺史，王僧辩为领军将军。不久，萧绎又改任萧恪为武州刺史，镇守武陵（湖南省常德市）。

途中，萧纶等人遇到镇东将军裴之高的军队。裴之高在台城陷落之后，与鄱阳王萧范一起西进，萧范死后，裴之高移驻新蔡，有一万余众，未有所属。萧绎任命其为侍中、护军将军进行拉拢，裴之高遂率部向江陵而来。《资治通鉴》称，裴之高所部仅有一千余人，且萧绎任命给他的官职也仅仅是新兴、永宁二郡太守。遇到萧纶后，裴之高的儿子裴几将萧纶军中的武器洗劫一空，萧纶等人坐着小船逃到武昌的涧饮寺，寺里的和尚法磬与萧纶相识，将他藏匿于岩石下面的洞穴里。萧纶的长史韦质、司马姜律听说萧纶还活着，飞马前去迎接，并说服七座营寨的流民归顺。萧纶遂驻扎在巴水（巴河），八九千名流民前往归附，后转屯齐昌（湖北省蕲春县西北），向北齐投降，北齐文宣帝高洋任命其为梁王。此时，除了下游的侯景，南梁帝国已经出现了数个梁王或者准梁王：西魏扶植的萧詧、北齐扶植的萧纶、自立的萧绎、与萧绎同样野心勃勃的萧纪，还有岭南妄图割据一方的萧勃。杨忠被萧绎说服退兵之后，萧詧忧心忡忡，即于七月十三日亲自前往长安，朝见西魏文帝，九月二十八日，才回到襄阳。萧詧此行的目的就是要强化与西魏之间的关系，说服西魏发兵消灭萧绎。

而此时，侯景部将任约也已经逼近了西阳（湖北省黄冈市）、武昌（湖北省鄂州市）。当初，宁州刺史徐文盛招募了数万人前去讨伐侯景，湘东王萧绎任命其为秦州刺史，命其率领本部人马东下，与任约所部在武昌遭遇。萧绎任命庐陵王萧应为江州刺史，以徐文盛为长史，代为管理江州州务，都督众将抵御任约。萧应是萧绎的五哥萧续的次子，智商偏低，萧续死后，他来到府库里察看，见到金条后问身边的人："这东西能吃吗？"回答："不能。"萧应说："既然不能吃，那就全部赏赐给你吧。"

由于萧绎也与北齐结好，所以，北齐一直心存观望，迟迟没有发兵帮助萧纶。萧纶见北齐军队一直没有出现，就把大营又退到距离西阳以北八十里的马栅。任约听说后，派遣仪同三司叱罗子通等人率领二百铁骑偷袭，萧纶毫无防备，顿时大败，仓皇而逃。定州刺史田祖龙派人迎接萧纶，萧纶认为萧绎对田祖龙很好，担心被田祖龙抓住，遂又逃回齐昌。行至汝南（南梁侨县，今地不详），西魏任命的汝南戍主李素是萧纶的旧部，开城接纳了他。当初，邵陵王萧纶任命衡阳王萧献为齐州刺史，镇守齐昌，任约将其活捉送到建康，侯景将其诛杀。萧献是萧衍第四弟萧畅的孙子，任约遂占领了西阳、武昌。

九月二十八日，简文帝晋封侯景为相国，封泰山等二十郡，称汉王。十月十九日，侯景又自称宇宙大将军、都督六合诸军事。他把起草好的诏书送给简文帝过目，简文帝一看之下，不禁大吃一惊，说道："将军军号竟然有宇宙之名！"同日，萧纲又晋封自己的其他儿子萧大钧为西阳王、萧大威为武宁王、萧大球为建安王、萧大昕为义安王、萧大挚为绥建王、萧大圜为乐梁王。

十一月十八日，南平王萧恪率领文武官员推举萧绎为相国、总百揆，萧绎推辞不当。二十日，徐文盛驻扎在贝矶（湖北省黄冈市西长江南岸），任约率领水军迎战，徐文盛大破敌人，斩杀了叱罗子通、赵威方，并乘胜进军到大举口（湖北省黄冈市西北，举水注入长江江口）。侯景派遣宋子仙等人率领两万部队增援任约，因任约在攻下西阳之后迟迟没有取得进展，侯景本人亲自率军驻扎在晋熙（安徽省潜山县）。同月，他亲自率军进攻宣城，杨白华战败投降，侯景因其是北方人，没有诛杀，反而任命其为左民尚书，但将他的侄儿杨彬杀死，替来亮报仇。

侯景一离开建康，后院就失火了。南康王萧会理看到建康空虚，就与太子左卫将军柳敬礼、西乡侯萧劝、东乡侯萧缅密谋起兵，诛杀留守建康的王伟。安乐侯萧乂理逃往长芦（江苏省高淳县西北），集结了一千多人。建安侯萧贲（萧正德的侄儿）、中宿侯世子萧子邕（萧衍第十一弟萧憺的孙子）知道这一计划后向王伟告密，王伟将萧会理、柳敬礼、萧劝、萧缅以及萧会理的弟弟萧通理全部逮捕、杀掉。萧乂理也被身边的人杀死。

萧会理这次未遂政变，让侯景吃了一惊，十二月，他回到了建康。当初简文帝萧纲即位之初，侯景曾与简文帝两人一起登上重云殿，在佛像面前发誓说："从今以后，君臣二人要亲密无间，臣下固然不能背叛君主，君主也不应辜负臣下。"等到萧会理这次事变后，侯景怀疑简文帝提前知道此事，遂心生猜疑。简文帝即位后，侯景对他一直防备很严，不准外人入宫觐见，只有武林侯萧谘、尚书仆射王克、舍人殷不害三人身体非常柔弱，才被特许入宫，出入简文帝的卧室，也只是与简文帝清谈而已。萧会理事发后，王克、殷不害嗅出风头不对，遂主动与简文帝疏远起来，只有萧谘依然故我，侯景遂派萧谘的仇人刁戍在广莫门外杀死了萧谘。萧谘死后，简文帝预感到很快就会轮到自己，他指着自己居住的宫殿对殷不害说："庞涓当死在此下。"引用孙膑杀死庞涓前在树上写的几个字，暗示自己也将遭遇同样的下场。又说："我昨天梦见了吃土块，可以试加思考。"殷不害说："从前重耳馈赠土块，终于返回晋国，陛下所梦的将会符合这件事吗？"简文帝说："如果阴间有征兆的话，希望这话不错。"

四三五 巴陵之战

时光就这样进入大宝二年（公元551年）。

一月五日，萧绎派遣护军将军尹悦、安东将军杜幼安、巴州刺史王珣率领两万人马从江夏顺流而下，朝武昌而来，接受徐文盛的统一指挥。二月，侯景任命王克为太师，宋子仙为太保，元罗为太傅，郭元建为太尉，支化仁（《梁书》记作张化仁）为司徒，任约为司空，于庆为太子太师，时灵护为太子太保，纥奚斤为太子太傅，王伟为尚书左仆射，索超世为尚书右仆射。侯景设置的三公一类的高官动辄几十人，尤其是仪同三司最多。他的佐命功臣是宋子仙、郭元建和支化仁；谋士是王伟和索超世；于子悦、彭隽决断；陈庆、吕季略、卢晖略、丁和等人作为帮凶。受到侯景重用的梁朝人主要有离职将军赵伯超、前制局监周石珍、内监严亶、邵陵王记室参军伏知命。其余王克、元罗、殷不害、周弘正等人，因他们声望很高，侯景顺从民意，也将他们安排在高位，但并没有实际权力。

逃往宁都的李迁仕在宁都人刘蔼等人的资助下，将要偷袭南康。陈霸先派遣杜僧明等人率领两万人进驻白口，修筑城池防守，李迁仕也在不远处构筑城池。这一月，杜僧明等人攻克了李迁仕的城堡，生擒李迁仕，送往南康，陈霸先将其斩首。萧绎命令陈霸先北上进攻江州，并任命其为江州刺史。

南梁的这场内乱也让北齐和西魏这两个敌国展开了一场博弈：西魏支持萧詧，那么，北齐就支持萧詧的对手萧绎，三月，北齐文宣帝高洋晋封湘东王萧绎为南梁相国，建立临时政府，总百揆，代行皇帝职权。

同月，任约向侯景告急，侯景遂率领两万人马西进，他在军中带上简文帝的皇太子萧大器为人质，留下王伟留守建康。闰三月，侯景从建康出发，从石头城到新林，战舰鳞次栉比，十分壮观。任约分兵在齐安（湖北省黄冈市西北）击破定州刺史田龙祖。闰三月二十九日，侯景大军推进至西阳，与徐文盛所部隔江相望，各自构筑堡垒相持。众将都说："侯景水军轻率前突，又非常饥饿疲惫，可趁机发起进攻，肯定能够取胜。"徐文盛却不同意。徐文盛的妻子石氏原来在建康，侯景出发前带上石氏，送归了徐文盛，因此，徐文盛对侯景十分感激，暗中与侯景书信来往，不想再战，众将都非常恼火。三十日，杜幼安等人率领本部人马独自出战，大破侯景军，缴获侯景战舰而归。乱箭射向侯景的右丞库狄式和，库狄式和掉入江中淹死，侯景逃回大营。

萧绎的世子郢州刺史萧方诸年方十五岁，还是个少不更事的少年。行事鲍泉性格宽和柔弱，萧方诸就常常欺负他，甚至令他趴在床上当马骑。鲍泉自恃徐文盛的部队就在附近，毫无戒备，每天只是喝酒赌博为乐。侯景听说江夏空虚，四月二日，他命令太保宋子仙、司空任约率领四百精锐骑兵由淮内（今地不详）长途奔袭江夏。三日，狂风暴雨，天昏地暗，一名登上城墙的守军偶尔远望，突然发现了侯景的这支部队，他立即向鲍泉报告："敌人的骑兵来了！"鲍泉却说："徐文盛的大军就在下游，敌人怎能越过他来到这里？这肯定是王珣的部队回城呢。"不一会儿，前来报告的哨兵越来越多，鲍泉这才下令关闭城门，可是为时已晚，宋子仙等人已经闯入城内。

当宋子仙进入府衙之内时，萧方诸正坐在鲍泉的肚子上，用五色彩带把鲍泉的胡子编成辫子，看到宋子仙进来，萧方诸吓得赶忙叩拜，而鲍泉则藏到了床底下。宋子仙弯腰察看，看到鲍泉的彩色胡子，不禁吃了一惊，遂将其生擒，连同司马虞豫一起送交侯景。侯景得知宋子仙等人突袭得手后，即下令扬帆起航，借着顺风，越过徐文盛的部队，逆流而上。四日，侯景进入江夏。徐文盛的部队被侯景切断了退路，军心大乱，自行溃散。徐文盛与长沙王萧韶等人逃回江陵。王珣、杜幼安因家眷在江夏，遂投降了侯景。

湘东王萧绎任命王僧辩为大都督，率领巴州刺史淳于量、定州刺史杜龛、宜州刺史王琳、郴州刺史裴之横东进与侯景决战，徐文盛以下全部受其指挥。四月五日，当王僧辩大军行至巴陵（湖南省岳阳市）时，就得到了江夏失陷的消息，遂驻扎在了那里。萧绎给王僧辩写信说："敌人刚刚战胜，肯定会继续西进，不需要远征，只用驻守巴陵即可，不愁不能打败他。"他又对下属们说："侯景如果水陆两路，直扑江陵，这是上策；占据江夏，屯聚军粮，这是中策；集中兵力，进攻巴陵，这是下策。巴陵城池虽小但非常坚固，王僧辩完全能够守住。侯景攻不下城池，野外又抢不来粮食，天气炎热，疾病将起，部队疲劳，粮食吃尽，我们一定能够击败他。”他又命令罗州刺史徐嗣徽从岳阳（湖南省湘阴县南）、武州刺史杜崱从武陵（湖南省常德市）率兵与王僧辩会师。

侯景命令丁和率领五千人马驻守江夏，宋子仙率领一万人马为先锋，朝巴陵杀来，另外，他又命任约率领本部人马直扑江陵，侯景率领水陆两路大军随后进发，号称有二十万之众。沿江的各个堡垒都望风投降，侯景的侦察船只很快就出现在了隐矶（湖南省临湘市东北）附近。王僧辩下令偃旗息鼓，巴陵城内十分安静，仿佛没有一人。

四月十九日，侯景大军登上了长江南岸，派遣轻装骑兵来到巴陵城下，问：“城内是谁？”回答：“王领军。”又说：“为何不早早投降？”王僧辩回答：“你们大军只管继续向江陵而去，我在此绝不会妨碍你们的。”骑兵离去后不久，侯景军队又把王珣等人拉到城下，让其说服弟弟王琳。王琳说：“哥哥奉命讨伐敌人，不能为国牺牲，不知道惭愧，反而想来诱降我吗？”他说完，弯弓搭箭，朝哥哥射去，王珣惭愧退去。软的不行，侯景遂下令部队从四面八方开始猛攻巴陵，城中突然喊杀声四起，箭如雨下，侯景军死伤惨重。王僧辩还派出轻装部队伺机出城作战，前后十余次，次次大获全胜。侯景在城下督战，只见王僧辩身着宽袍，乘坐轿子，吹吹打打在城墙上巡视，丝毫没有把激烈的战斗当成一回事，也没把侯景放在眼里。侯景看到后，非常佩服他的勇气和胆量。

也许是在西魏的斡旋下，萧詧起码在表面上也同意与萧绎实现和解，但不论是萧绎还是萧詧，他们两个都知道和解是暂时的。当萧詧听到郢州陷落的消息后，即派遣蔡大宝率领一万人马推进到武宁（湖北省荆门市），直接威胁到江陵的北面。萧詧向江陵派去使者谎称是来增援的，萧绎召集幕僚们商议对策，大家都建议应该回复说已经击败了侯景，劝其退军。萧绎却说：“这样说想让他退军，反而会促使他加快进军。”于是，他给蔡大宝回话说：“岳阳王萧詧屡屡派人来请求和解，互不侵犯，那你为何突然占领了武宁？如今，我将派遣天门太守胡僧祐率领两万精锐部队、五千骑兵进驻溠水，刻期进军。”萧詧听了，即将部队召回。

侯景大军在巴陵城不分昼夜发起猛攻，却无法攻下，侯景军队军粮吃尽，战死、疾病而死的占了一大半。萧绎派遣晋州刺史萧慧正率军增援巴陵，萧慧正推辞，并推荐了胡僧祐。胡僧祐是南阳人，原为北魏将领，后归降南梁，驻守项城，又被北魏俘虏，等到陈庆之送元颢入洛时，胡僧祐才得以重新回到江南。晚年成为萧绎的下属。侯景之乱后，西沮的山蛮也发动了叛乱，萧绎命令胡僧祐前去讨伐，并严令胡僧祐要将山蛮酋长全部斩杀，胡僧祐劝谏，萧绎不仅不听，还将其打入大牢。听了萧慧正的建议，萧绎当即把胡僧祐从大牢里释放，任命其为假节、武猛将军，封新市县侯，命令其率部救援。萧绎告诫他说："敌人如果与你水战，你只用将大船朝敌人撞去，一定能胜利；如果要在陆上与你决战，你自当顺流而下，直接赶往巴陵，不予理会。"胡僧祐临行前，对儿子说："你可以把屋子开两个大门，一个漆成红色，一个漆成白色，如果我战胜敌人、加官晋爵了，你就从红门出入；如果我战死沙场了，你就从白门出入。我不打败敌人，誓不回家。"胡僧祐所部行至杨浦（《资治通鉴》记作湘浦，疑为三湘浦，即湖南省岳阳市北城陵矶，又名侯景浦），侯景派遣任约率领五千精锐部队驻守白塉（确址不详，也可能是湖北省白螺镇）等待着胡僧祐的到来。胡僧祐已进抵巴陵附近，却又掉转船头，从其他路线折返西进了。任约认为胡僧祐是畏惧自己，遂率部火速追赶，终于在芊口（当在湖南省华容县境内）赶上了胡僧祐军。任约高喊道："东吴小儿，还不早早投降？你想逃到哪里？"胡僧祐不予理睬，偷偷将部队移动到赤沙亭（湖南省华容县境内），并与信州刺史陆法和的部队会合。陆法和，出身不详，隐居在江陵百里洲，吃住与和尚无异，能预测未来，是当时的一位奇人。等到任约兵向江陵时，陆法和请求率部迎战，萧绎同意了。陆法和遂召集山蛮信徒八百余人，与胡僧祐率领的一千余人一起东进。

五月三十日，任约来到赤亭。陆法和乘坐小船，也不穿铠甲，顺流而下，距离任约军一里左右才折返回来。他对大家说："看到对方的龙昏睡不动，我军的龙翻腾飞跃，就可以发起进攻了。如果等到明天，会轻松破敌，但也有不祥之处。"六月二日，胡僧祐、陆法和率军纵火进攻敌人，却是顶风，反而烧着了自己。陆法和手持白羽扇挥舞两下，风向当即改变。任约军人看到梁军士兵都在水上行走，不禁大惊，遂大败而逃，被淹死和杀死了很多。任约逃窜，下落不明。陆法和说："等到明天中午就抓住他了。"但到了那时，依然没有抓住任约。陆法和说："过去，这个湖泊水干的时候，我曾修建了一座佛塔，告诉诸位施主，这虽说是座佛塔，但其实是一个叛贼指示牌，如今，为何不到那里寻找呢？"果然，在水中发现任约抱着佛塔，只将鼻子露出水面。任约被擒后，请求在法师面前死去，陆法和说："施主有福相，必定不会死于刀剑之下，况且，你与梁王有缘，不必担心，梁王以后还会得到你的帮助呢。"

陆法和平定任约后，即前往巴陵晋见王僧辩，他对王僧辩说："贫道已经砍断了侯景一条胳臂，其已无能为力，施主应当趁机攻取。"果然，侯景听说任约战败的消息，六月三日，即焚烧营寨，趁夜逃去。途中，他任命丁和为郢州刺史，并留下宋子仙等人，号称有二万人马，驻守郢城（湖北省武汉市）；别将支化仁镇守鲁山（湖北省武汉市东北）；范希荣行江州事，仪同三司任延和、晋州刺史夏侯威生镇守晋州（安徽省潜山县）。丁和用大石碓捣死了鲍泉和虞豫，扔到黄鹤矶（湖北省武汉市东）下。侯景带着数千人马，仓皇东下。豫州刺史荀朗从巢湖出濡须截击侯景，击破了侯景的后卫部队，侯景的船队被打散。太子萧大器的船只进入枞阳浦，船中心腹劝说萧大器就此北逃到北齐，萧大器说："国家已如此破败，我也不愿再活下去了，主上蒙受屈辱，我岂能忍心离开他半步！今天，我如果北逃，这就是背叛了父亲，而不是在避难。"遂悲伤哭泣，下令继续前进。任约被送到江陵后，萧绎赦免了他；徐文盛逃回江陵后，萧绎任命他为城北都督，可是徐文盛又大肆贪污，令萧绎大怒，说出了他十条大罪，将他削职为民。徐文盛被免官后，心怀不满，满口怨言，萧绎听说后，又将其打入大牢。当时，任约也被关押在大牢里，徐文盛对他说："你为何不早点投降，弄得我也到了这步田地。"任约回答："辕门外都看不到你的马蹄印，我怎么向你投降？"徐文盛无言以对，遂在狱中被处死。

巴陵之战后，萧绎晋封王僧辩为征东将军、尚书令，命令他率部继续东进。陆法和请求回江陵，见到萧绎后，他说："侯景自然会被消灭了，不用多虑，不过，蜀地的叛贼就要到了，我请求率部守卫巫峡以等待他们的到来。"遂率军西进，驻扎在峡口，亲自搬运石头投入江中，三天之后，江水即被一分为三，然后，陆法和命人以铁索横在江面之上。

四三六 萧纲之死

六月十八日，王僧辩的军队进抵汉口，先对鲁山发起进攻，生擒支化仁。

十九日，王僧辩的军队又进攻郢州，攻克了外城，斩首一千余人。宋子仙退守内城，王僧辩团团围住，在外面修筑土山，从四面发起进攻。

二十二日，宋子仙等人无力再战，请求献出郢城，准许他率众回到建康。王僧辩假装同意了，并表示愿意拨给他一百艘船只，以让其确信。宋子仙信以为真，顿时懈怠下来，但等他们正在安排船只、准备出发时，王僧辩突然命令杜龛率领一千余名壮士攀缘着城墙，一拥而上，水军主帅宋遥率领大船布满了江面。宋子仙边打边撤，退到白杨浦，被打得大败，周铁虎生擒宋子仙和丁和，二人送到江陵后，被萧绎处死。

七月四日，萧绎任命长沙王萧韶为监郢州事。十六日，侯景回到了建康。与此同时，陈霸先也率领本部三万人马从南康出发北上。灨石滩原有二十四个险滩，但在陈霸先北上时，正巧河水暴涨数丈，三百里之内，河道中的巨石全部被淹没，陈霸先的船队得以顺利通过险滩，安全抵达了西昌（江西省泰和县）。于庆从鄱阳逃回豫章，侯瑱却关闭城门不让他入城，于庆只好逃归江州，进驻郭默城（江西省九江市东北）。萧绎任命侯瑱为兖州刺史，而侯景则将侯瑱的弟弟、儿子全部杀死。

七月三十日，王僧辩乘胜攻克湓城，陈霸先率领本部人马驻扎在巴丘（江西省峡江县以北），并与王僧辩部取得了联系。当时，王僧辩部军粮短缺，陈霸先提前囤积了五十万石粮食，他分出三十万石资助王僧辩。

八月一日，王僧辩的先头部队偷袭于庆，于庆丢掉郭默城东逃，范希荣也丢掉浔阳而逃。晋熙（安徽省潜山县）人王僧振等聚众包围了郡城，王僧辩派遣沙州刺史丁道贵率军增援，侯景仪同三司任延和等人弃城而逃。湘东王萧绎命令王僧辩暂时驻扎在浔阳，等待各路大军集结以后，再继续东进。

侯景前期一直太顺利了，他以区区数千人马就攻克了建康，这让他对江南人顿时非常蔑视，认为江南人懦弱，夺取江南将易如反掌，因此，他打算夺取江南后，再平定中原，然后再称帝。侯景娶了溧阳公主之后，被溧阳公主的美色迷惑，整日躲在温柔乡里，不理政事，王伟屡屡劝谏，侯景告诉公主之后，公主大怒，口出恶言。王伟知道后，担心公主会在侯景面前给自己进谗言，于是，他就想出了一条废黜简文帝、进而离间公主的计策。等到侯景从巴陵败退回来后，猛将死了很多，侯景也担心自己迟早可能会失败，也想尽早登基，过过当皇帝的瘾。王伟建议说："自古迄今，要改朝换代，就必须先废黜旧皇帝，再册立一个新皇帝，这样一来，不仅能提高我们的威望，而且，也削弱了百姓们的向心力。"侯景听从了。他先让寿光殿学士谢昊以简文帝的名义写好诏书，称："弟弟与侄儿争当皇帝，致使星象乱了次序，这都是因为朕不是适当的储君，给国家带来了灾难，我应当把皇位让给我哥哥萧统的孙子萧栋。"侯景让吕季略将诏书带入宫，逼着让简文帝签字。萧统的嫡长子豫章王萧欢已死，最适合当皇帝的就是萧欢的儿子、豫章王萧栋了。

八月十七日，侯景派卫尉卿彭隽等人率军进入皇宫，废黜简文帝为晋安王，软禁在永福省。将简文帝身边的侍从全部裁撤，改派精锐骑士防守，墙头插满了荆棘。简文帝共在位两年零两个多月。

八月十九日，侯景下诏迎接豫章王萧栋。简文帝登基以后，萧栋已被软禁，生活过得非常清苦，靠吃蔬菜为生。萧栋正与自己的正妻张氏在菜园里锄草，迎接皇帝的仪仗队突然来到家中，萧栋惊慌失措，吓得不知如何是好，哭着被人送上辇车，接入宫中。接着，侯景又一口气诛杀了萧纲在建康的儿子们以及萧氏宗室子弟二十余人，他们有皇太子萧大器、浔阳王萧大心、西阳王萧大钧、建平王萧大球、义安王萧大昕等人。逮捕萧大器的人闯入时，萧大器正在讲解《老子》，萧大器神色不变，慢慢说道："早知道有今日，只是感叹这一天来得晚了些。"刽子手拿着衣带要勒死萧大器，萧大器说："这杀不死。"指了指蚊帐杆下面的麻绳，让刽子手取来使用。萧大器死时二十八岁。行刑者去抓萧大心时，萧大心绕着床躲避，对侯景的厢公王僧贵说："我以一个州来投降，何苦要如此相逼呢！"王僧贵哪有心思听他啰唆，一箭射去，萧大心也登时毙命。

八月二十一日，萧栋登基即皇帝位，大赦，改元天正。太尉郭元建听说后，匆忙从秦郡赶回建康，对侯景说："主上是先帝的太子，又没有什么过失，为何要废黜？"侯景回答："王伟劝我说：'要提前去除人们的希望。'我因此才听从了，目的是安定天下。"郭元建说："四方勤王之师没有来到，就是因为东西两宫安然无恙，我们如今挟天子以令诸侯，尚且担心不能成功，无缘无故地又将其废黜，这是自亡之道，哪里会带来安定！"侯景想再把简文帝迎回复位，以萧栋为皇太孙。王伟说："废立大事，哪能改来改去！"侯景这才作罢。二十四日，侯景分别派人前往吴郡杀害了南海王萧大临、到姑熟杀害了南郡王萧大连，到京口杀害了高唐王萧大壮。又将太子妃赏赐给郭元建，郭元建说："哪有将太子妃给人拿来当小妾的道理！"拒绝与太子妃相见，任其落发为尼。二十五日，萧栋追尊祖父昭明太子萧统为昭明皇帝，其父萧欢为安皇帝，祖母蔡氏为敬太皇太后，母亲王氏为皇太后，妃子张氏为皇后。以刘神茂为司空，以徐洪为平南将军，秦晃之、王晔、李贤明、徐永、徐珍国、宋长宝、尹思合均为仪同三司。

九月二十九日，湘东王萧绎任命尚书令王僧辩为江州刺史，又以江州刺史陈霸先为东扬州刺史。显然，在对待王僧辩和陈霸先二者上，萧绎是有明显的不同的：当江州还在敌人手中时，萧绎任命陈霸先为江州刺史，目的是拉拢陈霸先一起进攻；等得到江州后，他立马又将陈霸先踢开，改任为尚在侯景手里的东扬州刺史，得一点地，萧绎就要牢牢地控制在自己的手上。

王伟劝说侯景杀害简文帝，断了百姓们的念头，侯景同意了。十月二日夜，王伟与左卫将军彭隽、王修纂给简文帝送去酒，说："丞相因陛下忧闷很久了，特意让臣等来给陛下祝寿。"简文帝笑着说道："已经禅让了帝位，岂敢再称陛下！这杯寿酒恐怕不只是这个意思吧！"彭隽等人又拿来曲柄琵琶，与简文帝开怀畅饮。简文帝知道自己将要被杀，遂喝得烂醉如泥，说道："真没想到今天能如此快乐！"喝醉后就昏昏睡去。王伟从屋里出来，彭隽搬进一个盛满土的袋子，压在简文帝的口鼻上，王修纂坐在土袋上面。简文帝就这样窒息而死，终年四十九岁，竟与梦境相同。王伟把门板摘下当作棺材，将简文帝入殓后，转移到城北的酒库里。简文帝自从被软禁以后，身边再无侍从，连纸张也没有了，他就在墙壁和门板上写了数百篇诗文，自序中说："梁朝的刚正之士兰陵萧世赞，立身行道，始终如一，风雨昏暗，雄鸡长鸣。不欺诳于幽暗无人之处，更何况日、月、星三光之下？天数既该这样，命运又能如何？"王伟看了这些诗文，派人把它们刮去。有随王伟进去的人，背下了其中的《连珠》三首、诗四篇、绝句五篇，文辞都极为凄怆。侯景给简文帝的谥号为明皇帝，庙号高宗。

王僧辩听到简文帝去世的消息，十月十六日，他上书湘东王萧绎，请求萧绎登基称帝，但萧绎没有同意。

侯景的司空、东道行台刘神茂听说侯景败归建康的消息，阴谋背叛侯景，三吴士大夫纷纷响应，刘神茂遂与仪同尹思合、刘归义、王晔、云麾将军桑乾王元頵等人占据东阳（浙江省金华市），归顺江陵的萧绎，派遣元頵与别将李占、赵惠朗占领建德江口（浙江省建德市东阳江与新安江交汇处）；尹思合逮捕侯景的新安太守元义，夺去了他的兵权。还是上一年即大宝元年九月，当任约进攻西阳、武昌前后，南郡王萧大连的中兵参军张彪等人在若邪山（浙江省绍兴市南）起兵，攻破浙江以东各个州县，有数万之众。张彪自称是襄阳人，有人说他是兰钦的表弟，年少时在若邪山做强盗，后来萧大连担任东扬州刺史期间，张彪率众归顺，萧大连对他非常看重，授予他中兵参军。吴郡人陆令公、颍川庾孟卿等人劝太守萧大临前去投奔张彪，萧大临却说："张彪如果成功，不需要我的力量；如果失败，会拿我去开脱他自己，不可前往。"到大宝二年年初，张彪派遣部将赵稜包围了钱塘（浙江省杭州市），孙凤包围了富春（浙江省杭州市富阳区）。侯景派遣仪同三司田迁、赵伯超前去救援，赵稜、孙凤分别败退而去。如今，张彪又率军进攻永嘉（浙江省温州市），永嘉太守秦远投降。新安（浙江省杭州市淳安区）百姓程灵洗也起兵占领了州城，响应刘神茂。浙江以东的各地都归顺了江陵政权。萧绎任命程灵洗为谯州刺史，领新安太守。侯景任命赵伯超为东道行台，驻扎在钱塘；以田迁为军司，驻扎在富春；以李庆绪为中军都督，谢答仁为右厢都督，李遵为左厢都督，率军讨伐刘神茂。

四三七 消灭侯景（一）

十一月五日，王僧辩等人再次上表劝萧绎登基，但萧绎再次拒绝了。

萧绎似乎还没有做好当皇帝的准备，而侯景却在迫不及待地要圆他的皇帝梦了。十一月九日，萧栋加侯景九锡之礼，侯景的汉国也设置百官。

十九日，萧栋同意将帝位禅让给侯景，同日，侯景在建康南郊登基即皇帝位，回城后，侯景登上了太极殿，数万部众吹着口哨，大喊大叫着也进入皇宫。侯景宣布大赦，改元太始，把梁律改为汉律，改左户尚书为殿中尚书，五兵尚书为七兵尚书，直殿主帅为直寝。封萧栋为淮阴王，将他与他的两个弟弟萧桥、萧樛一起关押在密室内。萧栋共当了三个月的傀儡皇帝。

王伟请求修建七座祭祀皇帝祖先的宗庙。侯景问："七庙是什么意思？"王伟回答："皇帝要祭祀七代祖先。"侯景说："我家前代的事我记不得了，只知道我父亲的名字叫侯标，况且，他埋在朔州，他哪能跑到这里吃供品呢？"说得大家都笑了。众人中有人记得侯景的爷爷叫侯乙羽周，其他祖宗则都是王伟编造的。把汉代司徒侯霸作为始祖，晋朝征士侯瑾作为七世祖，追尊其祖父侯乙羽周为大丞相，其父侯标为元皇帝。因要避讳，侯景又把周弘正、周石珍改姓了姬。

侯景当丞相时，住在西州，文武百官无不亲自接见，一起吃吃喝喝，说说笑笑，关系搞得很融洽。等到当上皇帝后，他住在深宫，除非亲朋旧友，其他人等都难得一见，诸将逐渐心生怨恨。侯景喜欢独自骑着小马，手持弹弓射飞鸟，王伟总是禁止他，不让他随意出宫。侯景郁郁寡欢，心灰意冷，说："我是闲着没事，非要当这个皇帝，这与被排斥又有什么两样！"

十二月八日，谢答仁、李庆绪进攻建德，生擒元頵、李占，二人被送到建康后，侯景下令砍断他们的手脚示众，哭喊一天多二人才死去。

第二年二月，侯景仪同三司谢答仁进攻刘神茂驻守的东阳城，程灵洗和张彪均打算率众前来救援，可是，刘神茂想独占这份功劳，坚决不同意二人前来。刘神茂驻扎在下淮（浙江省桐庐县东五十里），有人对他说："敌人擅长在野外作战，下淮土地平旷，四面受敌，不如占据七里濑（浙江省桐庐县严陵山西），敌人肯定无法继续前进。"但刘神茂不听。刘神茂的部下大多是北方人，并不与他同心，别将王晔、郦通都住在别处，二人率先向谢答仁投降；刘归义和尹思合等人也都弃城而逃。刘神茂无计可施，最终也投降了谢答仁。刘神茂被送到建康后，三月十八日，侯景下令把他放入大锉碓里，先把他的脚放进去，一寸寸碾碎，一直碾到脑袋。侯景的东阳太守留异虽然表面上依附刘神茂，但暗中投靠了侯景，因此，未受到惩处。

就在谢答仁等人东征之时，湘东王萧绎也下达了东击侯景的命令。公元552年二月二日，王僧辩率领各路人马从浔阳出发，顺流而下，战舰连绵了数百里。他命令南兖州刺史侯瑱率领精兵，乘坐快船奔袭南陵（安徽省繁昌县西北）、鹊头（安徽省铜陵县西北）等堡垒，为大军扫清了前进的障碍。陈霸先率领三万（《梁书·王僧辩传》称五万）甲士，强弩五千张，两千艘战舰，从南江（鄱阳湖口）北上，前锋五千人马率先抵达湓口（湓水注入长江口，江西省九江市西北），与王僧辩的军队在白茅湾（江西省九江市东北）会师。陈霸先为人洒脱，足智多谋，名望超过王僧辩，王僧辩对他心生畏惧。陈霸先来到在这里后，修筑祭坛，与王僧辩歃血为盟，他写下讨贼檄文，檄文称："贼臣侯景，本是凶顽的胡人，忘恩负义，残害我生灵，焚毁我宗庙。高祖武皇帝（萧衍）聪明睿智，日理万机，养育万民，像我们的生身父母一样关怀我们五十余年。他老人家怜悯穷途末路的侯景，保全了他的性命，又给予他尊崇的地位，武皇帝哪一点对不起他侯景了？我梁朝百姓们与他侯景又有什么深仇大恨？可是他侯景竟然兵向京师，残害生灵，挖出人们的心肝，剁掉百姓的脚趾，也不足以让他畅快；暴晒人的骸骨，焚烧人的尸体，他也不认为残酷。高祖已是九十岁的老人了，却被软禁在深宫之内，只能吃点粗茶淡饭，最终含恨死于贼人之手。简文帝温文尔雅，洁身自好，对侯景能有什么害处，却也被他残忍地杀害。皇室近亲也无不被他大肆残杀。普天之下，身为臣子的，吃了皇家的粮，喝了皇家的水，听到这种惨痛之事，谁不悲痛伤心？何况臣王僧辩、陈霸先等，受湘东王萧绎泣血衔哀之重托，摩顶至足之大恩，我等身为将帅，如果不能披肝沥胆，共诛叛逆贼子，洗雪如同天地一般的苦痛，为君父报仇的话，又有什么脸面继续享受高官厚禄，在世上为人！湘东王的孝心已经感动了上天，他的大智大勇已发挥出来，屡屡将叛军击败，如今只剩下侯景孤家寡人，还在京城苟延残喘。现在，臣王僧辩与臣陈霸先团结各位将帅，同心协力，决心一定要消灭叛贼，尊奉湘东王继承大业。此次前去杀敌，臣王僧辩等如果遇到战斗不身先士卒，遇到赏赐不先人后己，那么，天地宗庙诸神灵，都可以来对我们诛杀、降罪；臣王僧辩、臣陈霸先二人也发誓同心共事，绝不相互欺骗，如果违背，神灵杀死我们。”二人齐声宣读盟誓，都是慷慨激昂，流下了眼泪。

二月十日，王僧辩等各路大军进抵大雷（安徽省望江县）。

二月十八日，大军从鹊头出发。

二月二十日，侯景部将侯子鉴从合肥回到战鸟（安徽省繁昌县长江中小岛），讨伐大军突然来到，侯子鉴吓得屁滚尿流，匆忙逃回淮南（安徽省当涂县）。

二月二十五日，王僧辩等人进抵芜湖，侯景守将张黑弃城而逃。侯景听到消息后，大为恐惧，他下诏赦免湘东王萧绎以及王僧辩等人的罪过，大家都忍不住哑然失笑。侯子鉴驻守在姑熟南洲，抵御讨伐军。侯景派遣史安和、宋长贵等人率领两千人马，增援侯子鉴，又派人将田迁等人从东线调回建康。

三月一日，侯景下诏称将要亲自前往姑熟视察，他又特意告诫侯子鉴说：“荆州军队擅长水战，不可与之正面交锋，去年任约战败，就是因为与他们水战。如果他们弃舟登岸，一旦骑兵步兵交上手，肯定能将其击破，你只用在岸上安营，将船只停靠在岸边严阵以待即可。”于是，侯子鉴率军弃舟登岸，紧闭营寨不战。王僧辩等人在芜湖驻扎了十几天，没有继续东进。侯景的部下大喜，对侯景说：“荆州军队畏惧我军强大，肯定是想逃跑，我们再不出战，就失去战机了！”侯景听了，又改变了初衷，下令侯子鉴做好与荆州军队进行水战的准备。

三月九日，王僧辩进抵姑熟南洲。侯子鉴率领一万余人在岸上挑战，又命令一千艘鹢舸船满载士兵，欲与讨伐军决战。鹢舸船是一种快船，每条船的两侧各有八十名船夫，因此，这种船往来如风。王僧辩指挥讨伐军的小船全部后撤，做出一副将要逃跑的架势，引诱侯子鉴的军队追击，却将大型战舰停泊在长江两岸，等到侯子鉴的军队追上来后，以大型战舰切断敌人的退路。果然，当侯子鉴的军队发现讨伐军的小船后撤后，误以为讨伐军将要逃跑，遂争先恐后地追了上来。然而，王僧辩部署在小船的军队并非主力，只是一个诱饵罢了，他的主力部队全在大船上面，等侯子鉴的军队上钩后，王僧辩指挥主力迅速从两岸迂回东下，切断了侯子鉴军队的退路。两军在长江江心展开了一场激烈的水战，侯子鉴大败，数千叛军走投无路，跳入滚滚的长江中淹死，侯子鉴本人侥幸脱逃，率领残兵败将狼狈逃回了建康，驻扎在东府。王僧辩留下虎臣将军庄丘慧达驻守姑熟，他亲自率领大军继续东进，历阳守军望风归降。

侯景听说侯子鉴战败的消息后，吓得目瞪口呆，泪流满面，一头倒在床上，用被子蒙上脸，很久才从床上起来，垂头丧气地说道："这可害死你老子了啊！"

四三八　消灭侯景（二）

三月十二日，王僧辩率领大军进抵张公洲（蔡洲，江苏省南京市西南长江中小岛）。

三月十三日，讨伐军的战舰趁着涨潮进入秦淮河，停靠在禅灵寺前。侯景命令卢晖略驻守石头城，纥奚斤驻守捍国城，逼迫百姓及军士家属全部进入台城之内。侯景召见石头津主张宾，命令他将秦淮河中的大小船只拖到秦淮河口，用石头系在船上，堵塞在河口，以阻止讨伐军的后继部队进入；他又在秦淮河北岸修筑堡垒，从石头城一直到朱雀桥，十余里之内，堡垒一个接着一个。

王僧辩征询陈霸先意见，陈霸先回答："过去，柳仲礼率领数十万大军却不敢渡过秦淮河，只在南岸呆坐，韦粲前突至青溪，竟然也不敢渡过河去。敌人登上城墙远望，官军的一举一动都尽收眼底，这也是官军失败的原因。如今，要包围石头城，就必须渡过秦淮河，众将如果不想担当此任，霸先请求率部先过河修筑营寨。"

三月十四日，陈霸先率先率军渡过秦淮河，在石头城的西面落星山（落星墩）安下大营，各军依次渡过河，一直到石头城西北一共扎下八座大营。侯景担心西州方向的道路被切断，遂亲自率领侯子鉴、于庆、史安和、王僧贵等人也在石头城的东北方向修筑了五座营寨，保护台城、西州到石头城之间的通道，又令王伟、索超世、吕季略驻守台城，宋长贵守延祚寺。派人挖开王僧辩父亲的坟墓，毁坏棺椁，焚烧尸体。

三月十七日，侯景诛杀了去年被俘的湘东王世子萧方诸、前平东将军杜幼安。

三月十九日，王僧辩率军推进到石头城北的招提寺以北，侯景率领一万余人、铁骑八百在西州以西列下阵势。陈霸先说："我众敌寡，应当分散他们的兵力，以强制弱，为何让其集中兵力与我们拼命呢！"遂命令众将分散开来。

侯景集中兵力进攻将军王僧志的部队，王僧志不敌，稍稍向后退却。陈霸先见状，派遣将军徐度率领两千强弩手包抄到侯景的部队后面，侯景部这才退去。陈霸先与王琳、杜龛等人遂率领铁骑趁势掩杀，王僧辩又指挥大军随后杀来，侯景大败，退回营寨。卢晖略、纥奚斤见侯景战败，各自献出城池投降，王僧辩入住石头城内。

官军荡主戴冕、曹宣等人率先攻克侯景一座营寨，其余各军也相继拿下剩余的四座，侯景部将侯子鉴、史安和、王僧贵丢弃营寨而逃。但很快，侯景又搜集残兵败将卷土重来，殊死苦战，又重新夺回了五座营寨。陈霸先大怒，亲自率军强攻，将士们翻越障碍，冲入营内，侯景军再度溃败。杀得性起的侯景与身边一百多名骑兵，全部扔掉长矛，换成短刀，疯狂地朝陈霸先营阵的左右两翼杀来。陈霸先的军队并没有被冲散，侯景的突击并没有起到扭转战局的作用，败局已定的侯景军队遂彻底崩溃，官军乘胜追击，一直追到建康西门西明门下。

侯景逃进城内，但不敢进入宫城，只是将王伟召来责备道："是你叫我称帝的，今天害死我了！"王伟无言以对，吓得绕着城门躲避。侯景打算逃离建康，王伟拉着马缰绳劝谏道："自古以来哪有叛逃的天子？宫中的卫士尚能决一胜负，离开这里，又能到哪里安身立命啊？"侯景说："昔日我击败贺拔胜，大破葛荣，扬名河北，渡过长江，平定建康，收降柳仲礼，易如反掌，如今败成这样，这是上天要令我灭亡啊！"他抬眼凝视高高的宫阙，叹息了很久。而后，他用皮口袋装上在江东生下的两个小儿子，挂在马鞍后面，与田迁、范希荣、房世贵等人率领一百多骑兵向东逃去，打算投奔吴郡的谢答仁。侯子鉴、王伟、陈庆则逃奔朱方（江苏省镇江市东南）。

王僧辩命令裴之横、杜龛驻扎在杜姥宅（台城东掖门外），杜崱驻扎在台城。王僧辩军纪败坏，士兵们四处烧杀奸淫，抢劫百姓。男女老幼的衣服都被剥去，赤身裸体，从建康东南的东府城一直到西北的石头城，沿途哭喊之声响彻京城。当天晚上，军人做饭时失火，太极殿以及东西堂全部被焚毁，宫廷宝物、仪仗用品、御用辇车荡然无存——这场大火极有可能是王僧辩军队为了掩盖劫掠罪行而故意纵火的。

三月二十日，王僧辩下令侯瑱等人率领五千精锐甲士前去追赶侯景。侯景的太师王克、太傅元罗等人率领台城内的百官在路边迎候王僧辩，王僧辩嘲讽道："侍奉夷狄之君不容易啊，肯定辛苦了！"王克无言以对。王克出自琅邪王氏，王导的第三子王邵长子王穆，王穆生王僧朗，王僧朗生王彧，王彧就是与刘宋明帝同名的那位王景文，王彧次子王缋，王缋长子王隽，王隽就是王克的父亲，也就是说王克是王导的第八世孙。王僧辩又问："皇帝玉玺弄哪了？"很久，王克才说："赵平原拿去了。"赵平原，本名赵思贤，是侯景的心腹，因官拜平原太守，所以王克才这样称呼。王僧辩又说："你们琅邪王家百代豪门，一天之内就这样被玷污了。"王僧辩将简文帝的灵柩迎到朝堂上，率领百官完全按照古代的礼仪号啕大哭、捶胸顿足，表演了一番。

三月二十一日，王僧辩等人又上表劝说萧绎登基称帝，并且建议迁都建业（建康）。萧绎回复道："虽说淮海里的大鲸鱼（指侯景）已经失败，但襄阳的短尾巴狐狸（指他的侄儿萧詧）还没有洗心革面。等到天下太平以后，你们再讨论此事吧。"

三月二十二日，侯景的南兖州（江苏省扬州市）刺史郭元建、秦郡（江苏省南京市六合区）戍主郭正买、阳平（安徽省灵璧县）戍主鲁伯和、行南徐州（江苏省镇江市）事郭子仲一起向官军投降。

王僧辩从江陵出发之前曾询问过萧绎："平定建康之后，假如继位的皇帝（指萧绎的哥哥简文帝萧纲）仍然健在，不知道该如何处理？"萧绎回答："台城之内，任你随意诛杀。"王僧辩说："讨平贼人的任务，我全部负责，至于成济干过的事情，还请托付别人去办。"二百九十八年以前，为了保护司马昭，在贾充的指使下弑杀了曹魏第四任皇帝曹髦的，就是这个成济。萧绎遂密令宣猛将军朱买臣在城破之后负责杀害自己的哥哥萧纲，可是，等到城破之后，简文帝已经被侯景害死了，当了两个多月皇帝的萧纲的侄孙、豫章王萧栋和他两个弟弟萧桥和萧樛从被囚禁的密室中逃了出来，在路上遇到杜崱，杜崱把他们弟兄三人的镣铐去掉。两个弟弟高兴地说："今天才算是真正逃过一死了！"萧栋说："祸福难测，我心里还非常恐惧。"三月二十三日，三人遇到朱买臣，朱买臣招呼三人到船上饮酒，酒席还未结束，就有一群武士将三兄弟捆绑起来，投入水中淹死了。

王僧辩命令陈霸先率部向广陵进发，接受郭元建等人的投降，与此同时，侯子鉴也败退到了广陵。他对郭元建等人说："我们这些人是梁朝的仇人，又有什么脸面再见到他们的君主？不如投降北齐，这样还能返回故乡。"于是，在陈霸先尚未抵达时，郭元建等人就一起投降了北齐。等到陈霸先行至欧阳（江苏省仪征市北），北齐行台辛术已经率部接管了广陵城。陈霸先收编了三千多叛军，王僧辩命令陈霸先暂时接管京口，命令罗州刺史徐嗣徽镇守朱方。

在逃亡途中，王伟与侯子鉴失散，被直渎（江苏省淮安市盱眙县）戍主黄公喜抓获，送到建康。王僧辩问他："你身为贼人的宰相，却不能以死为你的君主尽忠，却幻想着苟且偷生吗？"王伟回答："成功与失败，都是天命。假设大汉皇帝侯景能听从我的建议，不把大人您放归竟陵，大人您岂能有今天！"尚书左丞虞骘曾受到王伟的侮辱，朝王伟的面上吐口水，王伟说道："你不读书，没有资格与我谈话。"虞骘满脸通红，惭愧退下。

三月二十四日，侯景逃至晋陵（江苏省常州市），接管了田迁留下的部队，劫太守徐永，并驱赶着当地百姓继续向东南的吴郡逃来。谢答仁讨平刘神茂后班师途中，行至富阳（浙江省杭州市富阳区）才听到侯景败逃的消息，他打算率领一万余人北上接应，但赵伯超占据钱塘（浙江省杭州市），切断了谢答仁的退路。侯景逃到吴郡后，又继续南下，行至嘉兴（浙江省嘉兴市），得知赵伯超已经叛变，只好又向北退回吴郡。

四月十二日，侯瑱在松江（苏州河）追上了侯景。当时，侯景尚有两百多艘战舰，数千人马，侯瑱率军进击，大破侯景，生擒侯景部将彭雋、田迁、房世贵、蔡寿乐、王伯丑。侯瑱活生生用刀割开彭雋的肚子，抽出他的肠子，但彭雋仍然没死，用手把肠子往肚子里塞，侯瑱手起刀落，砍下了他的人头。侯景与数十名心腹乘坐一艘小船（《梁书·羊侃传》称松江战败后，侯景只剩下三艘船）逃跑，将两个孩子推入水中淹死，准备顺着松江东出，进入大海，侯瑱派遣副将焦僧度率部追击。侯景娶羊侃的女儿为妾，任命羊侃的第三子羊鹍为库直都督，对他非常优厚，但此时，羊鹍感到大势已去，与侯景的另外两名亲信王元礼和谢葳蕤（谢答仁的弟弟）密谋背叛。

进入大海以后，侯景打算向蒙山而来。山东省蒙阴县与费县之间有蒙山，侯景此时也许是想回到北方，也许此处的蒙山另有所指。

四月十八日，侯景白天正在睡觉，羊鹍对船夫说："这里哪有什么蒙山！你只管听我的！"遂掉转船头，朝京口而来。行至胡豆洲（江苏省南通市长江小岛）的时候，侯景发现不对劲，不禁大惊失色，询问岸上的人，岸上人回答："郭元建尚在广陵。"侯景听了，又转而大喜，打算前去投奔。羊鹍拔出佩刀，命令船夫向京口方向前进，并对侯景说："我们这些人一直为大王效力，如今事已至此，已一事无成了，现在想借用您的人头去换取富贵。”话音刚落，还没等侯景说话，乱刀即朝他砍来。侯景想跳入水中，羊鹍一刀砍中了他，侯景慌忙逃入船舱中，用刀猛砍船舱的底部，想凿沉船只，羊鹍手持长矛，将其刺死。尚书右仆射索超世在另外一条船上，谢葳蕤假传侯景的命令将其召来、抓住，送交在朱方的徐嗣徽。徐嗣徽斩杀了索超世，用盐放入侯景尸体的肚子里，送到了建康。王僧辩将侯景的头颅送到江陵，又砍下他的双手，命人送到北齐，将侯景的尸体陈列在闹市中。百姓们争先恐后地割下侯景的肉吃掉，不久，侯景的尸体就被人抢光了，甚至骨头都被人焚烧，一些与侯景有不共戴天之仇的人家没吃上侯景的肉，就搜集点骨灰和着酒一起喝下，就连侯景的妻子溧阳公主也吃了些侯景的肉。当初侯景背叛东魏之后，他的五个儿子都留在北方，高澄曾下令将其长子的脸皮活生生剥下后，又把他用开水煮死，其余四个儿子都处以宫刑。北齐建立后，高洋曾梦见猕猴坐到御床之上，遂又将侯景剩余的四个儿子全部用开水煮死。

至此，侯景一家被灭门。

四三九 丧师失地（一）

侯瑱南下后，赵伯超、谢答仁等人都投降了，侯瑱将他们连同田迁等人一并送到建康。王僧辩将房世贵斩首，将王伟、吕季略、周石珍、赵伯超、伏知命、严亶等人送到江陵。

四月二十日，湘东王萧绎下令解除戒严。四月二十八日，王僧辩将简文帝埋葬在庄陵，庙号太宗。

五月三日，司空南平王萧恪等人再次劝萧绎继位，萧绎仍然没有接受，派遣侍中、丰城侯萧泰等人前往建康，拜谒宗庙。五月十一日，侯景的人头被送到江陵，在街市上悬挂了三天，然后用水煮熟，剔去烂肉，漆上油漆，放入武库。

五月十三日，萧绎下令任命南平王萧恪为扬州刺史。五月十七日，又任命王僧辩为司徒、镇卫将军，封长宁公；任命陈霸先为征虏将军、开府仪同三司，封长城县侯。

五月十八日，萧绎下令公开处死侯景的尚书仆射王伟、左民尚书吕季略、少府周石珍、舍人严亶。将赵伯超和伏知命饿死在监狱中。因谢答仁一直对简文帝保持尊敬，特意免其一死。王伟在狱中写下五百言的长诗献给萧绎，萧绎非常欣赏他的才华，打算赦免了他。有人痛恨他，对萧绎说："前不久王伟所作的檄文文采非常好。"萧绎命人拿来观看，只见檄文上写道："项羽重瞳，尚有乌江之败；湘东一目，宁为赤县所归？"嘲讽萧绎是个独眼龙。萧绎看后，勃然大怒，下令将王伟的舌头钉在柱子上，剖开肚子，一刀一刀将其割死。五月二十日，萧绎下令称："王伟等人已被处死，从此以后，其余昔日的高官显贵因形势逼迫而在伪朝为官，苟且偷生、和光同尘的，一律不予追究。"

侯景从梁武帝太清二年（公元548年）八月起兵到大宝三年（公元552年）四月被杀，至此，这场持续近四年的侯景之乱才告平息。侯景之乱让南梁帝国内部四分五裂、诸王你争我斗、百姓流离失所、白骨成山，外部则丧师失地、疆域大大缩水。截至侯景之乱被平定时，南梁帝国内部已出现至少四个军事集团：江陵的萧绎集团、成都的萧纪集团、岭南的萧勃集团、襄阳的萧詧集团，此外，还有旧都建康的王僧辩、陈霸先集团，他们名义上属于萧绎集团，却是地方实力派人物，俨然一个半独立的军事集团。那么，在侯景之乱持续的这数年里，南梁帝国又丧失了哪些领土呢?

梁武帝恢复与东魏的和好关系直接激起了侯景之乱，当时，东魏已完全收复了原被侯景占领的土地，正全力以赴进攻颍川的西魏王思政，企图再收复被侯景送给西魏的土地，东魏与南梁两国之间的边境大体上以淮河为界线，甚至南梁尚占据淮河以北的不少据点。但是，侯景之乱后，当侯景将建康团团围住，双方陷于僵持之际，鄱阳王萧范釜底抽薪，发兵包围了侯景的老巢寿阳，到太清三年年初，当侯景前途未卜时，驻守钟离的南梁北徐州刺史、萧正德的弟弟萧正表率先投降了东魏，继而侯景的寿阳守将王显贵也投降了东魏，南梁淮河防线上的两个重镇转眼之间易手，到了这一年的三月，情况又发生了戏剧性的变化，侯景采取欺骗手段最终攻陷了台城，南梁东徐州（江苏省邳州市）刺史湛海珍、北青州（江苏省赣榆县）刺史王奉伯、淮阳（江苏省淮安市淮阴区西南）太守王瑜在东魏军队的压力下，也都相继投降了东魏；青州（江苏省连云港市）刺史明少遐、山阳（江苏省淮安市）太守萧邻均弃城而逃，东魏随即拔掉了南梁在淮河以北的这些据点，巩固了寿阳和钟离的后方。不久，湘潭侯萧退与北兖州刺史定襄侯萧祇一起投奔东魏，东魏军队遂占领了北兖州治所淮阴（江苏省淮安市淮阴区），将防线从淮河中游延展到了下游，逐渐形成了一个完整的淮河防御体系。期间，我们发现了一个十分有趣的现象，那就是：不论是侯景一方或者是南梁一方取胜，失败一方或者是暂时处于劣势的一方都会有人投降东魏或者后来的北齐，东魏或者北齐完全是在坐收渔人之利。当时东魏高澄正全力进攻颍川，却连失慕容绍宗、刘丰生两员大将，等到拿下颍川后不久，高澄又被刺杀，东魏内部危机四伏，根本无暇顾及外部，可以说，东魏得到这些土地完全是别人送上的，几乎不费吹灰之力。到简文帝大宝元年（公元550年），高洋取代东魏建立北齐，侯景则占领了三吴地区，并开始发兵进攻江州，在双方激战之时，北齐军队以寿阳、钟离、淮阴为依托，已经逐渐向南渗透。

北齐文宣帝高洋即位之初，励精图治，总体上说，他把精力主要放在国内事务以及应对西魏的进攻上，并没有过多地干预遍地烽火的南梁。他五月即位后，即于当月向全国各地派去使者巡视，问民疾苦，察看风俗，征求地方官员的意见。六月，又下诏称："近年来，风俗奢靡，吉凶喜事浪费很大，奴仆佩戴金玉，婢女身着绫罗。从今往后，要引导百姓返璞归真，崇尚简朴。"还下诏加封孔子的后代为崇圣侯，食邑一百户，还下诏免除高欢最初的封国冀州的渤海、长乐二郡，霸业奠基之地并州的太原、青州的齐郡百姓的赋税，其中，齐郡、渤海各免除一年，长乐免除两年，太原免除三年。慰问已死的故太傅孙腾、故太保尉景、故大司马娄昭、故司徒高昂、故尚书左仆射慕容绍宗、故领军万俟干、故定州刺史段荣、故御史中尉刘贵、故御史中尉窦泰、故殷州刺史刘丰、故济州刺史蔡俊等人的家属；加封宗室高岳为清河王、高隆之为平原王、高归彦为平秦王、高思宗为上洛王、高长弼为广武王、高普为武兴王、高子瑗为平昌王、高显国为襄乐王、高睿为赵郡王、高孝绪为修城王；封功臣厍狄干为章武王、斛律金为咸阳王、贺拔仁为安定王、韩轨为安德王、可朱浑道元为扶风王、彭乐为陈留王、潘相乐为河东王；封诸弟青州刺史高浚为永安王、尚书左仆射高淹为平阳王、定州刺史高浟为彭城王、仪同三司高演为常山王、冀州刺史高涣为上党王、仪同三司高淯为襄城王、仪同三司高湛为长广王、高湝为任城王、高湜为高阳王、高济为博陵王、高凝为新平王、高润为冯翊王、高洽为汉阳王。

高洋娶赵郡李希宗的女儿李祖娥为妻，生下儿子高殷、高绍德；又娶了段韶的妹妹为妾。高洋即位后，鲜卑贵族势力抬头，原被高澄重用的汉族士大夫集团受到打压，在将要确定皇后人选时，高隆之和高德政提前制造舆论，称："汉族妇女不可当皇后，应当另行选择合适的人选。"杨愔建议按照汉魏的惯例，不宜另选他人，高德政想结好段氏，仍然坚决要求废黜李祖娥另立段氏，最终，高洋没有同意。六月九日，高洋册立李祖娥为皇后，段氏为昭仪，高殷为皇太子。六月十二日，又以太师厍狄干为太宰，司徒彭乐为太尉，司空潘相乐为司徒，开府仪同三司司马子如为司空。十三日，以前太尉、清河王高岳为使持节、骠骑大将军、司州牧。

七月三日，高洋又下诏尊哥哥高澄的妃子元氏（孝静帝姐姐）为文襄皇后，宫名为静德宫；又封高澄的儿子高孝琬为河间王、高孝瑜为河南王。又以尚书令、平原王高隆之为录尚书事，尚书左仆射、平阳王高淹为尚书令。

八月这一月，他分别下发数道诏书，内容涉及教育、吏治等方面：一是命令全国各地整修、建立学堂，广选教师，加强教育；二是鼓励群臣上书言事，号召大家要像古代的朱云、周舍那样敢于直言劝谏；三是要求地方官员要把全部的精力都用在农业生产上；四是要求对魏代颁布的《麟趾格》进行重新研究，拿出切实可行的选官用人的方案来。赵道德曾派人向黎阳太守房超请托事务，房超连信都没拆，就将送信的使者用棍棒打死，高洋听说后，非常赞赏，下令各地地方官员准备棍棒，专门用来打死那些派来说情的信使。很久以后，都官中郎宋轨上奏说："如果受命充当信使的人就被棒杀，那些犯法的人又该如何定罪呢？"高洋遂废黜了这条法律。高洋还在鲜卑军中挑选猛士，这些被挑选出的猛士必须一个人能抵挡一百人，且作战勇敢，视死如归，被称为百保鲜卑。又在汉人中挑选出骁勇无比的猛士，称之为勇士，分配到边疆。同时，北齐政府开始将全国百姓依据贫富分为九等，规定，富人可以出钱，穷人可以出力。

西魏丞相宇文泰听说高洋称帝后，即计划率领各军前去讨伐。他任命齐王拓跋廓镇守陇右，征召秦州刺史宇文导为大将军、都督二十三州诸军事，驻扎在咸阳，镇守关中，九月十日，西魏大军从长安出发，开始东征北齐，九月十六日，西魏军抵达潼关。听说宇文泰将要入侵后，高洋于九月二十三日离开邺城，前往晋阳，命太子高殷入住凉风堂，主持朝廷日常政务。高洋于十月三日抵达晋阳宫。广武王高长弼与并州刺史段韶不和，高洋临出发前，高长弼对他说："段韶在晋阳坐拥强兵，恐怕您不知他内心的真实想法，岂能草率投入他的掌中？"高洋不听。到晋阳后，高洋将高长弼的话透露给了段韶，并说："像你这样忠诚的人，竟然也有人进谗言，何况是其他人呢！"高长弼是高洋的同族兄弟，是逼死高敖曹的那位高永乐的弟弟。十月九日，高洋任命特进元韶为尚书左仆射，段韶为尚书右仆射。

四四〇 丧师失地（二）

当西魏大举讨伐刚刚建立的北齐的时候，正是侯景部将任约拿下西阳、武昌之时，也是侯景志得意满、自封为宇宙大将军、令简文帝错愕不已之时。当时，北齐东徐州刺史行台辛术镇守在下邳（江苏省邳州市），侯景征收淮河南北的粮食运到建康，辛术率领北齐军渡过淮河，焚烧了一百多万石谷子，并包围了侯景控制的阳平（安徽省灵璧县），侯景行台郭元建率军救援。十一月十六日，辛术掳掠三千余家，返回了下邳。

同月，西魏丞相宇文泰也在弘农（河南省灵宝市）架设浮桥，渡过了黄河，一直推进到建州（山西省晋城市）。十一月二十日，北齐文宣帝高洋亲自率领军队驻扎在东城（山西省太原市东）抵御。宇文泰听说北齐军队军容整齐，叹息道："高欢没死啊（指高欢后继有人）！"正遇到连日大雨，从秋天一直到冬天，西魏军队的牲畜大量死亡，宇文泰遂下令班师，从蒲坂撤回关中。自此，黄河以南从洛阳以东、黄河以北从平阳（山西省临汾市）以东，又回到了北齐手中。十二月二十六日，高洋回到邺城，命散骑侍郎宋景业制定了《天保历》，颁布实施。

第二年是北齐文宣帝高洋的天保二年，也是南梁简文帝大宝二年，即公元551年。这一年，侯景先是击败徐文盛，又乘胜与简文帝萧绎在巴陵对决，失败后退回建康，废黜简文帝，另立萧栋，又自立为帝，是侯景与萧绎的力量此消彼长的一年。由于西魏支持襄阳的萧詧，北齐就与江陵的萧绎通好，在这一年里，双方信使不断，三月十五日，高洋下诏封萧绎为南梁使持节、假黄钺、相国，建梁台，总百揆，承制，显然，不论是西魏或是北齐都一方面在寻找自己在南梁的代理人，另一方面试图攫取更大的利益。与萧绎交好，丝毫不影响北齐政权继续笑纳来自南梁的降附者。同月，南梁交州（越南河内市）刺史李景盛、梁州（陕西省汉中市）刺史马嵩仁、义州（河南省商城县）刺史夏侯珍洽、新州（湖北省京山县）刺史李汉等各自率领本部人马投降了北齐。五月，北齐合州（安徽省合肥市）刺史斛斯显攻克南梁历阳镇（安徽省和县），北齐军队已经进逼长江北岸（《资治通鉴》将此记载错后一年）。七月，行台郎邢景远破梁龙安戍（今地不详），俘获守将李洛文。九月二日，高洋下诏各类艺人、屯牧户、各种差役和僮隶户，让他们成为平民户。高洋即位后，对东魏孝静帝、现在的中山王元善见很不放心，他四处巡幸经常将元善见带在身边，王妃太原公主是高洋的姐姐，生怕自己的丈夫被弟弟害死，悉心照顾着丈夫，总是先亲自品尝送给丈夫的食物，高洋一直没有得手。十二月的一天，高洋宴请姐姐，趁机毒死了元善见和他的三个儿子，安葬在邺城西面漳水以北。后来，高洋突然发疯，下令挖开陵墓，把元善见的灵柩又扔到漳水里。高洋刚登基时，北魏的皇室祖先的牌位都寄放在七帝寺里，这时，高洋又下令将牌位全部焚毁。高洋不仅对元善见非常猜忌，对待东魏宗室贵族也同样如此。北魏孝武帝元修的皇后高氏是高欢的长女，后改嫁给北魏宗室彭城公元韶，由于有了这一层关系，高洋对元韶非常优待，超过北魏宗室其他人，更重要的是，元韶性格温和，待人谦恭，让高洋放心。高洋曾经命人把元韶的胡须剃掉，给他搽脂抹粉，让他穿上女装带在身边，说："我把彭城看作我的嫔妃。"形容他懦弱得如同女人。开府仪同三司、美阳公元晖业哀叹时运不济，自知将来难免一死，只关心吃喝，一天杀只羊，三天宰头牛，又曾赋诗称："昔居王道泰，济济富群英；今逢世路阻，狐兔郁纵横。"在晋阳闲居无事，撰写了北魏诸王家世的书，名为《辩宗录》。元晖业性格卓尔不群，又位高望重，尤其为高洋所猜忌，在晋阳宫门外，他高声骂元韶说："你连一个老妇人都不如！竟然身背玉玺送给别人，为何不把它打碎！我既然说出这话，就知道会死，可是，你又能活多久！"高洋听说后即下令诛杀了元晖业以及临淮公元孝友，又将汾河河冰凿开，将尸体投入河中。

北齐军队屡屡入侵侯景控制的地区，惹得侯景大怒，到大宝三年（公元552年）一月五日，侯景趁着王僧辩、陈霸先大军尚未东下的空隙，派遣郭元建率领步兵赶赴小岘（安徽省合肥市东昭关），侯子鉴率领水军增援濡须（安徽省含山县西南），一月十日，侯景军队进抵合肥城下，北齐人不敢出战，侯景军队这才退去。同月二十七日，高洋率军在代郡讨伐库莫奚，俘获四千人，缴获牲畜十余万头。三月，高洋下诏以司州牧清河王高岳为使持节、南道大都督，司徒潘相乐为使持节、东南道大都督与行台辛术一起率众南伐，这显然是高洋想趁王僧辩等人进攻侯景之际再攫取一点好处。接着，他又下诏晋封萧绎为梁朝皇帝。侯景败后，命赵思贤拿着传国玉玺，说："如果我死了，就把玉玺扔到长江里，不能再让南梁人得到。"赵思贤从京口渡江，半路上遇到强盗，就把玉玺扔到草丛中，到广陵后，就把情况告诉给了郭元建。此时，郭元建已经投降了北齐，郭元建找到玉玺后，又交给了辛术，四月，辛术把玉玺送到了邺城。

萧绎平定侯景之后，高洋又下令潘乐、郭元建率军包围了南梁的秦郡（江苏省南京市六合区），这是北齐军队在夺得侯景的广陵、阳平后对萧绎土地的侵犯。北齐行台尚书辛术劝谏说："我们与萧绎方面信使不断，阳平是侯景的领土，夺来自然合适；如今，王僧辩已经派遣严超达驻守秦郡，从大义上岂能再去争夺？况且，已经进入雨季，不如班师。"但高洋没有听从。得知北齐军前来，陈霸先另派别将徐度率军协防，当时，北齐军队人数有七万之众，对秦郡发起了猛烈的进攻。王僧辩又派遣左卫将军杜崱前去救援，陈霸先也从欧阳前来会师，与郭元建在土林（江苏省南京市六合区境内）激战。南梁军队大破北齐军，斩首一万多人，生擒一千余人，郭元建率领残兵败将狼狈逃窜。因与北齐通好，梁军没有穷追。六月，北齐高岳等人班师。

北齐苛捐杂税很重，长江以北北齐新占领区内的百姓不愿接受北齐的统治，当地豪强多次请求王僧辩发兵拯救，但王僧辩总以与北齐通好，予以拒绝。七月，侨居在广陵的朱盛等人暗中集合了数千人，阴谋袭杀北齐刺史温仲邕归降。朱盛派人向陈霸先求救，并谎称已经攻克了广陵外城。陈霸先向王僧辩报告了这一情况，王僧辩说："人心难测，真伪难辨。如果他们确实攻克了外城，自然需要及时救援；如果不属实，就不用发兵。"王僧辩的使者还未到，陈霸先已经率军渡过了长江，王僧辩遂命令武州刺史杜崱等人协助陈霸先。等到陈霸先渡江后，朱盛等人的阴谋败露，陈霸先遂进军包围了广陵城。

北齐文宣帝高洋派人对王僧辩和陈霸先说："请解除对广陵城的包围，我一定会把广陵城和历阳都奉还的。"陈霸先遂撤军，回到了京口，追随陈霸先军队渡江南下的江北百姓就有一万多人。湘东王萧绎任命陈霸先为征北大将军、开府仪同三司、南徐州刺史，并征召陈霸先的长子陈昌以及侄儿陈顼到江陵充当人质，到江陵后，陈昌被任命为员外散骑常侍，陈顼被任命为领直。

以上便是在侯景之乱前后，北齐趁机夺取的南梁土地，与此同时，西魏也没闲着，也开始觊觎南梁的领土。

在侯景之乱初期，西魏军队一直在颍川与东魏军鏖战，宇文泰本无暇顾及南梁。只是到公元549年侯景攻克台城、萧衍去世、萧纲继位后，因湘东王萧绎与侄儿萧詧、萧誉内斗，萧詧请求西魏军队援救自己，才招致了西魏军队的南下。如前所述，西魏杨忠在这一年的年底到公元550年年初占领了汉水以东、长江以北的大片土地，并与萧绎盟誓以石城、安陆为界。也就在此时，西魏境内处于半独立状态的宕昌（甘肃省岷县）王梁弥定被同族人獠甘袭击，梁弥定逃奔西魏，獠甘自立为王。羌族头领乞铁忽占据渠株川（甘肃省岷县境内），与渭州百姓郑五丑联络羌族各个部落背叛西魏。西魏宇文泰命令大将军宇文贵、凉州刺史史宁前去讨伐，擒杀了乞铁忽和郑五丑二人。史宁又击破了獠甘，獠甘率领一百余骑兵逃奔西魏境外羌族头领巩廉玉。史宁将梁弥定迎回了宕昌，在渠株川设立岷州，接着，又进击巩廉玉，斩杀了獠甘，将巩廉玉送到了长安。

萧绎与西魏军队达成和解后，并没有停下消灭萧詧和萧誉的脚步，不久，王僧辩就占领了长沙，斩杀了萧誉。这让雍州的萧詧非常惊慌，遂亲自前往西魏，希望能够得到西魏的庇护，可能会劝说西魏发兵南下，消灭萧绎。此时，西魏宇文泰正集中精力意欲趁高洋废黜孝静帝、建立北齐之际，发兵讨伐北齐，因此，萧詧在长安两个月，大宝元年（公元550年）九月却空手而归。也就是在这一月，黎州（四川省广元市）百姓赶跑了刺史张贲，接来北益州刺史、氐族头领杨法琛入主州城，推荐本州的王、贾两个大姓的代表前往成都，请求武陵王萧纪任命杨法琛担任刺史。萧纪非常恼火，把来人骂得狗血喷头，并把杨法琛送来做人质的两个儿子杨崇颙、杨崇虎关押了起来。十月，杨法琛派人向西魏表示投降。

四四一 丧师失地（三）

如前所述，被湘东王萧绎从武昌赶跑的邵陵王萧纶选择投降了北齐。

萧纶驻扎在汝南，整修城池，集结兵力，阴谋拿下安陆。西魏安州刺史马祐向宇文泰汇报，此时，宇文泰已经从北齐撤军，他腾出手来，命令杨忠、仪同侯几通率领一万军队解救安陆。与此同时，益州刺史、武陵王萧纪也派遣潼州（四川省三台县）刺史杨乾运、南梁州（四川省阆中市）刺史谯淹率领两万军队北上讨伐杨法琛，杨法琛派兵固守剑阁（四川省剑阁县）抵御。

第二年，即大宝二年（公元551年）年初，益州军队杨乾运所部攻克剑阁，杨法琛退守石门（四川省广元市西），杨乾运占领了南阴平（四川省剑阁县以北）。不久，杨乾运又挺进到平兴（四川省广元市西），杨法琛退守鱼石洞（四川省广元市北），杨乾运将平兴焚烧后撤离。同月，西魏军队在汉水方向也取得进展，杨忠包围了汝南，萧纶部将李素战死。二月一日，汝南城陷落，魏军侯几通生擒萧纶，萧纶毫不屈服。侯几通遂下令将萧纶杀死在大鼓之上，将尸体扔到长江岸边。当时，飞雪飘零，尸体横在道路之上，一天多颜色不变，鸟兽不敢接近，尸体周边数步之内没有雪花。岳阳王萧詧派人将萧纶的尸体接回，安葬在襄阳望楚山南麓。

还是在巴陵之战前侯景大军威胁江陵时，湘东王萧绎担心失败，曾向西魏求救，答应把汉中地区割让给西魏。但当他命令梁州、秦州二州刺史宜丰侯萧循执行时，萧循认为无缘无故就割让土地，这不是忠臣所为，遂回复说："请收回成命。"拒绝接受。萧循是萧衍十弟萧恢的第三子，《南史》记作萧修，是鄱阳王萧范的三弟，是萧绎的堂兄弟。史称：他"在汉中七年，移风改俗，人号慈父"。大宝二年十月，西魏宇文泰遂派遣大将军达奚武率领三万大军从大散关出击攻取汉中，又派大将军王雄从子午谷南下，进攻上津（湖北省郧县）。萧循的记室参军刘璠向益州刺史武陵王萧纪求救，萧纪遂派遣杨乾运北上救援。公元552年年初，西魏将领王雄率军攻克了上津、魏兴（陕西省安康市），南梁东梁州（陕西省安康市）刺史李迁哲战败投降，而萧循还在南郑苦苦坚守。

就在此时，却发生了一件影响深远的大事——武陵王萧纪称帝了！

还是在大宝二年萧绎大军将侯景击退后、王僧辩等人反复劝说萧绎登基的同时，武陵王萧纪的长史刘孝胜等人也纷纷劝说萧纪称帝，萧纪虽然没有同意，但开始打造御用车辆，开始为称帝做准备。武陵王萧纪颇有武略，担任益州刺史十七年之久，在南部开发宁州（云南省陆良县）、越嶲郡（四川省西昌市），在西部打通资陵（今地不详）、吐谷浑，对内鼓励农业生产，煮盐铸铁；对外加强商业贸易，因此，积聚了大量财富，铠甲兵器十分充足，又有八千多匹战马。当他听说侯景攻克台城、哥哥萧绎将要发兵讨伐时，曾不无嘲讽地说道："老七是一个文士，能有什么作为！"因此，自认为皇帝非自己莫属。公元552年四月八日，当王僧辩等人刚刚占领建康、还在追杀侯景之时，萧纪就迫不及待地登基称帝了，他改元为天正，立儿子萧圆照为皇太子，萧圆正为西阳王，萧圆满为竟陵王，萧圆普为谯王，萧圆肃为宜都王，以巴西、梓潼二郡太守永丰侯萧㧑为征西大将军、益州刺史，封秦郡王。萧㧑，《梁书》《南史》均无传，但《周书》有传，他是梁武帝萧衍七弟安成王萧秀的儿子，和萧纪是堂兄弟关系。司马王僧略是王僧辩的弟弟，直兵参军徐怦是徐勉的侄儿，二人均苦苦劝谏。当初，台城被围时，徐怦劝说萧纪火速发兵救援，但萧纪与他的哥哥萧绎一样，都不愿马上东下，徐怦的话让萧纪非常尴尬，因此，对他怀恨在心。正巧，有个叫费合的人向萧纪告发徐怦谋反，说徐怦给将领们写的信中有"事情由前去的人口头传达"这句话，萧纪即认为这就是证据。在决定处理徐怦之前，他对徐怦说："因与你有交情，我保证留下你的儿子们。"徐怦愤怒地说道："生下的儿子们长大后如果都长得像殿下你这样的话，留下来又有什么用！"萧纪大怒，遂将徐怦以及儿子们全部诛杀，并杀死了王僧略。萧㧑听说后，叹息道："大业不可能成功了！优秀人才是国家的根基，如今，将他们全部杀掉了，不灭亡还能有什么结果！"萧纪改的年号与萧栋的年号一样，有人就认为这是一个不祥之兆，萧㧑也对亲信说："过去，桓玄的年号叫大亨，有人就认为是二月的意思，桓玄确实是在二月失败的；如今叫天正，按字体为一止，难道能长久吗？"

萧纪征召宜丰侯萧循的咨议参军刘璠为中书侍郎，此举当然旨在拉拢汉中的宜丰侯萧循。如今的梁秦二州刺史萧循的处境非常艰难，按道理说，他的直属上级应该是湘东王萧绎，但萧绎让他将汉中之地交给西魏，萧循拒绝听从，双方之间已经产生了裂痕，现在，西魏大军已兵临城下，远在江陵的萧绎即便是他有心援救萧循，中间隔着襄阳的萧詧，他也是鞭长莫及，萧循只好向萧纪求救。正是看到萧循有求于自己，萧纪才要求刘璠到成都来，然而，无论是萧循或者是刘璠都对萧纪并不看好，萧纪的使者来回跑了八趟，刘璠在万般无奈之下才来到了成都。萧纪下令长史刘孝胜与刘璠推心置腹地畅谈，企图拉拢刘璠，刘璠却一直苦苦请求放自己回去。萧纪的中记室韦登偷偷对刘璠说："殿下内心残忍，睚眦必报，你不留下来，恐怕要大祸临头，何不共建大业，既可保全性命，又能获得美名！"刘璠严肃地回答说："你是想来劝说我吗？我与萧循大人之间的名分已经确定，岂能因萧循目前身处险境就发生动摇？殿下正要向全天下的人们表明自己的大义，肯定不会在我这样一个无足轻重的人身上逞一时之快的！"萧纪意识到刘璠无论如何都不会为自己所用，最终备了一份厚礼把他又送了回去。他还任命宜丰侯萧循为益州刺史，封随郡王，以刘璠为随郡王府长史，蜀郡太守。听说弟弟萧纪篡位后，萧绎即派遣万州刺史宋簉偷袭白帝城的萧纪皇太子萧圆照，又将萧圆照的弟弟西阳（湖北省黄冈市）太守萧圆正召到江陵，软禁起来。《资治通鉴》记载，萧绎软禁萧圆正是十个月之前的事情，称：西阳太守萧圆正乐善好施，归附他的人很多，拥有一万多军队。萧绎想消除隐患，遂假意任命他为平南将军，并将他召到了江陵。等萧圆正来到江陵后，萧绎又拒绝接见，只让南平王萧恪与他喝酒，将其灌醉后软禁起来，把他的军队分配给其他人。事后，萧绎向萧纪通报了情况，并称萧圆正有罪，从此，萧绎与萧纪两人之间的矛盾就激化了。《资治通鉴》的记载不知来源何处，但根据《梁书》的记载，是说萧圆正在侯景被平定后，密谋率领这一万人马西上回到益州，萧绎这才设下圈套把他摆平了，依当时的情况来看，十个月之前，荆州军队刚刚击退侯景，萧绎不可能主动与萧纪翻脸，因此，《梁书》的记载是可信的。

回过头来继续说汉中的局势。杨乾运行至剑阁以北（原文称剑北，也泛指梁、南北秦三州之地），西魏达奚武采取围城打援之法，暂时不顾固守穷城的萧循，率军先去解决杨乾运的援军，西魏军队在白马（陕西省勉县西）大破杨乾运部，而后，将梁军俘虏和被割下的左耳都陈列在南郑城下，并派人辱骂萧循。萧循大怒，出兵交战，西魏都督杨绍发动伏兵反击，将梁军几乎斩杀殆尽。刘璠回到白马西（《南史》称“嶓冢”，即今陕西省宁强县大安镇的汉王山）也被达奚武擒获，刘璠被西魏军押解到南郑城下，劝说萧循投降。萧循斥责道：“你不能尽节，反而来充当说客吗？”命人向他射箭。刘璠后送到了长安，宇文泰久闻刘璠的大名，对他像对待一位老友一般。他对尚书仆射申徽说：“刘璠是位才能之士，就是古人也比不过。”申徽说：“晋朝平定吴国，得到了陆机陆云；如今大人平定梁州，得到了一个刘璠啊！”西魏军队已经强攻南郑近半年，却一直没有拿下，主将达奚武请求城破之后实施屠城，宇文泰准备答应。刘璠得知后，在朝廷之上把这事公开出来，并苦苦请求，宇文泰大怒，不同意。刘璠泪流满面，不停地请求，柳仲礼在一旁对宇文泰说：“这是位刚烈之士啊！”最终，宇文泰无奈地说道：“做人臣子的就该如此。”遂同意了。

萧循的中直兵参军陈晷非常骁勇，他自告奋勇请求出城侦察敌情，不幸被西魏军队抓获，不屈被杀。萧循派遣咨议参军虞馨送上牛酒，达奚武说：“梁国已被侯景打败，大王为何要困守此城？”萧循表示将与此城共存亡，决心做断头将军。达奚武派遣尚书左丞柳带韦进入南郑城内说服萧循。他对萧循说：“您所依靠的是山险，所指望的是援军，所保护的是城内的百姓。如今，我军深入进来，大王所依靠的山险已经不起作用；白马之战，杨乾运的援军大败，您所指望的援军已经不可能到来；南郑城池被重重包围，您对您的百姓已无力保护。况且，大王的母国战乱四起，已经没有了君主，大王想替谁尽忠呢？为何不转祸为福，让富贵传之子孙呢？”并送上了宇文泰写的亲笔信，萧循这才投降。开府仪同三司贺兰德愿听说城内断粮了，请求发兵强攻，大都督赫连达反对说：“不战而得到城池，是上策，岂能贪图他们的百姓、钱财，却不爱惜人的生命！并且，我看守军的兵马尚强，城池坚固，即使最终攻下了城池，也会两败俱伤，如果对方困兽犹斗的话，后果还难以预料。”达奚武说：“你说得对！”遂接受了萧循的投降，俘获两万百姓后班师，至此，剑北之地全部落入西魏之手。这是大宝三年（公元552年）五月的事，此时，萧纪刚刚称帝、侯景刚刚被杀。

萧循投降西魏后，宇文泰对他非常优厚，并允许他回到南方，但过了数月，一直没有让他动身。一次，宇文泰与刘璠闲谈，问道：“我与哪位古人相似？”刘璠回答：“刘璠我经常把大人比作古代的商汤、周武王，如今见到大人后，才发现大人连春秋时的齐桓公、晋文公都不如！”宇文泰说：“我怎么敢与商汤、周武王相提并论呢？不过，我自认为与伊尹、周公还有一比，何至于连齐桓公、晋文公都不如？”刘璠接着说：“齐桓公让灭亡了的卫国、鲁国、邢国又得以复国，晋文公在讨伐原国时信守诺言……”刘璠话未说完，宇文泰就打断了他的话，拍着双手说道：“我知道你的意思了，是想刺激我啊！”遂询问萧循道：“王爷你是想回到荆州还是去益州？”萧循请求回到荆州，宇文泰给他准备了一份厚礼，将其送回。与萧循同行的有一千多家原来的文武官员，湘东王担心会出现什么变故，一路上派出侦察的使者一个接着一个。萧循到达江陵的当晚，萧绎命人抢劫了萧循携带的财物，等到天明后，萧循请求交出自己的武器、马匹，萧绎这才放下心来，与萧循相见。萧循入内后，悲不自胜，萧绎也相对哭泣，江陵群臣无不落泪，萧绎任命萧循为侍中、骠骑将军、开府仪同三司。

四四二 荆益交争（一）

萧绎与萧纪之间原本并无多大矛盾。

萧绎一直对萧纪采取安抚政策，平定侯景前后，萧绎多次将前方的俘虏以及割下的代表战利品的左耳送给萧纪，可是，问题出在了萧纪的世子萧圆照的身上。诸王的世子都被留在建康当人质，萧衍特别喜爱萧纪这个幼子，所以特意让萧圆照跟在萧纪身边，协助萧纪，可是，萧圆照没起到好作用。萧圆照镇守在巴东（重庆市奉节县），将萧绎送来的战利品全部截留，并对萧纪撒谎说："侯景并没有平定，应当迅速率军东进讨伐，我已经听说荆州萧绎已为侯景所灭，速速发兵！"萧圆照的本意是想让父亲率军东进争夺天下，在萧圆照的欺骗下，萧纪于登基后的第四个月，即本年八月亲自率军从外水（岷江）顺流而下，以永丰侯萧㧑为益州刺史，镇守成都，令其儿子萧圆肃担任萧㧑的副手——在萧纪看来，此行的目的并不是与萧绎争夺天下，而是要去讨伐侯景。

萧纪对萧绎方面的情况一概不知，萧绎同样对萧纪方面的动作毫不知情，在萧绎看来，侯景已经被平定了，目前迫在眉睫的是要整顿荆州军队的内部，消除军队将领的离心倾向，加强自己对军队的控制，进一步树立起自己的权威——他把目光盯在了王琳身上。

王琳的姐妹是萧绎最宠爱的小妾，王琳本人容貌娴雅，长发垂地，轻财爱士，博闻强记，又果敢过人，他手下有一万多人，大多是江洋大盗。平定建康之战，论功王琳与杜龛并列第一。由于王琳与萧绎的特殊关系，他恃宠而骄，他的部队在建康胡作非为，主帅王僧辩的话他根本不听。这让王僧辩非常恼火，而建康皇宫失火，王僧辩也担心自己会被追究责任，想以王琳塞责，遂秘密给萧绎写信，担心王琳会谋反，请求杀了他。王琳也风闻此事，不禁忧心忡忡。侯景被平定后，王琳被萧绎任命为湘州刺史，他在上任途中，命长史陆纳率领军队先去长沙，他自己则轻装简从前去江陵向萧绎谢罪。临行时，他对陆纳等人说："我要是回不来了，你们将怎么办？"大家都说："去死！"而后，洒泪而别。十月十四日，等到王琳来到江陵后，萧绎二话不说，即将其打入大牢，并诛杀了他的副将殷晏。

十月二十七日，萧绎任命儿子萧方略为湘州刺史，另派廷尉卿黄罗汉为长史，与太舟卿张载一起先到巴陵，控制了王琳的军队。黄罗汉等人来到王琳军中，陆纳以及全体将士们都失声痛哭，拒绝接受命令，遂逮捕了黄罗汉和张载二人。张载是萧绎身边的红人，对下属非常刻薄、严厉，荆州官吏对他无不切齿痛恨。萧绎派来宦官陈旻前来抚慰大家，陆纳借着众怒，当着陈旻的面，活生生地剖开张载的肚子，抽出肠子缠在马蹄上，让马绕着张载转圈跑，肠子从肚子里抽完，张载才气绝身亡。陆纳又把张载一寸一寸切成碎块，挖出心脏，对着欢呼狂舞，焚烧了残余的尸体。因黄罗汉清廉谨慎，特意免其一死。而后，陆纳与诸将率军南下，袭占了湘州。

萧绎原本已经决定登基称帝，陆纳叛乱虽然来得突然，但并没有阻挡住萧绎的既定计划。十一月十二日，萧绎在江陵正式即皇帝位，改元承圣，大赦，因此，公元552年这一年又被称为承圣元年，其实承圣元年仅有一个多月，之前，因萧绎不承认简文帝的大宝年号，所以，该年应为太清六年。萧绎就是历史上的梁元帝。

十一月十三日，萧绎又任命萧循为湘州刺史。十五日，他册立王太子萧方矩为皇太子，改名为萧元良。晋封皇子萧方智为晋安王，萧方略为始安王，萧方等的儿子萧庄为永嘉王。追尊亡母阮修容为文宣皇后。萧绎的儿子们在史书留下名字的共有五个：徐氏生萧方等（长子）；王氏生萧方诸（次子）、萧方略（第十子）；袁氏生萧方矩（四子）；夏氏生萧方智（第九子）。萧方等、萧方诸已死，分别被追谥为武烈世子、贞惠世子。此时，萧绎的实际控制区域十分有限，史称："自侯景之难，州郡太半入魏（主要是指北齐），自巴陵（湖南省岳阳市）以下至建康，缘以长江为限。荆州界北尽武宁（湖北省荆门市），西拒峡口（巫峡峡口）；自岭（大庾岭）以南，复为萧勃所据。文轨所同，千里而近，人户着籍，不盈三万。中兴之盛，尽于是矣。"

不仅如此，湘州的陆纳还在作乱。

陆纳占领长沙后，即发兵南下袭击衡州刺史丁道贵，在渌口（湖南省醴陵市）将其击败。丁道贵逃奔零陵（湖南省永州市），部众全部投降陆纳。梁元帝得知后，派人征召在扬州的司徒王僧辩、右卫将军杜崱、平北将军裴之横与宜丰侯萧循一起前去讨伐，萧循率军驻扎在巴陵等待各路军队到来。侯景之乱中，零陵人李洪雅盘踞州城，萧绎即任命其为营州（湖南省道县）刺史。李洪雅请求讨伐陆纳，梁元帝同意了。丁道贵遂收拾残部与李洪雅一起北上。陆纳派遣部将吴藏袭击，将李洪雅和丁道贵击败，李洪雅等人退守空云城（湖南省湘潭市北），吴藏将城池团团包围。不久，陆纳请求投降，请求送去人质，梁元帝派遣陈旻来到陆纳军中，陆纳的部众都哭着说："王大人被关押，因此，我们这些人才因避难逃到湘州，并无非分之想。"并将妻子儿子交给陈旻。陈旻来到巴陵后，萧循说："这肯定有诈，是想趁机偷袭我军。"遂暗中做好戒备。果然，陆纳当夜即派遣轻装部队紧随其后，约定来到巴陵城下后，擂鼓呐喊。十二月十九日凌晨，陆纳军来到巴陵城外十里的地方，误认为已经到了巴陵城下，即一起擂鼓呐喊，萧循军队大惊。萧循坐在小凳子上，从堡垒往外望去，只见陆纳所部的舰队开始发起攻击，一时间箭如雨下。萧循正吃甘蔗，他面无惧色，从容部署军队迎战，缴获了敌人一艘战舰。陆纳退回长沙。

承圣二年（公元553年）一月，司徒王僧辩代行皇帝职权，命令陈霸先代替自己镇守扬州。二月七日，李洪雅无力继续坚守，只好以空云城投降了陆纳。陆纳把李洪雅打入大牢，诛杀了丁道贵。过去，宝志和尚曾留下谶语诗："太岁龙，将无理。萧经霜，草应死。余人散，十八子。"诗中有十八子之语，陆纳认为李氏当王，遂拥立李洪雅为主，号称大将军，让他乘坐平肩舆（轿子），乐队跟随演奏，陆纳率领数千部众，跟在身边保护。

陆纳尚未平定，萧纪大军东下的消息就传到了江陵，这让萧绎大吃一惊，江陵军民也都惶恐不安。萧绎让术士们在木板上画出萧纪像，亲手拿着钉子钉在画像上诅咒。历史无数次地证明一个颠扑不破的道理，那就是内乱必将招致外侮。萧绎与萧詧之间的争斗，让萧詧招来了西魏军队，汉水以东落入西魏手中；上次侯景进攻江陵，萧绎也想到了西魏，还把汉中拱手让人，这次，他又一次想到了西魏，他上书西魏朝廷请求西魏发兵，乘虚进攻萧纪的老巢，他说："姜纠是至亲，请您前去讨伐。"姜纠是姜小白（后来的齐桓公）兄弟，齐国内乱，二人分道归国继位，最终姜小白占先，登基后的姜小白派鲍叔牙率军打败了护送姜纠的鲁国军队，并要求鲁国诛杀姜纠。萧绎用了这个典故，请求西魏杀了萧纪。

南梁的再次内乱让西魏宇文泰看到了夺取益州的希望，他说："夺取蜀地，制服南梁，在此一举。"众将都感到很为难，唯独宇文泰的外甥、大将军尉迟迥认为肯定能够成功。宇文泰问他对策，尉迟迥回答："蜀地与中原隔绝了一百余年，仗恃着道路艰险，从来不曾想到我军会突然发起进攻，如果派遣精锐骑兵昼夜兼行，长途奔袭，平路则倍道兼行，险要则慢慢前进，出其不意，攻其腹心，蜀人必定惊骇，一定会望风而降。"宇文泰遂命令尉迟迥都督仪同三司原珍、乙弗亚、侯吕陵始、叱奴兴、綦连〔雄〕、宇文升等六军，甲士一万两千人，一万多骑兵，从大散关出发，由固道出白马，朝晋寿杀来。

陆纳派遣部将吴藏、潘乌黑、李贤明等人驻守在车轮（湖南省湘阴县北）。王僧辩率军来到巴陵后，宜丰侯萧循将都督一职让给王僧辩，王僧辩不接受。萧绎遂以王僧辩为东都督、萧循为西都督。四月四日，王僧辩率部进抵车轮。陆纳夹着湘江两岸构筑工事，抵御王僧辩。陆纳所部都是身经百战的亡命之徒，王僧辩不敢掉以轻心、贸然发起进攻，只是用一连串的营垒逐渐朝陆纳军逼近。陆纳认为王僧辩害怕自己，遂不再戒备。五月三日，王僧辩突然下令各军从水陆两路齐头并进，朝陆纳叛军杀来。王僧辩亲自挥动战旗，擂响战鼓；萧循身先士卒，冲杀到最前头，遂攻克了陆纳两座城堡，陆纳叛军大败，从陆路步行逃回了长沙。五月四日，王僧辩乘胜包围了长沙。王僧辩坐在田垄上察看部队兴修围城工事，城内的吴藏、李贤明二人率领一千余名精锐士兵，突然打开城门从城内杀出，个个手持盾牌，径直朝王僧辩杀来。当时，杜崱、杜龛叔侄正在王僧辩身边侍卫，附近只有一百余名甲士，卫士们殊死搏斗，双方展开一场激战。王僧辩坐在小板凳上一动不动，裴之横率部从旁边杀出，吴藏等人败退下来，李贤明战死，吴藏逃回城内。五月十九日，巴州刺史余孝顷率领一万余人来到长沙，与王僧辩会师。

四四三 荆益交争（二）

与此同时，武陵王萧纪已率军进抵巴郡（重庆市）。

在这里，他听说西魏军队将进攻益州，遂派遣前梁州刺史谯淹回师，增援成都。当初，杨乾运想当梁州刺史，可萧纪却任命其为潼州刺史；杨法琛想当黎州刺史，萧纪却任命其为沙州（原北益州，四川省广元市西）刺史，因此，二人都不满意。杨乾运的侄儿杨略对杨乾运说："如今侯景之乱刚刚被平定，正应齐心协力，保卫国家，安抚百姓，可是，他们兄弟之间又干戈再起，这是在自寻死路。俗话说：'朽木不可雕，衰亡之世难以辅佐。'不如结好西魏，这样才能功名两全。"杨乾运表示同意，遂派遣杨略率领两千人镇守剑阁（四川省剑阁县北大剑山），又派女婿乐广镇守安州（四川省剑阁县），并与杨法琛都暗中投靠了西魏。西魏太师宇文泰秘密送给杨乾运不死铁券，授予其骠骑大将军、开府仪同三司、梁州刺史。尉迟迥以开府仪同三司侯吕陵始为前锋，侯吕陵始率领的西魏军队来到剑阁后，杨略即不战而退，撤回安州，并与乐广一起将安州交给了侯吕陵始。五月十三日，尉迟迥来到涪水（流经四川省三台县），杨乾运即举城投降。尉迟迥大宴将士，留下少数部队驻守，其余部队继续朝成都挺进。当时成都城内守军不足一万，仓库空虚，永丰侯萧㧑固守不战，尉迟迥将成都城团团围住。谯淹派遣江州刺史景欣、幽州刺史赵拔扈增援成都，尉迟迥派原珍、乙弗亚率领轻骑将景欣等人击退。

武陵王萧纪继续东进，来到巴东（重庆市奉节县），在这里，他才知道侯景已经被平定了，此时距离侯景被平定已经一年有余了。得知实情后，他有些后悔，召来太子萧圆照责问，萧圆照却振振有词地说："侯景虽然被消灭了，但江陵并没有臣服。"萧纪转念一想，也认为自己既然已经称帝了，就不允许再屈居萧绎之下，双方之间早晚必有一战，只能硬着头皮继续东进了。但是，萧纪军中将士已经得知西魏军南下的消息，个个担心家中的安危，日夜思念家乡，不愿继续东进，萧纪的江州刺史王开业认为应当回师解救根据地，至于东进的事再从长计议，众将也都赞同这个意见。只有萧圆照和刘孝胜二人坚决认为不行，最终，萧纪同意了二人的意见，公开宣布："敢再劝谏的，死！"五月二十八日，萧纪率军来到西陵（湖北省宜昌市），战舰布满江面，军威甚盛。萧绎先是想把萧纪诅咒死，没有成功；一计不成，他又心生一计，求西魏出兵，想牵制一下萧纪，可是，萧纪又没被牵制住，如今，江陵空虚，人人怀有二心，这让萧绎是忧心如焚。他临时抱佛脚，又想起了被自己关在狱中的侯景降将任约。他把任约释放出来，任命为晋安王司马，派其领兵协助护军将军陆法和，他还对任约说："你的罪过不能不死，但我之所以没有杀你，就是为了今天。"遂将身边的禁卫军交给任约统领，并答应将庐陵王萧续的女儿嫁给他，而后，派他与宣猛将军刘棻一起西上。

陆法和在峡口两岸各修筑了一座城池，名为七胜城，运来石头投入江中，从两岸拉起铁锁切断了江面。六月一日，萧纪构筑了一连串堡垒，攻破了陆法和横在江面上的铁锁，陆法和连连告急。萧绎又想起了被自己关押的两个人：一个还是侯景的降将谢答仁，另一个是王琳。他任命谢答仁为步兵校尉，领兵西进增援陆法和；释放王琳，是想让王琳说服陆纳，好让王僧辩大军从湘州抽身。六月四日，王琳被押送到长沙，王僧辩把王琳带到阵前展示，陆纳等人见到王琳，全军都跪地叩拜，失声痛哭，陆纳派人对王僧辩说："朝廷如果真的赦免王郎，请求让他入城。"王僧辩不敢擅自做主，又把王琳送回了江陵。把王琳送给陆纳，也许王琳会继续与自己为敌，把王琳留在手中可能还有些作用，但如今江陵危在旦夕，萧绎已经无兵可调了，事已至此，也只有冒一次险了。萧绎又把王琳送回王僧辩军中，同意放他入城。王琳进入长沙城后，陆纳当即就投降了，湘州之乱就此平定。萧绎恢复了王琳的官爵，命令其率部西进增援陆法和。

萧纪听说王琳将要到来，遂偷偷派将军侯叡率领七千人马绕到陆法和的背后，临江修筑堡垒抵御陆法和与王琳。萧绎给萧纪写信，派光州刺史郑安中去萧纪那里，答应允许其回到蜀地，并答应他在蜀地当土皇帝，但萧纪予以拒绝，以家人的语气给萧绎回信。陆纳被平定后，湘州各路人马相继西进，萧绎又给萧纪写信，这次口气就变了，他在信中说："甚苦大智！季月烦暑，流金铄石，聚蚊成雷，封狐千里。以兹玉体，辛苦行阵，乃睠西顾，我劳如何。自獯丑凭陵，羯胡叛换，吾年为一日之长，属有平乱之功，膺此乐推，事归当璧。傥遣使乎，良所希也。如曰不然，于此投笔。友于兄弟，分形共气，兄肥弟瘦，无复相代之期；让枣推梨，长罢欢愉之日。上林静拱，闻四鸟之哀鸣；宣室披图，嗟万始之长逝。心乎爱矣，书不尽言。”大智是萧纪的小名。信的大致意思是：大智你辛苦了！接着表面上是说盛夏的情况，但“聚蚊成雷，封狐千里”却又暗指坏人很多。你这身板却不愿回去，搞得我也没有办法。自从北方少数民族南侵，侯景叛乱，我这个做兄长的，有平定叛乱的功劳，被大家推举当了皇帝。如果你派人来我这里出使，自然是我所愿意看到的；如果不同意，我就此打住。我们兄弟之间友好团结，虽然不在一起，但心思是相通的。只是现在虽然是兄胖弟瘦，却再也不能重现古代哥哥替弟弟去死的事了（《后汉书·赵孝传》盗贼要吃掉赵孝的弟弟，赵孝说自己胖，要替弟弟去死的事），而让枣推梨、互敬互让的往事也一去不复返了（分别出自《南史·王泰传》和《文士传》，王泰让枣和孔融让梨的事）。在上林苑里静坐，只听到鸟的哀鸣，在堂上读书，叹息一切美好的开始已离我们而去，我心中对你的情感是写也写不完的。萧绎又写诗道：“回首望荆门，惊浪且雷奔，四鸟嗟长别，三声悲夜猿。”萧圆正在狱中连句曰：“水长二江急，云生三峡昏，愿贯淮南罪，思报阜陵恩。”萧绎看到萧圆正的答诗后，流下了眼泪。

萧纪大军被挡在峡口，又屡屡战败，而成都又非常危急，萧纪的情绪越来越差，忧愁苦闷，无计可施。又派遣他的度支尚书乐奉业去江陵求和，请求萧绎答应按原来的指示让自己安全撤军。乐奉业知道萧纪必败，偷偷对萧绎说：“蜀军缺粮，士兵们又死了很多，不久自会失败。”于是，萧绎遂拒绝和解。

萧纪用一斤黄金铸成一个金盘，一百个金盘放一个箱子，一共有一百个箱子，共计有一万斤黄金；另有五百箱子的银盘，共计五万斤银子，绸缎等与金银的数量相当，每次交战，萧纪总把这些财物展示出来，却不拿出来赏赐给将士们。宁州刺史陈智祖请求将财物散给将士们，但萧纪不从，陈智祖痛哭而死。有事请示的，萧纪总是借口生病不见，因此，蜀军军心解体。

七月十一日，巴东的变民头领苻升、徐子初等人斩杀了萧绎的峡口城主公孙晃，向王琳投降。谢答仁、任约一起进攻侯叡，将其击破，攻克了蜀军三座营垒，于是，长江两岸蜀军的十四座城堡全部投降。陆法和判断蜀军已经疲惫，遂命令游击将军樊猛率领三千精锐，乘坐一百余艘快艇，逆流而上，出其不意直逼蜀军，萧纪部众大惊，个个弃船登岸，狼狈而逃，落水而死的就有八千余人。樊猛将萧纪的残余战舰团团围住，萧绎密令樊猛说："那人如果活着，就不算成功。"樊猛率军攻入萧纪的战舰，萧纪在战舰上绕着床来回躲闪，把盛满黄金的布袋扔给樊猛，说道："用这个做交换，答应让我活着见我七哥。"樊猛回答："天子哪是你随便可以见的！我杀了你，你的金子还能自己长腿跑了？"遂斩杀了萧纪和他的第三子萧圆满。萧纪死时四十六岁。陆法和将其太子萧圆照等兄弟三人送到江陵。萧绎开除萧纪的皇室户口，改姓饕餮氏。将刘孝胜打入大牢，不久，又释放了他。萧绎让人对萧圆正说："蜀军已败，你的父亲下落不明。"意思是想让他自杀。但萧圆正听了，只是失声痛哭，连连称呼世子世子。萧绎看萧圆正毫无自杀的意思，只好把他也打入大牢。在狱中，萧圆正见到哥哥萧圆照，他责备道："哥哥为何要挑拨人家骨肉兄弟，造成如此残酷的结局。"萧圆照无言以对，只连连说："计策有误，计策有误。"萧绎下令断绝萧圆照兄弟们的饮食，兄弟几人饥饿难耐，甚至有人饿得啃下自己手臂的肉，一直饿了十三天之久，才痛苦地死去，远近之人听到这，无不感到悲伤。

四四四 大乱甫定

承圣二年（公元553年）八月五日，王僧辩回到江陵，萧绎下诏各路人马各回本镇。

几乎与萧纪败亡同时，身在成都的永丰侯萧㧑也投降了西魏军。西魏军尉迟迥包围成都五十余天，萧㧑屡战屡败，请降。西魏众将不想同意，尉迟迥对大家说："接受了他们的投降则将士们的性命得以保全，远方之人听到后也会喜悦；非要攻下成都的话，将士们肯定会有伤亡，远方之人听了也会感到恐惧。"于是，西魏军遂接受了萧㧑的投降。八月八日，萧㧑与宜都王萧圆肃率领益州官员出城，到西魏大营外面投降，尉迟迥以礼接待，在益州城北结下盟誓。益州官吏、百姓都恢复本业，只没收奴仆和仓库里的财物，用于犒赏将士们。西魏军队号令严明，军队没有发生私自掳掠、私藏财物的现象。西魏朝廷授予萧㧑侍中、骠骑大将军、开府仪同三司，封归善县公，食邑一千户；萧圆肃骠骑大将军、开府仪同三司、侍中，封安化县公，食邑一千户；任命尉迟迥为大都督、益潼等十八州（《资治通鉴》称十二州）诸军事、益州刺史，自剑阁以南，可以行使皇帝职权任免官员。尉迟迥赏罚严明，恩威并用，安抚并不断扩大新占领区，很快就巩固了西魏在益州的统治。

消灭萧纪后，萧绎打算迁都建康，八月十日，他下诏宣布将要回到建康。但是，领军将军胡僧祐、太府卿黄罗汉、吏部尚书宗懔、御史中丞刘彀劝谏道："建康王气已尽，与敌人仅有一江之隔，一旦出现意外，后悔也来不及了！况且，老人世代相传说：'荆州小洲的数量不足一百，所以，出不了天子。'荆州这里恰恰只有九十九个小岛，但前不久枝江上又生出一座小岛，一百之数已满，陛下登基称帝，就是应验。"萧绎召集群臣集体讨论。黄门侍郎周弘正、尚书右仆射王褒说："如今，百姓们看到陛下没有入主建康，都还把陛下与列国诸王一般看待，请陛下顺从百姓们的愿望，回到建康。”当时，群臣中大部分人都是荆州本地人，他们都不愿东进，纷纷说：“周弘正等人是东方人，所以愿意东进，恐怕不是良策。”周弘正当面反驳道：“东方人劝说东进，你们说不是良策；你们西方人想留在西边，岂是良策？”萧绎听了，禁不住咧开嘴笑了。又在后堂商议，与会者有五百人之多，萧绎问道：“我想回到建康，你们大家的意见如何？”无人敢说话。萧绎又说：“劝我东进的就挽起左袖子。”有一半以上的人挽起了左袖子。武昌太守朱买臣对萧绎说：“建康是旧都，祖宗的陵墓所在，荆州不过是边镇，不是帝王的居所。请陛下不要犹豫了，以免后悔。臣家就在荆州，难道我不愿陛下留在这里？只是留下来，对于臣下而言可以保持富贵，对于陛下则不然。”萧绎命术士杜景豪占卜，结果却不吉利，对萧绎说：“不吉利。”退下后又说：“之所以成了这个卦象是为鬼贼所留啊。”萧绎迟疑再三后，认为建康已经残破，而江陵却完好无损，又不愿再折腾，遂决定定都江陵。他任命湘州刺史王琳为衡州刺史。九月十一日，又命令王僧辩返回建康，陈霸先回到京口。九月十七日，任命护军将军陆法和为郢州刺史。陆法和主持州务，不用司法官吏，只以和尚法术以及西域传来的幻术教化百姓，手下有数千部众，统称为弟子。

一波才平，一波又起。

萧绎在消灭萧纪不久就命令王僧辩东进，就是为了防备长江北岸、一直虎视眈眈的北齐军队。弱国无外交，这句话对于此时的萧绎而言是再贴切不过的了。最初的时候，萧詧为了对付萧绎而投靠西魏，西魏则利用萧詧夺取了南梁汉水以东之地，萧绎为了避免与西魏为敌，也主动结好西魏。西魏当时的实力并不是很强，又与北齐为敌，也不愿为了一个萧詧就与南梁实力最强的藩王萧绎兵戎相见。另外，西魏还需要进一步观察形势，遂见好就收，在占领汉水以东之地后就撤军了。对于西魏而言，萧绎比萧詧更难以驾驭，萧詧是倾心依附西魏的，而萧绎则不然；萧绎呢，他在与西魏结好后不久，就暗中与北齐交好，这也是萧绎的无奈之举，在萧绎看来，交好北齐，就可以阻止北齐军队的进一步南下，巩固岌岌可危的长江下游防线。可是，萧绎的这一决策是一把双刃剑：一方面，萧绎与北齐结好并没有取得预期的效果，北齐文宣帝高洋一直没有因此而放弃对淮南地区的进攻；另一方面，萧绎的这一举动也让西魏心存疑虑，已占领淮南地区的北齐军队与占领了汉水以东地区的西魏军队已经接壤，如果萧绎与北齐军队联手的话，西魏在汉水以东的土地甚至萧詧的雍州地区就有可能丢掉，为此，西魏更倾向于支持雍州的萧詧了。当萧绎以汉中之地换取西魏的帮助时，西魏军队仅仅是出兵夺取了汉中，而并没有出兵帮助萧绎进攻侯景；当萧绎为了应付萧纪而请求西魏出兵益州时，西魏也是欣然同意——当然，这都不是替萧绎着想，相反，正如宇文泰说的那样"取蜀制梁，在兹一举"，宇文泰趁此机会在酝酿着一个消灭萧绎的大计划。此时的萧绎实际上正面对着两个虎视眈眈的饿狼——北齐和西魏，但他对二者没有足够的警惕，饱读诗书的他自认为在两个互为敌视的北方政权之间走着钢丝，可以让二者都看重自己，但实际上，二者争相将屠刀举向了自己！

当西魏得到益州之时，北齐文宣帝高洋一方面组织北伐契丹，另一方面则命令郭元建在合肥训练两万水军，准备渡过长江，趁王僧辩军队西进之际，袭占建康。高洋的意图是准备派军强行将湘潭侯萧退送回江南，立为皇帝，又派遣将军邢景远、步大汗萨率领大军随后进发。陈霸先在建康听说后，赶忙向梁元帝萧绎报告，萧绎命令王僧辩率部镇守姑熟（安徽省当涂县）抵御。十月二十日，王僧辩来到姑熟，派婺州（浙江省金华市）刺史侯瑱、吴郡（江苏省苏州市）太守张彪、吴兴（浙江省湖州市）太守裴之横在东关（安徽省含山县西南）修筑堡垒，等待北齐军队的到来。闰十月十九日，南豫州（安徽省当涂县）刺史侯瑱与郭元建在东关大战，北齐军队大败，被水淹死的有上万人。战后，湘潭侯萧退又回到了邺城，王僧辩则回到了建康。豫章太守观宁侯萧永昏庸无能，优柔寡断，他身边的亲信武蛮奴作威作福，军主文重对武蛮奴非常反感。前一年，萧永率军讨伐在湘州叛乱的陆纳，行至宫亭湖（鄱阳湖南半部），文重杀死了武蛮奴，萧永军队崩溃，萧永本人逃往江陵。文重率领残部投奔吴州（江西省鄱阳县）刺史、开建侯萧蕃，萧蕃诛杀了文重，兼并了豫章的军队。萧蕃自恃兵强马壮，不向江陵政权进贡，萧绎暗中命令萧蕃的部将徐佛受搞定萧蕃。徐佛受指使部下假装打官司，面见萧蕃，趁机控制住了他。萧绎任命徐佛受为建安（福建省建瓯市）太守，任命侍中王质为吴州刺史。王质来到鄱阳后，徐佛受将他安置到内城，自己则驻扎在外城，控制着城门钥匙，并修建战舰、武器，王质不敢跟他理论。开建侯萧蕃的旧部数千人为故主报仇，进攻徐佛受，徐佛受逃往南豫州，侯瑱将其杀死，此后，王质才得以过问州政。

四四五 傲视群雄

说到北齐文宣帝高洋出兵契丹，就不得不说一说北方的局势。

在南梁一片大乱的这几年里，北方的各民族政权也发生了剧烈的变化。南梁简文帝大宝二年三月，也就是东魏元善见被废的第二年，西魏文帝元宝炬也驾崩了，终年四十五岁。太子元钦继位，是为西魏废帝。也就是在这一年，突厥土门可汗向柔然头兵可汗阿那瓌求婚被拒，土门大怒，杀掉柔然使者，并向西魏求婚。此时柔然已经衰弱，但更倾向于北齐政权，扶植一个与柔然为敌的突厥政权符合西魏的利益，于是，西魏丞相宇文泰就答应土门的请求，将元宝炬的女儿长乐公主嫁给了土门。南梁元帝承圣元年，突厥土门袭击柔然，大破柔然军队。柔然头兵可汗自杀，其太子庵罗辰以及阿那瓌的堂弟登注俟利、登注俟利的儿子库提率众投奔北齐，柔然剩余部众又拥立登注俟利的次子铁伐为可汗。战胜柔然后，土门自称伊利可汗，称妻子为可贺敦，子弟称为特勤，率领军队的子弟称为设。第二年，即南梁元帝承圣二年，当武陵王萧纪发兵东进之际，北齐文宣帝高洋也派军将柔然可汗铁伐的父兄登注俟利、库提送回了柔然汗国。不久，铁伐就为契丹人所杀，柔然部众又拥立登注俟利为可汗。登注俟利很快又为柔然权贵阿富提所杀，柔然人又拥立库提为可汗；柔然别部则拥立阿那瓌的叔父邓叔子为可汗。与此同时，突厥的伊利可汗也病死了，其子科罗继位，号称乙息记可汗。三月，乙息记可汗向西魏献上了五万匹战马。乙息记可汗发兵在沃野镇以北的木赖山（拔那山，今乌拉山，在今内蒙古自治区乌拉特前旗）击破了邓叔子，邓叔子率领余众逃奔西魏。不久，乙息记可汗即去世了，他在临死前，没有把汗位传给儿子摄图，而是传给了弟弟俟斤。俟斤容貌奇特，性格刚强勇敢，又足智多谋，擅长用兵，邻国对他非常畏惧，他继位后号称木杆可汗。《北史·突厥》称："俟斤又西破嚈哒，东走契丹，北并契骨，威服塞外诸国。其地，东自辽海以西，至西海，万里；南自沙漠以北，至北海，五六千里：皆属焉。抗衡中国，后与魏伐齐，至并州。”史称，突厥人披发左衽，寡廉鲜耻，其君主继位时，重臣用毛毯裹着嗣君旋转九圈，再让其乘马，并用布帛缠绕其脖颈，而后在其处于半休克状态下问：“你能当几年可汗？”以此推断吉凶。突厥官员依次为叶护、设、特勤、俟利发、吐屯发等二十八等，可汗王庭一直设在都斤山（蒙古国杭爱山）。

突厥的崛起改变了漠北的政治格局，突厥势力由西向东驱赶柔然势力，契丹则趁火打劫。漠北柔然的瓦解，威胁到了北齐北方的安全，南梁元帝承圣二年九月二十三日，就在北齐文宣帝高洋下令郭元建等人准备南下时，他亲自率军到冀州（河北省冀州市）、定州（河北省定州市）、幽州（北京市）、安州（河北省丰宁县）巡视，并趁势讨伐契丹。十月八日，高洋来到平州（河北省迁安市），从西路穿越长堑（曹操讨伐乌桓，在今长城喜峰口与冷口之间开凿出一条长二百多公里的行军通道，后被称为长堑；一说为大凌河谷地），又命令司徒潘相乐率领五千精锐骑兵从东路长途奔袭朝青山（辽宁省义县东北）杀来。十月十二日，高洋率部赶到白狼城［《读史方舆纪要》称，在营州（辽宁省朝阳市）西南］。十月十三日，高洋来到昌黎城（辽宁省义县），在此，他命令安德王韩轨率领四千精锐骑兵向东切断了契丹人的退路。十月十四日，高洋进抵阳师水（疑为发源于辽宁省阜新市的细河），倍道兼行，掩袭契丹。高洋披头散发，袒胸露背，昼夜不停，连续急行军了一千多里，翻山越岭，身先士卒，一路上只吃肉喝水，却豪情更高。十月十五日，北齐军队与契丹遭遇，高洋亲自指挥北齐军队，大破契丹部众，俘获了十余万人，缴获各种牲畜数百万头。潘相乐又在青山击破契丹别部。十月十八日，高洋回到了营州（辽宁省朝阳市）。

十月十八日，高洋登临碣石山（河北省昌黎县西北），观看大海，然后，西去晋阳。途中，他晋升斛律金为太师，到达晋阳后，又任命斛律金的儿子斛律丰乐（斛律羡）为武卫大将军，命斛律金的孙子斛律武都（斛律光的长子）娶了义宁公主。高洋对斛律金一家非常宠信，为北齐群臣之冠。

十二月二日，突厥再次进攻柔然，柔然全国南逃到北齐境内。十二月六日，高洋亲自率军从晋阳北上，迎击突厥，接纳柔然残余部众，将其可汗库提废黜，另立原任可汗阿那瓌的儿子庵罗辰为可汗，并将他们安置在马邑川（山西省朔州市），发给他们粮食、布帛。高洋率军在朔州（山西省朔州市）追击突厥，突厥请求投降，高洋同意，他们撤军。从此以后，突厥对北齐连年进贡。

南梁元帝承圣三年（公元554年），这一年是北齐文宣帝天保五年。在击退突厥后，北齐文宣帝高洋即于本年年初开始讨伐山胡（居住于山西省石楼县的匈奴族）。高洋亲率北齐军队穿越离石道（山西省吕梁市），派遣斛律金从显州道（山西省孝义市），常山王高演从晋州道（山西省临汾市）夹攻，大破山胡。高洋下令将十三岁以上的男子全部斩首，女子以及十三岁以下的儿童赏赐给军人们，遂讨平了石楼山胡。石楼一带到处是悬崖绝壁，盘踞在此地的吐京胡在整个北魏时期一直时叛时降，即便是在北魏最为鼎盛时期也从未将其彻底征服，却被高洋平定，从此，山西各地的山胡无不恐惧臣服。在这次战斗中，北齐军队的一个都督在战斗中负伤，其手下的什长（班长）路晖礼没有把他解救出来，高洋下令将路晖礼的五脏六腑挖出来，让九个人把他吃掉，路晖礼身上的肉以及恶臭脏物都被吃尽。以这次路晖礼事件为开端，北齐文宣帝高洋性格突然大变，开始作威作福，干出些骇人听闻的暴虐之事来。

三月一日，南梁长沙王萧韶趁西魏军队尚未东进之际，攻占了巴郡（重庆市）。三月十八日，南梁元帝萧绎任命王僧辩为太尉、车骑大将军。三月二十一日，北齐将领王球进攻宿豫（江苏省宿迁市），南梁晋陵太守杜僧明率军出击，大破北齐军，王球败归彭城。南梁郢州刺史陆法和给萧绎的奏章中自称司徒，萧绎感到非常奇怪，王褒说："陆法和深通道术，可能是未卜先知吧。"三月二十二日，萧绎遂拜陆法和为司徒。

同月，柔然可汗庵罗辰背叛北齐，高洋亲率大军追击，大破柔然，庵罗辰父子北逃。太保、安定王贺拔仁贡献的马匹不够好，高洋下令将他的头发全部拔掉，免为平民，罚其到晋阳挑煤。

四月，柔然南下骚扰北齐肆州（山西省忻州市），高洋从晋阳率军亲自北上讨伐，行至恒州（山西省忻州市），柔然退去。当时，北齐大军也已经折返，高洋率领两千余人的队伍作为殿后，晚上在黄瓜堆（山西省山阴县北）宿营。柔然别部数万骑兵突然出现，高洋镇定自若，躺在床上一动不动，一直到第二天黎明才从容起床。起床后，他根据地形和敌人的态势，组织军队迎战，北齐军队奋勇杀敌，柔然军队溃败，高洋才得以突出重围。接着，柔然军队又向北撤离，高洋趁势追击，二十余里之内到处都是被杀的柔然人尸体，北齐军队俘获了庵罗辰的妻子、儿女以及三万多柔然部众。高洋又下令都督高阿那肱率领数千骑兵迂回到柔然背后，切断了他们的退路。当时，柔然军队人数众多，高阿那肱请求增兵，高洋不仅没有给他增兵，反而又减少了他一半兵力。高阿那肱率领余下的一半兵力苦战，又大破柔然军队，庵罗辰翻越悬崖绝壁，勉强逃出一命。

五月二十二日，高洋再次率军讨伐柔然，又将其击败。同月，柔然乙旃达官部骚扰西魏的广武（陕西省绥德县），西魏柱国李弼将其击破。

六月二十七日，北齐步大汗萨率领四万人马朝泾州（安徽省天长市）杀来。王僧辩命令侯瑱、张彪从石梁（安徽省天长市西北）率军增援严超达。侯瑱、张彪迟迟不进，将军尹令思率领一万人马打算偷袭北齐占领的盱眙（江苏省淮安市盱眙县）。北齐冀州刺史段韶正在讨伐驻守在宿豫的变民头领东方白额，一时间，泾州、广陵方向均来告急。段韶说："南梁内乱，国家没有一个各方都认可的君主，人人不安，谁强大就归附谁。陈霸先等人表面上与江陵政权同心，实际上却怀有二心，大家不用担忧，我对他们看得一清二楚。"于是，他留下仪同三司敬显携等人继续围困宿豫，亲自率军倍道兼行，增援泾州方向。北齐军中途路过盱眙，尹令思没有想到会有北齐援军，望风溃退，段韶乘胜追击，大破梁军。接着，段韶又率军增援广陵，陈霸先撤围退去。杜僧明回到丹徒，侯瑱、张彪回到秦郡。吴明彻包围海西（江苏省东海县南），北齐镇将郎基固守，箭射完后，削木杆当箭杆，剪纸制作箭羽。吴明彻围困了一百多天，最终未能攻克，只好退去。段韶回到宿豫后，派遣一名说客入城说服东方白额。东方白额信以为真，遂开门准备与北齐军盟誓，段韶趁机抓住了他，将其斩首。同月，柔然余众向东方迁移，并打算南下骚扰北齐。高洋率领轻装骑兵在金川（今地不详）截杀，柔然提前得知消息后，远远遁逃，营州刺史王峻设下埋伏，俘获柔然数十名王爷。八月，高洋命令常山王高演、上党王高涣、清河王高岳、平原王段韶率领大军在洛阳西南修筑伐恶城、新城、严城、河南城。九月，高洋到四城巡视，想引诱西魏军队决战，但西魏军一直不敢出动。

天保初年，北齐文宣帝励精图治，打出了国威军威，他北击库莫奚、契丹、柔然、突厥，南下与南梁争夺淮南地区，西与西魏争锋，吓得宇文泰不敢出战。《北史·斛律光传》称："初，文宣时，周人常惧齐兵之西度，恒以冬月，守河椎冰。"正是当时西魏、北齐之间强弱的真实写照。

四四六 江陵之变（一）

北齐文宣帝高洋的一连串举动让西魏侧目而视，再也不敢与北齐交手。

西魏文帝元宝炬病死后，废帝元钦继位。元钦继位后，西魏攻取了汉中地区，继而又占领了益州。元钦不甘心像他父亲那样一直当一个傀儡皇帝，就在南梁元帝承圣二年十一月间，西魏尚书元烈密谋刺杀宇文泰，事情败露后，元烈为宇文泰所杀。元烈被杀后，废帝元钦一直耿耿于怀，口出怨言，淮安王元育、广平王元赞等人一齐垂泪劝谏，但元钦不听，密谋诛杀宇文泰。宇文泰的儿子们都非常年幼，两个侄儿章武公宇文导（镇陇右）、中山公宇文护（镇守河东）又都镇守地方，长安城内只能依靠几个女婿：大都督清河公李基（李远之子、妻义归公主）、义城公李晖（李弼之子、妻义安公主）、常山公于翼（于谨之子、妻平原公主），宇文泰将三位女婿都任命为武卫将军，掌握禁军。南梁元帝承圣三年（公元554年）一月，宇文泰废黜在位两年零十个月（按年头算为四年）的元钦，五月又将其毒死。宇文泰拥立元钦的弟弟、齐王元廓为帝，废除年号制度，仅仅称元年，恢复元氏皇族拓跋氏旧姓，在北魏孝文帝改革中九十九家改为单姓的复姓也全部恢复旧姓。北魏初年拥有三十六个部落，九十九个大姓，其后，这些部落和大姓也都灭绝了。宇文泰遴选三十六位劳苦功高的将领为三十六国，此等的成为鲜卑九十九姓，士卒也多改姓所属将领们的姓氏。比如，李弼改姓徒阿氏、杨忠改姓普六茹氏、李虎改姓大野氏，等等。

安定了内部后，宇文泰不敢与北齐为敌，却一直盘算着兼弱攻昧，灭掉南梁。雍州的梁王萧詧得知这一消息后，对西魏表现得更加顺从，贡献的贡品也更多了，相反，身在江陵的梁元帝萧绎却没有这么敏感。北齐一方面与自己结好，另一方面却又背信弃义，接连夺占长江以北之地，还试图护送萧退到江南与自己争夺帝位，相反，虽然西魏也相继占领了汉中、益州等地，但都是在自己的请求下出兵的，因此，在萧绎看来，西魏可能要比北齐更仁义一些，但实际上，国与国之间有的只是利益，无所谓道义。如今的西魏已经占领了荆州上游益州，又控制着荆州北面的雍州，南梁内部矛盾重重，军队分散在各地，西魏随时都可以给予其沉重的打击，宇文泰需要的只是一个借口而已，而这个借口很快就来了。

承圣三年三月二十三日，西魏侍中宇文仁恕出使南梁，恰巧北齐的使者也在江陵，梁元帝萧绎接待宇文仁恕的规格不如对北齐使者的，宇文仁恕回到长安后，就将这一情况向宇文泰做了汇报。另外，梁元帝萧绎还请求按照过去的版图重新划定两国之间疆界，言辞显得傲慢，宇文泰说道："古人说过：'上天抛弃的，谁又能让他复兴呢！'说的就是萧绎这类人！"西魏荆州刺史长孙俭多次向宇文泰提出攻取江陵的计划，宇文泰将他征召回朝，当面询问他具体的作战方案，长孙俭回答："湘东王继位已经三年了，观察他的作为，是不愿意东进建康的。如今，我国已经占领了益州，如果再吞并荆州，予以安抚，征收贡赋，则平定天下将十分容易。"听后，宇文泰又让其回到本镇，暗中进行战前准备。马伯符秘密派人向萧绎报告，萧绎却不相信。如果萧绎真的曾经得罪了西魏人，以他猜忌的性格应当对此会有所察觉的，而马伯符向他告知西魏将要对江陵发起进攻这一绝密情报后，他竟然不以为意，这又是为什么呢？也许萧绎压根就没有得罪西魏人，史书中所称的怠慢宇文仁恕、请求恢复原来的疆域等可能也是子虚乌有之事，不过是宇文泰不义出兵的借口罢了。《周书·于谨传》所称："初，梁元帝平侯景之后，于江陵嗣位，密与齐氏通使，将谋侵轶"。《周书·长孙俭传》称："及梁元帝嗣位于江陵，外敦邻睦，内怀异计。"都是不属实的。

五月，散骑郎庾季才对萧绎说："去年八月六日，月亮侵犯了心中星，这个月的一日，红气又冲击了北斗星。心代表着帝王，八月六日、五月一日分别是丙申日和丙戌日，丙代表楚国，我担心在子月（十一月）将有大兵降临江陵。陛下应当留下重臣镇守江陵，您自己则回到建康旧都躲避一下。假设西魏侵犯，最多失去荆州、湘州，对于整个帝国而言，尚能继续存续下去。"萧绎自己也通晓天文，也知道楚地将有灾祸，听了庾季才的话，他叹息道："祸福在天，躲避又有何用！"

九月，西魏宇文泰下令侍中崔猷将关中通往汉中的道路修成双向两车道。同月十二日，他派遣柱国常山公于谨、中山公宇文护、大将军杨忠率领五万大军南下，正式打响了灭梁之战。十月九日，西魏大军从长安出发。长孙俭问于谨：

"替萧绎着想，他该如何应对？"于谨回答："在江汉一带炫耀武力，裹挟居民辎重渡过长江，直接回到建康，这是上策；将外城的居民转移到中城，固守中城，等待援军，这是中策；固守外城，这是下策。"长孙俭又问："你估计他会出哪一策？"于谨回答："下策。"长孙俭问："理由呢？"于谨回答："萧氏拥有江南之地，已经数纪（12年为一纪），正遇上中原大乱，无暇南侵，再加上我国有北齐这个外患，他会认为我们无法分出兵力。况且，萧绎胆小如鼠，又没有谋略，猜疑心重，优柔寡断，愚蠢的百姓们只会看到眼前的困难，都眷恋现有的居住环境，所以，我知道他会采纳下策的。"

萧绎喜欢清谈，一讲就是很多天，当西魏军队南下时，他正在龙光殿上开讲《老子》。十月十日，武宁（湖北省荆门市）太守宗均报告西魏军队即将到来了，萧绎召集群臣商议对策。领军将军胡僧祐、太府卿黄罗汉说："两国和好，从未有什么矛盾，这肯定是不可能的。"侍中王琛刚出使过西魏回来，他说："我观察宇文泰的言谈举止，绝对没有这个道理。"萧绎又派王琛再次出使西魏，以探究竟。十月十三日，于谨大军推进到樊（湖北省襄阳市）、邓（河南省邓州市），梁王萧詧率领军队与西魏军会师。十四日，萧绎停止讲解，下令内外实施戒严。王琛行至石梵（湖北省钟祥市境），没有发现西魏军，飞马向黄罗汉报告："我行至石梵，边境一片静谧，以前的传言全是儿戏。"萧绎听后疑惑不定。十七日，他又恢复了讲解，百官身穿军服听讲。

不过，以防万一，萧绎还是在十月十八日派遣主书李膺前往建康，征召王僧辩为大都督、荆州刺史，命陈霸先移镇建康。王僧辩派豫州刺史侯瑱率领程灵洗等先头部队，以兖州刺史杜僧明率领吴明彻等人为后援，相继西上。二十一日，萧绎深夜登上凤凰阁，凭栏叹息道："客星进入翼、轸二星，这下要失败了！"他身边的嫔妃们听了个个哭了起来。陆法和听说西魏大军将至，从郢州来到汉口，将要增援江陵。萧绎派人阻止道："这里自可击败敌人，你只用镇守郢州，不用移动。"陆法和回到驻地，用白土涂到城门上，身穿丧服，坐在苇席之上，就这样坐了一整天，才脱去丧服。

十一月，萧绎在江陵南面的津阳门外检阅军队，可是，当天北风呼啸，大雨倾盆，萧绎乘坐轻便辇车，狼狈回到了宫中。十一月一日，西魏军队渡过汉水，于谨命令宇文护、杨忠率领精锐骑兵抢先占领了江津，切断了萧绎东逃之路。二日，宇文护攻克武宁，活捉了宗均。当天，萧绎乘马出城巡视江陵城外的木栅工事，在江陵城外方圆六十里范围都设置了木栅。他又任命领军将军胡僧祐为都督城东诸军事，尚书右仆射张绾为胡僧祐的副手；尚书左仆射王褒为都督城西诸军事，四厢领直元景亮为他的副手；其余官员都分配了各自的任务。四日，萧绎命令太子萧方矩巡视城墙，下令百姓帮助军队搬运滚木礌石。当天夜里，西魏军队推进至黄华，距离江陵城只有四十里地。五日，西魏军进抵江陵城外木栅。六日，南梁嶲州（四川省西昌市）刺史裴畿（裴之高之子）、裴畿的弟弟新兴太守裴机、武昌太守朱买臣、衡阳太守谢答仁打开枇杷门，出城迎战，裴机斩杀了西魏仪同三司胡文伐。

萧绎改任广州刺史王琳为湘州刺史，征召他率部救援江陵。十一月十五日，江陵城防工事栅栏失火，烧毁了数千人家的房屋以及二十五座城楼，萧绎登上被焚毁的城楼，又看看远处渡江而来的西魏军队，环顾四周，不禁唉声叹气。当夜，萧绎遂留在宫外，住在百姓家里，十七日，他又移驻祇洹寺。西魏统帅于谨下令在江陵城外构筑长墙，切断了江陵内外的联络。得知江陵被围后，北齐文宣帝高洋下诏命令清河王高岳、河东王潘相乐、平原王段韶等人率领北齐军队前来救援。

四四七　江陵之变（二）

十一月十八日，南梁信州刺史徐世谱、晋安王司马任约等人在马头（江陵南）修筑堡垒，声援江陵。

当晚，萧绎巡视城防，仍然口中吟诗，从行群臣也有人和诗的。萧绎撕裂绸缎，在上面写信，催促王僧辩说："我强忍着死，来等待你，你该到了！"十一月二十日，萧绎回宫。二十一日，他再次出宫，住在长沙寺内。二十六日，王褒、胡僧祐、朱买臣、谢答仁等人再次开门出战，全部大败而回。二十七日，萧绎移驻天居寺。朱买臣手持宝剑进入，说道："只有斩杀宗檩、黄罗汉，才能向天下人做一个交代。"萧绎回答："原来的决定其实是我的主意，宗檩、黄罗汉又有什么罪！"二人退缩到众人中间。

王琳的军队行至长沙，镇南府长史裴政（裴之礼之子）请求从小路先回到江陵，当他来到百里洲（湖北省枝江市东长江小岛）的时候，被西魏军人抓获。梁王萧詧对他说："我是武皇帝的孙子，难道不能成为你的君主吗？如果听从我的话，我保证你的子孙都享受富贵；如果不然，现在就身首异处！"裴政谎称道："从命。"萧詧将他捆绑着拉到城下，让他对城内人说："王僧辩听说江陵被围后，已经自立为帝；王琳势单力薄，不敢前进。"裴政来到城下后，却对城上高喊："援军已经大举前来，你们要努力坚守！我从小路前来报信，被他们抓住了，理当以身殉国！"押送他的人用拳头猛击他的嘴巴，萧詧大怒，命人立即杀了他。西中郎参军蔡大业（蔡大宝之弟）劝谏说："裴政是百姓们敬重的人，杀了他，荆州就不容易攻克了。"萧詧遂释放了裴政。

当时，各地的援军都没有抵达。十二月二日，西魏军队从各个方向对江陵城发起了总攻，城内军民取下门板，背在身上当盾牌。胡僧祐身先士卒，昼夜督战，奖励战士，赏罚严明，将士们都愿意为他效命，胡僧祐所到之处，西魏军总被击退。不久，胡僧祐就被流箭射中而死，城内守军听到这个消息，无不大为惊骇。西魏军趁机强攻营栅，叛徒偷偷打开了西门接进了西魏军队，萧绎与太子、王褒、谢答仁、朱买臣等人退守金城，命令汝南王萧大封、晋熙王萧大圆到于谨军中当人质，向西魏求和。西魏军队刚到江陵时，有人向萧绎建议任命王僧辩的儿子、侍中王颁为都督，萧绎不仅不听，反而剥夺了他的兵权，让他与自己的十位亲信到宫中值班，等到胡僧祐死后，萧绎才任命王颁为都督城中诸军事。裴畿、裴机以及历阳侯萧峻（萧衍长兄萧懿之孙、萧渊猷之子）均出城投降。于谨因裴机亲手杀死了胡文伐，遂将裴畿、裴机二人杀死。萧绎性格残忍，江陵被围后，城内尚有数千名死囚，有人曾请求将死囚释放，充当战士，萧绎不同意，反而下令全部用木棍打死，尚未执行，城池就陷落了。

萧绎来到东阁竹殿，命令舍人高善宝焚毁古今图书十四万卷，他本人也打算跳进火中，与自己最心爱的书籍一起被烧死，宫女、侍从一起将他抱住。他手持宝剑，一个劲地猛砍柱子，直到把宝剑砍断，而后，叹息道："文武两条路子，到今夜算是都走到尽头了！"遂命令御史中丞王孝祀撰写降表。谢答仁、朱买臣劝谏说："台城中兵马尚强，借着夜色突围，敌人肯定会惊恐不安，趁机冲破包围，还能逃到任约那里。"萧绎本来就不怎么会骑马，说道："肯定不会成功，这样做只会平添耻辱罢了！"谢答仁甘愿亲自扶持着萧绎。萧绎又问王褒，王褒回答："谢答仁原本是侯景一党，岂能相信！让他立下功劳，倒不如早早投降的好。"

谢答仁又请求防守子城（中城），并称自己可以集结到五千人，萧绎表示同意，当即授予其城中大都督，将公主许配给他为妻。不一会儿，萧绎又征询王褒的意见，王褒认为不妥，得知这个消息后，谢答仁请求再次进宫说明情况，被拒之门外，万般无奈之下，他气得口吐鲜血，怀恨离去。在王褒的强烈建议下，萧绎遂决定投降。于谨要求萧绎将太子萧方矩送去当人质，萧绎命王褒护送萧方矩进入西魏军中。于谨的儿子听说王褒书法很好，就给他纸笔让他写几个字做纪念，王褒遂写道："柱国常山公家奴王褒。"不一会儿，黄门郎裴政夺门而出。当时，城南虽然陷落，但城北诸将仍然在苦战，黄昏时分，听说宫城陷落后，才各自散去。

萧绎遂丢掉皇家仪仗，骑着白马，穿着白色衣服，从东门出城。临出宫门时，他抽出宝剑，猛砍城门，感慨地说："萧世诚我竟然到了今天这步田地！"

魏军士兵跨过壕沟，牵着他的马缰绳，将他拉到白马寺以北。在那里，西魏士兵把他赶下马来，抢走了他的大白马，给他换了一匹劣马，让他骑着，另外还派了一名非常高大壮硕的鲜卑人用手抓住他的脊背，拖着他前行。途中，遇到了于谨，鲜卑人牵着萧绎，逼着他给于谨下跪。梁王萧詧派遣铁甲骑兵把萧绎带到大营，将他关押在乌黑帐篷之内，对萧绎是破口大骂，百般侮辱。

十二月三日，于谨命令长孙俭入驻金城（内城）。萧绎欺骗长孙俭说："我在城内埋藏了一千斤金子，想赠送给大人您。"长孙俭遂把萧绎带入城内。等到长孙俭追问金子的下落时，萧绎这才把自己遭受萧詧侮辱的事给长孙俭说了一遍，并说："刚才是欺骗你的，只是想对你说这件事罢了，哪有天子自己埋藏金子的？"长孙俭听后大怒，将他关押在主衣库内。

十二月四日，徐世谱、任约从江陵外围撤离，退到巴陵（湖南省岳阳市）。于谨强迫萧绎给王僧辩写信，召王僧辩前来，萧绎予以拒绝。使者说："大王今日岂能还有自由？"萧绎回答："我既然已经失去了自由，王僧辩也不会听我的。"萧绎又请求长孙俭交还他的姬妾王氏、荀氏以及幼子萧犀首，长孙俭听从了。有人问萧绎为何要把书籍焚毁，萧绎回答："我读书万卷，尚且有今日，因此，烧了它！"十二月十九日，于谨下令将萧绎杀害，萧绎死时四十七岁。梁王萧詧派尚书傅准执行，以装满泥土的布袋将萧绎压死，萧绎死后，萧詧命人用布帛将尸体缠绕，外面用蒲席包裹，用茅草捆扎，埋葬在江陵津阳门外，又将萧绎的儿子愍怀太子萧元良（萧方矩）、始安王萧方略以及萧纲的儿子桂阳王萧大成等人杀害。

西魏人册立梁王萧詧为南梁皇帝，将荆州方圆三百里地交给萧詧，却把萧詧原来的雍州夺了。萧詧居住在江陵东城，西魏又在西城驻扎了军队，名义上是协防，实际上是监视。以前仪同三司王悦留镇江陵。《周书·长孙俭传》称："（江陵）平，以俭元谋，赏奴婢三百口。太祖与俭书曰：'本图江陵，由公画计，今果如所言。智者见未萌，何其妙也。但吴民离散，事借招怀，南服重镇，非公莫可。'遂令俭镇江陵。进爵昌宁公，迁大将军，移镇荆州，总管五十二州。"应当是以后的事。于谨将南梁府库中的金银财宝以及宋浑天仪、梁日晷铜表、魏相风乌、铜蟠螭趺、直径四尺周长七尺的大玉等全部搜罗起来，送到长安；又俘获南梁群臣以下百姓共计数十万人（《资治通鉴》称数万人）全部当作奴婢，赏赐给军士们，赶回长安，年幼、孱弱的全部杀死，一路上被人马践踏以及冻死饿死的又有十分之二三，只有三百余家留在江陵。于谨从到达江陵到攻克，只用了十六天的时间，因平定江陵之功，宇文泰赏赐于谨一千名奴婢，另封为新野郡公，食邑两千户。

西魏军队尚在江陵时，梁王萧詧部将尹德毅对萧詧建议说：“西魏贪得无厌，残忍暴虐，杀死掳掠的百姓数不胜数，江东百姓遭受到这等滔天大祸，大家都说这是殿下你招致的。殿下既然杀了人家的父兄，让人家的子弟成为孤儿，江南之人个个都是你的敌人，你还与谁治理帝国呢！如今西魏的精锐部队都在这里，如果殿下设下宴会，请于谨等人前来赴宴，提前埋伏下壮士，即可将其诛杀，然后，分别派遣部将掩袭西魏军的各个营垒，可以将其全部歼灭，一个不留。安抚江陵的百姓，当地的文武百官，根据才能的大小授予不同的官职，这样一来，西魏人自当吓得屁滚尿流，不敢再来送死，像王僧辩等人用一封书信就可以将他们招来，然后，您身穿朝服，顺流而下，在建康登基称帝，顷刻之间，就能建立大功。古人说过：‘上天给予的却不接受，将受到灾祸。’请殿下制定长远的谋略，不要像平头百姓那样总记着西魏的小恩小惠。”萧詧回答：“爱卿的计策不能说不好，但是，西魏人对我太好了，不可忘记了人家的恩德。如果按照你的计划行事，人人将对我唾弃。”不久，江陵城的男女老幼全都被西魏人掳掠而去，给萧詧只留下一座空城，自己的根据地襄阳又被西魏人占去，到了这时，萧詧才如梦方醒，叹息道：“后悔没有听从尹德毅的话！”

四四八 袭杀僧辩（一）

萧绎死了，江南再度陷入无主状态，不过，这一状态并没有持续多久，很快，各方势力都在策划着拥立新的梁主。

公元555年一月，梁王萧詧在江陵即皇帝位，改元大定，追尊其父昭明太子萧统为昭明皇帝，庙号高宗，昭明太子妃蔡氏为昭德皇后，尊生母龚氏为皇太后；立妻子王氏为皇后，儿子萧岿为皇太子，各项制度都与皇帝无异，唯独上书时对西魏称臣，并使用西魏的年号，在官制上则兼用西魏柱国等名号。萧詧任命咨议参军蔡大宝为侍中、尚书令，参与官员的任免决策；外兵参军王操为五兵尚书。蔡大宝严谨又有智谋，通晓政务，文辞敏捷，萧詧对他非常信任，比之为诸葛孔明；王操的地位仅次于蔡大宝。追赠邵陵王萧纶为太宰，谥号壮武，河东王萧誉为丞相，谥号武桓。任命莫勇为武州刺史，魏永寿为巴州刺史。萧詧就是历史上称之为后梁的第一任皇帝，号称宣皇帝。

萧詧虽然登上了皇位，但在萧绎的旧部看来，萧詧不过是在西魏扶植下的傀儡皇帝而已，从某种程度上说，甚至于是一个引狼入室的卖国贼，他将西魏军队招致江陵，导致数十万江陵军民被掳掠到北方，而这些人当中有不少应该是王僧辩等部将士的家属，萧绎旧部将士们对萧詧有刻骨的仇恨，岂能拥戴他？即便是西魏的敌国北齐也是不会承认他的。因此，在得知萧绎被杀后，王僧辩、陈霸先以及北齐都忙不迭地要选一位属于自己的梁王。根据父死子继的原则，王僧辩和陈霸先等人自然而然地就想到了萧绎的第九子、现任江州刺史、晋安王萧方智，作为过渡，二人先拥立萧方智为太宰，代行皇帝职权。二月二日，时年十三岁的萧方智从浔阳（江西省九江市）来到建康，入主朝堂，即梁王位。他任命王僧辩为中书监、录尚书事、骠骑大将军、都督中外诸军事；加陈霸先为征西大将军；任命南豫州刺史侯瑱为江州刺史；湘州刺史萧循为太尉；广州刺史萧勃为司徒；

镇东将军张彪为郢州刺史。

与此同时，北齐文宣帝高洋也没闲着。北齐清河王高岳率领的北齐军进攻西魏的安州（湖北省安陆市），希望能减轻江陵的压力。高岳大军进抵义阳（河南省信阳市）时，江陵已经陷落了，高岳率军继续南下，一直来到长江北岸。南梁郢州刺史陆法和以及仪同三司宋莅投降，长史兼江夏太守王珉不从，被杀。公元555年一月十三日，北齐文宣帝高洋下令高岳撤军，留下仪同三司慕容俨驻守在郢州（湖北省武汉市）。王僧辩派遣江州刺史侯瑱率军西进进攻郢州，退守巴陵的任约、徐世谱、宜丰侯萧循等人也都率领本部人马前来会师。

王僧辩的下游诸军在进攻郢州，上游勤王的各路军队又在干什么呢？邵陵（湖南省邵阳市）太守刘棻率军援救江陵，行至三百里滩（今地不详），部将宋文彻叛乱，杀死了刘棻，率众回到了邵陵。湘州刺史王琳率军从小桂（广东省连州市）北上，行至蒸城（湖南省衡阳市），听到江陵已经陷落的消息，王琳下令三军为梁元帝发丧，派遣部将侯平率领水军进攻后梁。王琳驻扎在长沙，向各地发出讨伐檄文，组织对江陵的进攻。长沙王萧韶以及上游诸将公推王琳为盟主。

一月二十日，北齐文宣帝高洋拥立贞阳侯萧渊明为梁主，命上党王高涣率军护送他南下，徐陵、湛海珍等人也都随着他一同南下。高洋还提前派殿中尚书邢子才乘坐快车火速赶到建康，送去给王僧辩的亲笔书信，他在信中说："萧方智年纪太小，难以担当重任。贞阳侯萧渊明，是长沙王萧懿的儿子、梁武帝萧衍的侄儿，不论从年龄上还是名望上都是保护建康的合适人选，因此，我封他为梁王，护送他回国。你应当安排船舰，迎接新主，齐心协力，共谋发展。"二月四日，贞阳侯萧渊明也给王僧辩写信，请求迎接。在文宣帝高洋看来，西魏已经在江陵培植了一个亲西魏的傀儡政权，他亟须在建康也扶植一个亲北齐的傀儡政权，然而，萧渊明与王僧辩素无瓜葛，王僧辩岂能轻易答应？他复信对萧渊明说："嗣君是先帝的亲生儿子，又是梁武帝的亲孙子，大人如果真能回国，我们一起辅佐皇室，伊尹、姜子牙一般的重任则非你莫属。如果您的目的是想当君主的话，我就不敢从命了。"二月十三日，北齐朝廷任命陆法和为都督荆州、雍州等十州诸军事、太尉、大都督、西南道大行台，又以宋莅为郢州刺史，宋莅的弟弟宋簉为湘州刺史。二月二十三日，北齐上党王高涣率军攻克谯郡（应为南谯郡，在今安徽省巢湖市东南），二十八日，萧渊明再次给王僧辩写信劝说，但王僧辩依然不从。在此期间，侯平击败后梁巴州刺史莫勇、武州刺史魏永寿；原刘棻主帅赵朗杀死宋文彻，以邵陵归降了王琳。

三月初，贞阳侯萧渊明前进至东关（安徽省含山县西南），散骑常侍裴之横率军抵御。北齐军司尉瑾、仪同三司萧轨率军南下，进攻皎城（今安徽省潜山县），晋州（安徽省潜山县）刺史萧惠投降。北齐改晋卅（安徽省潜山县）为江州，以尉瑾为江州刺史。三月六日，北齐军队攻克东关，斩杀了裴之横，俘虏数千人。北齐陈兵江北，建康形势岌岌可危，如今裴之横又遭到惨败，王僧辩不禁大为恐惧，他率军进驻姑熟（安徽省当涂县），并开始考虑接受萧渊明。

在随后的一个多月里，双方进行了秘密的接触，到了五月双方达成一致意见，王僧辩派遣使者向贞阳侯萧渊明送上奏表，表示愿意向其称臣，并向北齐派去使者通报此事；不久，又把自己的儿子王显以及王显的母亲刘氏、侄儿王世珍送到萧渊明那里当人质，还派左民尚书周弘正前往历阳（安徽省和县）迎接；稍后，又派吏部尚书王通前去，借机请求萧渊明当上皇帝后立晋安王萧方智为皇太子，萧渊明答应了。萧渊明想带上三千名士兵一同南渡，王僧辩担心有变，只答应接纳一千名。五月二十一日，王僧辩派遣龙舟和仪仗队前去迎接，萧渊明与北齐上党王高涣在长江北岸盟誓后，于五月二十二日从采石（安徽省当涂县境）渡过了长江。王僧辩担心北齐会趁机渡过长江，率领战舰停在江心，不敢驶向西岸。北齐侍中裴英起护送萧渊明一起南渡，北齐军队遂撤离长江以北。五月二十四日，萧渊明进入建康，望见朱雀门就失声痛哭起来，迎接他的南梁官员也都哭了起来。五月二十七日，萧渊明在建康即皇帝位，改元天成，以晋安王为皇太子，王僧辩为大司马，陈霸先为侍中。

自年初郢州刺史陆法和投降后，北齐慕容俨即率领北齐军队占领了郢城，西进的侯瑱与从江陵撤下来的任约等人将郢城团团包围。慕容俨率领齐军殊死抵抗，侯瑱等人无法攻克，城中粮食吃尽，城内齐军煮草根、树皮、皮靴、皮带吃掉，慕容俨与士兵们同甘共苦，在郢城坚守了近半年，一直不降。萧渊明即位后，下令侯瑱等人解除包围，北齐文宣帝高洋也认为郢城远离北齐本土，很难守住，倒不如给南梁个人情，遂将郢城还给了南梁。慕容俨回到邺城后，望见高洋，顿时泪流满面，失声痛哭。高洋将其唤至跟前，紧紧地握住慕容俨的双手，亲自脱去他的帽子，察看他的头发，叹息很久，说道："我看你的容貌已经认不出来了，自古忠烈之士怎能超过你呢！"慕容俨回答："臣依靠陛下的威名，尽了一点臣节，没有想到今日还能见到陛下，即使晚上就死掉了，也心甘情愿！”高洋晋升他为赵州刺史，晋爵为公，赏赐一千匹帛、十万钱。六月三日，北齐文宣帝高洋以南梁已经向自己称臣，下令将北齐境内的梁国百姓全部予以遣返。

四四九 袭杀僧辩（二）

在是否接纳萧渊明这一问题上，陈霸先与王僧辩的意见并不一致，而萧渊明的到来，也让陈霸先感到浑身不自在，王僧辩与陈霸先之间的关系随之出现了一丝裂痕。

陈霸先原本与王僧辩并不是同僚，只是在讨伐侯景的过程中走到了一起，在萧绎阵营中，王僧辩是嫡系，陈霸先则是草根。陈霸先以讨伐侯景为名，逐渐壮大了自己的力量，而萧绎则利用陈霸先加入也增添了讨伐军的实力，二者各取所需。白茅湾之盟前，王僧辩对陈霸先非常忌惮，白茅湾盟誓后，讨伐军确立了以王僧辩为主帅、陈霸先为副手这一格局，从表面上王僧辩将陈霸先的部队纳入了自己的管辖之下，但陈霸先拥有很大的自主性。

消灭侯景之后，南梁面临的局势并没有得到改观。先是陆纳的叛乱，王僧辩让陈霸先镇守建康，自己亲率大军西进，而后，江陵被围，北齐南下，王僧辩与陈霸先二人相互支持，苦苦支撑着危局。陈霸先镇守京口之后，王僧辩极力进行拉拢，想在两人之间构建像廉颇、蔺相如那样肝胆相照的同僚关系。王僧辩答应为第三子王颁娶陈霸先的女儿为妻，正要举行婚礼，却碰上王僧辩的母亲去世了，婚事遂耽搁了下来，然而，两家之间很亲密。亲密归亲密，但王僧辩对陈霸先并非没有一点提防。消灭侯景后，王僧辩在把京口之地交给陈霸先的同时，又任命自己的心腹在京口附近任职，多多少少有监视和牵制陈霸先的意味，这些人包括：震州（原吴兴）刺史杜龛（王僧辩女婿）、南豫州刺史任约、秦州刺史徐嗣徽、吴郡太守王僧智（王僧辩弟弟）、义兴太守韦载（韦叡之孙）、东扬州刺史张彪（张彪为萧渊明即位后任命）。

王僧辩迎立萧渊明是他审时度势的结果，但陈霸先坚持认为不可，在此之前，他从京口派遣使者到建康反复表达了反对意见，使者往返四次，可是王僧辩没有采纳，这让陈霸先非常恼火。他暗中对心腹们说："武帝（指梁武帝萧衍）的孩子们虽然遍布四海，但替他报仇雪耻、消灭侯景的只有元帝（指萧绎）一人而已，元帝建立的功业可谓闻所未闻。我与王大人一起受到重托，言犹在耳，没想到王大人却突然改变了想法。嗣君是武帝的孙子，元帝的儿子，海内归心，究竟犯了什么错，竟然被废黜，还从夷狄那里找来一个轮不上当的人做皇帝，我看他的意思是昭然若揭了！"陈霸先反对迎立萧渊明的真实理由已无从得知了，但绝对不是对晋安王萧方智情有独钟，也绝不像他说的这般冠冕堂皇，其真实目的大约是贪图幼主容易被控制吧。

萧渊明的到来让他的如意算盘落空了，并且，由于此前的反对态度，陈霸先也担心等到萧渊明羽翼丰满之后，自己将死无葬身之地。另外，王僧辩之所以将自己安置在位置相对重要的京口，就是让自己抵御来自江北的北齐的威胁，如今，北齐的威胁已经消除，下一步，王僧辩很有可能会把矛头对准自己！想到这里，陈霸先遂加紧了发动叛乱的步伐，他下令秘密赶制了数千件战袍，并准备了大量金银、绸缎，以备将来赏赐之用。

正当陈霸先暗中计划偷袭建康时，恰巧江淮之间有人向王僧辩报告说齐军在寿阳聚集了大量军队，王僧辩判断齐军将要南下，遂派遣记室参军江旰前去京口，通知陈霸先，让其早做准备。《南史》称："时寿春竟无齐军，又非陈武之谲，殆天授也。"此时，南梁与北齐已经成为盟友，北齐没有必要进攻南梁，但是，为何王僧辩又坚持称北齐会南下呢？实际上，寿春并无北齐军队，这一传言也并非陈霸先有意所为，那么，究竟是谁制造了这一谣言？在陈霸先与王僧辩的这场生死对决中，出现了不少匪夷所思的事情，这仅仅是其中之一。

见江旰前来，陈霸先决定将计就计，立即发动政变。种种迹象表明，在萧渊明登基后，建康与京口之间已经发生了十分微妙的变化，王僧辩是否也想清除陈霸先，这已经不得而知了，但至少他还没有完成部署，也对陈霸先会突然发动袭击缺乏预见性，没有引起足够的重视，那么，王僧辩为什么要派江旰前来京口呢？是探听虚实，还是别有所图？可能都不是，这是因为，据《梁书·王僧辩传附王颁传》称："初，僧辩平建业，遣霸先守京口，都无备防。颁屡以为言，僧辩不听，竟及于祸。"这说明王僧辩对陈霸先毫无防备之心，他万万没有想到自己的准亲家竟然会违背盟誓，干出偷袭自己的事情。陈霸先把江旰扣留了下来，九月二十五日，他召集部将侯安都、周文育、徐度和杜稜四人商议。侯安都是始兴（广东省始兴县）人，他是个全才，不仅擅长隶书，还懂音乐，会弹琴；他能文能武，既读过很多书，会写五言诗，又会骑马射箭，是当地的豪强。陈霸先举义后，侯安都招募了三千人加入了陈霸先的队伍，屡立战功，遂陈霸先镇守京口，晋升为兰陵太守。周文育，原为寿昌（浙江省建德市西南寿昌镇）人，本姓项，名猛奴，其父早死，家境贫寒，他十一岁时就能在水中游数里，在地上能跳五六尺高，后被寿昌浦口戍主义兴（浙江省宜兴市）人周荟收为养子，改名为周文育。司州刺史陈庆之与周荟同郡，私交甚好，向朝廷举荐周荟担任前军军主，周文育随养父周荟来到陈庆之的麾下，周荟战死后，周文育又追随到南江都护庐安兴的手下，后投到陈霸先的麾下。陈霸先举义后，周文育与杜僧明二人常为先锋，立下了赫赫战功。徐度，安陆（湖北省安陆市）人，经常居住在京师，他相貌魁伟，不拘小节，既好喝酒，又好赌博，后随始兴内史萧介来到始兴，再后来又成为陈霸先的部下，他有勇有谋，在陈霸先的军中既充当谋士的角色，又担任后勤部长，还能冲锋陷阵，是个多面手。杜稜，钱塘（浙江省杭州市）人，年少落魄，遂到广州远游，投奔到广州刺史萧映手下，后成为陈霸先的秘书长。

听了陈霸先的话，杜稜担心事情难以成功，陈霸先担心杜稜会泄露，掏出手巾猛勒杜稜的脖子，将他勒昏过去，关在房中。当晚，陈霸先即集合部队，赏赐将士们，命侄儿陈昙朗镇守京口，徐度、侯安都率领水军直指石头城，他亲率骑兵、步兵从江乘县的罗落桥（江苏省仪征市境）出发，约定在石头城下会师。部队出发后，陈霸先这才把杜稜喊到身边，一起出发。当时，军中只有薛安都他们四人知道这次行动的目的，全军将士都认为是听从江旰的召唤，前去建康抵御北齐军队，丝毫没有怀疑陈霸先会发动政变。

九月二十七日，侯安都率领水军将要朝石头城扑来，可是，陈霸先的步兵毫无动静。侯安都见状大为恐惧，他赶上陈霸先骂道："今天你我是当叛贼的，已无法回头了！是生是死，立马就能见出分晓，你掩着屁股躲在后面还想干什么！如果失败了，你我都是死路一条，难道你晚点行动就不被砍头了吗？"陈霸先听了，说道："侯安都骂我了！"遂扬鞭前进。石头城的北面是丘陵地带，不太险峻，侯安都的军队来到石头城外，即弃舟登岸。来到城下，侯安都身披铠甲，手持长刀，让士兵们将他抬起，扔进城墙之内，将士们遂依次翻进城内，与此同时，陈霸先的军队也从南门杀入城内。王僧辩正在石头城内办公，听说城外有军队，还没等他弄明白，又有人慌慌张张跑来说外面的军队已经杀进城内了！错愕之余，王僧辩慌忙从办公室逃出，与儿子王颀率领数十名贴身侍卫在办公室门前苦战，但终因寡不敌众，只好返身登上南门城楼之上。在城楼上，王僧辩向陈霸先叩头请求饶命，但陈霸先不为所动，并纵火焚烧城楼，不得已，王僧辩等人这才从城楼上下来，束手就擒。陈霸先劈头盖脸问王僧辩："我有什么罪过，你竟然将与北齐军队一起讨伐我？"又说了一句："为啥你竟毫无戒备？"王僧辩回答："将北方防守都完全交给了你，怎么说没有戒备？"陈霸先问的这两句话，之所以显得非常突兀，很有可能是因为他的第一句问话下面，史家省略了王僧辩的回话。陈霸先说第一句话大约是说给自己身边的将士们听的，以证明自己这次行动的正当性，而王僧辩的回答极有可能揭露了陈霸先背信弃义的嘴脸，史家不敢如实记载吧？当晚，陈霸先即下令勒死了王僧辩父子。前青州刺史程灵洗率军救援王僧辩，在石头城的西门与陈霸先的军队激战多时，战败，陈霸先派人劝降，程灵洗犹豫很久才投降。陈霸先觉得此人重节义，尽释前嫌，任命他为兰陵太守，让他率军东进协防京口。九月二十八日，陈霸先向各地发布文告，列举了王僧辩的种种罪行，并说："只杀王僧辩父子兄弟，其余亲戚朋友，一概不究。"

四五〇 陈武崛起（一）

九月二十九日，即位四个月的萧渊明不得不宣布退位，群臣一齐向晋安王萧方智上表，劝说他登基称帝。十月二日，萧方智正式登基即位，大赦，改元绍泰，以萧渊明为司徒，封建安公。向北齐派出使者说："王僧辩阴谋作乱，已经伏诛。"并请求继续向北齐称臣，永做北齐的附属国。北齐朝廷派遣行台司马恭与南梁使者在历阳结下盟约。萧方智就是南梁最后一位皇帝梁敬帝。十月五日，南梁朝廷任命陈霸先为尚书令、都督中外诸军事、车骑将军、扬南徐二州刺史。十月六日，又任命宜丰侯萧循为太保，建安公萧渊明为太傅，曲江侯萧勃为太尉，王琳为车骑将军、开府仪同三司。北齐军队撤离郢城以后，萧循占领了郢城，被任命为郢州刺史；萧勃仍然是广州刺史；王琳时任湘州刺史；这三位已俨然小的割据势力，他们虽然都与后梁的萧詧政权为敌，但对陈霸先拥立的南梁萧方智态度暧昧，南梁朝廷此举也有拉拢他们的意思。不久，南梁朝廷征召萧循、萧勃入京，萧循与萧勃均不从命。

杜龛身为王僧辩的女婿，王僧辩把他安排在吴兴（浙江省湖州市），其实就是为了监视陈霸先。吴兴又是陈霸先的老家，杜龛素来看不起陈霸先，经常制裁陈霸先家族里的人，早已引起陈霸先的不满。等到陈霸先决心偷袭王僧辩之前，他也提前让侄儿陈蒨秘密回到吴兴老家长城（浙江省长兴县），修筑木栅，做好迎击杜龛的准备。王僧辩被杀的消息传来，杜龛占据吴兴抗拒陈霸先，义兴（江苏省宜兴市）太守韦载、吴郡（江苏省苏州市）太守王僧智也起兵响应。

陈蒨来到长城，才招募了数百人，杜龛就已经派部将杜泰率领五千精兵突然杀来。陈蒨下属都大惊失色，而陈蒨却不慌不忙，从容部署军队，看到主帅这样，下属们这才安定了下来。杜泰率军不分昼夜向陈蒨的营垒发起猛攻，但接连进攻了数十天依然无法攻下，只好撤退。陈霸先在偷袭王僧辩的同时，即命令周文育率军奔袭义兴，周文育还未到义兴，就被韦载发觉，韦载闭城固守。义兴所属各县的军队都是陈霸先的旧部，擅长使用弩箭，韦载把他们集中起来，挑选了数十人，用长铁链锁住，命令亲信在一旁监视，让这些人朝周文育的部队射击，并约定："射十发只要有两发射不中的，格杀勿论！"在韦载的严令下，这些人是百发百中，将周文育部队的进攻气焰打了下去。看到周文育的部队退去后，韦载这才下令在义兴城外沿着河水修筑工事，两军相持了数十天之久。

杜龛派堂弟杜北叟率军出战，被击败后，杜北叟逃到了义兴。陈霸先听说周文育出师不利，十月二十四日，他上书梁敬帝请求亲自率军东征，留下高州刺史侯安都、石州刺史杜稜镇守建康。十月二十七日，陈霸先率军抵达了义兴，二十九日，即攻克了韦载在城外修筑的堡垒。谯、秦二州（治所江苏省南京市六合区）刺史徐嗣徽的堂弟徐嗣先是王僧辩的外甥，王僧辩死后，徐嗣先投奔徐嗣徽，徐嗣徽献出州郡，向北齐投降。等到陈霸先率领主力东征以后，京师空虚，徐嗣徽暗中联络南豫州刺史任约，率领五千精锐部队乘虚偷袭建康。就在陈霸先刚刚攻破义兴城外工事时，徐嗣徽和任约的军队也一举攻克了建康城外的石头城，侦察骑兵一直进抵宫城城下。侯安都下令紧闭城门，偃旗息鼓，示弱于敌，他对城内的将士们说："有胆敢登上城墙窥探敌人的，斩！"当晚，徐嗣徽等人撤回了石头城。侯安都连夜备战，快天明的时候，徐嗣徽等人又率部杀到城下，侯安都率领三百名将士打开东西掖门出战，大破敌人，徐嗣徽等人仓皇逃回石头城，从此不敢再进逼宫城。

韦载的同族弟弟韦翙是陈霸先的参军，陈霸先派他入城说服韦载，十月三十日，即在陈霸先抵达义兴三天后，韦载、杜北叟即出城投降。陈霸先对二人厚加安抚，任命韦翙为监义兴郡，把韦载留在自己身边，充当参谋。神速平定义兴后，建康危急的消息也传来了，陈霸先命令周文育率军继续南下讨伐杜龛，他自己则率军倍道兼行，火速折返建康。将军黄他率领另外一部人马进攻吴郡的王僧智，也没有攻下来，陈霸先又派遣宁远将军裴忌增援。裴忌挑选出精兵，从钱塘（浙江省杭州市）向吴郡（江苏省苏州市）扑来，深夜来到吴郡城下，在城外擂起战鼓，大声呐喊，王僧智也风闻义兴投降的消息，认为陈霸先的大军已经到了，吓得魂不附体，慌慌忙忙逃出城去，逃往吴兴（浙江省湖州市）。裴忌遂进入吴郡，陈霸先顺势任命他为吴郡太守。

当徐嗣徽、任约南下的同时，已请求北齐发兵支援。十一月二日，北齐派遣五千人马渡过长江，占领了姑熟（安徽省当涂县），支援徐嗣徽和任约。陈霸先命令合州刺史徐度在冶城（江苏省南京市西南）修筑防御工事。十一月三日，北齐又派遣安州刺史翟子崇、楚州刺史刘士荣、淮州刺史柳达摩率领一万军队从石头城对面的胡墅给石头城内的徐嗣徽和任约运来三万石米、一千匹战马。

陈霸先向韦载征询对策，韦载回答："北齐军队如果分兵进攻切断京师与三吴之间的联系，夺取三吴之地的话，则大事去矣。如今，要立即在秦淮河南岸构筑防御工事，以保障与三吴地区之间联络的畅通，再分出一部分兵力切断敌人的粮道，不出十日，北齐军主将的人头就能到手。"陈霸先听从了。

十一月六日，陈霸先命令侯安都夜袭胡墅，焚烧了一千多艘北齐战舰，又命令仁威将军周铁虎切断了北齐军的粮道，生擒北齐北徐州刺史张领州。陈霸先还命令韦载整修大航（朱雀桥）旁边侯景残存的堡垒，令杜稜率军驻守在那里。北齐军队在石头城的仓门外面和秦淮河南岸构筑了两座营垒，与南梁军队相持。十一月十五日，北齐大都督萧轨领兵驻扎在长江北岸。

十一月二十七日，徐嗣徽等人进攻南梁冶城营垒，陈霸先率领精锐部队从台城西明门出击，大破徐嗣徽等人。失败后，徐嗣徽留下柳达摩等人守住石头城，亲自前往采石（安徽省当涂县北长江渡口）迎接北齐援军。

十二月七日，侯安都率军渡过长江，奔袭秦郡（江苏省南京市六合区），击破徐嗣徽的老巢，生擒数百人。侯安都的军队闯入徐嗣徽的私宅，搜出他的琵琶和猎鹰，派人送给身在前线的徐嗣徽，并称："昨天在弟弟家里得到这些东西，现在如数奉还。"徐嗣徽见状大惊。十二月十日，陈霸先正对着冶城修筑浮桥，南梁军队从浮桥上全部渡过了秦淮河，进攻徐嗣徽在秦淮河南岸的两座营垒。石头城守将柳达摩等人率军也渡过秦淮河迎战，陈霸先都督各军朝敌人发起猛攻，霎时间，喊杀声震天动地，南梁军纵火焚烧了北齐军队的木栅，北齐军大败，争先恐后地抢夺船只逃命，被水淹死了上千人，北齐军的战舰全部被南梁军缴获。当天，徐嗣徽与任约引导一万余名北齐军队，准备回到石头城，陈霸先提前派兵驻扎在江宁，占据了险要位置。徐嗣徽等人不敢继续前进，停留在江宁浦口（江苏省南京市长江对岸），陈霸先派侯安都率领水军将其击破，徐嗣徽等人落荒而逃，南梁军又大获全胜。

十二月十三日，陈霸先率军从四面八方对石头城发起了总攻，城内没有水源，一升水能卖到一匹绢的价钱。十二月十四日，柳达摩派侯子钦、刘仕荣等人求和，但请求陈霸先送来人质。当时，建康城内非常空虚，粮道也未完全畅通，很多大臣都建议与北齐和解，并请求将陈霸先的侄儿陈昙朗送给北齐人当人质。陈霸先说：“现在诸位大人们打算与北齐人实现和解，如果我违背了大家的意见，大家会说我是心疼陈昙朗，却不以国家为重，因此，我决定把陈昙朗送给敌人当人质。北齐人言而无信，我们这么做，他们会认为我们软弱，肯定会违背盟约的。北齐如果再次入侵，你们大家可要替我殊死搏杀啊！”遂以侄儿陈昙朗、永嘉王萧庄、丹阳尹王冲的儿子王珉为人质，与北齐人在建康城外结下盟约。《北齐书·萧明传》称：“霸先奉表朝廷，云僧辩阴谋篡逆，故诛之。方智请称臣，永为藩国，齐遣行台司马恭及梁人盟于历阳。”就是记载的此事。十二月十五日，陈霸先率领南梁军在石头城南门列下阵势，送北齐人撤离，徐嗣徽和任约也都逃奔北齐。陈霸先缴获了北齐军留下的马匹、武器、战舰、粮食，不计其数。北齐合州长史乌丸远从南州（安徽省和县长江小岛）逃回历阳（安徽省和县）。北齐文宣帝高洋得知柳达摩损兵折将，又与南梁结盟，不禁大怒，诛杀了柳达摩。

四五一 陈武崛起（二）

陈昙朗当时为监南徐州事，陈霸先担心陈昙朗不愿北去，亲自率领军队回到京口，等于是把他押回建康，然后送给了北齐。

显然，此时陈霸先并不想与北齐为敌，他试图将诛杀王僧辩事件带来的影响尽可能限定在南梁内部权力斗争的范围，仍然继承了王僧辩的与北齐和好的对外政策，这当然是陈霸先审时度势的结果，史书上将陈霸先这一举动描写成是在南梁群臣的压力下不得已而为之，应该是出于对陈霸先的回护，因为，北齐文宣帝高洋对陈霸先并不领情，这让他很没面子。

转眼就到了公元556年，即绍泰二年，三吴的战事仍在进行中。

陈蒨、周文育合军一处，一起朝吴兴扑来。杜龛的军队人数尚多，步兵与水军结下连环阵，切断了交通要道，但杜龛有勇无谋，又嗜酒如命，经常昏醉不醒，他的部下杜泰见前途无望，遂暗中与陈蒨等人联络，准备归降。杜龛与陈蒨作战，战败，杜泰趁机劝说他投降，杜龛同意了，但他的妻子王氏说："我家与陈霸先结下了如此深仇大恨，岂能投降！"王氏拿出家财，犒赏将士，杜龛率军再次出战，大破陈蒨等人。但不久，杜泰就投降了，陈蒨率军突入城中，杜龛尚烂醉如泥，呼呼大睡，陈蒨命人将其背出房来，在项王寺前杀掉了。王僧智与弟弟王僧愔逃往北齐。

东扬州刺史张彪是王僧辩的心腹，一直没有归附陈霸先，他率军包围了依附于陈霸先的临海（浙江省临海市）太守王怀振，王怀振派人向陈蒨求救。二月五日，陈蒨、周文育乘虚率军偷袭会稽（浙江省绍兴市）张彪的老巢，张彪部将沈泰开门投降，陈蒨俘虏了张彪的家眷，收编了城内张彪的部队。等到张彪闻讯率军回来，又被陈蒨击败，逃入若邪山中，陈蒨派章昭远将其斩杀。东阳（浙江省金华市）太守留异接济陈蒨军粮，陈霸先遂任命其为缙州（浙江省金华市）刺史，任命陈蒨为持节、都督会稽等十郡诸军事、宣毅将军、会稽太守。

三吴地区基本被平定，但建康的局势依然不容乐观，陈霸先能够控制的地区也只有三吴和建康周边巴掌大一块土地，长江以北的北齐以及战败的任约、徐嗣徽还虎视眈眈，随时想卷土重来，不要说远处，就连紧邻的江州也不服从建康政权。江州刺史侯瑱原是王僧辩的部下，得知王僧辩被杀后，他也起兵与陈霸先为敌。在平定三吴、击退北齐入侵之后，陈霸先就将目光转向了江州，他任命周文育为南豫州刺史，命他率军西进，进攻湓城（江西省九江市西北）。二月十五日，陈霸先又派侯安都、周铁虎率领水军在梁山（安徽省和县与当涂县之间长江江心岛）构筑防御工事，防备来自江州侯瑱可能发起的攻击。二月十八日，任约、徐嗣徽率军偷袭采石（安徽省当涂县北长江渡口），活捉了南梁明州刺史张怀钧，将其送交北齐。

三月七日，北齐文宣帝高洋派遣仪同三司萧轨、库狄伏连、尧难宗、东方老等人与任约、徐嗣徽合兵十万，向南梁发起了大规模的进攻。萧轨，我们前面多次提到，但其生平不详；库狄伏连原为尔朱荣的下属，卫直阁将军，后归顺高欢，此人性格质朴，但悭吝、愚钝、严酷，他的妻子得了重病，拿家中一百钱买药，他知道后竟然遗恨终生；家里来了客人，妻子做了豆饼给客人吃，库狄伏连问豆子从何而来，妻子回答是从喂马的豆子中分出来的，库狄伏连大怒，将马夫又是一顿痛打；家中飞来苍蝇，他把看门人打了一顿，说："为啥你让它随便飞入！"尧难宗，正史无传，但据出土的《北齐尧峻墓志》称，尧难宗就是尧峻，他是东魏名将尧雄的弟弟。东方老，鬲（山东省德州市）人，臂力过人，北魏末年大乱时，逃入山中做了强盗，后成为高敖曹的部下。

北齐军从栅口（濡须口，安徽省巢县东南）出发，直指梁山。陈霸先帐内荡主黄丛率军迎战，将齐军击败，齐军向西撤去，占领了芜湖（安徽省芜湖市）。陈霸先又派定州刺史沈泰等人率军增援侯安都，一起固守梁山。周文育进攻湓城失利，陈霸先也将其召回，集中兵力对付北齐军。四月十三日，陈霸先亲自来到梁山，巡视部队，给将士们打气。同月，侯安都率领轻装部队奔袭历阳，大破北齐行台司马恭，俘获上万敌人。

五月，北齐人征召建安公萧渊明，并谎称如果送来萧渊明，就会撤军，陈霸先不敢怠慢，命人安排船只准备将萧渊明送到北齐军中，但不巧的是，五月九日，萧渊明背上的毒疮溃烂竟然死掉了。五月十日，北齐军队从芜湖出动，朝建康杀来。五月十六日，北齐军队进入丹杨县（丹阳县，在今安徽省当涂县东），五月二十二日，北齐军队进抵秣陵旧县（江苏省南京市江宁区东南）。陈霸先派遣周文育率军驻扎在方山（一名天印山，在今江苏省南京市江宁区东南），徐度驻扎在马牧（牧马场，在今江苏省南京市江宁区南），杜稜驻扎在大航（朱雀桥）以南，与北齐军相持。

五月二十七日，北齐军队在秦淮河上搭建木栅便桥，渡过了秦淮河，当晚进抵方山山下，徐嗣徽等人率领水军停泊在青墩（安徽省当涂县西南二十里，今名青堆沙）至七矶（确址不详，疑为在今江苏省南京市秦淮河入长江口附近）一线，切断了周文育所部的退路。周文育率部擂鼓呐喊出击，徐嗣徽等人无力制止，等到天明时，周文育率军向徐嗣徽所部发起反攻。徐嗣徽军中猛将鲍砰乘坐一条小船断后，周文育驾驶一条小舟直取鲍砰，只见他纵身一跃，跳上鲍砰的小船，一刀将其斩为两段，然后，拖着鲍砰的小船回到本阵。徐嗣徽军人见状大为惊骇，遂不敢与周文育水战，徐嗣徽将战舰留在芜湖，率领军队从陆路出击。陈霸先侯安都、徐度所部也都召回到京师。

五月二十九日，北齐军队从方山推进到倪塘（江苏省南京市江宁区东南），侦察骑兵一直抵达到台城城下，建康震动，梁敬帝萧方智率军驻扎在长乐寺内，宣布内外戒严。

陈霸先在白城（江苏省南京市江宁区东湖熟镇附近）抵御徐嗣徽，刚巧与周文育所部会合。双方将要交战，突然刮起了大风，陈霸先说："兵法说大军不能逆风作战。"周文育却说："事情危急，管不了那么多了！"说完，抽出长槊拍马朝敌人阵中杀去，士兵们也紧随其后，蜂拥而上，而不久风向也转了，梁军杀伤了数百敌人。侯安都与徐嗣徽等人在耕坛（皇帝的责任田，江苏省南京市通济门外）交战，侯安都亲率十二名骑兵朝北齐军阵突击，一举击破敌人，生擒北齐仪同三司乞伏无劳。取胜之后，陈霸先又避实击虚，暗中从前线撤下三千精兵交给沈泰，命其偷偷渡过了长江，奔袭驻扎在瓜步（江苏省南京市六合区东南长江渡口）的北齐行台赵彦深，缴获了一百多艘战舰、一万斛粮食。

六月一日，北齐军队偷偷运动到钟山，侯安都与北齐将领王敬宝在钟山西麓的龙尾交战，梁军军主张纂战死。六月四日，北齐军队推进到幕府山，陈霸先派遣部将钱明率领水军从江乘（江苏省仪征市长江南岸渡口）出击，切断北齐军队的粮道，缴获了北齐的运粮船，北齐军队军粮不足，开始杀死马匹、驴子充饥。

六月七日，北齐军翻越钟山，陈霸先率领各军分别驻扎在乐游苑以东（江苏省南京市覆舟山以南）一直到幕府山北麓，切断了北齐军进攻建康的通道。六月九日，北齐军推进到玄武湖西北，打算占领北郊坛，南梁军队也从覆舟山以东移动到北郊坛以北，与北齐军队相持。

当时，连日大雨倾盆，建康近郊平地积水一丈多深，北齐军人日夜坐在泥地之中，脚趾全被泡烂，只能把锅灶悬着才能煮饭，可是，台城以及潮沟以北没有被水淹，地面干燥，南梁军队可以轮番休整。然而，此时的建康也非常危急，建康已如同一座孤岛一般，与外界隔绝，粮道也被北齐军队切断，城内的百姓也都逃离建康，想强行征发也没有了对象。六月十一日，天气稍稍转晴，陈霸先打算对北齐军队发起进攻，千方百计搞来些米饭分给士兵们，但士兵们仍然又饥饿又疲惫，难以战斗。正巧陈蒨从三吴地区送来三千斛大米、一千只鸭子，陈霸先立即命人煮米宰鸭，全军将士都能分得一份荷叶煲饭，数片鸭肉。第二天天还未亮，陈霸先命令部队饱餐战饭，即率军从幕府山出击。侯安都对部将萧摩诃说："你骁勇之名闻于天下，百闻不如一见。"萧摩诃回答："那今日就让大人您见识一下！"两军将要交战，侯安都却突然摔下马来，北齐军队一下子就扑了上来。萧摩诃大喊一声，单身匹马朝齐军杀来，齐军无不闻风丧胆，吓得四散奔逃，侯安都才逃过一劫。陈霸先与吴明彻、沈泰等人一齐朝北齐军杀来，双方纵兵大战，正在难分难解之际，侯安都率军又从白下（江苏省南京市北）朝北齐军背后杀来，顿时北齐军大败，梁军一直追杀到临沂（侨郡，在今江苏省句容市北）。此战梁军共斩杀了齐军数千人，生擒徐嗣徽及其弟弟徐嗣宗，斩首示众，齐军士兵相互践踏而死的数不胜数。紧接着，梁军乘胜收复了江乘、摄山（栖霞山）、钟山等地，生擒萧轨、东方老、王敬宝等四十六名北齐将帅。北齐军士侥幸逃到长江岸边的，用荻草编成木筏过江，好不容易划到江心，木筏就解体了，人落入水中淹死，尸体漂流到下游的京口，密密麻麻地布满了江岸，此战，北齐将领任约、王僧愔二人侥幸逃出一命。

六月十四日，大胜后的各路梁军又来到南州，焚烧了北齐的战舰。六月十五日，南梁宣布大赦。十六日，解除戒严状态。官兵们把赏赐给的财物拿去换酒，才够一人喝醉。十七日，南梁朝廷诛杀了北齐将领萧轨等人，北齐人听说后，也杀死了作为人质的陈昙朗。陈霸先为了报答侯安都，上书梁敬帝，将自己兼任的南徐州刺史一职让给了侯安都。

四五二 陈武崛起（三）

绍泰二年（公元556年）七月三日，梁敬帝晋升陈霸先为中书监、司徒、扬州刺史，进爵位为长城公。

虽然此时的建康已转危为安，但陈霸先主导的南梁政权疆域仍然非常狭小，整个南梁帝国原有的疆域已被北齐和西魏瓜分了很大一块，剩下的又被很多个大大小小的军阀占据。先说被西魏、北齐瓜分了的那块：截至承圣三年（公元554年）梁元帝被杀之时，西魏已经占领了梁州、益州、雍州以及郢州小部分，兵临长江北岸；虽然北齐也占领了南梁淮河两岸，但北齐军队在与南梁主力王僧辩部以及后来的陈霸先部交手中是败多胜少，损兵折将，显然，相对于老谋深算的西魏宇文泰而言，在用兵时机和战略运用等方面，北齐文宣帝高洋要稚嫩许多。

剩下的就是被大大小小的军阀占据的那块，主要分为几个部分：一是依附于西魏的后梁萧詧政权，势力范围主要在江陵周边地区；二是占据湘州的王琳集团；三是占据岭南的萧勃集团；四是占据郢州的萧循集团；五是占据江州的侯瑱集团；六是占据晋安郡（福建省福州市）的陈羽集团；七是占据川东的谯淹集团；八是临川（江西省抚州市临川区）的周迪集团。

当陈霸先火并王僧辩之时，上述集团之间也没有闲着。先说谯淹集团，这是一个力量较弱的集团，梁元帝承圣二年（公元553年），当武陵王萧纪与梁元帝萧绎对垒之时，西魏大军乘虚进攻益州，举棋不定的萧纪派遣谯淹率军解救成都，但谯淹未到，成都就被西魏军队占领了，接着，萧纪又被梁元帝消灭，谯淹集团就成了无家可归的孤儿，盘踞在东遂宁（四川省遂宁市）一带。到绍泰元年（公元555年），西魏新任益州刺史宇文贵派谯淹的侄儿谯子嗣前去劝降，许诺任命其为大将军，但谯淹不从，并斩杀了谯子嗣。宇文贵闻讯大怒，遂发兵进攻谯淹，谯淹不敌，率部从东遂宁撤离，继续东撤至垫江（重庆市）。又过一年，到陈武帝永定元年（公元557年），谯淹率领七千水军、三万老弱部众从长江顺流东下，将要投靠王琳，此时已取代西魏的北周派遣开府仪同三司贺若敦、叱罗晖等进击，斩杀了谯淹，将其部众全部收降，至此，这一集团被彻底消灭。

说到王琳集团，是比较强的一支力量，一直与后梁政权为敌。绍泰元年，王琳派遣部将侯方儿、潘纯陀进攻江陵，西魏大将军豆卢宁与蔡佑、郑永等人发兵抵御，侯方儿等人逃走。本年，交州刺史刘元偃率领数千人投奔王琳。绍泰二年二月，后梁主发兵进攻驻扎在公安（湖北省公安县）的王琳部将侯平，侯平与长沙王萧韶率部撤回长沙，王琳派遣侯平镇守巴州（湖南省岳阳市）。侯平在镇守巴州期间，屡屡击破后梁军队，但随着力量的逐渐强大，侯平开始不听王琳的指挥，王琳大怒，派军前去讨伐。侯平诛杀了巴州助防吕旬，吞并了吕旬的部众，而后顺流而下逃往江州，与侯瑱结为兄弟。侯平叛逃后，王琳集团受到空前的打击，实力急转直下，这也促使了王琳在对外政策上来了个一百八十度的大转变。绍泰二年六月二十二日，当陈霸先刚刚击败齐军后，王琳却向北齐派去使者称臣，并献上驯象。江陵陷落后，王琳的妻子蔡氏、世子王毅等人都落入西魏之手，王琳又向西魏献上大量财物，请求赎回妻子，并请求实现和解，同时，又向后梁称臣。七月，西魏太师宇文泰派遣安州长史钳耳康买使于王琳，王琳派长史席豁报聘，并请求送回梁元帝萧绎以及愍怀太子的灵柩，宇文泰同意了。八月，西魏政府任命王琳为大将军、长沙郡公。八月七日，南梁郢州刺史、鄱阳王萧循去世，其弟弟丰城侯萧泰监郢州事务。得知萧循已死，王琳遂派兖州刺史吴藏进攻江夏（湖北省武汉市），吴藏战败被杀。王琳不甘心失败，九月二十三日，他又派遣水师偷袭江夏，十月一日，丰城侯萧泰投降，至此，萧循集团被王琳消灭。十一月，南梁敬帝下诏征召王琳回到建康，但王琳不从，他留下部将潘纯陀驻守江夏，自己又回到了长沙。西魏人将他的妻子儿女送还给了他。

晋安（福建省福州市）人陈羽家世代都是当地的豪强，陈羽的儿子陈宝应擅长权术，性情诡诈，当地百姓对他都很害怕。侯景之乱时，晋安太守宾化侯萧云把太守之位让给了陈羽，陈羽年事已高，只管理郡中事务，而让儿子陈宝应掌管军队。陈宝应经常率军从海路出击，抢掠临安（浙江省临安市）、永嘉（浙江省温州市）、会稽（浙江省绍兴市）等郡，或者用船装载大米与浙东地区贸易，由此变得非常富裕、强大。侯景之乱被平定后，梁元帝遂正式任命陈羽为晋安太守；陈霸先辅政后，陈羽请求把晋安太守之位让给儿子陈宝应，陈霸先同意了。陈羽、陈宝应集团虽然名义上归顺建康政府，但实际上是一个名副其实的割据政权。

侯景之乱时，临川百姓周续起兵，始兴王萧毅把太守之位让给了他。周续的手下都是当地的豪强，大多骄横不法，周续制裁他们，引起了众怒，大家合谋将其杀害。周续的同族周迪勇冠三军，大家一致推举他当首领。周迪家境贫寒，地位不高，担心大家心中不服，而同郡人周敷家世显赫，周迪遂与周敷结成好友。周迪驻扎在上塘（江西省南城县），周敷驻扎在临川，南梁朝廷遂任命周迪为衡州刺史，兼任临川内史。当时大乱之后，百姓们都不愿种地，更乐意啸聚山林，以打劫为生，只有周迪率领部下开荒种田，所辖军民衣食无忧，辖区政令严明，征收的赋税都能足额征收到，相邻的郡县遇到饥荒，都靠周迪这里接济。周迪性情朴实，从来不讲究派头，平日里经常打着赤脚，即使外面戒备森严，内室站满歌女，他却仍然手搓麻绳、劈开竹片，旁若无人，他言语不多，内心诚恳，临川百姓都对他非常信任。南昌百姓熊昙朗也是当地的豪强，他本人也有力气，侯景之乱时，他聚众占领了丰城（江西省丰城市），修筑防御工事，梁元帝任命他为巴山太守。江陵陷落后，熊昙朗的兵力逐渐增强，开始侵掠邻县。

摆在陈霸先面前的仍然是一个支离破碎的山河，需要他一一进行打理。萧勃尚在遥远的广州，陈霸先还顾不上，在大破齐军后，陈霸先很快就把目光转向了江州。江州之地除了临川的周迪、丰城熊昙朗之外，不仅有侯瑱、侯平，还有一个余孝顷。当初，余孝顷担任豫章（江西省南昌市）太守，侯瑱镇守豫章后，余孝顷在新吴县（江西省奉新县）另外修筑了一座堡垒，与侯瑱对峙。侯瑱留下弟弟侯奫驻守豫章，他亲自率军前去进攻余孝顷，但一直无法取胜，遂修筑长墙将余孝顷围困起来。正当侯瑱为余孝顷的事忙得焦头烂额之际，刚刚与他结为兄弟的侯平却于七月十日，突然发兵偷袭空虚的豫章，击败侯奫，大肆劫掠了豫章之后，又将城池焚毁，而后逃奔建康。在前线的侯瑱所部闻讯，顿时溃散，侯瑱无奈只好逃往湓城，依附部将焦僧度。焦僧度劝说他投奔北齐，正巧陈霸先的记室参军蔡景历来到湓城，劝说他归顺建康朝廷，侯瑱遂来到建康投降。陈霸先为了替侯瑱出气，诛杀了侯平。七月十四日，南梁朝廷任命侯瑱为司空。侯瑱镇守豫章时，熊昙朗表面上表示服从，但内心一直想随时给他来一刀，等到侯瑱败退后，熊昙朗趁机缴获了侯瑱军队遗留的马匹、武器。

陈霸先兵不血刃即将江州的侯瑱瓦解了，这当然是个好兆头。九月一日，南梁朝廷改元为太平，大赦，因此，这一年之前还叫绍泰二年，而之后就被称为太平元年了。同日，又任命陈霸先为丞相、录尚书事、镇卫大将军、扬州牧、义兴公；以吏部尚书王通为尚书右仆射。

太平元年这一年对于陈霸先而言可谓是顺风顺水的一年。年初，陈蒨、周文育平定了三吴；上半年，大破北齐军，赢得了幕府山大捷；下半年，他又轻松收编了江州的侯瑱。下一步，他又将剑指何方呢？